Fabricador de instrumentos de trabalho, de habitações, de culturas e sociedades. o Homem é também agente transformador da História. Mas qual será o lugar do Homem na História e o da História na vida do Homem?

OUTUBRO: A REVOLUÇÃO REPUBLICANA EM PORTUGAL (1910 - 1926)

Título original:
Outubro: A Revolução Republicana em Portugal (1910-1026)

Introdução («Que fazer com a I República?»): © Luciano Amaral e Edições 70 Lda., 2011
«O 5 de Outubro: anatomia e significado de uma revolução»: © Fernando Martins e Edições 70 Lda., 2011
«Política e direito nos alvores da I República»: © António Araújo, Luís Bigotte Chorão e Edições 70 Lda., 2011
«República e religião, ou a procura de uma separação»:
© Bruno Cardoso Reis, Sérgio Ribeiro Pinto e Edições 70 Lda., 2011
«A República e a guerra»: © Pedro Oliveira e Edições 70 Lda., 2011
«Sidónio Pais e o sidonismo»: © Filipe Ribeiro de Meneses e Edições 70 Lda., 2011
«Da "Nova República Velha" ao Estado Novo, a procura de um governo nacional de Afonso Costa a Salazar»:
© Bruno Cardoso Reis e Edições 70 Lda., 2011
«A economia portuguesa na I República»: © Luciano Amaral, Álvaro Ferreira da Silva e e Edições 70 Lda., 2011

Capa de FBA

Depósito Legal n.º 328875/11

Biblioteca Nacional de Portugal – Catalogação na Publicação

OUTUBRO

Outubro : a revolução republicana em Portugal
(1910-1926). - (Lugar da história)
ISBN 978-972-44-1661-8

CDU 94(469)"1910/1926"
323

Paginação:
MJA

Impressão e acabamento:
PENTAEDRO
para
EDIÇÕES 70, LDA.
em
Maio de 2011

Direitos reservados para todos os países de língua portuguesa
por Edições 70

EDIÇÕES 70, Lda.
Rua Luciano Cordeiro, 123 – 1.º Esq.º – 1069-157 Lisboa / Portugal
Tel.: 213190240 – Fax: 213190249
e-mail: geral@edicoes70.pt

www.edicoes70.pt

Esta obra está protegida pela lei. Não pode ser reproduzida,
no todo ou em parte, qualquer que seja o modo utilizado,
incluindo fotocópia e xerocópia, sem prévia autorização do Editor.
Qualquer transgressão à lei dos Direitos de Autor será passível
de procedimento judicial.

LUCIANO AMARAL (ORG.)
OUTUBRO: A REVOLUÇÃO REPUBLICANA EM PORTUGAL (1910 - 1926)

Índice

AGRADECIMENTOS 11

INTRODUÇÃO
QUE FAZER COM A I REPÚBLICA? 13

FERNANDO MARTINS
"O 5 DE OUTUBRO: ANATOMIA E SIGNIFICADO DE UMA REVOLUÇÃO"   93
   O Problema 93
   O Acontecimento 98
   Origens, formação e consolidação 104
   As Sequelas do 5 de Outubro ou a "república para os republicanos" . . 109
   Explicação da Natureza Política do 5 de Outubro... 112
   ... e do Seu Significado e Consequências 114

ANTÓNIO DE ARAÚJO
LUÍS BIGOTTE CHORÃO
POLÍTICA E DIREITO NOS ALVORES DA PRIMEIRA REPÚBLICA 117
   O Governo Provisório 117
   O debate constitucional 129
   A fiscalização da constitucionalidade das leis 134
   Epílogo 139

BRUNO CARDOSO REIS
SÉRGIO RIBEIRO PINTO
REPÚBLICA E RELIGIÃO, OU A PROCURA DE UMA SEPARAÇÃO 141
   1. A Religião na queda da Monarquia Constitucional 141

2. «Questão religiosa» e o religioso em questão: uma resposta republicana radical 145
3. Separação de 1911: continuidade, ruptura e católicos reclamam separação a sério 148
4. As diversas correntes políticas e religiosas face à Lei da Separação 152
5. Repressão republicana e Guerra religiosa? 157
6. O Sidonismo: revisão da Lei de Separação e renovação das relações com o Catolicismo 162
7. República nova ou velha na questão religiosa? 168
8. O 28 de Maio: um pronunciamento militar e religioso? 174
9. Fátima: o religioso extravasando o Estado e a Igreja e sua gradual assimilação 176
10. Adaptações e resistências a caminho do diálogo 179

PEDRO AIRES OLIVEIRA
A REPÚBLICA E A GUERRA, 1914-1918 185
Ir à guerra sem convite? 185
Uma mobilização incompleta 194
Safaris sangrentos: Angola e Moçambique 205
Derrocada doméstica 212
La Lys e depois 217
Semear ventos, colher tempestades 222

FILIPE RIBEIRO DE MENESES
SIDÓNIO PAIS E O SIDONISMO 227
Introdução 227
Dados biográficos 229
O 5 de Dezembro 234
Sidónio Pais e o esforço de guerra português 236
Política 240
Deslumbramento 244
Morte de Sidónio Pais 252
O que foi, então, o sidonismo? 254

ÁLVARO FERREIRA DA SILVA
LUCIANO AMARAL
A ECONOMIA PORTUGUESA NA I REPÚBLICA 257
Introdução 257

ÍNDICE

1. O caminho até à instauração da República 260
2. Crescimento e mudanças durante a I República 265
3. Finanças públicas: continuidade e mudança 270
4. O impacto da I Guerra Mundial na situação financeira 274
5. Estabilização monetária e financeira durante o período republicano (1922-1926) 280
6. A República no pós-Guerra: o dilema inflação vs. Deflação 286
7. Conclusão 289

BRUNO CARDOSO REIS
DA NOVA REPÚBLICA VELHA AO ESTADO NOVO (1919-1930)
A PROCURA DE UM GOVERNO NACIONAL DE AFONSO COSTA A SALAZAR 299

1. A restauração da República Velha em 1919 301
2. Governos na sombra de Afonso Costa: o PRP, os outros partidos e os Presidentes 305
   2.1 O PRP/PD e o fantasma de Afonso Costa 306
   2.2 O PRP/PD de vitória em vitória até à derrota final: o partido dominante e os outros 308
   2.3 Obstáculos às estratégias de governação e uma ditadura como solução 314
   2.4 Presidentes da República, entre resignados e resignatários 318
3. Uma política violenta e a militarização da política 321
   3.1 Os militares e a política na I República 322
   3.2 A Violência Política e a Politização das Forças Armadas contra o PRP/PD 323
   3.3 O 28 de Maio de 1926, um pronunciamento militar que quis ser nacional 328
4. Conclusão – Ditadura Militar, Estado Novo e fim da República? .. 331
   4.1 Conclusão: a demanda de um governo nacional de Afonso Costa a Salazar 334

NOTAS 339

NOTAS BIOGRÁFICAS 373

Agradecimentos

Para além daqueles que foram dados pelos autores dos textos que constituem este livro, dois ou três contributos essenciais para o seu aparecimento na forma que segue merecem ser individualizados: ao Miguel Morgado agradeço a sugestão e recomendação completamente desinteressadas de um editor e de uma editora que prestigiam o livro; ao editor, Pedro Bernardo, agradeço a prontidão em manifestar interesse e aceitar publicá-lo, para além da competência, cuidado e profissionalismo com que conduziu todo o processo; à Susana Oliveira agradeço o empréstimo de algumas obras raras, praticamente impossíveis de encontrar no actual contexto de encerramento da Biblioteca Nacional; enfim, ao António Araújo, para além do texto de que é co-autor, tenho a agradecer o título final. A minha ideia original era um título com sérias presunções intelectuais: *Reflexões sobre a Revolução Republicana em Portugal*. Tratava-se de uma remissão para as *Reflections on the Revolution in France*, de Edmund Burke, insinuando desde logo a ideia de uma "denúncia" do regime da I República, como acontece no clássico de Burke sobre a revolução francesa. O António convenceu-me de várias coisas: de que era uma graça intelectual que apenas uma mão-cheia (com benevolência) de pessoas entenderia; de que, para quem a entendesse, situava demasiado o livro numa perspectiva negativa sobre a I República, o que, como se verá, não é o propósito do livro; finalmente, de que, por isso tudo e pela sua excessiva extensão, era um mau título (o que o próprio editor confirmou).

O ORGANIZADOR

LUCIANO AMARAL

INTRODUÇÃO

Que fazer com a I República?

2010 esteve para ser o ano da grande celebração da democracia portuguesa. O propósito era usar o centenário da abolição da monarquia para conferir densidade histórica a um regime apesar de tudo recente. A democracia introduziu uma ruptura com os cinquenta anos anteriores da história nacional. Eles desapareceram do entendimento histórico do que é e foi Portugal, subsumidos na palavra fascismo. A actual democracia é um regime anti-fascista e anti-imperialista (já que encerrou a nossa experiência imperial). Não pode, por isso, senão recusar inteiramente aqueles cinquenta anos. Um problema que essa recusa colocou foi o da fundação histórica da democracia. O Estado Novo foi um regime historicamente muito denso, no sentido em que instrumentalizou com grande intensidade a História de Portugal, da fundação ao Antigo Regime, passando pelas Descobertas – curiosamente, também ele criando uma ruptura com o passado imediato da monarquia constitucional e da I República. Tornou-se impossível à democracia recuperar a gesta heróica dos portugueses, da cruzada medieval à colonização do mundo: essa era a História do fascismo.

Mas então onde encontrar o seu *pedigree*? O centenário do 5 de Outubro de 1910 pareceu uma oportunidade: o dia poderia ficar como o equivalente do 14 de Julho francês ou do 4 de Julho americano, datas fundadoras daquilo a que os historiadores convencionaram chamar a "idade contemporânea". Criou-se uma comissão e procurou-se animar uma série de iniciativas (exposições, publicações, eventos diversos) com o propósito de mostrar que a experiência democrática portuguesa não era senão o último episódio de uma experiência republicana com cem anos. Só que tudo correu mal, por meras razões de actualidade. O centenário do 5 de Outubro apanhou a democracia numa das maiores crises da sua história. Aquilo que deveria ter sido a pacífica consagração do regime democrático passou no quase anonimato, com os portugueses agarrados aos gráficos das taxas de juro da dívida pública, à espera da austeridade e do dia em que o Governo teria de declarar a bancarrota. Quem queria saber da I República quando o pagamento do 13º mês estava em risco?

Num certo sentido, ainda bem que a oportunidade se perdeu. Como esta introdução procura mostrar, embora tenha sido um episódio importante da longa experiência republicana em Portugal, a I República não inaugurou essa experiência nem foi o seu momento mais significativo. A experiência republicana começou em Portugal com as chamadas revoluções liberais do século XIX. Com muito mais propriedade se deveria fundar nelas o actual regime. As revoluções de 1820 e 1834 são os efectivos equivalentes das revoluções inglesa, francesa, americana, italiana ou espanhola, inaugurando a época constitucional no país e das liberdades que hoje nos orgulham (liberdade de associação, liberdade de expressão, liberdade de voto), para além de inúmeras outras inovações. A I República não fundou a época contemporânea em Portugal: também os franceses não comemoram a derrota de Sedan, que deu origem à III República francesa e à permanência da forma republicana, mas a tomada da Bastilha, mesmo se depois se seguiram os mais diversos regimes, entre os quais duas efémeras repúblicas. Foi o 14 de Julho que aboliu o Antigo Regime, mesmo se só com a III República a França encontrou alguma estabilidade política e institucional.

Em vez de um momento fundador, a I República acaba, portanto, por ser uma transição, mesmo se muito reveladora de algumas das contradições da experiência política contemporânea portuguesa (assim como o Estado Novo e a corrente democracia o são também, embora de outra maneira, evidentemente). É isso que este livro procura mostrar, da forma que os seus sete capítulos ilustram.

Os textos são da autoria de historiadores relativamente jovens e cobrem o conjunto do período, tocando nos seus aspectos mais importantes. O primeiro capítulo, de Fernando Martins, trata do evento fundador da I República, o 5 de Outubro; o segundo, da autoria de António Araújo e Luís Bigotte Chorão, aborda as suas fundações legais e institucionais; o terceiro, de Bruno Cardoso Reis e Sérgio Ribeiro Pinto, trata do tema crucial das relações do regime com a religião; o quarto, da autoria de Pedro Oliveira, do não menos crucial tema da relação do regime com a I Guerra Mundial; o quinto, de Filipe Ribeiro de Meneses, versa sobre a singular experiência do sidonismo; o sexto, de Álvaro Ferreira da Silva e Luciano Amaral, tem como tema a evolução da economia durante a I República; o sétimo, da autoria de Bruno Cardoso Reis, dedica-se à sua fase final, que ficou conhecida como Nova República Velha e desemboca no 28 de Maio de 1926, o golpe que acabaria por conduzir à instauração do salazarismo. A introdução, de Luciano Amaral, é um ensaio um pouco especulativo procurando identificar o sentido histórico que pode ser dado à experiência da I República portuguesa.

I

A compreensão histórica da I República portuguesa não dispensa uma interpretação sobre o significado da palavra "república". Não é possível, no espaço deste texto, apresentar e discutir os diversos (e muitas vezes contraditórios) conceitos recobertos pela palavra. Mas pode dizer-se desde logo que a sua coincidência com uma forma de governo sem rei é apenas superficial, não tomando em consideração o que significam e significaram os diversos "governos republicanos" que existem e existiram na História.

Durante muito tempo, desde os fundadores do pensamento político ocidental (como Aristóteles ou Cícero), o vocábulo latino "república" (ou grego, *politeia*) era apenas sinónimo do "melhor regime". Embora o pensamento antigo contivesse já algumas das características do republicanismo moderno, não impedia que esse regime aparecesse sob uma forma superficial monárquica. Teria era de ser um regime dedicado ao "bem público" ou ao "governo público" (a *res publica*), ou seja, ao "bem comum" dos governados (e não dos governantes). Foi assim, com oscilações, que o termo continuou a ser entendido até ao pensamento liberal moderno. Ainda no século XVII, Jean Bodin, na defesa do absolutismo monárquico, entendia "república" simplesmente como a "boa governação", mesmo se feita por um rei e muito longe da tradição "clássica" da Antiguidade: "República é um bom governo de várias famílias, e do que lhes é comum, com poder soberano".[1] Aliás, o regime concreto aproximar-se-ia tanto mais da "república" neste sentido quanto mais próximo estivesse do absolutismo monárquico.

Mas desde a Idade Média que se foi criando uma tradição, de resto muito pouco homogénea, remetendo a "república" para algo um pouco mais concreto. Neste sentido, "república" ou "republicanismo" é a tradição intelectual de Maquiavel, Milton, Harrington, Blackstone ou Montesquieu. Por muito diferentes que sejam estes autores, o seu principal ponto comum é a recuperação da tradição "clássica" entendendo a "república" como um regime dedicado ao "bem público", assente em determinadas virtudes cívicas dos cidadãos e na sua participação no processo político. Mas se, por exemplo, para Maquiavel, a "república" teria de coincidir com um governo sem rei, o mesmo já não é verdade para Montesquieu.

Finalmente, a palavra "república" remete ainda para regimes concretos em que o chefe do Estado não é um rei, devendo aqui distinguir-se as repúblicas baseadas na soberania popular daquelas baseadas numa soberania limitada, aristocrática. Ambas são diferentes dos regimes de soberania dinástica, mas também diferentes entre si: todas as repúblicas pressupõem a participação dos cidadãos no processo político, mas nem todas alargam o conceito de cidadania ao conjunto do povo.

Portanto, a palavra "república" num sentido substancial não tem necessariamente que coincidir com a palavra "república" no sentido superficial de regime sem rei. As modernas monarquias constitucionais que foram aparecendo na Europa nos séculos XIX e XX e sobreviveram até hoje são, no sentido superficial, monarquias. Mas são ao mesmo tempo repúblicas e democracias no sentido substancial, na medida em que alargam a cidadania ao conjunto do povo e pressupõem a participação dos cidadãos no processo político, os quais são eleitos por sufrágio universal para os cargos mais importantes (se excluirmos o de chefe do Estado propriamente dito). Por outro lado, regimes autoritários ou ditatoriais típicos do século XX como o nazismo, o fascismo ou o comunismo são regimes republicanos no sentido superficial, mas é difícil vê-los enquanto tais no sentido substancial, na medida em que não promovem a participação cívica dos cidadãos. De resto, não pode sequer dizer-se que grande parte da tradição intelectual republicana seja precursora das modernas democracias. O modelo republicano de Maquiavel era a República romana, de governo aristocrático, o mesmo sucedendo com os regimes republicanos aristocráticos anteriores ao liberalismo, como a Suiça ou Veneza.

Esta divergência dos sentidos atribuíveis à palavra "república" complica-se ainda pelo difícil estabelecimento de fronteiras entre republicanismo e liberalismo. Alguns historiadores da revolução americana, por exemplo, negaram que ela fosse (como é corrente no entendimento comum) o paradigma da revolução liberal, fazendo dela, em vez disso, o maior exemplo de uma revolução republicana. [2] Embora Gordon Wood procure distinguir muito claramente os dois conceitos, John Pocock defende que a América teria construído, afinal, não um simples regime liberal nem uma simples república, mas uma "república liberal". De forma mais genérica, pode dizer-se que o liberalismo enquanto experiência histórica concreta sempre oscilou na natureza das liberdades essenciais que o definiriam, oscilação resumida na célebre dicotomia de Benjamin Constant entre liberdade "moderna" e liberdade "antiga", um debate que continuou no século XX em torno dos conceitos equivalentes de liberdade "negativa" e liberdade "positiva", elaborados por Gerald MacCallum e Isaiah Berlin. [3] O tema é, essencialmente, o seguinte: a liberdade "moderna" ou "negativa" não requer dos cidadãos a participação no processo político; requer apenas que eles sejam livres de prosseguir os seus objectivos e actividades privadas sem constrangimentos de outros ou do Estado; já a liberdade "antiga" ou "positiva" exige a participação dos cidadãos no processo político, sacrificando a prossecução da felicidade privada aos deveres cívicos, podendo chegar ao sacrifício da própria vida em caso de mobilização militar; neste caso, a "comunidade" prevalece sobre o indivíduo e constrange-o ao cumprimento dos seus deveres independentemente da sua vontade. Como mesmo os maiores defensores da liberdade "negativa" notaram (incluindo o próprio Constant), sem algum elemento de liberdade "positiva", a liberdade "negativa" pode redundar no despotismo do Estado e na sua própria negação: se os cidadãos privados delegam inteiramente a actividade política no Estado deixam de o poder limitar. Mas mais fácil ainda foi notar que a liberdade "positiva" em si mesma não garante qualquer liberdade individual "negativa": o indivíduo só existe enquanto agente da comunidade e é apenas nessa medida que é "livre".

É uma indefinição que marca a relação entre republicanismo e liberalismo e desemboca na recente literatura sobre o "neo-republicanismo" ou "republicanismo cívico", para quem a única forma de conciliação entre as duas liberdades seria uma república constituída por cidadãos virtuosos que, em vez de invocarem os seus direitos em permanência, estariam dispostos a cumprir os seus deveres, particularmente o de defender a liberdade "negativa". ([4]) E a questão da forma do regime não é acessória: um rei ou não representa nada (a não ser uma relíquia simbólica: e.g. a rainha de Inglaterra) ou deterá sempre um poder ilegítimo numa comunidade política livre. O liberalismo tal como se materializou de forma concreta na História não corresponde apenas à expansão das liberdades para os membros da sociedade e à sua representação num parlamento. Essas características são relevantes apenas enquanto manifestações de uma comunidade política cuja legitimidade é contrária à legitimidade hereditária e divina das monarquias tradicionais europeias. No que toca à legitimidade para governar, o liberalismo baseia-se na ideia de consentimento dos governados. É verdade que esse consentimento não implica necessariamente a erradicação da monarquia, mas, associado aos restantes direitos e garantias, não deixa de a transformar em algo descartável caso a vontade dos governados vá nesse sentido. James Tyrrell dava razão a Robert Filmer, contra Locke (e contra si próprio, de resto), verificando como a posição que ambos defendiam, uma vez levada às últimas consequências, conduziria inevitavelmente ao individualismo lógico, "à democracia final e à partilha de poder político com mulheres, crianças e criados". ([5])

Este texto não procura discutir aprofundadamente o problema das relações entre republicanismo e liberalismo, mas o que foi dito é suficiente para recordar como há uma "pulsão republicana" no liberalismo histórico, e que se o liberalismo sobreviveu sob monarquias, também não deixou de as obrigar a transformarem-se muito. Não é acidental que muitas revoluções ditas "liberais" tenham conhecido episódios republicanos (no sentido superficial de regime sem rei), mesmo se efémeros (como a *Commonwealth* de Cromwell, em 1648, ou as I e II Repúblicas francesas, de 1793 e 1848) ou tenham resultado em repúblicas estáveis, como a república americana, desde 1783, ou as repúblicas francesas (da III à V), desde 1871.

Todas estas indefinições são fundamentais para entendermos a passagem da monarquia constitucional para a I República em Portugal. Claro que no sentido superficial acima mencionado, a idade republicana é inaugurada pela I República. Mas no sentido substancial, a monarquia constitucional pode ser vista como uma república, da mesma forma que as monarquias constitucionais de hoje o são. As revoluções liberais portuguesas (a de 1820 e a que se seguiu a 1834) quiseram substituir as legitimidades políticas típicas da monarquia tradicional portuguesa pela legitimidade popular, quiseram fazer "o câmbio do súbdito pelo cidadão, a substituição dos direitos majestáticos pela soberania nacional" [6] ou, pelo menos, pela legitimação política conferida pelos "cidadãos" portugueses (embora estes pudessem não coincidir com o conjunto do "povo" e sim apenas com uma sua secção mais "digna").

A expressão "legitimidades políticas" é preferível à expressão "legitimidade política" para descrever o regime anterior às revoluções liberais, pela razão simples de que a monarquia não era aí a única fonte legítima de poder. O que acentua a natureza verdadeiramente transformadora das revoluções: foram elas que introduziram a forma contemporânea de relacionamento entre governantes e governados, já que no chamado Antigo Regime português o rei competia, em termos de soberania, com outras entidades, como a Igreja Católica, a nobreza ou os concelhos. [7] Uma prática corrente da monarquia portuguesa era a das doações régias, pelas quais o rei oferecia patrimónios à nobreza ou à

Igreja em troca de serviços à corte. Ora, a essas doações iam associadas capacidades típicas do poder político moderno (poderes administrativos, o poder de cobrar tributos, o poder de instalar tribunais e até o poder de criar uma polícia própria). [8] Mas tanto a nobreza como a Igreja e os concelhos podiam deter os mesmos poderes de forma originária.

As revoluções liberais quiseram concretizar a passagem daquelas esferas de soberania para a soberania popular. Portugal deixaria de ser um território definido pela capacidade da dinastia monárquica em controlá-lo (e que coexistia ou se sobrepunha à soberania da nobreza e da Igreja) mas uma comunidade política constituída por cidadãos, que se fariam representar nas assembleias apropriadas. Note-se que nem a monarquia (com as suas redes matrimoniais europeias) era propriamente nacional, nem muito menos o era a Igreja (fundada em Roma), nem sequer necessariamente a nobreza (cujas estratégias matrimoniais também possuíam uma dimensão "internacional"). Portugal antes do liberalismo seria melhor definido como um "estado dinástico", por oposição a "estado nacional". [9] A dinastia não procurava necessariamente o engrandecimento nacional, mas sobretudo o engrandecimento da casa senhorial monárquica, para isso competindo com entidades "nacionais" (como outras casas senhoriais, a Igreja local ou os concelhos) mas também com entidades "internacionais" (como outras dinastias ou a própria Igreja sediada em Roma). A nova comunidade política seria nacional e popular. A soberania seria a do povo, confinando-se este a um determinado território, correspondente às fronteiras de Portugal.

Igualmente importante, embora complementar do problema anterior, seria a definição do povo. O povo poderia não ser a totalidade da população vivendo no território, mas apenas aqueles considerados como capazes de serem cidadãos plenos. Historiadores recentes da monarquia constitucional, tomando como exemplo a historiografia americana, verificaram como o chamado liberalismo português correspondeu, na realidade, a uma ideia de "república clássica", em que o povo capaz de exercer a soberania se restringia apenas a uma sua parcela. [10] O povo desta "república clássica" correspondia aos "cidadãos". Mas cidadãos não eram todos, apenas aqueles reunindo certas características definidoras. A mais importante dessas características seria a "independência", sendo "independentes" somente aqueles que, precisamente, não dependiam de entidades que lhes fossem superiores, coisa que se considerava não acontecer com as mulheres, os mendigos, os criados, os membros das ordens religiosas ou os empregados do Estado. Também não eram "independentes" os analfabetos, incapazes de formarem juízos políticos autónomos. Eram "independentes" aqueles que possuíam património acima de determinado valor ou que então obtinham rendimentos que os habilitassem a não depender de ninguém. [11]

Quer isto dizer que, na confrontação monarquia-república, seria um grande erro não entender que a monarquia sobrevivente às revoluções liberais não era a mesma instituição das épocas anteriores. Dela restou sobretudo a sucessão dinástica. O monarca constitucional liberal não o era por direito divino. Não era também a fonte da lei, concedida pela sua graça. A fonte da lei estava agora no parlamento, cabendo ao rei simplesmente aplicá-la. O rei também perdeu o grosso dos seus patrimónios (transformados temporária ou definitivamente em patrimónios públicos), ficando limitado apenas a parcelas dele e a uma dotação orçamental decidida pelo parlamento. Perdeu também a capacidade de criar nobreza (pelo menos com a liberdade e o significado de outrora) e de se articular com ela para a organização do poder político. Até porque a própria nobreza desapareceu, pelo menos enquanto categoria social detentora de determinados privilégios. A monarquia limitava-se assim a ser uma sobrevivência da História de Portugal, reduzida a símbolo disso mesmo.

Mas é exactamente por este esvaziamento do significado histórico e político da monarquia que uma inevitável tensão se criou em toda a parte entre os novos regimes liberais (com a sua soberania popular) e a soberania dinástica. O que é particularmente verdadeiro no caso português, em que o rei, sob a Carta Constitucional de 1826, manteve importantes poderes políticos. Marcello Caetano dizia que a Carta era uma das constituições "mais monárquicas" da Europa do século XIX. [12] De facto, encontrar-se-ão poucos monarcas constitucionais contemporâneos com tantos poderes quanto o português sob a Carta. Graças ao chamado "poder moderador" que a Carta lhe conferia, o rei podia vetar as leis emanadas do parlamento, bem como convocá-lo e dissolvê-lo. Enquanto chefe último do poder executivo, podia ainda nomear e demitir ministros. [13] Claro que o rei perdia os seus poderes legislativos, que se concentravam no parlamento. E os governos resultavam do processo eleitoral, que o rei ratificava. [14] Mas a forma como as decisões discricionárias do rei, ao abrigo do "poder moderador", se articulavam com os actos eleitorais acabou por conferir um grau importante de centralidade à coroa. Para isto foram essenciais os mecanismos de organização das eleições, que garantiam sempre a vitória ao governo em funções. O processo era aproximadamente o seguinte: quando se gerava a sensação de que um determinado governo se havia "esgotado" ou "gasto", multiplicavam-se as pressões de membros da classe política para que o rei usasse o poder moderador, demitisse o governo e nomeasse outro que preparasse eleições depois de o rei dissolver o parlamento. Este novo governo socorria-se então dos diversos mecanismos de orquestração do voto (baseados no cacicato local) para ganhar as eleições. Daqui resultava o governo seguinte, que viria um dia a "esgotar-se" e "gastar-se", sendo então substituído pelo rei, assim se renovando o processo. Os reis terão usado do poder de dissolver a assembleia com frequência: mais de trinta vezes entre 1834 e 1910. [15] Como o voto era instrumentalizado e as decisões dos eleitores não eram livres no sentido em que actualmente são, cabia ao rei a última decisão permitindo a substituição de maiorias parlamentares e governos. O rei estava (embora não o fosse) no centro do sistema político.

Mas se a soberania era popular, de acordo com a Carta Constitucional, como justificar poderes reais tão relevantes? Na verdade, tratava-se de uma partilha de soberania, entre o povo e o rei. Ou seja, a combinação de uma forma de legitimidade tradicional com outra popular ou nacional. Em boa parte, esta situação institucional ambígua terá dependido do facto de o regime liberal ter sido definitivamente instalado pelo monarca (D. Pedro IV) que também "outorgou" a Constituição em vigor a maior parte do tempo durante a monarquia constitucional (a Carta Constitucional de 1826). Seja como for, nenhuma monarquia liberal escapou a esta ambiguidade. Mesmo no caso inglês, onde a revolução foi capaz de criar o princípio compósito do "king-in-parliament" (a soberania reside no parlamento, representando o povo, e o rei preside a ele), ([16]) o que facilitou a sobrevivência da monarquia, as ameaças a essa sobrevivência fizeram-se sentir até tarde. Foi essencial aqui a capacidade da Rainha Vitória para transformar a monarquia numa instituição "democrática". Quando acedeu ao trono, em 1837, muita gente vaticinava o desaparecimento para breve da instituição, fosse de forma violenta ou relativamente pacífica. Quando morreu, em 1901, tinha-a transformado, fazendo dela um motivo de devoção popular, mesmo se durante o reinado tenha considerado abdicar, dada a quantidade de ataques que a si e à instituição foram dirigidos. ([17]) Foi apenas nos últimos trinta anos do seu reinado que Vitória transformou a monarquia inglesa naquilo que hoje é: um símbolo nacional e popular, desprovido de responsabilidades políticas que não sejam simbólicas.

Dada a natureza dos poderes reais, compreende-se a progressiva deriva "republicanizante" que caracterizou a monarquia constitucional portuguesa. A coroa passou a ser vista pela classe política apenas como um mecanismo de ratificação de legislaturas e executivos. A partir do instante em que não se descortinasse nela essa utilidade, estaria ameaçada, como aliás esteve ao longo de todo o século. Convém entender que a relativa centralidade da monarquia no Antigo Regime dependia do seu papel de pivô da actividade política e económica. Agora, na monarquia constitucional, o rei já não garantia cargos e títulos de nobreza como antes. Ou, se ainda os garantia, os títulos já não significavam a mesma coisa: já não asseguravam um cargo na corte ou a apropriação de vultosas rendas. O rei já não era o dispensador do rendimento que permitia a sobrevivência material da aristocracia.

Ao longo da monarquia constitucional, a tolerância para com a instituição monárquica variou conforme o grau de radicalismo dos protagonistas políticos, mas nenhum teria dificuldade em partilhar a ideia de Passos Manuel (um dos mais radicais) de que a monarquia portuguesa era uma "monarquia republicana", em que o monarca não é senão o "primeiro magistrado da Nação" (como um Presidente da

República), pois está "cercado de instituições republicanas", no sentido em que as instituições representativas se sobrepõem às reais. [18] Antecipando em um século a queda da monarquia, Manuel Fernandes Tomás explicava, nos anos 20 do século XIX, o que significava a sobrevivência da monarquia: "quando [a Casa de Bragança] não cumprir as condições debaixo das quais é eleita [sic] para governar, então a Nação, reassumindo os seus imprescindíveis direitos, tem autoridade de a tirar do governo, e pôr à testa dele quem bem lhe parecer". [19] A Regeneração (o período vagamente definido entre o golpe de Saldanha em 1851 e o Ultimato inglês de 1890) pode ser vista como uma época de permanente transigência tanto para com as ideias mais radicais como para com os próprios protagonistas dessas ideias. E embora em princípio existissem dois partidos representando os dois lados do espectro político, um mais conservador e outro mais radical, a verdade é que seria um equívoco entender o Partido Regenerador (o partido dado como "conservador") como um ordeiro partido monárquico e o Partido Histórico (até 1876) e o Partido Progressista (depois de 1876) como partidos "republicanizantes", embora presumivelmente estivessem à esquerda do espectro político. Na realidade, o Partido Regenerador era famoso pela permanente reciclagem de republicanos confessos, assim como pela promoção dos movimentos políticos republicanos. Neste aspecto, em pouco se distinguia dos rivais à esquerda. [20]

Fontes Pereira de Melo (o epítome da Regeneração e líder do Partido Regenerador) tinha tanto (ou tão pouco) respeito pela Casa de Bragança quanto os seus adversários. Fontes não se via no papel de defensor da monarquia. Era um político progressista, apostado no que achava ser o progresso político, económico e moral dos portugueses. A Coroa era apenas algo com que tinha de lidar no contexto da Carta Constitucional, e não pensava em derrubá-la porque não via utilidade nisso para aplicar o seu programa. Mas não se importava de propor ideias avançadas nem de promover os movimentos republicanos. Um regenerador ilustre, Casal Ribeiro, passava a vida a acusar Fontes de "promover o Partido Republicano". [21] Tanto o Partido Regenerador quanto os partidos Histórico e Progressista (i.e., o conjunto da classe política monárquica) enxameavam de republicanos de juventude convertidos ao pragmatismo regenerador. [22] Em 1890, os dois grandes líderes partidários, António de Serpa Pimentel (do Partido Regenerador) e José Luciano de Castro (do Partido Progressista) tinham sido republicanos e socialistas quando jovens. E não eram os únicos: entre outros, António Rodrigues Sampaio, Lopo Vaz de Sampaio e Melo ou o próprio futuro "ditador" Ernesto Hintze Ribeiro. Estes homens não tinham abdicado dos ideais de juventude: ainda pretendiam instaurar a república, nem que fosse preservando uma coroa esvaziada de significado político relevante. [23] O próprio rei D. Carlos estava disto consciente quando, segundo consta, terá dito um dia que Portugal era uma "monarquia sem monárquicos".

Sendo verdade que a linha de fundo do combate político da monarquia constitucional não correspondeu propriamente à alternativa Monarquia-República, esse combate não deixou de se organizar em boa medida em torno da legitimidade da co-soberania monárquica. No essencial, ambos os lados do espectro político procuraram mais ou menos limitar permanentemente os poderes garantidos ao monarca pela Carta Constitucional. Apenas variaram na intensidade com que o pretenderam fazer. A própria origem da Carta, resultante da "outorga" de D. Pedro IV, constituía uma espécie de traição à nova comunidade liberal. [24] Para os setembristas (a esquerda monárquica até à Regeneração), a verdadeira constituição liberal era a de 1822. De acordo com esta, o poder residia no parlamento. A fórmula era, no artigo 26, "a soberania reside essencialmente em a Nação". [25] O rei detinha o poder executivo (cabendo ao parlamento o legislativo), mas apenas no sentido de nomear os ministros. Não detinha qualquer capacidade de veto sobre a legislação parlamentar e não podia suspender ou dissolver as cortes. [26]

Quando, a partir da Regeneração, a Carta se transformou finalmente no documento consensual da classe política da monarquia (o que significava aceitar as prerrogativas reais nela contidas), o programa dos partidos monárquicos (de esquerda ou de direita) pendeu sempre para uma evolução cada vez mais "democratizante". Depois da derrota do "cabralismo" em 1849, o conservadorismo não ressuscitou em Portugal. Para os chamados "conservadores" da Regeneração (os regeneradores propriamente ditos) bastava manter a Carta e uma relativa moderação política. Mas a muitos não repugnava ir aceitando as reivindicações da esquerda. Tanto não repugnava que por vezes se anteciparam a ela. Foi o caso de Fontes Pereira de Melo, a quem coube a responsabilidade de introduzir em 1878 aquilo a que o jornal republicano *Democracia* (dirigido por Elias Garcia) chamou "o sufrágio universal sem o nome". Na verdade, o que Fontes fez foi tornar sua a proposta que o progressista duque de Ávila nunca teve a coragem de defender até ao fim. Tratou-se então de conceder o direito de voto não apenas aos possuidores de um rendimento superior a 1.000 réis e aos alfabetizados, mas também aos chamados "chefes de família". [27] Com esta reforma, a capacidade de votar foi atribuída a mais de 70% dos homens maiores de 21 anos, quase o dobro relativamente aos 37% anteriores: o número de eleitores passou de 480 mil em 1877 para 820 mil em 1878. [28] Era, efectivamente, quase o sufrágio universal masculino.

Mas nada disto alterou o papel do rei, pelo que o problema da co-soberania continuou a definir a vida do regime. O que é verdade também para uma outra sobrevivência importante do Antigo Regime. Não foi apenas em relação à monarquia que os liberais transigiram com a tradição. Fizeram-no também em relação à religião. Mesmo a Constituição de 1822, que permaneceu como o símbolo radical do liberalismo monárquico até ao seu final, mantinha o catolicismo como religião oficial. E *a fortiori* o mesmo era verdade para a Carta Constitucional: "a Religião Catholica, Apostólica e Romana continuará a ser a religião do Reino" (artigo 6). [29] Temos de começar por entender que isto era já algo de diferente em relação à posição da Igreja no Antigo Regime. Tal como a monarquia não era a mesma instituição depois das revoluções liberais, o mesmo se passava com a Igreja. A Igreja não se limitou a perder a capacidade ideológica de ordenação do mundo. Perdeu também as suas prerrogativas institucionais: logo em 1820, a Inquisição foi abolida, o privilégio de foro foi retirado e a Igreja passou a pagar pesados impostos; em 1834, os dízimos (o tributo que lhe era devido pela população no Antigo Regime) foram abolidos, as ordens religiosas masculinas foram expropriadas (e os seus bens nacionalizados) e erradicadas, e as carreiras eclesiásticas passaram a depender do Governo. O conflito atingiu proporções suficientemente graves para que D. Pedro e a Santa Sé rompessem as relações diplomáticas em 1834. ([30]) Ou seja, a posição da Igreja não era já a mesma depois das revoluções liberais. Mas apesar de tudo, as sobrevivências foram suficientes para se compreender que os mais democráticos dos liberais convivessem mal com elas. A confessionalidade do Estado não só implicava a quebra do princípio da liberdade individual como desmentia o princípio da igualdade de direitos dos portugueses perante a lei. A lei não era igual para os católicos e para os restantes portugueses. A liberdade religiosa não era, portanto, plena. Acresce que da confessionalidade do Estado resultavam certas implicações práticas, como o assento dos bispos na Câmara dos Pares. Para muitos liberais, eram demasiadas transigências para com a tradição. O espírito dos primeiros liberais, mais do que irreligioso era anti-clerical. O cristianismo como fronteira moral não os incomodava e era até fomentado. O que suportavam pior eram os privilégios da Igreja como instituição. É por isso que a solução constitucional acabou por consagrar a dimensão pública do catolicismo ao mesmo tempo que destruiu a estrutura institucional da Igreja do Antigo Regime. Herculano, Antero ou Oliveira Martins, mais tarde (na segunda metade do século), também não negaram a relevância da religião, mas condenaram severamente a sobrevivência do peso institucional da Igreja. E mesmo quando, depois, correntes intelectuais mais radicais baseadas no cientismo e no positivismo questionaram de forma explícita a religião em si mesma, foi sobretudo à Igreja enquanto instituição que dirigiram a maior parte do seu opróbrio. O laicismo e o anticlericalismo, embora estejam próximos, não são o mesmo que o ateísmo.

A Coroa e a Igreja transformaram-se durante a monarquia constitucional, portanto, nos símbolos que faltava ainda erradicar para completar a obra liberal. Por isso, não coube apenas aos republicanos a contestação da sua existência, mas também à classe política e intelectual da monarquia constitucional. Não seria, pois, correcto confundir o republicanismo português com o Partido Republicano Português (PRP). O PRP era apenas um pequeno partido, criado na década de 80, no extremo do espectro partidário da monarquia constitucional. Mas não estava genericamente de fora dos mecanismos convencionais do jogo político do sistema. Durante grande parte da sua existência esteve ameaçado de extinção, vindo a prosperar sobretudo com a deliquescência final do sistema político da monarquia. E este êxito deveu-se menos aos seus feitos eleitorais (muito modestos) do que ao uso instrumental que dele fizeram os partidos e facções do regime, e também ao uso instrumental que ele fez dessas mesmas facções. A utilização do PRP para fins de manobra política começou cedo, logo por alturas da sua fundação na década de 80. Fontes Pereira de Melo sempre o entendeu como um óptimo instrumento de divisão do eleitorado progressista e a sua expansão inicial deveu muito à promoção que dele fez Fontes. Mas o Partido Progressista também não hesitou em usar o "espantalho" do PRP, procurando mostrar que era a última fronteira "respeitável" do radicalismo.

Contudo, passados estes êxitos iniciais, o PRP entrou num longo processo de decadência, sobretudo a seguir à crise do princípio da década de 90. ([31]) O Ultimato, o 31 de Janeiro de 1891 e a crise económica e financeira de 1891-92 constituíram uma sequência de eventos em que muitos quiseram, à época, ver a agonia da monarquia constitucional. Mas o PRP assustou-se com ela tanto quanto os grandes partidos do sistema. A revolta republicana de 31 de Janeiro, no Porto, foi um acontecimento desgarrado, em que o PRP abandonou à sua sorte precipitados oficiais de baixa patente e militantes avulsos. ([32]) Já as crises externa e financeira, em vez de servirem de catalisador para a abolição da monarquia, deram-lhe um último fôlego. O PRP apareceu então como um *bluff* revolucionário. No fundo, também ele fazia parte dos jogos políticos característicos do regime. Significativamente, em 1893, o PRP juntou-se ao Partido Progressista na chamada Coligação Liberal, chefiada por João Crisóstomo. Como diz Vasco Pulido Valente, "a 'Coligação' durou cerca de três anos e quase destruiu o PRP". ([33]) Servir de arma de arremesso alternada entre Regeneradores e Progressistas foi o papel que o PRP acabou por se atribuir a si mesmo. Jamais quis então tomar o poder e proclamar a república. A verdade é que o PRP viveu sempre, durante a monarquia constitucional, e mesmo durante a I República, numa situação impossível. Em si mesmo, era um partido indistinguível dos restantes, constituído por uma elite de advogados, jornalistas, empresários e proprietários rurais. O que fazia a sua diferença eram os contactos estreitos com o mundo popular das carbonárias, dos clubes, das associações (desportivas, recreativas...) e dos sindicatos. Mas sempre que este mundo popular ameaçou tomar efectivamente o controlo dos eventos políticos, o PRP fugiu. Aconteceu assim em 1891, aconteceu assim em 1908 e chegou mesmo a acontecer nos dias da revolução, entre 3 e 5 de Outubro de 1910. Grande parte do problema do regime republicano viria a ser precisamente a cisão entre estas duas esferas. O universo popular gravitando em seu torno era para o PRP sobretudo um instrumento de negociação com o resto da classe política monárquica. Na República, evidentemente, transformou-se num dos seus principais problemas.

De resto, o regime monárquico teve nos seus últimos anos de vida um novo fulgor. Foi nessa altura que procurou reformar-se com muita determinação. A ocorrência da revolução republicana em 1910 criou a ideia convencional de que aquelas reformas sempre estiveram inevitavelmente destinadas ao fracasso. Mas não é claro que assim devesse ter sido. Não havia nada de inevitável na revolução republicana. Foi a reformar-se que várias monarquias europeias sobreviveram, e a maior parte daquelas que efectivamente desapareceram foram vítimas sobretudo das duas guerras mundiais (particularmente da primeira) e não de qualquer revolução. Foi só ao fim de duas décadas que o fracasso das reformas se consumou em Portugal, e só então o PRP ressurgiu, aproveitando o colapso do sistema político da monarquia constitucional.

Os republicanos não eram os únicos a identificar a crise dos anos 90 com o próprio sistema. Outros o fazim também: não com a monarquia em si (coisa que os republicanos faziam), mas com certas características do regime constitucional. João Franco, por exemplo, um dos ícones dos esforços de reforma, explicava que, "num país que não sabe ou não quer eleger, [em que vence sempre o governo instalado], o sistema representativo, monárquico ou republicano, é um verdadeiro paradoxo. O rei, que no antigo regime era um *chefe* a quem cabia toda a responsabilidade, [...] passou a ser mero representante da nação.

Sem poder conhecer a vontade nacional manifestada [...] [na] eleição, o chefe do Estado vê-se reduzido a procurar inspiração nas sugestões da imprensa, nas manifestações de rua, em informações e conselhos nem sempre desinteressados e sinceros." [34]

Para muita gente no interior deste sistema, incluindo o próprio rei Carlos, vencer a crise requeria, portanto, transformá-lo profundamente: "se a revolução não podia ser feita pelo povo, porque não encomendá-la ao rei"? [35] Nas décadas de 70 e 80, o republicanismo radical (distinto do republicanismo que inspirava a generalidade da classe política monárquica) havia sido o refúgio intelectual e político da crítica avançada à monarquia constitucional. As causas da decadência dos povos peninsulares eram claras: a monarquia e a Igreja, de que o sistema político vigente era uma emanação. A renovação só podia vir pela efectiva abolição da monarquia e pela exclusão da Igreja do espaço público. Este *patois* não deixava a classe política do regime indiferente: muitos dos políticos tradicionais haviam-se rendido à eficiência regeneradora, mas apenas porque ela parecia o melhor instrumento para aplicar as agendas transformadoras e progressistas da época. A crise de 1890-1892 (que foi política e económica) destruiu esse mito.

Ao mesmo tempo, outras ideias avançadas (como o socialismo, o sindicalismo ou o anarquismo) desenvolveram-se por esta altura, com muita proximidade ao republicanismo radical. O nascimento do Partido Socialista Português (em 1875) precede em apenas um ano o do PRP. Os famosos intelectuais da Geração de 70 (Eça, Antero, Ramalho, Oliveira Martins...) foram os veículos destas ideias, apresentando uma mistura republicana, socialista, anti-burguesa e anti-clerical de grande fortuna cultural futura. Foi na segunda metade do século XIX e nos princípios do século XX que o marxismo e as suas inúmeras críticas internas (a proudhoniana, a bernsteiniana, a soreliana, a anarquista...) nasceram na Europa. Muitas vezes, foram levadas tão longe que conduziram à criação de novos corpos de ideias. É o caso de Bakunine e do anarquismo ou de Sorel e do fascismo. [36] Foi também nesta altura que, à sombra dos avanços da ciência, germinaram o positivismo e o cientismo, levando a uma renovada crítica à religião e à Igreja Católica. Depois, a Europa fervilhava de experiências políticas: a Espanha tinha já passado pela "monarquia democrática" de Amadeu I e pelas repúblicas de 1873 e 1874, baseadas no sufrágio universal masculino. A França era uma república desde 1871, também com sufrágio universal. Nos mais diversos países europeus eram várias as versões de sufrágio alargado. Em muitos deles, a resposta das respectivas monarquias tinha consistido em aceitar de frente o desafio liberal, republicano e socialista, procurando incorporar as suas ideias nas formas de organização política. Os anos 80 e 90 abundam, pela Europa fora, de programas conservadores de pendor social mais ou menos orquestrados pelas respectivas monarquias: Bismarck e Caprivi na Alemanha, Disraeli no Reino Unido, Francesco Crispi em Itália e até mesmo Gambetta em França (num exemplo republicano).

Também Portugal conheceu algo parecido. O país estava a mudar. Apesar da lentidão do crescimento económico, a indústria e as cidades expandiam-se, [37] enfraquecendo as tradicionais redes de caciques e, por aí, minando o funcionamento do sistema político. Para D. Carlos e certos membros da classe política, reformar o país exigia acomodar naquele sistema as novas massas urbanas, fazendo "aproximar o povo da dinastia", como dizia Teixeira Bastos. [38] Os partidos deveriam deixar de ser meros depósitos de votos reunidos pelos caciques rurais. Dois homens marcariam estes esforços: Oliveira Martins e João Franco. Ambos fracassaram. Martins (um misto confuso de democrata, republicano e socialista) havia sido dos mais persistentes críticos avançados da Regeneração. Chamado ao Governo, logo na sequência do incumprimento externo de 1892, quis reformar os sistemas político e económico do país, mas a sua efémera oportunidade esfumou-se nos jogos palacianos da classe política regeneradora. Já João Franco, menos hipertrofiado intelectualmente mas melhor adaptado à sobrevivência na selva impenetrável da política do tempo, resistiu mais e chegou a dar a ideia de ser capaz de prevalecer. Por duas vezes começou a governar à esquerda, por duas vezes governou em "ditadura", por duas vezes acabou odiado pela esquerda – e também pela direita. Para Franco, tratava-se de "operar a 'revolução de cima', sem recorrer à 'rua'". [39] Mas José Relvas resumiu em poucas palavras a sua contradição essencial: "a sua suprema força resultava de ter adoptado o programa da Democracia [i.e. o programa republicano], pretendendo realizá-lo numa base moral e substituindo a insurreição republicana pela revolução do poder. [...] [Mas] o problema era de uma enunciação fácil e evidente. Não podia exigir-se que o rei Carlos [...] fosse o agente da sua própria execução". (40) O próprio João Franco, muito mais tarde, terá compreendido bem as suas dificuldades: D. Carlos teria acreditado na "teoria extremista constitucional, o 'rei reina e não governa'", mas "o resultado [foi] desastroso e contraproducente. Em Inglaterra os governos saem das eleições, e assim a nação por eles representada é quem legitimamente governa, podendo o rei contentar--se em reinar. Em Portugal, pelo contrário, as eleições saem dos governos, e como o rei era quem os formava, [...] dele deveria ser também em última instância a responsabilidade da consequente acção governativa". (41)

A primeira experiência de Franco ocorreu em associação com Hintze Ribeiro, no governo de 1893-96. Em 1895, Franco renovou a administração local (suprimindo 20 concelhos), reformou a câmara dos pares (eliminando a sua parte electiva), e reviu a legislação eleitoral de 1878 (acabando com o direito de voto para os "chefes de família" e redesenhando os círculos eleitorais). O corpo de votantes foi reduzido, mas os círculos urbanos aumentaram de peso. (42) Os argumentos em favor da nova legislação eleitoral têm curiosas ressonâncias com aqueles que viriam a ser expendidos pelos republicanos depois do 5 de Outubro: o sufrágio alargado apenas servia para os caciques locais melhor exercerem a sua influência sobre uma população profundamente ignorante. É interessante também que, apesar da geral detestação que a classe política do tempo devotou a Franco, em especial à sua "ditadura" (quando o rei o deixou governar e fazer as reformas sem convocar eleições), ela acabasse por nunca rever ou revogar a legislação eleitoral, ao contrário das restantes medidas legislativas. A primeira experiência de Franco acabou às mãos das tradicionais manobras políticas da monarquia constitucional, sem qualquer êxito profundo.

O primeiro fracasso de Franco marca a progressiva desagregação do sistema político, um processo que caracterizou a década final da monarquia. Os grandes partidos tradicionais desfizeram-se numa colecção gongórica e incompreensível de facções: em 1901, João Franco abandonou o Partido Regenerador, criando o seu próprio partido; em 1903, Jacinto Cândido também; em 1905, José de Alpoim abandonou o Partido Progressista, para criar a famosa "dissidência"; em 1908, o Partido Regenerador dividiu-se entre a facção de Campos Henriques e a de Teixeira de Sousa; em 1910, o próprio partido de Franco se dividiu. Esta década desafia qualquer lógica de interpretação coerente indo além do pessoalismo das facções. Os partidos "já não eram partidos, mas esqueletos de partidos, que se desarticulavam pelas frágeis sinóstoses". [43]

Foi neste contexto que o PRP teve a sua hipótese. Não porque se encontrasse imune à fragmentação, mas porque as suas próprias facções se foram imiscuindo na disfuncionalidade do sistema, tendo, apesar de tudo, conseguido manter uma coerência que faltava aos partidos tradicionais. O PRP era um partido de causa, enquanto os restantes pouco mais eram do que conchas vazias servindo de veículos para a afirmação das personalidades que os dirigiam. A tarefa destas personalidades era mobilizar, quando necessário, os caciques locais para ganhar eleições. O PRP sempre se manteve mais coerente, organizado em torno da sua causa. No final da monarquia, era uma das poucas máquinas políticas funcionais, para mais dotada de vários braços armados. Ao contrário de uma ideia muito comum na historiografia sobre a República, o PRP espalhava a sua organização pelo país todo (e não apenas em Lisboa), com os seus "centros republicanos" e "juntas revolucionárias" funcionando como "governos-sombra". [44] Nenhum outro partido possuía organização semelhante, mesmo quando era politicamente mais poderoso do que o PRP.

Acresce que a desagregação dos partidos tradicionais impôs, por força do desenho constitucional da Carta, uma maior intervenção do rei, à luz do "poder moderador". [45] A presença de D. Carlos no processo político tornou-se uma constante, e a persistência da crise política fez dele um objecto político a abater, juntamente com a monarquia enquanto instituição. Foi então que ocorreu a segunda experiência governativa de João Franco. Esta experiência, cerca de uma década depois da primeira, no governo de 1906-1908, terminaria na tragédia do regicídio e no estertor final da monarquia constitucional. Os governos de Franco têm o condão de mostrar aqueles que parecem ter sido os limites de reforma endógena do sistema político da monarquia constitucional. Rui Ramos designou genericamente o percurso político de Franco como o do "fracasso do reformismo liberal".[46] Mas nem sequer coube ao PRP o monopólio das críticas republicanas que então se multiplicaram. Foram os próprios partidos monárquicos a assumir crescentes contornos "republicanizantes". As diversas personalidades, grupos e grupúsculos republicanos foram então alternadamente usados pelos partidos "monárquicos", no poder ou na oposição, para se combaterem mutuamente, e as facções do PRP souberam utilizar os partidos monárquicos para se promoverem e ao partido. A colaboração de Afonso Costa com os vários partidos e facções do sistema era lendária. O velho Sampaio Bruno acusava-o em 1902 de ser "pseudo-republicano, desleal republicano, que tudo faz para ser deputado, jogando com um ramo de republicanos e socialistas e outro de monárquicos, audacioso piritoso, um Dr. Alonso".[47] Embora Costa tenha reagido à provocação despachando Bruno com um murro, a verdade é que o dichote revelava as suas ambiguidades, que eram aliás comuns aos principais líderes republicanos. Durante a sua "travessia do deserto" (entre 1901 e 1906), João Franco cortejou vários republicanos, de entre os quais se voltaria a salientar o próprio Afonso Costa, para combater ora Hintze Ribeiro ora José Luciano de Castro. Mas em 1906 Hintze Ribeiro não hesitou em promover Bernardino Machado para combater José Luciano. Bernardino, de resto, era um trânsfuga recente (1903) do Partido Regenerador. Pela mesma altura, José de Alpoim, um prático republicano ("monárquico, mas não realista, não defenderei a monarquia e desejarei até que rua por terra, se atraiçoar a sua missão e falsear os princípios da liberdade"),[48] usou o PRP também contra José Luciano. Mas José Luciano fez o mesmo para melhor combater Hintze Ribeiro e João Franco. José Luciano, e também Campos Henriques, conspiravam muito com Brito Camacho. Durante o governo de João Franco (1906-1908), os entendimentos entre José de Alpoim, Afonso Costa e João Chagas tornaram-se uma característica do regime. Seria, aliás, desses entendimentos que resultariam dois dos mais importantes acontecimentos da sua agonia: a revolta de 28 de Janeiro de 1908 e o regicídio.

O encadeamento destes dois eventos, e o que se seguiu em resposta, definem o efectivo colapso do regime. A revolta de 28 de Janeiro foi um fracasso. Mas não o regicídio, quatro dias depois. A participação de Alpoim nos dois eventos foi desde cedo avançada. Não há dúvidas de que participou na revolta. Já quanto ao regicídio, é mais duvidoso, como tudo é duvidoso no regicídio, incluindo o desaparecimento do processo. [49] Mas era o próprio quem se gabava (ele e "mais uma pessoa", nas suas palavras) de conhecer todos os meandros do acto. A outra pessoa que do mesmo se gabava era Afonso Costa. [50] Apesar de ambas as reivindicações soarem a bravata, não deixam de simbolizar a natureza do relacionamento do PRP com a classe política monárquica e a posição desta (pelo menos de uma sua parte substancial) perante a própria monarquia. O regicídio insere-se num tipo de acção violenta que uma parte do PRP preconizava. [51] E não restam dúvidas acerca da popularidade do acto junto de grande número dos seus militantes, que aliás viriam a montar um pequeno culto em torno dos regicidas Alfredo Costa e Manuel Buiça. [52] Guerra Junqueiro dizia deles que apenas tinham sido "cruéis por amor, ferozes por bondade". António José de Almeida, estabelecendo um paralelo bastante grosseiro, explicava no parlamento, em Junho de 1908, que "o povo que foi aos covais de Costa e Buiça não quis ultrajar ninguém. [...] [Também] as duas rainhas, nos seus paços, choraram, sem ultraje de ninguém, a dor que as feria". [53] E explicava: "eu nunca tive ódio ao rei D. Carlos. [...] [Mas] é certo que o rei D. Carlos, nos últimos anos do seu reinado, estava inteiramente desintegrado da simpatia geral da nação e, nos últimos meses da sua vida, [...] era francamente detestado. [...] Nem o Directório, nem eu individualmente aprovámos a morte do rei, mas não vemos em Buiça e Costa dois matadores vulgares. Eles não mataram pelo prazer de matar, mas porque julgavam dar aos seus concidadãos uma liberdade que lhes tinha sido roubada. Isso desfará perante a História as suas responsabilidades. [...] Quem teve a culpa da morte do rei foi ele próprio". [54] Este era António José de Almeida, o revolucionário radical, mas até Bernardino Machado, cuja "moderação" era proverbial, tergiversou a respeito do regicídio: "numa sociedade em paz, Buiça e Costa teriam sido uns assassinos e o seu acto cruento mereceria o nome de atentado. Mas, numa sociedade em luta, com o povo ofegante sob a opressão do poder, *à guerre comme à la guerre*"! [55] Ou seja, não é possível sustentar a tese do regicídio como mera consequência da acção de dois "lunáticos" isolados. Alguma organização existiu, e mesmo que tenha sido resultado do plano de uma franja republicana, a maior parte dos republicanos estava disposta a justificar o acto. [56]

Por todas estas alianças e contra-alianças perpassava uma alargada crítica à monarquia que não se cingia ao PRP. Num notável sinal de debilidade (as "pusilânimes transigências" de Carlos Malheiros Dias), [57] o governo de "acalmação" de Francisco Ferreira do Amaral libertaria (e amnistiaria) todos os presos civis por conspiração republicana, apenas cinco dias depois do regicídio. Foi a marca do reinado de D. Manuel. "Acalmar" significou cortejar a esquerda monárquica, os republicanos e até os socialistas – sem que eles, de resto, agradecessem. António José de Almeida explicava no Verão de 1908 que "a generosidade da [...] amnistia era dispensável. Mais: ela chega a ser ofensiva. A aministia envolve a ideia do crime ou de falta. Aqui só houve crime ou falta por parte do último rei". [58] Afonso Costa (preso na altura do 28 de Janeiro), António José de Almeida, João Chagas, França Borges ou Luz de Almeida reencontrariam a liberdade e muitos ensaiariam uma reaproximação ao Governo, à sombra da nova tolerância. Até ao 5 de Outubro, diversas individualidades republicanas desmultiplicaram-se em declarações ambíguas sobre a monarquia. Como dizia João Chagas a propósito do governo de Ferreira do Amaral, "os republicanos [...] estavam quietos porque os republicanos só constituem um perigo para as instituições quando as instituições constituem um perigo para eles. Com instituições benignas são benignos". [59] Afonso Costa e Bernardino Machado ficaram célebres durante o governo de Ferreira do Amaral pelas suas declarações de fidelidade à monarquia, desde que adoptasse programas "avançados": o sufrágio universal, um novo desenho das circunscrições eleitorais que não enviezasse tanto os resultados em desfavor do PRP, o registo civil obrigatório ou a separação do Estado e da Igreja. D. Manuel chegou mesmo a conceber uma entrada directa dos republicanos no governo, através da Plataforma Liberal, que por pouco não funcionou. [60] De novo, perante uma ameaça concreta de abolição da monarquia, o PRP recuava. Como dizia José Relvas eufemisticamente, o PRP procedia ao "adiamento das suas reivindicações". [61] Acontece, porém, que a política de "acalmação", ao pôr no centro do quadro político a questão do regime, "representou uma espécie de autorização formal por parte da corte para o avanço da revolução republicana". [62]

Em Agosto de 1910, a facção de esquerda do Partido Regenerador de António Teixeira de Sousa, em quem D. Manuel apostara para conter pela esquerda a onda radical que vinha desde a queda de Ferreira do Amaral em finais de 1908, venceu as eleições legislativas. Antes das eleições, Afonso Costa e Bernardino Machado tinham andado a entender-se com Teixeira de Sousa (que, de resto, era amigo de França Borges e Brito Camacho), com vista a uma hipotética participação no Governo. Teixeira de Sousa viria a negá-lo mais tarde de forma pouco convincente. De resto, a sua fidelidade à monarquia era mais do que duvidosa. Em 1912, explicava que "a monarquia caiu porque, salvo raras excepções, não teve quem a defendesse como era mister, não por covardia [...] mas certamente porque contra ela tinha a paixão de muitos e a indiferença da maior parte, sem excluir a força pública". [63] Manuel Fratel, ministro de Sousa, propunha-se aplicar as velhas reivindicações republicanas do registo civil e da separação entre o Estado e a Igreja. [64] No entanto, a maioria obtida por este governo foi débil, não garantindo capacidade de governação ou de acomodação dos republicanos no governo. Bourbon e Menezes chamou ao breve reinado de D. Manuel um "fétido motim, autêntica bacanal de percevejos numa enxerga podre". [65] Continuava a deliquescência do sistema político monárquico. Dois meses depois desapareceria para sempre.

Compreender este trânsito permanente dos políticos republicanos para dentro e para fora das regras de legitimidade do sistema da monarquia constitucional exige entender um pouco melhor a natureza e a evolução do PRP. Desde a sua fundação em 1876 que o PRP (na realidade, o que se fundou em 1876 foi o Centro Republicano Democrático de Lisboa, visto por muita gente, embora de forma imprópria, como a primeira forma do PRP)[66] se instituiu como uma galáxia de grupos, facções, tendências e pessoas com pouco de comum entre si.[67] A posição destes grupos no espectro político da monarquia constitucional será melhor entendida como uma espécie de gradiente que se estendia das franjas (e, por vezes, bem do seu interior) dos partidos respeitáveis do sistema até às associações secretas armadas (em geral de estirpe maçónica), passando por sindicatos, clubes e associações urbanas radicais.[68] Era aliás esta irradiação do partido até aos extremos mais radicais (se não mesmo já fora) do sistema político que lhe garantia capacidade para influenciar e aliar-se com os partidos respeitáveis. A implantação do PRP nos extremos oferecia-lhe uma arma de manobra e chantagem sobre o resto do sistema político.

Mas ao revelar-se incapaz de usar a crise conjunta do Ultimato, do 31 de Janeiro e da crise financeira para derrubar a monarquia, o PRP mostrou uma excessiva cautela que o desacreditou junto da massa "popular". Como dizia Carlos Malheiro Dias, "desligue-se a cooperação da Carbonária do partido republicano e não é de modo algum à revolução que se chega, mas à imobilidade do conservantismo democrático ou à desorganização do próprio partido pela cizânia dos chefes".[69] Ideia que é confirmada por Luz de Almeida, um dos principais coordenadores da ligação do PRP com as sociedades secretas: "decorriam os meses e a revolução não se fazia. Os revolucionários lançavam as culpas aos dirigentes. Estes aconselhavam 'calma e muita fé'. 'O movimento havia de fazer-se [...]. Ainda não havia chegado o momento psicológico, etc.' O verdadeiro motivo era outro: os oficiais do Exército [...] alegavam sempre mil pretextos para adiar o movimento. E, o Directório, para se livrar de apuros, desviava os republicanos para o campo eleitoral. Enquanto eles se entretinham com os cadernos de recenseamento, esfriava o ardor bélico dos revolucionários."[70] Desde então até 1904, o partido viveu um longo declínio, notório nos resultados eleitorais: mesmo em Lisboa (o grande núcleo republicano do país), os resultados passaram de quase 40% em 1892 (39,8%) para 31,3% em 1900 e 25,3% em 1901.[71] Só depois de 1904 esta tendência se inverteria, mesmo assim com resultados limitados:

em 1904, o partido obteve 32,5% em Lisboa e 38,7% em 1905.([72]) Nas eleições de Agosto de 1910, as últimas antes do fim da monarquia, o PRP elegeria 14 deputados, num total de 148. Mas esta ressurreição deveu-se mais à desagregação do sistema de partidos da monarquia do que a qualquer outra coisa. Mesmo dotado de uma nova geração de militantes mais determinada (Afonso Costa, António José de Almeida, Eduardo de Abreu... a que se havia juntado o respeitável Bernardino Machado), ([73]) diferente da velha elite republicana, muito respeitável mas também pouco disposta a arriscar demasiado no derrube da monarquia (Elias Garcia, Latino Coelho, Marnoco e Sousa...), o PRP nunca conseguiu ultrapassar a oscilação entre os métodos legais e os violentos. O principal segredo da restauração da capacidade política do PRP foi o talento dos novos dirigentes para providenciarem uma estrutura de enquadramento dos clubes e "carbonárias". ([74]) O seu domínio sobre esta sociedade paralela garantiu-lhe um instrumento que permitia a oscilação entre as negociações com os partidos monárquicos e a ameaça de revolução. Mas mesmo os novos republicanos tinham atitudes ambivalentes em relação à monarquia enquanto tal. João Chagas dizia que "a monarquia não é combatida por ser a monarquia, mas por ser um regime de depradação". E socorria-se do exemplo inglês: "É a Inglaterra uma monarquia? Não é, nem nunca o foi, e só o pode afirmar quem desconheça a sua História. A Inglaterra é uma velha, velhíssima, república, que se colocou sob a invocação do poder monárquico". ([75])

Nas vésperas do 5 de Outubro, as oscilações continuavam. ([76]) Em 1908, depois do regicídio, Bernardino Machado e Afonso Costa atravessaram uma fase de realismo: a altura não era para revoluções; Alpoim entendia-se com eles (sobretudo com Costa), depois de se ver excluído do governo de Ferreira do Amaral, e abria-lhes uma porta para o governo, se necessário sem o apoio do PRP, cujo radicalismo Costa e Bernardino consideravam então um incómodo. Em Dezembro de 1908, na famosa "Carta a um jovem republicano", João Chagas explicava: "a sua pergunta sobre o que faz o Partido Republicano implica a ideia [...] de que é chegado o momento desse partido marchar sobre as instituições [...]. Dissuada-se, porém, meu jovem amigo:

nunca assistirá a esse espectáculo. Os partidos revolucionários [...] só saem à rua quando desesperam de conquistar o poder e o Partido Republicano tem-no como certo [...]. É essa esperança que lhe dá a aparência benigna que começa a impancientá-lo, de um partido legal de propaganda política. O Partido Republicano está matando o tempo, enquanto o poder não vem. O que o meu amigo quer saber [...] é se o Partido Republicano conspira. Não! Meu amigo, não creio que conspire, nem precisa conspirar." [77] No início de 1909, porém, já tudo tinha mudado: Alpoim, crente numa subida ao poder em conjunto com os regeneradores, deixara de se interessar pelos republicanos. Costa reaproximou-se do partido que antes desprezara e ambos voltaram às ameaças revolucionárias. No Congresso de Setúbal, de Abril de 1909, Costa, João Chagas, António José de Almeida e Cândido dos Reis foram incumbidos da tarefa de montar uma revolução em ligação com a Carbonária. [78] Nesta altura, já João Chagas considerava a "revolução necessária", e criticava Bernardino: "V. Exa. parece considerá-la inoportuna. A revolução é um bem; V. Exa. parece considerá-la um mal". [79] No final do ano, Alpoim, que falhara o governo, interessava-se outra vez por uma insurreição republicana, recomeçando os contactos. Só que a chegada de Teixeira de Sousa ao poder em Junho de 1910 voltou a mudar as coordenadas. Costa abandonou de novo os planos revolucionários e começou uma lua-de-mel com Teixeira de Sousa. Também Bernardino via em Teixeira de Sousa vastas oportunidades de acção legal. O problema agora era a Carbonária, cujos planos militares, desde Setúbal, já iam bastante adiantados. António Maria da Silva, Artur Luz de Almeida e António Machado Santos tinham montado uma vasta teia a partir da Alta Venda da Carbonária Portuguesa, infiltrando-se por vários quartéis. [80] António José de Almeida era o elemento de ligação entre a Carbonária e o PRP. Mas a reserva com que conduziu as acções tornava-as completamente obscuras ao Directório. João Chagas chamava-lhe o "baile de máscaras". [81] O 5 de Outubro foi uma descoordenada conjugação de conspirações, de que uma boa parte do PRP estava alheado. As conspirações foram genericamente ineficazes, mas apesar de tudo delas sobressaiu como mais consequente a estrutura montada pela Alta Venda. Tudo aponta, aliás, para que o interesse do Directório na revolta residisse menos na vontade de triunfar do que na necessidade de não se deixar ultrapassar pela Carbonária. [82] O plano da revolução de 5 de Outubro foi, assim, um entendimento vago e mal combinado, que revelou todas as suas fraquezas no momento de ser passado à prática.

Em si mesmas, as operações (que começam na madrugada de 3 de Outubro e acabam na manhã de 5) foram um fracasso. Quase tudo correu ao contrário do que tinha sido (mal) planeado: "raros foram os pontos do programa revolucionário que se cumpriram à risca. [...] O movimento triunfou apesar de tudo: da ausência, no momento supremo, de elementos de coordenação revolucionária, do desânimo que bem cedo invadiu quase a totalidade dos dirigentes da campanha, da falta sensível de armamento destinado aos carbonários e outros civis". [83] A 4 de Outubro praticamente todo o directório do PRP dava a revolta por perdida, incluindo o seu responsável militar, o almirante Reis, que já se suicidara a 3 de Outubro. O triunfo seria obtido *in extremis* e de forma improvisada graças à tenacidade do comissário naval Machado Santos, de alguns carbonários (não a maioria: muitos também faltaram à chamada) e das poucas forças amotinadas, originárias dos quartéis de Marinheiros (Alcântara), Infantaria 16 e Artilharia 1, para além dos cruzadores *Adamastor* e *São Rafael*. Decisivas para a vitória foram, por um lado, a inesperada resistência dos poucos revoltosos da Rotunda e, por outro, a apatia das forças de defesa da capital. [84]

Quando a revolta parece fracassar, o directório do PRP deserta, talvez até pouco preocupado com o falhanço. Mas a reviravolta dar-se-ia. E quando se dá, Machado Santos, França Borges, Luz de Almeida e a Carbonária eram os heróis da revolução, com o directório apanhado em contra-pé. Mas o Directório foi capaz, rapidamente, de reconstituir-se para o assalto ao poder. Nas palavras de Carlos Malheiro Dias, "o Directório parece ter tido uma única função histórica [para a revolta]: proclamar a República na manhã de 5 de Outubro." [85] Ultrapassando sem misericórdia Machado Santos e a Carbonária, o Directório nomeia um governo provisório constituído por grandes vultos do PRP (todos mais ou menos longe das operações concretas do 5 de Outubro):

Teófilo Braga (presidente do governo), Afonso Costa, Bernardino Machado, António José de Almeida, José Relvas e outros. As primeiras semanas do governo são gastas a separar o PRP da Carbonária, evitando a entrada desta para o poder político.[86] A proficiência do Directório é, a este respeito, notável, para quem tão pouco tinha contribuído para as operações. As personalidades do partido apenas apareceram quando o êxito da revolta estava garantido. Mas foram suficientemente eficazes a anular a hipotética força política dos operacionais. Como dizia Teófilo Braga, a Carbonária ofereceu a revolução ao PRP "como o bom sapateiro que, depois da obra feita, a vem entregar ao freguês".[87]

Mas cedo reapareceram as velhas divisões entre personalidades (a "cizânia") que haviam caracterizado a anterior história do PRP. É frequente falar-se da constituição, nessa altura, de uma ala radical/ /jacobina comandada por Afonso Costa e Bernardino Machado, da qual viria depois a resultar o maior partido futuro do regime, o Partido Democrático. Costuma dizer-se ainda que a essa ala se oporiam duas mais conservadoras, que viriam a dar origem à União Republicana, de Manuel Brito Camacho, e ao Partido Republicano Evolucionista (normalmente conhecido por Partido Evolucionista), de António José de Almeida. Na realidade, não é bem assim. Lembre-se como Afonso Costa e Bernardino eram muito activos na busca de condições de colaboração com as instituições monárquicas, ao contrário de António José de Almeida. Embora a dicotomia (que deve muito à interpretação da revolução por Carlos Malheiro Dias)[88] seja confortável, está longe de corresponder à definição das facções da época. Afonso Costa, ao mesmo tempo que excitava os temperamentos radicais com a questão religiosa, construía uma vasta rede de apoios baseada em velhos notáveis monárquicos, que aliás viriam a constituir a rede que futuramente faria do Partido Democrático o maior da República.

Tudo dependeu do facto de Afonso Costa, até então ultrapassado pelos eventos, pretender usar o Ministério da Justiça e Cultos para estabelecer pergaminhos radicais. A Lei da Separação do Estado e da Igreja, as leis permitindo o divórcio e o casamento civil, para além da Lei do Inquilinato, garantiram-lhe precisamente isso: "em breve, Costa recuperara toda a popularidade que perdera no Verão de 1910, quando o haviam visto de gorra com Teixeira de Sousa e pronto a ser ministro de D. Manuel". [89] Pelo seu lado, Almeida, Camacho ou José Relvas tinham menos terreno para recuperar entre a opinião pública do partido, preferindo acalmar os ânimos. E a eles se juntavam os republicanos ilustres que haviam constituído um dos corpos intelectuais mais importantes durante a monarquia: Basílio Teles, Sampaio Bruno ou Duarte Leite. Para todos eles, Costa não passava de um arrivista conduzindo a República para o desastre. José Relvas sempre considerou Costa e Bernardino os grandes responsáveis pelo "descalabro nacional, pelo predomínio de factores anárquicos, que divorciaram a maioria da opinião portuguesa das novas instituições". [90]

Acrescia que, por estranho que parecesse, centrar a implantação da República na questão religiosa desvalorizava a questão do regime propriamente dita. Eis algo que permitiu a entrada no regime republicano da esquerda monárquica, processo de que Afonso Costa acabou por ser o padrinho. [91] Logo em Outubro de 1910, José de Alpoim já tinha aderido ao novo regime, bem como outros notáveis da dissidência progressista: o visconde da Ribeira Brava, Ferreira do Amaral, Abel Botelho, Caeiro da Mata, o visconde do Ameal e outros. Dizia-se que Teixeira de Sousa e José Luciano de Castro o fariam brevemente. Outros dirigentes monárquicos mantinham-se expectantes. Na realidade, só os franquistas de segunda linha não se sentiam confortáveis no novo regime, abandonados pelos chefes atentistas e odiados pelos republicanos. Acabaram por ser eles a quem foi assentar o rótulo inicial de "monárquicos". Logo nos primeiros meses do regime, o fenómeno da "adesivagem" transformou-se numa verdadeira indústria. Os mais diversos caciques e notáveis locais aderiram, sem grande tortura de consciência, ao novo regime. [92] Quando Teófilo Braga dizia que a República foi feita "por todos" queria dizer efectivamente todos, incluindo os supostos "monárquicos", que não vieram assistir o regime no dia da queda e que rapidamente transitaram para o novo.

II

Em 1911, Teófilo Braga considerava, modestamente, a I República portuguesa "o acontecimento [europeu] mais importante da política contemporânea". [93] Mas a verdade é que, apesar desta alta conta em que os republicanos tinham o seu regime, não é fácil conferir-lhe um sentido histórico claro. A natureza dos seus governos foi de tal maneira indefinida, a sucessão de tentativas falhadas para encontrar uma solução política consensual (que não apenas satisfizesse os opositores ao regime mas também *os seus próprios partidários*) foi de tal maneira errática, que é difícil dizer como pretendiam os governantes da República governar ou que projectos lhes eram caros (se excluirmos a abolição da monarquia propriamente dita). Ao governo provisório ditatorial do primeiro ano (que, como notam António de Araújo e Luís Bigotte Chorão no capítulo de sua responsabilidade neste livro, lançou as principais medidas que acompanhariam e definiriam a história do regime), sucederam-se um conjunto de governos de base parlamentar (estando o Presidente impedido de dissolver o parlamento) incapazes de sobreviver por mais do que uns meses. Depois, durante a I Guerra Mundial apareceram diversas soluções, incluindo uma efémera "ditadura" (i.e. governo com parlamento fechado, do General Pimenta de Castro), um governo de coligação (a União Sagrada, juntando o Partido Democrático ao Partido Evolucionista) e um regime (ou sub-regime) presidencial (o chamado sidonismo), que duraria cerca de um ano. Finalmente, seguir-se-iam uma série de governos igualmente instáveis, embora a partir de 1919 fosse possível ao Presidente dissolver o parlamento, culminando na instauração de uma ditadura militar a partir de 1926.

Nem sequer se pode dizer que o regime tivesse mantido do princípio ao fim um recorte radical. Apesar da violência da Lei de Separação da Igreja e do Estado, de 1911 (ainda em ditadura), desde muito cedo que várias facções tentaram pacificar as relações com a Igreja (de que é exemplo uma das consideradas radicais: a de Bernardino Machado), correspondendo a fase final do regime a uma quase completa reintegração da Igreja na sociedade portuguesa; apesar das medidas ditas progressistas no apoio à condição dos trabalhadores (direito à greve, horário de 8 horas diárias e primeiros mecanismos de protecção social), nunca a República prescindiu da mais brutal repressão sobre greves e manifestações operárias; apesar do suposto "avanço civilizacional" trazido por certas matérias de costumes em benefício das mulheres, como seja a instituição do divórcio e do casamento civil, jamais a República quis dar às mulheres o direito de voto; não se pode sequer dizer que a República tenha constituído um passo no sentido da democratização do sistema político português, já que trouxe uma redução do direito de voto em relação à monarquia.

O documento base do sistema político, a Constituição de 1911, era um texto impecavelmente liberal, muito inspirado na Constituição do Brasil de 1891 (precisamente considerada como "uma das mais perfeitas e melhor organizadas", nas palavras de Marnoco e Sousa), [94] com uma clara definição de direitos e garantias, assegurando a separação de poderes e a liberdade religiosa. A Constituição previa um regime parlamentar bi-camaral, constituído por uma câmara de deputados e outra de senadores (formando em conjunto o "Congresso da República", à americana), eleitas por sufrágio directo. O Presidente tinha um papel subordinado: não era eleito por sufrágio directo, mas pelo Congresso (por um período de quatro anos, sem possibilidade de reeleição), que de resto o podia também destituir. O Presidente não podia vetar ou suspender provisoriamente legislação emanada do parlamento e também não o podia dissolver. Apesar dos seus fracos poderes, houve quem quisesse ir mais longe, como Alexandre Braga, que propôs sem êxito a simples supressão do cargo. [95] Não obstante a forma quase irrepreensível, a Constituição de 1911 presidiu a um dos períodos políticos mais conturbados da História de Portugal. Alguns autores têm sugerido que, apesar de tudo, o documento seria em parte responsável por isso, em particular ao impedir o Presidente de assumir um papel regulador, condição presumivelmente necessária para a existência de uma verdadeira rotatividade ordenada entre partidos (v. o capítulo nesta obra de António Araújo e Luís Bigotte Chorão). [96] Isto era particularmente verdadeiro nas condições eleitorais da República. Não podendo as eleições em si próprias servir para mudar de Governo, poderia ter cabido ao Presidente o papel de garante da alternância. Resta saber se teria sido suficiente.

No que toca à legislação e prática eleitorais, a República nunca instaurou o sufrágio universal de que o PRP havia sido o paladino durante a monarquia. A legislação de 1911 regressava, no essencial, aos princípios de 1878, alargando o direito de voto relativamente a 1895. ([97]) Podiam agora votar todos os portugueses maiores de 21 anos que soubessem ler e escrever ou que, não sabendo, fossem chefes de família há mais de um ano. Eliminava-se, assim, o censo de entre as condições para votar, a mais importante e duradoura novidade eleitoral da República. Mas logo em 1913 (no primeiro governo de Afonso Costa) tudo se restringiu: o direito de voto ficou limitado aos portugueses do sexo masculino maiores de 21 anos que soubessem ler e escrever (as mulheres foram expressamente proibidas de votar, algo que não se havia verificado jamais durante a monarquia constitucional em termos legais: era a prática que as levava a não votar). Ao abandonar esta escapatória, que era (na verdade) uma maneira de alargar o sufrágio aos analfabetos, a legislação republicana adoptou uma das legislações eleitorais mais restritivas de sempre em Portugal. Sidónio Pais instituiria o sufrágio universal masculino em 1918, mas logo no ano seguinte, com a "Nova República Velha", retomar-se-ia a legislação de 1913. Com excepção do breve episódio sidonista, portanto, o corpo eleitoral da República ficou-se por um exíguo número de 300.000 a 500.000 eleitores, longe do 1.500.000 necessários para o sufrágio universal masculino, mas também dos números da monarquia entre 1878 e 1895. Este corpo eleitoral nunca passou de 10%-11% do total da população adulta e 25%-40% da população adulta masculina. ([98])

E havia outros meios que limitavam a representatividade das eleições. A República foi uma digna continuadora dos métodos com que a monarquia constitucional "governamentalizava" os actos eleitorais. Com a diferença de que, agora, não se fazia sentir o "poder moderador" do Presidente, que poderia ter assegurado alguma alternância, como outrora o rei. O resultado foi o quase monopólio do PRP em matéria de vitórias eleitorais. A panóplia de instrumentos usada para forçar os resultados era variada: um desses instrumentos foi a maneira de contar os votos e traduzi-los em mandatos. A famosa "ignóbil porcaria" (a lei eleitoral de 1901, do governo Hintze Ribeiro) tinha sido uma das bestas negras do PRP antes do 5 de Outubro: a adopção de círculos eleitorais de grande dimensão, diluindo o voto urbano no voto rural, assim impedindo maiores votações no partido republicano, e a adopção do princípio dos círculos plurinominais de lista incompleta, em vez do sistema proporcional de Hondt, foram motivo das mais acerbas críticas republicanas. Mas uma vez no poder, os republicanos transigiram com os seus princípios da oposição. No início, o método de Hondt foi limitado a Lisboa e Porto, mantendo o resto do país os círculos plurinominais de lista incompleta. Ou seja, o sistema proporcional foi reservado para os círculos onde os republicanos tinham a certeza de obter maiores votações, mantendo-se um sistema híbrido nos restantes círculos. Para além disso, o peso eleitoral de Lisboa e do Porto foi inflacionado em relação ao resto do país: cada um dos círculos correspondentes a estas cidades elegia vinte deputados, enquanto os restantes elegiam apenas quatro.

Outra forma de limitar a representatividade eleitoral foi a fraude, existente aos mais diversos níveis do processo. Como então se dizia, as eleições eram "feitas". Nomeadamente, "feitas" pelo governo do dia. A fraude começava no recenseamento. As autoridades encarregadas de proceder ao recenseamento estavam estreitamente dependentes de autoridades governamentais, pelo que recenseavam em grande medida a ordens do governo. Como o governo, em geral, estava entregue ao PRP (ou Partido Democrático, como começou a ser chamado a partir do congresso de Outubro de 1911, depois das cisões de Brito Camacho e de António José de Almeida), era em favor dele que o recenseamento se fazia. O recenseamento só parcialmente era automático. Na parte em que não era e dependia do pedido do cidadão, todos os procedimentos administrativos para verificar a conformidade do pedido com a lei podiam suscitar os mais diversos atrasos ou mesmo recusas (morada, capacidade para ler e escrever, prazos oficiais, etc.). Outro método de truncar o recenseamento consistia, simplesmente, na supressão de nomes das listas de recenseados, atingindo estes desaparecimentos muitas vezes os milhares: quando o votante chegava à assembleia de voto, não constava das listas. Como o recenseamento era largamente voluntário, podia-se "suscitar" o recenseamento de certas pessoas e até indicar-lhes um sentido de voto pelo simples acto de as recensear. [99] Um jornal monárquico da época queixava-se: "o governo e os seus agentes têm a faca e o queijo. Recenseiem quem quiserem, elejam quem lhes aprouver". [100] E um socialista verificava que os recenseamentos "ficaram sendo propriedade dos republicanos". [101] Depois, havia as práticas mais comuns, como a compra de votos, a troco das mais diversas coisas, dependendo do estado social do votante: comida, roupa, tabaco, o perdão de um favor, uma obra pública, um emprego, etc., etc. Havia também a pressão sobre adversários: grande número de candidatos não-Democráticos enfrentavam muitas dificuldades quando queriam formalizar as suas candidaturas; e, uma vez formalizadas, tinham de haver-se com imensas pressões e intimidação; muitos dos "heróis de Outubro" que apareceram como cogumelos nos primeiros anos do regime destacavam-se na perseguição que faziam a estes candidatos. [102] E tudo terminava no acto do voto e seu escrutínio: certos votantes eram pressionados à entrada da assembleia, outros eram impedidos de votar, acabando a contagem muitas vezes na famosa "chapelada", em que votos apareciam e desapareciam ao sabor da vontade do presidente da assembleia. Isto só era possível graças à governamentalização da nomeação dos presidentes das assembleias. [103]

Não surpreende assim que as nove eleições legislativas realizadas durante a República (1911, 1913, 1915, 1917, 1918, 1919, 1921, 1922 e 1925) tenham sido sempre ganhas pelo partido então no governo. E não surpreende que, estando o PRP/PD no governo a maior parte do tempo, tivesse ganho sete dessas nove eleições. As excepções couberam a Sidónio Pais em 1918 e ao Partido Nacionalista Liberal em 1921, mas também nos dois casos eles estavam já no Governo antes das eleições. [104] O problema estava em que cada facção, ciente da forma como se "fabricavam" eleições, recusava legitimidade ao vencedor. Um resultado eleitoral na democracia de hoje é interpretado como a expressão inequívoca da vontade da maioria dos eleitores. Então, era o produto de uma colecção de golpes e manipulações. Manipulados de outra forma, os eleitores produziriam um resultado diferente. Nunca as maiorias parlamentares obtidas nos nove actos eleitorais legislativos ocorridos durante a República deram origem a executivos estáveis: as diversas facções parlamentares entretinham-se a minar no parlamento, e fora dele, as condições de governabilidade. O que se compreende: a legitimidade dos governos, na realidade, não era eleitoral.

Uma óbvia consequência da inutilidade das eleições foi a devolução do processo político à violência. Impossibilitados de derrotar o PRP/PD em eleições, os outros partidos tentaram alcançar o poder político através de diversos métodos não-eleitorais, em particular pequenos golpes palacianos que tinham o Presidente da República como pivô, ou então insurreições, em que usavam facções do Exército de forma instrumental. Por sua vez, o PRP/PD também tinha os seus próprios métodos extra-legais ou insurreccionais quando uma dessas "situações" políticas se criava. Mesmo podendo dizer-se, como Rui Ramos, que o que definiu a República foi a reserva do poder político para os "republicanos", coincidindo estes com o PRP/PD, [105] a verdade é que muitas das facções que com o tempo se foram opondo ao PRP/PD eram elas próprias cisões do partido; acrescendo que o PRP/PD acabou por se transformar em muitos aspectos num partido conservador, agremiando a elite (sobretudo regional e local) vinda da monarquia: os famosos "adesivos". A popularidade e prosperidade dos "adesivos" explicam-se por uma razão simples: eram eles quem fornecia ao PRP/PD os instrumentos e a massa crítica necessários para as vitórias eleitorais na província. Sendo originalmente (na monarquia) um partido sobretudo urbano, o PRP/PD tinha dificuldade em vencer as redes de caciques montadas em favor dos tradicionais partidos da monarquia. Uma vez implantada a República, procurou usar essas redes em seu benefício. Como dizia Cunha Leal, "o enxerto do cacicato eleitoral monárquico [...] no velho *Partido Republicano Português*, que, sob a inspiração de Afonso Costa, resistira à ideia duma fragmentação da República, tinha dado àquele um volume e uma potencialidade que o situavam em nível incomparavelmente superior ao dos Partidos Evolucionista e Unionista". [106] Uma publicação católica ironizava, em 1911: "o sr. Bernardino Machado, não tendo *engenheiros* suficientes para a montagem das máquinas eleitorais, e sabendo que Alpoim & Cª é uma firma de primeira ordem, adere-lhe com toda a força".([107])

Esta transição suave da elite monárquica mostra como é difícil falar de "monárquicos" convictos durante a I República. Mesmo Paiva Couceiro, o responsável pelas incursões ditas "monárquicas" de 1911 e 1912, não quis propriamente voltar a instaurar a monarquia. Quis substituir a "ditadura" e "restaurar a liberdade". E quis um referendo sobre a forma do regime. Exilou-se na Galiza quando o governo provisório não lhe concedeu nada disto. Couceiro não era monárquico. Nas circunstâncias, porém, acabou por se rodear de "monárquicos".([108])

Curiosamente, a assimilação dos "monárquicos" à República foi muito favorecida pelo conflito com a Igreja. Ao centrar aí a sua grande questão política, a República secundarizou o problema do regime propriamente dito. Mais do que a monarquia, foi sobretudo a Igreja Católica a servir de espantalho anti-republicano. O processo conducente à instauração do regime de separação entre o Estado e a Igreja fez-se de forma progressiva, ilustrando a continuidade entre o anti-clericalismo liberal (e até o regalismo do Antigo Regime) e o republicano. O primeiro passo da República foi repor em vigor as leis pombalinas que expulsavam os jesuítas do território nacional e as leis do "mata-frades" Joaquim António de Aguiar, que faziam o mesmo às restantes ordens. Lembre-se que na segunda metade do século XIX muitas ordens religiosas tinham regressado ao país. A maior parte das vezes, esse regresso tinha sido feito de forma ilegal, mas tolerado pelas autoridades. Finalmente, a partir das leis religiosas de 1901, de Hintze Ribeiro, procedeu-se a uma espécie de legalização do processo.([109]) O Governo Provisório foi, depois, mais longe: laicizou os feriados religiosos, incluindo o Natal, que passou a chamar-se "Dia da Família"; aboliu os juramentos religiosos de todas as circunstâncias em que ainda era feito; e extinguiu a Faculdade de Teologia. Enfim, publicou as chamadas "leis da família", que introduziram o casamento civil, o divórcio e direitos patrimoniais acrescidos para as mulheres, para além do reconhecimento dos filhos ilegítimos. Tudo culminando com a publicação da Lei de Separação do Estado e da Igreja, em 20 de Abril de 1911: o Catolicismo foi abolido enquanto religião de Estado e a "liberdade religiosa" foi instaurada; a Igreja perdeu a personalidade jurídica, os seus bens foram nacionalizados, e todos os documentos dos bispos passaram a necessitar de aprovação governamental (numa versão republicana do beneplácito régio). Todas as manifestações públicas religiosas fora das igrejas (as procissões, o toque dos sinos, a colocação de símbolos religiosos no exterior de edifícios e mesmo as vestes talares) foram proibidas, excepto quando explicitamente autorizadas pelo governo. O número de seminários foi reduzido e o conteúdo do seu ensino directamente controlado pelo governo. O ensino do cristianismo na escola pública foi proibido. Foram abolidas as côngruas (com que os crentes pagavam aos seus pastores) e substituídas por pensões, que seriam apenas atribuídas aos padres que as requeressem. Foram criadas as chamadas "comissões cultuais", exclusivamente constituídas por leigos (os ministros religiosos eram proibidos de participar), em muitos casos ateus. As "cultuais" administravam a vida das igrejas, desde os aspectos materiais (doações e outras contribuições, e os fins a que deveriam ser dedicadas: normalmente, a beneficência) até aos próprios aspectos religiosos. [110] A Lei de Separação acabou por criar um inimigo organizado e temível, a Igreja. Padres eram sovados ou presos na via pública; no final de 1911, as prisões transbordavam de padres, detidos sob a mais variada gama de razões; em suma, o país foi devolvido a uma verdadeira guerra religiosa. [111] Até então, a Igreja enquanto grupo político era mais ou menos informe, sem coesão particular. A Lei de Separação, e outras violências, acordaram o seu brio corporativo e dos crentes. Onde as procissões eram violentadas, seguiam-se vinganças populares contra os "carbonários"; por várias aldeias do país, tocavam os sinos, em óbvia quebra da proibição. Em 1913, o Estado português encerrou a sua representação no Vaticano, assim formalizando a guerra contra a Igreja.

Note-se que nada, a não ser a determinação de Afonso Costa, obrigava a uma Lei de Separação tão drástica. A uma parte substancial da Igreja não repugnava uma separação moderada, com vários representantes eclesiásticos a defendê-la publicamente antes da República.

Para muitos, essa separação daria até um contributo importante para a expansão da Igreja na sociedade, agora liberta da associação directa com o Estado.[112] E o mesmo acontecia com muitos republicanos, para quem a separação deveria ser suave. Sampaio Bruno, o velho intelectual republicano, era favorável ao indiferentismo do Estado relativamente à religião, mas não ao anti-catolicismo presente na lei de 1911. Na Assembleia Constituinte, o deputado Eduardo Abreu apresentou uma lei de separação muito menos estrita: tratava-se apenas de instaurar a liberdade de cultos, preservando a personalidade jurídica e o património da Igreja, recusando-se as restantes medidas conflituais, como as comissões cultuais ou o beneplácito governamental.[113] E grande parte do pessoal político da República não via qualquer valor neste conflito. Para José Relvas tratava-se de um "erro fundamental". A Lei de Separação "devia sancionar apenas a independência completa do Estado e das igrejas", não a perseguição à Igreja Católica.[114] A Lei de Separação foi um instrumento político de Afonso Costa para se afirmar dentro da luta de facções do PRP/PD.

Não surpreende, por isso, que desde muito cedo uma parte importante do pessoal político republicano procurasse rever a lei ou pelo menos remediar algumas das suas consequências mais gravosas. Logo em 1913, no próprio ano da ruptura de relações com a Santa Sé, José Relvas procurou que elas fossem reatadas; em 1914, Bernardino Machado, enquanto primeiro-ministro, prometeu rever a lei, libertou grande número de padres presos e criou um clima de tolerância (pelo padrões dos três anos anteriores) em relação aos católicos na sociedade portuguesa; em 1915, durante a "ditadura" de Pimenta de Castro, os católicos foram autorizados a desenvolver actividade política, o que permitiu a eleição de dois deputados nas eleições desse ano;[115] em 1916-1917, ainda sob a influência de Bernardino, o regime procurou de novo restabelecer relações com o Vaticano.[116]

Os esforços de 1913, 1914, 1916 e 1917 para fazer as pazes com a Igreja culminariam durante o sidonismo, altura em que a Lei de Separação foi revista. Para decepção de alguns membros do "movimento dezembrista", como ficou conhecida a agremiação de pessoas que organizaram o golpe conducente à tomada do poder por Sidónio

Pais, a revisão não foi muito profunda. No essencial, o decreto de 1918, de Moura Pinto, anulou as comissões cultuais (oferecendo às irmandades a organização do culto), substituiu as pensões aos ministros por uma subvenção, permitiu o uso das vestes talares, terminou com o beneplácito e devolveu parte do património nacionalizado à Igreja. A revisão da lei acabou por ser, portanto, relativamente modesta, mas abriu a porta à reconciliação com a Santa Sé. Até porque foi posto termo ao ambiente de perseguição, dando-se pelo contrário uma aproximação, com a Igreja a poder voltar a participar em cerimónias oficiais.[117] A maneira moderada como a lei foi revista durante o sidonismo ajudou a chamada "Nova República Velha", isto é, a situação política pós-sidonista, a mantê-la nessa versão. António José de Almeida e Bernardino Machado, dois dos principais defensores da pacificação com a Igreja, foram Presidentes da República durante quase todo o período que vai do fim do sidonismo ao fim da própria República em 1926. Afonso Costa permaneceu fora do país, excepto por períodos curtos. A reconciliação com a Igreja tornou-se possível: as relações diplomáticas com a Santa Sé foram retomadas; a Santa Sé promoveu uma política de *ralliement* com o regime; e foram autorizados movimentos políticos e publicações católicas, com pleno direito de cidade.[118]

O grande conflito com a Igreja Católica durante a I República acabou assim por ser de curta duração. Como notam Bruno Cardoso Reis e Sérgio Ribeiro Pinto no capítulo deste livro dedicado à relação da República com a Igreja (Capítulo III – República e religião, ou a procura de uma separação), não se pode falar de guerra religiosa para a totalidade do período, não podendo sequer, incidentalmente, falar-se, mesmo nas alturas mais agudas, de um conflito com intensidade semelhante ao verificado noutros países, como o México dos anos 20 e 30 ou a Espanha da guerra civil. Claro que o regime não promoveu uma grande intimidade com a Igreja. Mas a verdade também é que, de 1918 em diante, deixou de a hostilizar de forma ostensiva. Para a maioria do pessoal político da República tornou-se claro que o conflito não só era desnecessário como pernicioso. Bruno Reis e Sérgio Pinto, mais uma vez, notam como até as romarias a Fátima acabaram largamente toleradas, apesar das violências iniciais. E a verdade é que, excepto no que toca à eliminação da religião católica como religião oficial e à introdução do princípio de neutralidade religiosa do Estado, a maior parte da supressão do papel privilegiado da Igreja tinha já sido concretizada pelo liberalismo. Foi ele que criou o ambiente intelectual de "libertação" da sociedade em relação à tutela espiritual da Igreja; foi ele que aboliu o privilégio de foro e os dízimos (um verdadeiro imposto eclesiástico); foi ele que extinguiu as ordens religiosas, as expulsou do país e nacionalizou os seus bens. Na realidade, a violência da República em relação à Igreja só se distingue da praticada pelo liberalismo pela sua futilidade substancial. Depois do liberalismo restava à República rematar o processo, com a plena neutralização do Estado. E a verdade é que se não o fez inicialmente isso se deveu a razões circunstanciais de estratégia política. Mas seria aí que acabaria por chegar quase por completo na fase final do regime.

A Igreja não foi a única oposição organizada com que a República se confrontou. O mesmo aconteceu com os (diversos) movimentos de trabalhadores. A ruptura na relação vinda do tempo da monarquia entre o PRP e o mundo sindical foi, talvez, a mais importante daquelas que o regime operou. Através dela, o PRP/PD perdeu a oportunidade para inserir legalmente na República a ala popular do partido. Esta ala acabaria por encontrar o seu lugar no lado contaminado dos bandos armados de rua. Nas últimas décadas da monarquia, o PRP e a Carbonária tinham conseguido atrair alguns trabalhadores para a causa republicana. Muitos viram, efectivamente, na mudança de regime uma possível resposta aos seus anseios. Mas, a par destes, existiram aqueles trabalhadores que se agremiavam em organizações sindicais ou no Partido Socialista Português e para quem a forma concreta de regime não era relevante: a situação dos trabalhadores não tinha por que sofrer modificação ao substituir-se o rei por um Presidente. César Nogueira, importante militante socialista, mesmo se viria mais tarde a colaborar com o regime republicano em momentos importantes, não duvidava de que "monarquia ou república era tudo a mesma coisa para o objectivo final do operariado. Ambos os estados eram retintamente burgueses, assentando no regime da propriedade privada, e por isso não resolviam o problema da questão social. O operariado nada tinha que fazer nas fileiras republicanas". [119] Note-se que estas dúvidas eram muito ajudadas pelas posições de vários republicanos ilustres, para quem as reivindicações sociais na sua forma socialista eram erradas. O positivismo perfilhado por diversas luminárias republicanas propunha uma ordem assente na colaboração de classes. Teófilo Braga, por exemplo, chamava aos socialistas "metafísicos revolucionários" e verberava o seu "rancor contra os patrões", a sua "aversão contra o burguês", notando que, ao separarem "a questão económica da questão política, isolaram a classe industrial em um egoísmo odioso, preocupando-a exclusivamente do modo de obter uma féria mais avultada e convencendo-a de que a república era tão abjecta como a monarquia, porque a não remia do estigma teológico do trabalho! A ausência absoluta de ideias, nesses espíritos do socialismo português, à frente dos quais Antero de Quental está como um vidente, manifesta-se não só na falta de escritos de propaganda como nessa apatia do chefe que passou aos membros do partido, que abandonaram com desprezo a questão política, à espera da dissolução da sociedade burguesa". [120] Os socialistas, de acordo com o pouco subtil argumento de Teófilo, viam a "burguesia [...] como uma classe exploradora", não reparando "que essa burguesia é a parte mais adiantada do antigo proletariado da Idade Média [...]. O operariado moderno pertence a esse mesmo proletariado que ainda não completou o seu triunfo [...] O conflito do capital com o trabalho é um preconceito [...] que desconhece a coordenação dos factores sociais". [121]

Os operários não eram em grande número na sociedade portuguesa, mas as suas organizações estavam bem estabelecidas e tinham ligações internacionais, para além de um corpo ideológico desenvolvido e sofisticado, que ajudava a um vigor na luta que faltava a grupos mais informes. Tal como em quase tudo, também ao nível sindical as inovações mais importantes têm origem na revolução liberal. Foi a 7 de Maio de 1834 que D. Pedro IV aboliu as tradicionais corporações originárias da Idade Média e as chamadas Casas dos Vinte e Quatro (assembleias representativas das corporações profissionais existentes em várias cidades). Só então puderam aparecer as primeiras associações de trabalhadores, como a Associação do Artistas Lisbonenses, de 1839, ou uma associação de tipógrafos, organizada por Vieira da Silva em 1844. ([122]) Estamos, evidentemente, ainda bastante longe dos modernos sindicatos. Mas foram estas as origens, que continuaram a desenvolver-se e foram marcadas pelo "ano mágico" de 1848 (com o seu cortejo de revoltas na Europa). Foi então que apareceu o primeiro jornal operário, em 1850 (o *Eco dos Operários*), e a primeira associação de verdadeira relevância política, a Associação dos Operários, fundada em Lisboa e contando com a adesão de grande número daqueles intelectuais e políticos monárquicos defensores da República e do socialismo, como José Estêvão, Andrade Corvo ou Latino Coelho. ([123]) É ainda desta época (1852) a criação do Centro Promotor das Classes Laboriosas, de onde sairia muito do pessoal político e das ideias republicanas e socialistas que marcariam o fim da monarquia constitucional – por lá passaram Antero de Quental, Oliveira Martins ou José Fontana.

Depois destes primórdios, os trabalhadores portugueses acabaram por se arrumar essencialmente em dois grupos ao longo dos últimos anos do século XIX e princípios do século XX: os socialistas (a materialização em Portugal dos princípios da I Internacional de 1872) e os anarco-sindicalistas, subdividindo-se estes em sindicalistas-revolucionários (para quem a forma de organização sindical era não apenas um elemento de utilidade na luta política mas a forma superior de organização da sociedade futura) e os anarquistas (apostados na destruição de qualquer forma de autoridade, incluindo a dos sindicatos, dos quais se recusavam em princípio a fazer parte das direcções). ([124]) Estas divisões são o reflexo da luta entre Marx e Bakunine no seio da I Internacional.

Mesmo não tendo aderido às organizações republicanas, estes trabalhadores (e respectivas associações) tinham contactos próximos com elas. Desde a fundação que PRP e PSP mantinham uma relação ambígua, ora partilhando ideias e acções, ora opondo-se em muitas matérias de princípios. Curiosamente, era o Partido Socialista que assumia uma natureza mais elitista, parecendo por vezes uma espécie de gabinete filosófico do PRP, uma vanguarda intelectual que o PRP, dada a sua vocação de poder, não queria adoptar plenamente. Os seus dirigentes (Antero de Quental, José Fontana, Eduardo Maia) eram intelectuais sem vocação para a manobra de massas e sindical. Nunca quiseram montar uma séria rede de sindicatos, preferindo o combate eleitoral – a que os trabalhadores eram muitas vezes indiferentes, até pela ausência de sufrágio universal. [125] Acresce que nunca fomentaram a espontaneidade sindical na contestação aos patrões e ao sistema capitalista, procurando sempre controlar e certificar as declarações de greve. [126] No Congresso de Aveiro, de 1902, alguns dos notáveis do PS terão mesmo repudiado a greve como instrumento político. [127] Por isto mesmo, o PSP viu-se muito limitado na sua capacidade de atracção sobre os trabalhadores. Dado este "ordeirismo", os trabalhadores preferiram muitas vezes o próprio PRP (e, sobretudo, as suas sociedades secretas) ou então os mais livres sindicatos anarquistas. [128] A separação tornou-se mais clara na primeira década do século XX, sobretudo na sequência da Carta de Amiens de 1906, que deu grande vigor ao sindicalismo revolucionário. Lembre-se que esta carta (resultado do IX Congresso da CGT francesa) preconizava que o movimento anarquista montasse as suas organizações sindicais, em substituição da típica actividade individual. E preconizava ainda o "apoliticismo", ou seja a separação entre a luta dos sindicatos e a actividade dos partidos políticos, tudo num contexto de luta de classes e, portanto, de oposição declarada entre o trabalho e o capital. Os novos sindicatos estariam vocacionados para a acção directa e a greve. Foi este desenvolvimento que criou também as condições para o conflito com o PRP: a expansão do anarco-sindicalismo afasta muitos trabalhadores do PRP (e dos clubes, lojas e sociedades em seu redor); mas afasta-os também do PSP.

Graças à intensidade dos seus contactos com os republicanos durante a monarquia, as organizações de trabalhadores receberam com benevolência o novo regime. Mas rapidamente verificaram que este não lhes ia conceder a participação no poder político ou sequer oferecer-lhes particulares benesses. Bastaram poucos meses para que o conflito entre o Governo Provisório e as organizações sindicais assumisse proporções vultosas. Embora o 5 de Outubro tivesse interrompido um largo movimento grevista que vinha dos anos anteriores, logo para o fim do mês as greves recomeçaram, normalmente vocacionadas para a reivindicação de melhores condições de trabalho (aumentos salariais e redução de horários). Ao início, os líderes republicanos terão tentado a conciliação, mas cedo se mostraram incapazes de extinguir todos os fogos. Como as greves se multiplicassem, tentaram legislar sobre esse instrumento de luta operária. Fizeram-no, porém, de forma que os trabalhadores consideraram hostil, assim os alienando do regime. É verdade que o famoso "decreto-burla", como os sindicatos passaram a chamar a lei da greve de 6 de Dezembro de 1910 (de Brito Camacho), legalizava a greve. Mas por outro lado tornava-a difícil de usar de maneira eficaz, já que obrigava a um aviso prévio de 12 dias e proibia os piquetes, instrumento que os trabalhadores usavam para a tornar efectiva. [129] Mas sobretudo, legalizadas ou não, as greves foram sempre encaradas como insurreições injustificadas pelos governos republicanos. Por um lado, as lutas dos trabalhadores eram efectivamente um desafio ao regime; por outro, os republicanos arvoravam--se em intérpretes da "verdadeira vontade" dos trabalhadores, e essa vontade não podia ser a que os sindicatos propunham. Para o positivismo republicano, a sociedade tinha de assentar na colaboração de classes e não no conflito, de que a greve era o exemplo máximo. A "verdadeira vontade" dos trabalhadores teria de ser, portanto, o apoio à República, que saberia zelar pela sua condição. Daí a determinação repressiva com que enfrentou as greves. Para isso, usou não só os instrumentos oficiais, como a GNR, mas também os famosos "batalhões de voluntários", que passaram a dedicar-se à actividade de sovar (para além de padres) os trabalhadores em greve.

Em Março de 1911, dois trabalhadores foram mortos pela GNR (no episódio a que muitos sindicatos logo chamaram os "fuzilamentos de Setúbal"), dezenas foram presos e vários sindicatos encerrados. Foi o momento mais grave de uma onda de repressão que se fez sentir nesse ano na maior parte das cidades e no Alentejo, onde um vasto movimento de greves rurais constituiu um dos mais importantes episódios de contestação ao regime republicano. [130] Daqui em diante, a relação entre o regime e o trabalho organizado não faria senão deteriorar-se. O número de greves continuou em crescendo, bem como o próprio número de organizações sindicais. [131] Os anos de 1912 e 1913 selam o divórcio. Às diversas greves, os sucessivos governos já não pretendem responder com a conciliação. A repressão é brutal, levando à detenção (e mesmo à deportação) de centenas de sindicalistas e ao encerramento de vários sindicatos e jornais operários. Na repressão, destacou-se sobretudo, em 1913, o governo de Afonso Costa. Na sequência da explosão de uma bomba em Lisboa, que se seguiu à proibição a um grupo de sindicalistas de participarem no cortejo camoniano do 10 de Junho, Costa mandou prender sumariamente 100 sindicalistas, transferiu-os do Limoeiro para o forte de Elvas, assim dando um duro golpe na organização sindical. Foi na sequência destes eventos que adquiriu o famoso cognome de "racha-sindicalistas". [132] Na altura, Costa dava conselhos aos operários: "organizem-se, arranjem os seus eleitos, compartilhem a vida política do país. É quando chegarem a ter a importância que têm os partidos operários da Inglaterra e da Alemanha que sairão dos campos legislativos as leis que os colocarão na situação de substituir o patronato por uma organização justa e equitativa do trabalho". [133]

Esta cisão com os trabalhadores e a dificuldade (apesar de algumas tentativas) do PS em afastar-se da colaboração com o PRP/PD levou à progressiva expansão do anarco-sindicalismo (sobretudo na sua vertente socialista revolucionária). A ascensão dos socialistas revolucionários consumou-se no Congresso de Tomar, de 1914, onde o PS ficou definitivamente secundarizado no seio do movimento. A ruptura dos sindicatos com a República é também a ruptura dos sindicatos com o PS. A União Operária Nacional, que nasce no congresso, é a primeira grande organização sindical nacional e, apesar de unitária, é dominada pelo sindicalismo revolucionário. [134] Pode dizer-se que é a decepção sindical com a República que alimenta o anarco-sindicalismo.

O PRP tentou compensar o divórcio com o mundo dos trabalhadores enquadrando-os nas milícias urbanas que se especializaram em fazer o "trabalho sujo" de atacar adversários, vandalizar jornais, sovar padres e grevistas, organizar manifestações ou simplesmente intimidar pela presença na rua de cartucheira à tiracolo. Era a Assembleia

Popular de Vigilância Social, a Federação Republicana Radical e os vários Batalhões de Voluntários. [135] Ou seja, o PRP/PD perdeu a oportunidade de transformar a República num regime popular, desmobilizando o povo das carbonárias ao garantir-lhe o voto e a representação. Em vez disso, persistiu na mobilização para-militar e, com isso, tornou a vida política refém da violência de rua. Como forma de "enquadramento popular", esta mobilização teve resultados modestos, porque a larga maioria dos trabalhadores preferiu a representação sindical. Mas foi crucial para envenenar a vida pública e política do regime. Desde os primeiros meses da República que se tornou essencial a qualquer líder ter o seu "braço armado". Cedo, os bandos começaram a seguir o seu caudilho republicano, à medida das capacidades deste para oferecer recompensas. O maior grupo esteve, naturalmente, ligado ao líder que mais força política inicial conseguiu mobilizar, Afonso Costa. Mas também António José de Almeida, Brito Camacho e Machado Santos tinham os seus grupos. E como eles se tornaram indispensáveis, católicos, monárquicos e sindicalistas adquiriram também os seus. A violência de rua foi não só crucial para a disfuncionalidade da vida política do regime como também para o seu termo. Nos anos 20, quando a elite republicana procurou criar um quadro político plural, confrontou-se com a sua própria incapacidade para controlar as milícias de rua. Logo a seguir, apareceram as primeiras sugestões de regimes de ditadura que pudessem devolver a ordem ao sistema. Seria de uma dessas situações de excepção (a Ditadura Militar) que resultaria, afinal, o fim do regime.

III

Se o período de 1910 a 1914 define a natureza do regime, o período posterior a 1914 marca o seu destino. Como no resto da Europa, em larga medida a razão para isso foi a I Guerra Mundial e as suas terríveis consequências. Ninguém previu uma guerra tão longa e destruidora. Talvez por isso mesmo, quando acabou, a Europa não era a mesma. Para além dos milhões de mortos e estropiados, o quadro político do continente era uma completa novidade: o velho Império Russo tinha dado lugar ao primeiro regime comunista da História da humanidade, o Império Austro-Húngaro fragmentara-se em inumeráveis pequenas repúblicas, a monarquia fora substituída pela república na Alemanha. A guerra destruiu o quadro político da Europa central e de leste e trouxe sérias consequências para os governos liberais do Ocidente. A I República portuguesa não podia escapar às suas consequências também. Quase se poderia dizer que participar directamente no conflito foi a sua decisão fatal. ([136])

O começo da I Guerra Mundial apanhou a República em mais uma fase crítica das suas intermináveis lutas fratricidas. O governo entregue a Bernardino Machado era de iniciativa presidencial, depois da queda do primeiro governo de Afonso Costa e da incapacidade para se encontrar uma solução estável com base parlamentar. Machado apostava na política chamada de "acalmação" (que, no essencial, significava fazer as pazes com monárquicos, católicos e sindicatos) e não tinha posição dogmática acerca da participação de Portugal na guerra. No seu governo existia quem advogasse a entrada directa e quem fosse absolutamente contrário a ela. É verdade que, independentemente da vontade dos governantes portugueses, o país fora logo forçado a uma intervenção directa, quando a Alemanha atacou o norte de Moçambique, a partir da colónia vizinha da África Oriental Alemã (actual Tanzânia), cerca de vinte dias depois do início da guerra, e o sul de Angola um mês mais tarde, a partir da vizinha colónia da Namíbia. ([137]) Mas isso não bastou para Portugal declarar guerra à Alemanha. A questão não era fácil.

A Inglaterra não queria que Portugal o fizesse. Não desdenhava o apoio português, mas convenceu o governo a adoptar a política que ficou conhecida como de "neutralidade colaborante". Para o esforço de guerra inglês era preferível ter Portugal como neutro do que como aliado. Os meios de que Portugal dispunha para participar eram praticamente inexistentes; assim que entrasse na guerra, a Alemanha poderia usar território português para aumentar as dificuldades inglesas, e a Inglaterra talvez se visse forçada a desviar recursos para a defesa do hipotético aliado. ([138]) Em Portugal é que a vontade de beligerância era grande, pelo menos junto de um certo grupo de membros da elite política, quase todos provenientes do Partido Democrático. Mais uma vez pontificava aqui Afonso Costa mas também, e sobretudo, João Chagas. ([139]) Os chamados "intervencionistas" viam na participação portuguesa a oportunidade para várias coisas mais ou menos imaginárias. Por um lado, viam uma oportunidade para subirem um patamar nas relações com a Inglaterra. Ao contrário de uma ideia da época que foi acolhida por alguma historiografia, para a Inglaterra (embora sendo uma monarquia), era indiferente que Portugal fosse uma monarquia ou não. Pior era que, no contexto da guerra, a Inglaterra não via em Portugal um activo estratégico de valor. Em vez disso, via-o em Espanha, particularmente por receio de que esta se aliasse com a Alemanha para dificultar o acesso ao Mediterrâneo pelo estreito de Gibraltar. Acontece que a Espanha de Afonso XIII alimentava então planos de possível anexação de Portugal. Os planos não eram queridos pelos ingleses, mas a verdade é que não se importariam de os tolerar, em nome de outros valores estratégicos. ([140]) Participando Portugal na guerra, achavam os intervencionistas, a Inglaterra teria de adoptar uma política menos indiferentista. O segundo aspecto em que os intervencionistas também viam na guerra uma oportunidade ligava-se com os planos de divisão das colónias portuguesas entre a Inglaterra e a Alemanha. Os contactos entre as duas potências e a possibilidade de divisão existiam efectivamente, mas tratava-se de algo que só poderia ocorrer numa situação de particular enfraquecimento inglês. A Inglaterra preferia, na realidade, deixar uma larga parte da África nas mãos de uma potência irrelevante como Portugal a ver a Alemanha aumentar o seu património colonial. Finalmente, e sobretudo, os intervencionistas olhavam para a guerra como uma oportunidade para afirmar o regime republicano no país. Como nota Pedro Oliveira no seu contributo para este livro (Capítulo IV – A República e a guerra), isto não era independente dos planos para transformar o exército numa escola de cidadania, o "povo em armas" da revolução francesa, através de um exército miliciano à maneira suíça. Seria a forma de instilar no povo os ideais republicanos a que parecia tão indiferente. Como as dificuldades financeiras do início de vida do regime tinham cerceado a implementação do plano, a guerra foi vista como uma oportunidade para o forçar. A guerra seria um desígnio patriótico, unindo o povo atrás do regime. ([141])

O problema estava, de novo, na Inglaterra, que, como um dia disse João Chagas paradoxalmente, era o principal inimigo de Portugal. A Inglaterra insistia em não aceitar o apoio português que resultaria de uma declaração de guerra à Alemanha. ([142]) Entre 1914 e 1916, os governos portugueses desmultiplicaram-se em esforços para conseguirem esta aceitação. Finalmente, em 1916, uma oportunidade única surgiu. A extensão e brutalidade da guerra surpreenderam toda a gente. Se, ao início, os beligerantes acreditaram que seria curta, pouco a pouco foram percebendo que assim não seria. A pressão sobre os seus recursos era dramática. Em Fevereiro de 1916, a Inglaterra pede a Portugal que aprisione os navios mercantes alemães fundeados em portos portugueses. Era o pretexto por que esperavam Afonso Costa e João Chagas. De maneira a terem a certeza de que o assentimento inglês se verificaria, ameaçaram aprisionar os navios apenas no caso de a Inglaterra aceitar a entrada de Portugal na guerra. Com os seus recursos levados ao limite, a Inglaterra acedeu. Em Março de 1916, depois da apreensão dos navios, a Alemanha declara guerra a Portugal. Para os portugueses intervencionistas era a concretização do seu velho plano. Mas faltava ainda impor à Inglaterra o envio de um contingente português para a frente europeia. A Inglaterra voltou a tergiversar, tentando explicar que o melhor seria Portugal limitar-se à defesa do território contra ataques alemães. Mas, no Verão de 1916, acabava por aceitar a participação directa de tropas portuguesas na frente ocidental, em França e na Flandres.

É sobejamente conhecido o desastre desta participação. O contingente português enviado para a frente (o chamado Corpo Expedicionário Português, CEP) era constituído por duas divisões perfazendo o número de 35 mil soldados. Estes foram treinados à pressa no quartel de Tancos sob orientação do ministro da Guerra, Norton de Matos, na segunda metade de 1916. Começaram a ser enviados para a frente a partir de Janeiro de 1917, para cobrirem uma extensão entre 10 km e 20 km, no vale do rio Lys, integrados no I Exército britânico.

As condições que encontraram nas trincheiras foram dramáticas. Tudo foi fonte de problemas: o fardamento, a alimentação, as condições de vida genéricas, as quebras de material. ([143]) A trágica participação portuguesa seria rematada com o desastre da que ficou conhecida entre nós como "Batalha de La Lys" (a Quarta Batalha de Ypres ou a Batalha de Armentiéres, tal como em França, em Inglaterra e na Alemanha lhe chamaram), sob o ataque alemão apelidado de "Ofensiva Georgette". No espaço de semanas, entre Março e Abril de 1918, as divisões portuguesas foram desbaratadas, deixando atrás de si cerca de 2.000 mortos, 5.000 feridos, 7.000 incapacitados e outros tantos prisioneiros. Depois de "La Lys", jamais o CEP voltaria a ter um papel organizado no esforço de guerra dos aliados. ([144]) Se ao desastre na Europa juntarmos os ocorridos nas frentes africanas, onde as tropas portuguesas raramente conseguiram resistir ao Exército alemão e ainda tiveram de enfrentar revoltas indígenas (sobretudo no sul de Angola), ([145]) a participação portuguesa na guerra saldou-se por uma irremediável tragédia. No final, entre 55 mil mobilizados para a Europa e 50 mil para África (num total, portanto, de 105 mil homens), morreriam aproximadamente 8 mil, ficando feridos outros tantos, desaparecidos cerca de 6 mil, incapacitados cerca de 9 mil e prisioneiros cerca de 8 mil. ([146]) É difícil extrair qualquer consequência positiva de tudo isto.

Até porque, ao desastre militar, acresceu a perturbação política interna, que viria a ser de extrema importância para o futuro do regime. Até ao início de 1915 continuaram as lutas fratricidas entre as facções republicanas. Falhada a experiência de Bernardino Machado, minada pelo Partido Democrático, seguiu-se o governo dos "miseráveis" de Vítor Hugo, na realidade um títere de Afonso Costa. Mesmo para o Partido Democrático, o governo de Vítor Hugo era apenas de transição. O objectivo era preparar eleições, que o partido inevitavelmente ganharia. Mas o governo não chegaria a cumprir a função, caindo sob o famoso "movimento das espadas", uma das primeiras rebeliões militares do regime, cujo móbil explícito era a oposição ao intervencionismo bélico dos Democráticos. O movimento deu oportunidade a Manuel de Arriaga para formar novo governo de iniciativa presidencial, desta feita entregando-o a um militar independente, o general

Pimenta de Castro. O general governou no sentido da "acalmação", abrindo espaço à tolerância de monárquicos e católicos, algo que continuava Bernardino Machado, embora indo mais longe. A sua principal tarefa, contudo, era organizar um acto eleitoral que não pudesse ser orquestrado pelo Partido Democrático. Para isso desenhou uma nova lei eleitoral, que regressava aos círculos eleitorais da "ignóbil porcaria", a fim de diluir o voto Democrático. A reacção dos Democráticos não se fez esperar. Convocaram uma reunião no parlamento, que Pimenta de Castro impediu (sob o pretexto formal, verdadeiro, de que a legislatura já havia terminado). Os Democráticos reuniram-se então fora do parlamento e decretaram o carácter "ditatorial" do governo. Do que se seguiu resultou a revolta de 14 de Maio de 1915, uma espécie de "novo 5 de Outubro", com mais vítimas do que o próprio 5 de Outubro ou do que a revolta sidonista de 1917 (cerca de 200 mortos e 1000 feridos). Com o 14 de Maio, os Democráticos regressavam ao poder. [147]

Esta sequência de episódios demonstrou que o Partido Democrático estava na disposição de utilizar todos os meios (incluindo os mais violentos) para manter a governação, acabando por criar nos excluídos a ideia de que a única maneira de eles prevalecerem seria também a violência. É isto que ajuda a explicar, em parte, a revolta sidonista de 1917. Até porque, antes disso, continuou a mais completa desordem política, de que a "União Sagrada" (juntando Democráticos e Evolucionistas) foi outro elemento. Do 14 de Maio não resultou qualquer consenso governativo. José de Castro e o próprio Afonso Costa sucederam-se em dois governos desprovidos de eficácia. Até que, por fim, a declaração de guerra permitiu a Afonso Costa jogar a carta do líder nacional. Multiplicou os apelos à união nacional, convocando para um possível governo de coligação, para além dos Democráticos, claro, os Evolucionistas e os Unionistas: a União Sagrada era tida por um instrumento essencial para a "nacionalização da República". [148] Apenas António José de Almeida aceitaria o convite, nem sequer conseguindo contar com o consenso dos restantes membros do Partido Evolucionista. Na verdade, Almeida caiu na ratoeira que ele próprio havia montado: depois de andar anos a pregar as virtudes do intervencionismo, tinha pouca margem para recusar presidir ao país durante a guerra.

Camacho, que tinha feito o contrário, sentiu-se à vontade para recusar. Como mostra Filipe Ribeiro de Meneses, ([149]) a União Sagrada portuguesa, apesar do mesmo nome da francesa, esteve muito longe de a replicar em termos conciliação nacional: nem camachistas, nem católicos, nem monárquicos, nem socialistas, nem sindicatos partilharam a experiência. Cedo, a União Sagrada se desfez em querelas entre Costa e Almeida. Depois de vários episódios, acabaria por desaparecer sob o pretexto da recusa pelos Democráticos em criar um Conselho Económico Nacional (uma espécie de Câmara Corporativa *avant la lettre*), proposto por António José de Almeida. Mais ou menos um ano depois do seu início, a União Sagrada desaparecia, dando lugar ao terceiro e último governo de Afonso Costa.

Este governo era a continuação das tentativas dos Democráticos para se perpetuarem no poder. Como tal, era também a perpetuação da legião de descontentes excluídos, agora aumentados pelas condições da guerra. Os sindicatos, que se tinham multiplicado em greves contra a "carestia de vida" e a falta de "subsistências", foram as vítimas predilectas. Brutalmente reprimidos, viram centenas dos seus activistas encarcerados. Os restantes republicanos (camachistas e almeidistas) continuaram de fora. Muitos Democráticos foram eles próprios preteridos em favor de "monárquicos", o instrumento mais utilizado por Costa para assegurar a sua influência nacional. O governo revelou-se, portanto, mais uma inviabilidade, acabando às mãos do golpe de 5 de Dezembro de 1917, que lançou a experiência sidonista.

O golpe reuniu quase todos os descontentes do poder Democrático: anti-intervencionistas de vária estirpe, oficiais de baixa patente em vésperas de embarcar para a Flandres, católicos, monárquicos, Brito Camacho (grande patrocinador inicial de Sidónio), Machado Santos e as suas patrulhas carbonárias e até, brevemente, o movimento sindical. ([150]) Em pouco tempo, como era expectável, esta coligação negativa desagregar-se-ia, mas não foi isso que impediu Sidónio de construir um momento político bastante original.

Como nota Armando Malheiro da Silva, ([151]) embora se tenha querido muitas vezes ver no sidonismo um movimento político eminentemente reaccionário (a resvalar para a restauração da monarquia ou, em alternativa, para a instauração do fascismo), a verdade é que o seu grande objectivo sempre foi o de resgatar uma República capturada pelo Partido Democrático e por Afonso Costa. Só que do sidonismo nunca resultou qualquer solução estável. O grupo conspirador foi-se progressivamente desmantelando: os sindicatos cedo perceberam que as suas reivindicações não iam ser atendidas (algo que seria sempre difícil no contexto da guerra); Brito Camacho não conseguiu suportar o excesso de autonomia da sua criatura e, também ele, partiu. Restou, deste modo, um núcleo desconexo, o qual nem sequer sobreviveu até ao fim. Pontificavam nele Machado Santos e Egas Moniz, mas havia também republicanos dispersos, monárquicos, católicos e alguns militares. O melhor que esta heteróclita agremiação conseguiu fazer foi ir improvisando uma espécie de regime político, usando, para esse fim, como grande instrumento de legitimação, uma nova lei eleitoral, que introduziu o sufrágio universal masculino e a eleição directa do Presidente (que passou a ser o chefe do executivo). Ao contrário do que se poderia pensar, tratou-se de uma completa improvisação, nascida da verificação do efeito carismático de Sidónio, recebido apoteoticamente pelo país fora durante uma viagem que teve lugar em inícios de 1918. A lenda e o culto que logo o envolveram levaram alguns historiadores a vê-lo como um percursor do fascismo. Mas, na realidade, como mostra Filipe Ribeiro de Meneses no seu contributo para este livro (Capítulo V – Sidónio e o sidonismo), o sidonismo não foi uma experiência coerente de que se possa extrair uma lição linear. O sufrágio universal não quadra bem com os supostos propósitos fascizantes. E nem sequer a ideia de criação de uma representação corporativa paralela à parlamentar foi nova: desde o fim do século XIX que o liberalismo português a cortejou. Em 1911, a Comissão de Redacção da Constituição tinha proposto exactamente a mesma coisa, de resto numa forma ainda mais radical: como completa alternativa a uma câmara de deputados (que desapareceria). E ainda no ano anterior, como vimos, António José de Almeida fizera algo de semelhante. Para quem gosta de interpretações conspirativas, vale a pena lembrar que Salazar recusou o cargo de ministro das Finanças de Sidónio, alegando falta de condições políticas. ([152])

No final, como obra mais duradoura do sidonismo (para além da memória da primeira eleição por sufrágio universal em Portugal), sobrou a pacificação das relações entre o Estado e a Igreja, graças à revisão da Lei de Separação. Vale a pena perceber que a revisão ficou muito aquém daquilo que os católicos pediam, pelo que não se pode ver nela um retorno ao clericalismo ou um peculiar favor à Igreja. A revisão apenas eliminou os aspectos mais humilhantes de 1911: aboliu as comissões cultuais, permitiu o uso das vestes talares, acabou com o beneplácito governamental e devolveu parte do património à Igreja. Seria nesta versão que, de resto, sobreviveria até ao final do regime.

Se os efeitos políticos da guerra seriam importantes, os económicos também, ajudando mesmo a explicar a sorte futura do regime e a ascensão do salazarismo. Para além das perturbações ao funcionamento da economia, sobretudo resultantes das dificuldades do comércio internacional, a guerra teve essencialmente efeitos financeiros e monetários, com importantes repercussões na actividade económica. No geral, foi negativa para a economia: criou condições desfavoráveis em termos de comércio externo, com muitos mercados a fecharem-se às exportações nacionais e a deixaram de exportar como antes.[153] De consequências bastante significativas foram aqui as limitações à importação de bens alimentares (trigo e bacalhau, para falar de dois dos mais famosos exemplos), que deram origem a diversos episódios de escassez. Também foram importantes as limitações à importação de bens energéticos e intermédios, como o carvão, os adubos ou a maquinaria.[154] O défice comercial agravou-se. Como, ao mesmo tempo, se verificou a paragem do tradicional fluxo de remessas de emigrantes, deu-se uma deterioração da balança de pagamentos. Em resultado de tudo isto, o crescimento económico foi negativo.

Mas talvez o impacto mais decisivo para o futuro do regime e do país se tenha verificado nas finanças públicas. Apesar da participação militar reduzida, por comparação com os grandes países beligerantes, o acréscimo das despesas militares foi substancial, conjugando-se com outras despesas novas, como as resultantes da necessidade de intervenção no mercado para manter o abastecimento de bens essenciais e as resultantes da assistência social aos soldados e respectivas famílias. ([155]) Cerca de um terço das despesas militares foi financiado por empréstimos concedidos pela Inglaterra, mas a maior parte resultou de emissão monetária, com o consequente processo inflacionista. O surto de emissão viria a ser ainda mais acentuado a seguir à guerra, entre 1919 e 1924. ([156]) Sobretudo duas razões explicam esta necessidade crescente de recurso ao financiamento junto do Banco de Portugal: do lado das despesas continuava a fazer-se sentir a necessidade de subsidiar certos bens essenciais, como o pão ou os transportes, bem como as transferências sociais para soldados inválidos ou para as famílias de homens mortos em combate; mas a razão fundamental vinha do lado das receitas, em consequência do agravamento da crise fiscal, que se fazia sentir desde 1915, devido ao impacto da desvalorização monetária na erosão do nível das receitas fiscais. A emissão monetária foi a maneira de financiar o crescente défice público. Só que, ao mesmo tempo, também o agravava, uma vez que era o grande responsável pela erosão das receitas. À escala europeia, a inflação portuguesa só foi ultrapassada pelas experiências de hiper-inflação vividas pelos países da Europa central. Em paralelo com isto, existiu uma depreciação cambial do escudo, com níveis semelhantes aos atingidos pela inflação.

A estabilização financeira viria a ser alcançada através da adopção de medidas tendentes a reduzir o défice público, a quebrar a espiral inflacionista e a inverter a depreciação externa do escudo, o que foi iniciado pelos governos de António Maria da Silva entre 1922 e 1923. O controlo da despesa e uma reforma tributária foram os principais instrumentos usados. ([157]) O défice público reduzir-se-ia então para cerca de 5% do PIB. Mas isto esteve longe de garantir a estabilização. A política viria a ser continuada por Álvaro de Castro em 1924, e uma redução ainda mais nítida do défice foi então obtida, mercê da extinção de vários serviços públicos. O fim da monetarização do défice público viria a permitir o controlo do surto inflacionista. Em 1924, os preços estabilizaram, mostrando mesmo alguma tendência deflacionista em 1925 e 1926. O problema residiu na incompletude destes passos. Mesmo depois de controladas a inflação e a desvalorização do escudo, a partir de 1924, a situação financeira não estabilizou, em resultado do défice orçamental. A tentativa de negociação em 1927 de um empréstimo externo para fazer face aos compromissos financeiros do Estado, no âmbito dos programas de estabilização financeira caucionados pela Sociedade das Nações, encontrou condições consideradas inaceitáveis pelo governo português. Só em 1931 é consumada a adesão ao padrão--divisas-ouro, passo que culmina a estabilização financeira levada a cabo por Salazar após a sua entrada como ministro das Finanças em 1928. Assim, seria apenas ele a conseguir o definitivo e duradouro equilíbrio do orçamento.

O caminho seguido pelos governos republicanos não é muito diferente do de outros países europeus. No final da guerra todos foram colocados perante o mesmo dilema: ou adoptavam uma política deflacionista, de forma a restaurar os equilíbrios financeiros de antes da guerra, permitindo o regresso ao sistema de câmbios fixos; ou enveredavam por uma política mais ou menos intensa de desvalorização da moeda, assumindo a impossibilidade de regressar à paridade cambial existente antes da guerra. Uma política inflacionista e de desvalorização monetária prejudicaria os detentores de poupanças ou de rendimentos fixos, mas impediria uma contracção da actividade económica, com inevitáveis repercussões nos meios empresariais e no nível de emprego. O inverso seria verdadeiro para uma política de estabilização monetária e financeira, assente numa solução deflacionista.

Os governos da I República acabaram por seguir as duas alternativas em momentos diferentes. Num primeiro momento, até 1922-1924, optaram pelo método inflacionista. Num segundo, a partir de 1922--1924, optaram pela estabilização, com os esperados efeitos deflacionários. Como vimos, para além do controlo orçamental, o plano de estabilização em Portugal passou, em 1923-1924, pela travagem da emissão monetária e por uma revalorização do escudo. Há razões para crer que Portugal tenha feito parte do conjunto de países (como a Grã--Bretanha, a Dinamarca ou a Suíça) que sobreapreciou a sua moeda quando decidiu a nova paridade. De acordo com os dados disponíveis, o escudo revalorizou-se quase 40% em relação à libra em 1924, ([158]) em vez de incorporar a desvalorização antes verificada. Eis algo que originou problemas de competitividade externa, com impacto negativo no crescimento económico. Portugal conheceu um processo de acentuado crescimento enquanto durou o processo inflacionista mas uma contracção quando adoptou a política de estabilização. A incompletude das medidas de estabilização a partir de 1922, em conjugação com os efeitos de abrandamento conjuntural do crescimento que elas tiveram, acabou por dar margem ao aparecimento do messianismo financeiro de Salazar. A crise económica e orçamental resultante da I Guerra Mundial ajuda, assim, a explicar também o desaparecimento da I República.

IV

Como muita gente notou, desde os memorialistas da época até aos historiadores actuais, o fim do sidonismo e o regresso da elite política da República Velha (i.e. anterior a Dezembro de 1917) acabou por não significar um regresso pleno à República Velha enquanto tal. Embora isto pareça ser genericamente verdadeiro, as sobrevivências entre a República Velha e a Nova República Velha foram suficientes para garantir uma certa continuidade entre os dois momentos, e são importantes para explicar a inviabilidade do regime no seu todo. Com a Nova República Velha regressaram os Democráticos, mas não as suas antigas políticas de marca, como a Lei de Separação na versão original e a perseguição aos monárquicos. O Partido Democrático estava agora mais apostado na conciliação e na criação de outro ambiente político, embora com limites, particularmente o limite de o partido continuar a ser o centro *sine qua non* do regime. Como dizia Cunha Leal, "depois de negociações mal orientadas e mal sucedidas no sentido da marcha para um fecundo bipartidarismo segundo o antigo modelo britânico, [a Nova República Velha] acabaria por funcionar sob o signo da *multiplicidade de jure* mas da *unicidade de facto*".[159] O próprio partido regressou mais fraccionado do que nunca: até 1925, não deixou de dar à luz sucessivas dissidências, as quais foram produzindo novos partidos políticos. Regressou a Constituição de 1911, mas para ser logo revista em 1919, autorizando a dissolução do parlamento pelo Presidente. Regressaram os velhos partidos unionista e evolucionista, mas rapidamente se desfizeram, para dar origem a um grande partido republicano conservador. Não regressou Afonso Costa, que permaneceria em Paris até ao final da vida, excepto por vindas breves e intermitentes. Não regressou Brito Camacho, que saiu da vida pública do país, assumindo o cargo de alto comissário para Moçambique. Regressaram Bernardino Machado e António José de Almeida, mas para desempenharem papéis conciliadores enquanto Presidentes. Sobretudo, os temas de debate no espaço político passaram a ser outros. Como em todo o lado, a I Guerra Mundial e as suas consequências alteraram profundamente a paisagem política. É por estes anos que também em Portugal o debate político vai assumindo a configuração típica do século XX, opondo uma esquerda cada vez mais "social", questionando a legitimidade (ou mesmo a existência) do "capitalismo", a uma direita apostada em defendê-lo, contra o "bolchevismo" e aparentados. Mas a permanência de certas características políticas vindas do período 1910--1917 bastou para introduzir dissonância com o que era novo. O aspecto talvez mais espectacular a este respeito foi a persistente recusa da elite política republicana em ratificar o sufrágio universal introduzido por Sidónio Pais, em contra-pé com o que já acontecera na maior parte do Ocidente. Foi isto que continuou a dar ao espaço político da República o velho ar de luta de facções, fazendo o sistema divergir do género de combate ideológico que crescia no mundo. Cunha Leal bem notou que "os partidos republicanos tomaram um carácter eminentemente pessoalista. Não havia, falando com propriedade, democratas, evolucionistas e unionistas, mas afonsistas, almeidistas e camachistas". [160] Durante a Nova República Velha, i.e. os sete anos entre 1919 e 1926, sucederam-se vinte e sete governos, com uma duração de média de pouco mais de três meses. [161]

A Nova República Velha começou com a Monarquia do Norte, uma tentativa restauracionista resultante da desagregação do sidonismo. Quando a 19 de Janeiro de 1919 alguns membros das chamadas "Juntas Militares" do norte proclamaram a monarquia, entregando a chefia da Junta Governativa do Reino ao herói de 1911-1912 Henrique Paiva Couceiro, logo se confrontaram com a desistência de várias guarnições (no próprio norte), bem como com a defecção de grande parte dos sidonistas ainda no governo. O sidonismo albergara muitos monárquicos, mas o episódio revelava que não se resumia a isso. O que logo ficou visível quando Aires de Ornelas, mais alguns militares a si acolitados, se concentraram em Monsanto para apoiar a Monarquia do Norte. Um largo movimento republicano, incluindo grande número de sidonistas, impediu o seu êxito. Para além das manobras visando diminuir o número de adesões, os sidonistas deram um contributo importante para o ataque militar a Monsanto entre 22 e 24 de Janeiro, numa espécie de terceiro 5 de Outubro (depois do próprio e do 14 de Maio de 1915). [162]

Vitoriosa a revolta, estavam de regresso os velhos republicanos, como de costume liderados pelo Partido Democrático, inevitavelmente vencedor das eleições de Maio desse ano. Mas este era já outro Partido Democrático. Desde logo, não tocou na Lei de Separação revista pelo sidonismo. Aceitou também rever a Constituição, para permitir ao Presidente da República dissolver o Congresso, um instrumento que deveria, segundo se acreditava, permitir uma verdadeira rotação de partidos, e evitar o monopólio Democrático. Contribuiu ainda para criar um grande partido concorrente alternativo, o Partido Liberal Republicano, resultante da fusão entre evolucionistas e unionistas, [163] algo que foi favorecido pelo desaparecimento de António José de Almeida e de Brito Camacho da cena principal da política portuguesa, permitindo a junção das duas facções. Aceitou ainda a reanimação do Centro Católico Português, em 1919, o qual se transformaria no partido católico do regime, com representação parlamentar. Mas existiam dois problemas de fundo, determinando a persistência da disfuncionalidade do regime. O primeiro era o das forças profundas do Partido Democrático, baseadas no caciquismo local. O controlo destas forças continuou a ser o grande objectivo das várias facções do PRP/PD. Desta luta resultariam confrontos sem uma lógica política que fosse muito além do conflito pessoal. Nem o PRP/PD, nem as facções em que se multiplicou, nem sequer os outros partidos que tentavam (e não conseguiam) vencer as eleições possuíam programas claros. Apenas os partidos extremistas os tinham (o Partido Comunista ou o Integralismo Lusitano). [164] Assim, ao mesmo tempo que autorizava uma evidente pluralização do espaço político, o PRP/PD continuava a controlar os processos eleitorais e a perpetuar-se no poder, sem conseguir oferecer (*et pour cause*) um quadro institucional estável. O outro problema era a crescente cisão entre as várias facções do PRP/PD (com a sua base caciquista) e os grupos urbanos radicais. Ou seja, os últimos anos da República parecem reconstituir o confronto do final da monarquia entre o radicalismo urbano e o conservadorismo provincial. Só que agora ele se fazia no interior do próprio PRP/PD, que absorvia as duas realidades.

Seria neste contexto que o regime se veria confrontado com um novo pólo de conflito, resultante da expansão e recomposição do movimento sindical. As condições de inflação e escassez criadas pela guerra suscitaram o aparecimento de várias greves, para além de motins mais ou menos inorgânicos (as revoltas contra a fome, os desfiles de rua e os assaltos a mercearias que ficaram célebres à época). [165] A forte repressão destes eventos levou a uma aproximação de muitos sindicatos ao sidonismo. [166] O entendimento seria de curta duração, sobretudo porque as condições da guerra impediam uma relação fácil entre governo (fosse ele qual fosse) e trabalhadores. A escassez e a inflação estiveram na origem do primeiro conflito moderno pela distribuição do rendimento entre o capital e o trabalho, na forma que se tornaria típica no século XX.

Tudo se ligando com outras coisas importantes que tiveram lugar durante a guerra, embora fora do país. Uma delas seria a revolução comunista na Rússia, em Novembro de 1917, que ao início suscitou uma simpatia superficial entre toda a classe trabalhadora portuguesa. [167] Mas a simpatia inicial foi dando lugar a dúvidas e a uma cisão dentro do sindicalismo português. [168] Aos poucos, à medida que vai tomando conhecimento das realidades do bolchevismo (a centralização partidária e económica, a repressão dos trabalhadores), grande parte do anarco-sindicalismo passa a hostilizar a revolução. [169] Outra parte do movimento, porém, rende-se à eficácia comunista. Brevemente, as duas se separariam. O falhanço da greve geral de Novembro de 1918 é um primeiro momento em que a facção de maior proximidade com a revolução russa constata os limites da tradicional organização anarco--sindicalista. Acresce que, a seguir à guerra, e até 1924, a inflação se acelera, chegando quase à hiperinflação. Os conflitos em torno da definição de salários recrudescem. O movimento sindical dá então novo salto, com a fundação do jornal *A Batalha*, em Fevereiro de 1919, e a criação da Confederação Geral do Trabalho (CGT), em Setembro do mesmo ano. Só que esta reorganização acabaria por dar o pretexto de que os simpatizantes da revolução russa precisavam para se separarem da CGT e do anarco-sindicalismo, criando a Federação Maximalista Portuguesa, de que resultaria o Partido Comunista Português dois anos depois, em Março de 1921. Nada disto é independente, também, da reorganização do movimento comunista internacional, à sombra do Komintern (já dominado pelos futuros soviéticos), que começa então a promover a criação de partidos comunistas nacionais. [170]

A partir daqui, o movimento sindical português vai cada vez mais claramente cindir-se em três grandes grupos. Um é o do PS, a quem o Partido Democrático oferece maiores condições de participação no poder político, acompanhadas de reformas diversas, como a lei sobre o horário de oito horas e a introdução dos seguros sociais. Os eventos internacionais (a revolução russa, a breve república bolchevique da Hungria e o crescimento dos partidos Social-Democrata e Comunista na Alemanha), em combinação com a agitação laboral no país, incitam o Partido Democrático a uma aproximação ao movimento operário, escolhendo como interlocutor privilegiado o PS. Outro grupo é o do anarco-sindicalismo, reunido na CGT. É um grupo que se vai perder em contradições suscitadas pelo novo quadro mundial: recusa o exemplo bolchevique, mas também não quer estreitar demasiado a colaboração com o reformismo Democrático e socialista. O último grupo é o leninista, do PCP, que se apoia crescentemente na demonstração bolchevique para propor novas formas de organização conducentes ao derrube do sistema capitalista. Estas divisões tornaram o movimento operário uma força cada vez mais ineficaz e até instrumento *ad hoc* das diversas forças políticas republicanas da época. [171] O congresso operário da Covilhã, em 1922, sela as divisões.

Se o Partido Democrático tivesse concedido por esta altura o sufrágio universal, talvez várias das suas facções se tivessem transformado, em conjunto com o PS, numa espécie de Partido Social-Democrata português, ao estilo do alemão ou do Partido Trabalhista inglês. Portugal poderia então ter adquirido a paisagem política típica da Europa da época, organizada em torno da alternativa capitalismo-socialismo, com o Estado-Providência como compromisso. Em vez disso, o Partido Democrático recusou o alargamento da participação popular, pelo que o conflito político continuou a fazer-se em torno das suas personalidades e das oportunidades que davam ou não aos restantes partidos para atingirem o poder político.

Em 1921, pareceu existir uma oportunidade para o Partido Liberal Republicano, quando o Presidente António José de Almeida, a pretexto de mais um período de confusão marcado pela experiência governativa de Liberato Pinto (que representou, no fundo, a GNR no poder), chamou Tomás de Barros Queirós para formar governo e preparar eleições (como sabemos, uma condição *sine qua non* para a vitória eleitoral). Sem surpresa, o PRL ganhou-as. Com surpresa (ou talvez não), não ganhou com uma margem suficiente que lhe permitisse governar apoiado numa sólida maioria parlamentar. Para Jesus Pabón, o governo Granjo representou uma "tentativa de ordem", procurando sarar duradouramente as feridas do regime, como a questão religiosa, para isso estabelecendo até uma relação moderada com o PRP/PD. ([172]) Mas o PRP/PD não estenderia a mão de volta. Acresce que também o PRL era um dédalo de facções, sobretudo agrupadas em torno das sobras dos unionistas, evolucionistas e dezembristas. O governo resultante, de António Granjo (da facção dos evolucionistas, oposta à dos unionistas, de Barros Queirós), ficou exposto à sua debilidade interna e à permanente guerrilha do Partido Democrático. Mas este governo terminaria com um episódio que marcaria a ruptura final entre a elite do PRP/PD e os grupos radicais armados e que acaba por ser decisivo para o realinhamento de forças que levou ao fim do regime. Tratou-se da famosa "Noite Sangrenta", de 19 para 20 de Outubro de 1921, em que Granjo foi assassinado, em conjunto com os "heróis da Rotunda" Machado Santos e José Carlos da Maia. ([173]) Comandada por Manuel Maria Coelho (um veterano do 31 de Janeiro de 1891), acolitado pelos oficiais da GNR Camilo de Oliveira e Cortês dos Santos, e por Procópio de Freitas, a revolta foi sobretudo uma acção de facções da GNR e grupos armados republicanos. Embora todos eles estivessem mais ou menos próximos do PRP/PD, também prosseguiam a sua própria agenda radical. E tanto quanto se sabe, a "Noite Sangrenta" não foi enquadrada pelo PRP/PD. O acontecimento viria, de resto, a dar origem a uma espécie de sub-movimento radical que ajudaria a definir a política republicana nos anos seguintes, o "outubrismo".

A "Noite Sangrenta" foi um choque para toda a classe política republicana. "Sem ordem legal nem ordem real, sem uma Constituição observada nem um poder executivo obedecido, a República portuguesa sofre um dos piores transes. António José de Almeida, impelido pelas matanças da Noite Sangrenta, tinha nomeado chefe do Governo o chefe da revolução", Manuel Maria Coelho. ([174]) Almeida viria, mais tarde, a mortificar-se por este gesto: "Ah! Eu procedi assim para evitar ao meu país os horrores da subversão, mas infeliz do homem que uma vez se encontra nestes lances supremos! Andei bem ou andei mal"? ([175]) Só que nem mesmo os Democráticos viram a solução com agrado, apesar de o Outubrismo ser, no fundo, uma excrescência sua. A Noite Sangrenta tinha-os horrorizado tanto como ao resto da classe política republicana. O outubrismo era, na realidade, a demonstração de duas coisas: da insatisfação dos braços armados Democráticos com os planos moderados em voga no partido; e da incapacidade dos Democráticos para controlarem esses mesmo braços armados. Os Democráticos não tiveram, assim, dificuldade em juntar-se, no fim de 1921, com liberais e reconstituintes para montar uma frente anti-outubrista, pondo fim aos 15 dias do ministério Coelho. Após alguns percalços, dessa frente acabaria por resultar o efémero governo chefiado por Cunha Leal (Dezembro de 1921 a Fevereiro de 1922), "uma solução imposta pelo medo e [que] correspondeu, na realidade a *un jour sans lendemain*". ([176]) Nas eleições subsequentes à queda de Leal, a vitória coube inevitavelmente ao PRP/PD. Seguir-se-ia um período anormalmente longo para a I República de governos chefiados sempre pelo mesmo primeiro-ministro: foram dois anos de governo de António Maria da Silva (embora distribuídos por três governos diferentes). Tanto os governos de Silva quanto o seguinte, de Álvaro de Castro (de meio ano), dedicaram-se sobretudo à aplicação de um programa ordeiro de resolução do problema das finanças públicas e da inflação. ([177]) O próprio PRP/PD apostava agora em ser o intérprete da moderação.

O protagonista desta reviravolta era o carbonário (e herói do 5 de Outubro) António Maria da Silva. Embora fosse o novo homem forte do Partido Democrático, controlando as suas tradicionais alavancas políticas, Silva nunca conseguiu afirmar-se como líder incontestado do partido, eternamente à espera do regresso de Afonso Costa. As ideias de Silva eram equívocas, mas tendiam para a esquerda moderada, que não hostilizava demasiado a Igreja nem os interesses económicos. A reputação de António Maria da Silva foi muito prejudicada pela vasta frente, da extrema-esquerda à extrema-direita, que o combateu no final do regime. Mas o seu programa político era aquilo que, à época, mais próximo esteve dos programas social-democratas que então vingaram pela Europa fora, como na República de Weimar, e que viriam depois a ser típicos das democracias ocidentais posteriores à II Guerra Mundial. Acontece, porém, que António Maria da Silva não deixava de ser um "Democrático": a sua grande questão era como aplicar este programa mantendo o partido no poder, dispensando uma verdadeira alternância eleitoral. O programa poderia ser ordeiro, mas só o Partido Democrático o poderia interpretar. O Partido Democrático continuava a ser, nas palavras de Guerra Junqueiro, a única "força viva e insuportável" do país. Como já tinha acontecido no passado, o monopólio de poder Democrático gerou a reacção das restantes facções republicanas. O Partido Liberal Republicano fundiu-se com o Partido Republicano de Reconstituição Nacional (outra dissidência Democrática, de Março de 1920) para dar origem ao Partido Nacionalista, em Fevereiro de 1923, que albergou Cunha Leal e Álvaro de Castro e ao qual até Afonso Costa prestou apoio. ([178]) Também os Nacionalistas rapidamente perceberam que não lhes eram oferecidas condições efectivas para funcionarem como alternativa ao Partido Democrático. Assim, para além de formarem dois governos breves, começaram a entender-se com certos militares conservadores então em permanente conspiração contra os Democráticos. Só que também o Partido Nacionalista era um inviável saco de gatos, desintegrando-se rapidamente. ([179])

Entretanto, em 1925, do Partido Democrático brotaria mais uma dissidência, desta vez pelo lado da esquerda, às mãos de José Domingues dos Santos, que se transformou num paladino das "classes laboriosas" contra os "interesses económicos". Criou a Esquerda Democrática e foi posto no governo em 1925, pelo Presidente Teixeira Gomes. Apresentou um programa radical, que previa, para além do reconhecimento da Rússia bolchevique, uma profunda reforma bancária que à época gerou grande comoção no meio (levando mesmo ao encerramento da Associação Comercial de Lisboa pelo governo), e uma reforma agrária (da autoria de Ezequiel de Campos), prevendo vastas expropriações de terras. ([180]) Mas bastaram escassos meses para que o governo Domingues dos Santos caísse, regressando Silva. Os governos rebentavam como "castanhas em magusto", ([181]) e no meio desta cacofonia continuavam as conspirações militares: "a impossibilidade de fazer cair governos por virtude de moções condenatórias [...] iria provocar a proliferação de pequenos episódios insurreccionais". ([182]) O quadro, em 1925 e 1926, era, ao mesmo tempo, simples e complicado. Simples, porque toda a gente conspirava para afastar António Maria da Silva e os Democráticos do poder. Já sabemos que as eleições não podiam servir para isso, nem eram vistas como especial instrumento de legitimação política. Complicado, porque nada unia este grupo heteróclito senão esse programa mínimo. O golpe de Estado que viria a pôr termo ao regime, a 28 de Maio de 1926, foi apoiado por toda a gente, da extrema-esquerda à extrema-direita. Talvez até mesmo por aquele que era o principal visado: o próprio António Maria da Silva, que não desdenhava uma espécie de lavagem geral para começar tudo de novo. ([183])

Porque conduziu à instauração do Estado Novo, o golpe de 28 de Maio de 1926 continua muitas vezes a ser visto como o instante em que ficou definido o futuro salazarista do país. No entanto, nem Salazar nem ninguém que dele estivesse muito próximo tiveram participação activa no golpe. Acresce que poucos momentos da história política portuguesa terão sido tão consensuais e poucas vezes tanta gente tão variada se terá reunido em torno de um mesmo objectivo. Os dois principais problemas levando à união da gente que fez ou se reviu no 28 de Maio eram, por um lado, o predomínio virtualmente mono-polístico do Partido Democrático no sistema político e, por outro, a extraordinária faccionalização e descontrolo de fidelidades colectivas a que isso tinha dado origem. A isto se somando a velha ideia para que resvalam todos os sistemas políticos em crise: uma ditadura rege-neradora. Os pedidos de um regime de excepção não eram exclusivos dos que arrancaram e venceram a 28 de Maio, nem sequer dos que foram expurgando o movimento para consolidar a Ditadura Militar, nem daqueles que finalmente instalaram o regime do Estado Novo em 1933. Como muito bem ilustra Bruno Cardoso Reis no seu contributo para esta obra (Capítulo VI – Da "Nova República Velha" ao Estado Novo, a procura de um governo nacional de Afonso Costa a Salazar), não havia ninguém (literalmente: de Afonso Costa aos sindicatos, passando por católicos e republicanos variados) que não alimentasse o seu próprio projecto ditatorial. ([184]) O grande problema era que todas as hipotéticas ditaduras eram diferentes entre si e visavam objectivos contraditórios. É neste contexto que o Exército surge como o intérprete neutral capaz de enquadrar as várias facções. Ao contrário do que muitas vezes se diz, o Exército em si não tinha um programa político claro, fosse ele de esquerda ou de direita, se excluirmos o propósito de instaurar uma espécie de governo de "tecnocratas" ou de "competên-cias" capaz de expurgar o sistema político da omnipresença Democrá-tica. Aliás, como nota José Medeiros Ferreira, foi sobretudo a esquerda (por exemplo, na revista *Seara Nova*) a depositar maiores esperanças numa ditadura militar. ([185]) Como poderia esta ditadura funcionar, nem o Exército sabia muito bem, nem a esquerda ou a direita que o cha-mavam sabiam também. O Exército tinha a vantagem de ser uma espé-cie de universidade, um alfobre de talentos letrados, ainda para mais muito engordado com a forma miliciana adoptada pela República e com a participação na I Guerra Mundial. ([186])

É por isso que se encontra todo o tipo de gente por detrás do golpe e é por isso que as mais variadas pessoas, mesmo não participando, demonstraram simpatia, ou pelo menos expectativa, em relação a ele. De resto, o próprio golpe é uma sucessão desencontrada de conspira-ções encavalitadas umas nas outras ([187]) que obrigaram a uma depuração ao longo do tempo. Manuel Múrias, um dos participantes, confessava cerca de dez anos depois não saber "se não havia várias revoluções independentes que se juntaram quase no próprio momento da arrancada, sem prévio entendimento". ([188]) Embora os seus começos e detalhes sejam obscuros, o golpe é mais um dos vários a brotar do ambiente de conspiração permanente que foram os anos 20 em Portugal: "em Portugal, quem não conspira, ou conspirou ou está para conspirar". ([189]) Muitos dos seus protagonistas operacionais haviam já, de resto, participado nas revoltas de 18 de Abril e 19 de Julho de 1925. Nada fazia antecipar que o dia 28 de Maio fosse diferente.

V

A chefia das operações foi entregue a dois responsáveis, de quem se diz muitas vezes que representavam duas sensibilidades, uma mais "conservadora", sob comando do Marechal Gomes da Costa, a outra mais "liberal" ou "republicana", sob comando do Almirante Mendes Cabeçadas. Mas esta parece ser uma daquelas dicotomias simplificadoras destinada a explicar, em última instância, a ascensão do salazarismo. Na realidade, eram inúmeros os pontos de contacto entre as duas supostas "sensibilidades", sendo difícil encontrar entre elas grandes diferenças ideológicas. Os conspiradores eram quase todos republicanos e as soluções dos supostos "conservadores" não se distinguiam muito das dos supostos "progressistas". Talvez seja verdade que muitos civis e oficiais menores mais próximos do Integralismo Lusitano e de outros movimentos conservadores se reuniam sob o comando de Gomes da Costa, mas isso ter-se-á devido sobretudo a razões operacionais. E muitos dos que estavam com Gomes da Costa nada tinham que ver com esses movimentos. O próprio Gomes da Costa "nunca manifestara tendências reaccionárias de tipo monarquizante ou outro. Na altura em que lhe foram feitas as primeiras abordagens em sentido insurreccionalista, ou seja em 17 de Maio, o seu republicanismo havia-se exteriorizado na sua adesão ao Partido Radical, [...] [um movimento extremista] de carácter vagamente socializante". ([190]) De resto, o trânsito entre as duas "sensibilidades" foi muito intenso. Gomes da Costa, no ano anterior ao golpe, passou o tempo a ser convidado por toda a gente para colaborar em vários golpes hipotéticos: contactaram--no "tenentes sidonistas", altas patentes conservadoras (os clássicos coronéis Raúl Esteves e João Sinel de Cordes) e membros da chamada "sensibilidade" republicana, especialmente o próprio Cabeçadas. [191] Na realidade, em vez de duas "sensibilidades", a conspiração cobria todo o espectro político, da esquerda republicana ao Integralismo, num cadinho inextricável de entendimentos, grupos e facções. [192] É interessante, aliás, que os dois chefes militares do movimento tenham vindo posteriormente, embora em momentos diferentes, a ser purgados do processo, em favor daquele que se diz ter sido o grande orquestrador na sombra, o conservador Sinel de Cordes. [193] Igualmente interessante é o facto de alguns dos vencedores no longo-prazo, como os católicos da democracia-cristã de Salazar, terem estado, tanto quanto se sabe, bastante afastados de tudo, excepto por vagos contactos de Salazar com Cunha Leal. [194]

As operações viriam a ter dois centros, um ao norte do país, inicialmente em vários quartéis entre Porto e Braga, depois só em Braga, e outro em Lisboa. No Porto, as coisas correram mal, ficando assim a conspiração a norte reduzida a Braga. Caberia a Gomes da Costa o papel de a liderar. Em Lisboa, o comando operacional coube a Mendes Cabeçadas. [195] A identificação do núcleo de Lisboa como ligado à "esquerda" do movimento é uma ideia muito associada às credenciais políticas de Cabeçadas, um republicano de antanho, que tinha estado no 5 de Outubro (a bordo do *Adamastor*). Mas era também no núcleo de Lisboa que estavam Sinel e Esteves, para além de Filomeno da Câmara e conservadores civis como Manuel Múrias, Trindade Coelho ou Charters de Azevedo. Seria à conspiração lisboeta que se juntaria o general Carmona, de resto por insistência de Cabeçadas. [196]

Uma importante tensão inicial surgiria entre os dois centros da conjura, Braga e Lisboa. Gomes da Costa arranca de Braga, enquanto em Santarém Cabeçadas é preso, sendo as movimentações de Lisboa asseguradas pelo trio Sinel, Filomeno e Esteves. Mesmo da prisão, Cabeçadas mantém contactos com o Presidente Bernardino Machado. De facto, logo na tarde do dia 28, Cabeçadas envia um ambíguo ultimatum a Bernardino que é independente das movimentações do norte, em que parece oferecer ao Presidente a possibilidade de juntar-se ao movimento. [197] Para o governo a situação torna-se insustentável quando o conjunto dos oficiais militares de Lisboa decide aderir. É então que Bernardino destitui o último governo de António Maria da Silva. [198] Mas a indefinição é enorme. Lisboa enche-se de manifestações logo a 29, todas de regozijo pela queda de Silva. Uma delas, organizada pela Esquerda Democrática de José Domingues dos Santos, desce ao Chiado para celebrar e gritar viva a Gomes da Costa. [199] No centro de tudo continuavam as negociações entre Cabeçadas e Bernardino. Cabeçadas sai da prisão a 30 e é imediatamente convidado pelo Presidente a formar ministério. Enquanto isto, Gomes da Costa desce ainda lentamente do norte em direcção à capital. Para Manuel Múrias, Henrique Trindade Coelho, Pinto Correia, Fernando de Sousa e outros conservadores, estes entendimentos eram vistos como um perigo. Por isso manobraram para não serem levados a bom termo. Fernando de Sousa usa a sua tribuna do jornal *A Época* para enviar recados: "agora importa sobremaneira que o Exército não deixe empalmar pela arteirice política o movimento que iniciou". [200]

Ao mesmo tempo, aparecem as sub-conspirações oportunistas. Uma das mais famosas e delirantes foi a da chamada Junta Revolucionária Militar de Lisboa, que viria a ficar conhecida como "Junta Verde", constituída em Infantaria 2, às Janelas Verdes, que "resolveu nomear Governador Civil interino de Lisboa o tenente-coronel Ferreira do Amaral, [...] dar ordens às divisões militares e publicar decretos (?) no *Diário do Governo*". [201] Diz-se que actuava a mando de Álvaro de Castro, que teria, assim, tentado atrelar-se a Cabeçadas, senão mesmo ultrapassá-lo, reivindicando a autoria do golpe. [202] Mas Cabeçadas não só desmentiria a ligação da "Junta Verde" com o movimento como conseguiria afastá-la.

A 30, enfim, Carmona junta-se às operações, certamente o sinal definitivo da vitória do golpe. É então que Bernardino nomeia Cabeçadas para presidente do governo, o que continua a ser visto por muitos conjurados como uma tentativa para "empalmar" o movimento. Por esta altura, ainda Gomes da Costa andava a ser vitoriado nas ruas do Porto, sem qualquer coordenação com Cabeçadas. Por isso, nesse mesmo dia, nasce uma nova conspiração dentro da conspiração, que envolve Gomes da Costa, Sinel de Cordes e Carmona, contra Cabeçadas e Bernardino. Só então o golpe assume a dupla configuração que ficou famosa e que deu origem às interpretações opondo esquerda e direita. Gomes da Costa envia um telegrama a Carmona em que declara explicitamente que o "governo de Lisboa não merece confiança". [203] Ao mesmo tempo, Costa e Carmona vão cercando Lisboa, pondo pressão militar sobre Cabeçadas e Bernardino. O passo é decisivo, conduzindo Bernardino à demissão, no dia 31. Isto não é suficiente, no entanto, para acabar com as tensões no seio do movimento, pois Cabeçadas continua, sem Bernardino, a querer controlar os eventos, com a vantagem de estar em Lisboa.

Neste momento, a conjura prossegue na maior confusão. A 1 de Junho, Cabeçadas desloca-se a Coimbra para um entendimento com Costa. Da reunião sai a decisão de formar um triunvirato governativo militar constituído por Gomes da Costa, Cabeçadas e o general Armando Gama Ochôa. Mas os desentendimentos persistem. Logo no dia 2, Gomes da Costa chega a Sacavém, às portas de Lisboa, e repudia o triunvirato da véspera e de que ele próprio fazia parte. [204] É neste estado de coisas que entra em Lisboa, a 6 de Junho, no meio de enorme aparato. As suas forças (cerca de 12.000 homens) percorrem a cidade com as ruas engalanadas e multidões entusiásticas. O clímax ocorre no percurso entre o Campo Pequeno, pela Avenida da República, até ao Saldanha. A parada chega a ter momentos místicos. Segundo algumas notícias, o estudante Armando Ribeiro coloca a sua capa nos ombros do general e diz-lhe "em nome da Academia livre, não contaminada pela política, peço a V. Ex.ª, que é pai, que legue aos novos uma Pátria redimida, onde possamos trabalhar livremente. Gomes da Costa abraça o rapaz e restitui-lhe a capa com um sorriso franco e aberto". [205]

Apesar desta entrada triunfal, tudo estava na realidade por definir. A 9, o Parlamento é dissolvido. A 10, chegam a Lisboa os ministros coimbrões, António de Oliveira Salazar, Joaquim Mendes dos Remédios e Manuel Rodrigues, convidados por iniciativa de Cabeçadas. [206]

A 16, Salazar faz uma exposição ao Conselho de Ministros sobre a situação financeira e sobre as medidas que pretende aplicar. Cabeçadas (que o havia convidado) reage contra elas, talvez surpreendido com o seu teor. Gomes da Costa reage à reacção, impondo um ultimatum a Cabeçadas, logo no dia 17, o qual é acompanhado por um ultimatum sobreposto da parte dos ministros de Coimbra. Na sua opinião, não estavam reunidas as condições de estabilidade e clarificação políticas para que as medidas de saneamento financeiro pudessem ser aplicadas. Por isso, ameaçam demitir-se caso não lhes sejam conferidos os poderes necessários, em particular no domínio das finanças. Nesse mesmo dia, Cabeçadas abdica. Gomes da Costa tinha o maior número de apoios militares, respaldado em Carmona, Sinel e Esteves. Mesmo assim, os ministros de Coimbra (excepção feita a Manuel Rodrigues) continuam a não considerar a situação suficientemente clarificada para aplicarem a sua política e regressam a penates.

A presença de Gomes da Costa simultaneamente como Presidente da República e chefe do Governo é breve. Incapaz de organizar um projecto por entre o dédalo de facções do movimento, logo a 9 de Julho é vítima de um golpe interno de Raúl Esteves e Sinel de Cordes, que conseguem impor Carmona na chefia do Governo. ([207]) É nesta altura que a cisão do movimento se consuma, separando-se dele o grupo que estaria na origem do "reviralho" e da Liga de Paris. Mesmo assim, as ambiguidades foram muitas, continuando o trânsito de várias personalidades entre os dois lados. A diferença estava agora em que existiam dois lados (embora nem sempre neles estivessem as mesmas pessoas). Os dirigentes da Ditadura Militar afirmaram a relevância do regime como instrumento de combate à "instablidade" política e ao "caos parlamentar" da I República. Mas a verdade é que a Ditadura nada mudou neste aspecto. Se a definirmos como o período que vai de 1926 (depois do 28 de Maio) até 1933 (com a promulgação da Constituição), ela conheceu seis governos em sete anos, para além de um ambiente de extrema violência, de quase guerra civil, fazendo empalidecer o que se passara antes.

Este ambiente foi em grande parte resultado da acção do chamado "reviralho", o movimento de revoltas armadas contra a ditadura. ([208])

Mas ao contrário do que os reviralhistas quiseram difundir, sobretudo os reunidos na Liga de Paris, essa oposição não se fez sentir desde o início. Muitos futuros reviralhistas tinham contribuído directa ou indirectamente para o 28 de Maio. Muitos tinham criticado a "ditadura do Partido Democrático" e defendido a instauração de uma "ditadura regeneradora" (basta pensar em António Sérgio ou Álvaro de Castro). Álvaro de Castro, um conspirador profissional que por acaso falhou o comboio do 28 de Maio e se juntaria à Liga de Paris depois, quis mesmo, como vimos, associar-se à última da hora às movimentações. O próprio Afonso Costa parece ter hesitado. ([209]) Muitos, mesmo não tendo participado, alimentaram uma perspectiva benevolente sobre a Ditadura durante algum tempo. Na verdade, até certamente 1930, um grande número de republicanos que viriam a ser oposição ao Estado Novo continuaram a negociar com a Ditadura. Raúl Esteves lembrava em 1937 como houve "muitas pessoas, [...] e mesmo alguns agrupamentos políticos, que foram sempre adversos aos movimentos do '18 de Abril' e do '28 de Maio', e que hoje parecem estar inteiramente ao lado da Situação governativa, como também houve outras pessoas e outros agrupamentos políticos que, desde o seu início, apoiaram aqueles movimentos, e que ou se tornaram adversários da actual situação ou dela se afastaram completamente". ([210])

Tudo isto nos remete para aquilo que foi a Ditadura Militar, tendo em consideração o que já sabemos sobre o 28 de Maio. O 28 de Maio foi a coligação negativa de todos os excluídos do poder político pelo "monopólio" parlamentar e de governo do PRP/PD. O próprio general Sousa Dias, o principal responsável militar fiel ao governo a 28 de Maio, viria, numa carta de 1927, como que a reconhecer a inevitabilidade do golpe: "eis as causas que nos levaram ao 28 de Maio (...): 'os actos insensatos' praticados (...) pela maioria dos nossos políticos em evidência; o descrédito a que por último desceu o nosso parlamento, com as suas assuadas e batuques impróprios de tal lugar; (...) o descrédito e ofensas com que digladiaram entre si os vultos mais em evidência do regime; e 'tutti quanti' bem conhecido por todo o país em fora. [É contra isso que se] dá – como fatalmente se teria de dar – o movimento referido". ([211]) Por isso, a Ditadura Militar é um regime muito aberto, em que abundam os planos ou apenas as vagas intenções. Querer arredar o PRP/PD por via militar era (e foi) fácil. Difícil era pôr qualquer coisa no seu lugar. A Ditadura Militar acabou, portanto, por corresponder a um longo processo político de depuração da heteróclita coligação de 1926. No final, resultaria a ascensão de Salazar. Mas a solução salazarista é ainda uma fórmula de compromisso, de que nem sequer muitos republicanos se quiseram excluir. E convém compreender que uma hipotética derrota de Salazar não significaria a vitória da democracia. A democracia não existiu na República e ninguém a quis instaurar em 1926. Acabou por vingar uma das versões de ditadura que toda a gente namorava na época.

VI

Fazer o balanço da experiência histórica da I República exige compreender o fenómeno do republicanismo português para além do regime e do partido que esteve na sua base, o PRP. O republicanismo deve ser entendido como elemento essencial do conjunto da experiência histórica do chamado liberalismo português. É mesmo necessário confrontar o republicanismo português com a ideologia do liberalismo em geral e com a sua materialização histórica. Como experiência histórica concreta, o liberalismo nunca coincidiu exactamente com o conteúdo das páginas de John Locke ou de Adam Smith. E mesmo nas páginas destes abundam as ambiguidades e as ambivalências. Para além de muitas outras, podem ver-se na dificuldade demonstrada pelo liberalismo, tanto enquanto ideologia como enquanto experiência histórica, em resolver o problema da "liberdade" ou das "liberdades" que o definiriam. As chamadas liberdades "negativa" e "positiva" nunca apareceram inteiramente separadas. É que a "liberdade negativa" de os indivíduos prosseguirem os seus objectivos privados sem constrangimentos exteriores, não sendo acompanhada da "liberdade positiva" desses indivíduos de participarem no processo político, pode originar o desaparecimento da própria "liberdade negativa". Se os indivíduos consentem em entregar ao Estado a completa capacidade para supervisionar a "liberdade negativa" e fazer aplicar as regras da sua vigência, podem ao mesmo tempo abdicar de participar no processo político, de tal forma que autorizam a criação de um Estado tirânico. Por outro lado, a "liberdade positiva" de os indivíduos participarem no processo político e, nessa situação, se constrangerem a si mesmos na prossecução dos seus objectivos privados (sacrificados a uma "vontade geral" que limita a "liberdade negativa"), pode originar a supressão de quase toda a "liberdade" ou "liberdades", sejam elas "negativas" ou "positivas". Repare-se como o princípio do consentimento dos governados não é um exclusivo da filosofia política liberal. Tal como Locke o usou para justificar o constitucionalismo, Hobbes usou-o para justificar o poder monárquico absoluto e Rousseau a "vontade geral" democrática absoluta. Na realidade, cada um destes autores, em doses diferentes, é um pouco liberal, um pouco autoritário e um pouco totalitário.

É neste cruzamento que se joga a ambiguidade da relação entre liberalismo e republicanismo. As mais recentes gerações historiográficas vêm mostrando que, desde a *Glorious Revolution* inglesa à revolução americana, passando pelas diversas experiências dos outros países (incluindo Portugal), o mundo contemporâneo não é apenas, e não é sequer essencialmente, definido pelo liberalismo, mas por uma combinação de liberalismo e republicanismo. Por isso, aliás, se explicaria a facilidade com que a experiência mais próxima da "liberdade negativa" do século XIX ocidental deu lugar ao mundo das "liberdades positivas" do século XX, materializadas no comunismo, no fascismo e no Estado-Providência, todos eles regimes compósitos misturando elementos uns dos outros e do próprio liberalismo mais literalmente entendido. Neste sentido, a experiência política contemporânea portuguesa, fazendo o arco da monarquia constitucional à actual democracia, passando pela I República, a Ditadura Militar e o Estado Novo, é muito rica e ilustrativa, revelando quase todas potencialidades do pensamento político nascido da crítica ao chamado Antigo Regime.

A proposta do corrente texto é que a melhor forma de entender a I República é ter em consideração estas ambivalências. Aqui devem separar-se duas dimensões. A das ideias propriamente ditas e a da prática institucional. No domínio das ideias, a I República foi acima de tudo a última manifestação do progressismo liberal do século XIX, ou uma espécie de regime da ala esquerda da monarquia constitucional. Um regime que assumiu definitivamente a quebra com o símbolo monárquico (a qual sempre existiu em potência ao longo do século XIX) e que pouco trouxe de novo ao programa progressista herdado da monarquia. O PRP/PD era como que um compêndio das últimas consequências do progressismo liberal, que só não eram todas aplicadas na monarquia por razões de prudência. Como vimos neste texto, grande parte dos políticos da monarquia constitucional entraram na vida política pela porta iniciática do republicanismo e do socialismo. E mesmo aqueles que o não fizeram explicitamente reconheceram-no como uma espécie de horizonte último para que todo o sistema deveria tender. Fontes Pereira de Melo, por exemplo, repetiu várias vezes que o seu grande objectivo era chegar ao programa da república através da monarquia. Não se trata de dizer, como Oliveira Marques, que a República foi "o clímax de um processo, o resultado natural da evolução do liberalismo monárquico". ([212]) Na realidade, o resultado não foi "natural" nem inevitável. Mas foi *um resultado* e *uma evolução* derivada do código político do liberalismo republicano português.

Já no domínio da prática das instituições, a República continua quase sem ruptura a monarquia constitucional. Manteve a formalidade constitucional (mesmo se muito do mais importante que fez se deveu ao Governo Provisório ditatorial) e as formalidades eleitorais, com as respectivas liberdades conexas (de associação e de expressão). Para mais, essas formalidades, exactamente como na monarquia, não tinham real eficácia: as eleições não eram um método efectivo de escolha dos governantes pelo "povo soberano". A grande diferença consistiu no facto de, durante a República, os mecanismos eleitorais terem sido capturados por um só partido, tornando impossível a existência de um quadro pluralista eficaz. O pluralismo existiu, com vários partidos a apresentarem-se no espaço público, mas nunca nenhum, para além do PRP/PD, conseguiu afirmar-se. O próprio PRP/PD foi tudo ao longo da vida da I República: radical, anti-clerical, conservador, socialista, quase fascista... O que terá talvez resultado do próprio monopólio do PRP/ /PD. Como muitas tendências políticas não conseguiam organizar-se num partido próprio, acabavam por acolher-se no seio do partido dominante, no que eram ajudadas pelo facto de o partido ter uma ideologia muito vaga. Jesus Pabón notou que "se [o PRP/PD] conseguia dispor de um centro, de uma esquerda e de uma direita, talvez chegasse não a uma ruptura interna, mas a uma estratégica distribuição de forças que lhe permitisse estar sempre dentro e fora do governo, contribuindo um dia para o formar e derrubando-o no outro". ([213]) O PRP/PD conseguiu, portanto, capturar a maquinaria do cacicato herdada da monarquia, monopolizando-a e não abrindo espaço à afirmação de outros partidos. Enquanto na monarquia constitucional algum equilíbrio foi criado entre diversos partidos ou grupos políticos, que se articulavam com o "poder moderador" do rei para garantir alternância, na República nunca foi possível remover o PRP/PD.

Poderia pensar-se que o monopólio do PRP/PD, introduzindo uma ruptura nos mecanismos eleitorais da monarquia constitucional, impediu a sua evolução orgânica para um moderno regime pluralista. Mas nada poderia ser menos claro. Os últimos anos da monarquia constitucional revelam uma disfuncionalidade que também não augurava nada de particularmente promissor para o futuro: entre a pletora de facções, os esforços de reforma e o intervencionismo da coroa, não parece que o regime estivesse à beira de uma consolidação demo-liberal. Não quer dizer que essa evolução não pudesse ter-se verificado. Assim como o advento da República não era inevitável também a morte da monarquia constitucional o não era. Mas nunca seria fácil ela evoluir para uma democracia moderna.

Tudo isto acabou por dar à República o ar de um estranho regime, simultaneamente "avançado" e retrógrado. "Avançado" por ser uma república no mar das monarquias europeias; "retrógrado" por nunca ter conseguido incorporar no seu sistema as mais "avançadas" tendências da época, que então se expandiam por todo o mundo ocidental, como o sufrágio universal ou a representação política de socialistas, social-democratas, comunistas, cristãos-democratas ou conservadores... Ao mesmo tempo que o Ocidente adquiria por todo o lado a paisagem política que viria a ser típica do século XX, a República permaneceu um velho regime de luta de facções belicosas e inorgânicas, incapazes de criar um corpo político ao mesmo tempo sólido e plural. Curiosamente, seria o Estado Novo a criar esse corpo, embora pela solução da confrontação e da guerra civil implícita. Uma guerra civil que não se limitou a opor a "situação" à "oposição", já que tanto a "situação" como a "oposição" ressumavam de tendências, por vezes cruzando-se entre si (para dentro e para fora da "situação" e vice-versa). Mas ao fim de quatro décadas de violência política chegou-se enfim ao quadro (mais coerente) que desembocou na actual democracia.

No final, da I República sobraram sobretudo os símbolos da soberania nacional com que ainda hoje os portugueses se identificam: a forma republicana de todos os regimes desde 1910, o hino nacional e a bandeira, para além da moeda, o escudo, cujo desaparecimento em 1999 marcou, precisamente, o fim da soberania monetária do país. Estes símbolos, embora conjunturalmente introduzidos pela I República, revelaram ter uma vida que lhe era autónoma. E ao fazerem-no revelam a corrente republicana que percorre o conjunto da experiência política contemporânea portuguesa.

FERNANDO MARTINS

O 5 de Outubro: Anatomia, Natureza e Significado de uma Revolução

"[…] la revolución libertará a la sociedad de sus flagelos y la ciência al individuo de los suyos." [1]

O Problema

Com setenta e seis mortos, o 5 de Outubro foi a revolução vitoriosa mais sangrenta do século XX português. [2] Comparativamente, o 28 de Maio de 1926 foi uma revolução imaculada quanto ao número de vítimas, enquanto o 25 de Abril de 1974 produziu quatro baixas fatais e um número reduzido de feridos provocados por disparos feitos por agentes da Direcção-Geral de Segurança, a polícia política do regime derrubado, cercados por populares na sua sede em Lisboa. É verdade que para além destes eventos fundadores de novos regimes político-constitucionais, a história política portuguesa pós-1910 conheceu inúmeros golpes e contra-golpes, pronunciamentos militares, insurreições, revoluções e contra-revoluções falhadas ou bem sucedidas que tiveram como resultado um maior ou menor número de mortos e feridos. [3] No entanto, e embora se possa considerar comum, e até razoável, que uma revolução – entendida ao menos como movimento político armado cujo objectivo é o assalto, a tomada, a conservação e, a prazo, a consolidação do poder – é necessariamente um acontecimento violento e, portanto, associado a um número (relativamente) elevado de mortos, de feridos, de desalojados e de destruição material, a verdade é que essa não foi a regra na história das revoluções políticas triunfantes do século XX português, com excepção da primeira.

Porém, e antes de tentar responder à pergunta sobre a razão desta excepção e o tipo de consequências que produziu, deve ser notado o facto de um número significativo de vítimas provocadas por um evento político singular não ter necessariamente que trazer substanciais consequências a curto, médio ou longo prazo. Ou seja, a natureza politicamente violenta do regime saído do 5 de Outubro foi um acto de vontade. De facto, uma vez concluído o episódio revolucionário, a história da I República poderia ter sido diferente. Era possível e lógico que se tivesse iniciado um processo de apaziguamento da vida política e social portuguesa e, portanto, de progressiva integração na nova ordem política e institucional de grande parte daqueles que com ela não se identificavam ou até lhe eram hostis, mas também dos descontentes, dos que nutriam desconfiança ou lhe eram indiferentes. Este processo teria, naturalmente, produzido inimigos e adversários dentro e fora do campo republicano, teria tropeçado em obstáculos de todo o tipo, não escaparia a uma conjuntura internacional marcada pela rivalidade entre grandes potências e, muito menos, às consequências trágicas, imediatas e diferidas, produzidas pela Grande Guerra. No entanto, teria gerado uma outra I República e, certamente também, um século XX português com uma história diferente daquela que se veio a materializar.[4] Teria nascido da Revolução, ou de um acto revolucionário, um projecto reformista (mesmo que radical) que não causaria episódios contra-revolucionários que, por si mesmos, e segundo algumas teses, geram e exacerbam os níveis de violência política.[5] Ou seja, como sucedeu em muitas outras circunstâncias históricas, da violência revolucionária inicial poderia ter nascido um projecto reformista.[6]

Como se sabe não foi assim, e o curso dos eventos deveu-se em boa medida ao facto dos objectivos da revolução e dos revolucionários, de que adiante se falará, não terem sido, nem poderem ser, rapidamente atingidos. Deste fracasso decorreu a derrota, a prazo, do projecto revolucionário e, desde o momento do derrube da Monarquia, a introdução da prática da violência em "todo o corpo político"[7] português. Após o 5 de Outubro de 1910, sucederam décadas de forte instabilidade política e social e de uso de um volume inusitado de violência política como forma de exercício da governação em sentido amplo. ([8]) Se, porém, nos cingirmos a uma análise política da I República, é por demais evidente que revolução e violência se constituíram em realidades política e historicamente indissociáveis. ([9]) Após a implantação da República, e dada a natureza revolucionária ([10]) de um regime que se ia progressivamente consolidando, o recurso à violência política e o uso desta foi fomentado a partir do topo do Estado republicano ("violência de Estado") e diligentemente praticada por agentes desse mesmo Estado – Forças Armadas e Guarda Nacional Republicana. ([11]) Por outro lado, a violência teve ainda origem na própria "sociedade civil" ("violência civil"). ([12]) Neste caso, a violência foi exercida para (re)instaurar, defender e consolidar a República, tendo cabido à Carbonária ([13]) e a outras organizações mais ou menos secretas e armadas, a assunção de um importante papel na defesa da República e da sua consolidação enquanto regime político. ([14]) Por outro lado, a violência exercida a partir da base foi igualmente usada para tentar derrubar o regime nascido a 5 de Outubro de 1910 ou, finalmente, para manifestar descontentamento político-social com motivações de natureza laboral, salarial, de carestia e escassez de bens, etc. ([15]) Isto é, não tanto para derrubar o regime mas para lhe impor mudanças. ([16]) Pode portanto dizer-se que a nova fase da vida pública portuguesa saída da sua primeira revolução do século XX assentou na omnipresença e reprodução da violência (e não apenas física), mas ainda na percepção clara por parte de muitos apoiantes e defensores da República de que o desaparecimento do recurso ao uso da violência redundaria no fim do regime. Finalmente, a forma como a violência foi usada nos primeiros anos da República demonstra claramente uma ideia, ou concepção particular, de uso do poder. Isto é, o recurso à violência está naturalmente associado ao uso do poder e, portanto, tanto o regime como o Estado republicano, far-se-iam obedecer pelos cidadãos se aparecessem diante destes não com a imagem de um "polícia" mas de um "pistoleiro". ([17])

Visto isto, é lógico lançar como hipótese de discussão, estruturação e conclusão deste texto a ideia de que o uso da violência, variável omnipresente na vida portuguesa e na própria acção do Estado depois do 5 de Outubro de 1910, acabaria por prolongar-se sem interrupção até meados da década de 1980. Apenas depois desta data, com o desmantelamento e posterior julgamento dos membros do grupo terrorista "Forças Populares 25 de Abril", se concluiu um longo capítulo da história política portuguesa iniciado por algumas facções do republicanismo e do anarco-sindicalismo entre finais do século XIX e o início do século XX.[18] Ao ter introduzido a banalização da violência política em Portugal, e até por comparação com o que neste domínio ocorreu no 28 de Maio de 1926 ou o 25 de Abril 1974, o 5 de Outubro foi um acontecimento fundador. Aliás, foi esta a sua essência, a sua natureza e não qualquer tentativa de teorizar e pôr em prática um programa liberal e democrático típico das revoluções que, no século XIX, reproduziram o exemplo francês de 1789-92, ou social-democrata ou socialista como sucedeu com a generalidade das revoluções que pretenderam seguir ou contrariar o exemplo da revolução russa de Outubro de 1917. A implantação da República, ao dar início a um longo processo de transformação e modernização do Estado e da sociedade, conduziu Portugal para o patamar daquela que foi uma das características essenciais da história geral do século XX: a utilização da violência política (pelo Estado ou nem nome do Estado,[19] por elites políticas e sociais, mas também por grupos de extracção popular, todos eles considerando-se imbuídos de indiscutível legitimidade), com uma racionalidade e com recursos tecnológicos e burocráticos historicamente singulares e eficazes, com o propósito de conquistar, consolidar e preservar o poder político.[20] Como notou Fernando Catroga, na primeira década do século XX detectou-se "o uso" pelos republicanos de "formas de combate nascidas nas sociedades industriais e nos meios urbanos." Foi o caso da "utilização de bombas" e a "organização, impulsionada pelas sociedades secretas, de «comités revolucionários» que actuavam, com alguma modernidade, como uma espécie de «guerrilha urbana»."[21]

Partindo de uma breve narrativa dos factos ocorridos a 4 e a 5 de Outubro de 1910 e procurando fazer uma descrição sucinta das origens da Revolução republicana, do seu planeamento e das suas sequelas, este texto pretende apresentar uma explicação sobre a natureza política da revolução de "5 de Outubro" e do regime nascido à sombra daquele acontecimento. Esta explicação procurará demonstrar que a conquista do poder pela força, a par daquela que era a substância do programa político dos revolucionários, a que se juntou a incapacidade política demonstrada pelo regime saído da "revolução" para se legitimar democraticamente e, ao mesmo tempo, dividir e ceder poder e influência no Estado e contemporizar com uma sociedade à qual ambicionava impor um projecto de mudança radical, determinaram a natureza política da I República e, em boa medida, o seu fracasso e a sua morte às mãos de uma conspiração político-militar entre finais de Maio e o início de Junho de 1926.

Apesar do fracasso do programa republicano radical pensado e executado depois de 1910, programa esse progressiva mas não totalmente abandonado até ao derrube da I República em 1926, este texto pretende ainda demonstrar que grande parte dos métodos de acção política usados pelo republicanismo radical, particularmente no que ao princípio do uso da violência política diz respeito, foram utilizados, mesmo quando reformulados, e perpetuados por actores políticos das mais variadas sensibilidades, tendências ou famílias políticas ao longo de grande parte do século xx. Sendo certo que a banalização da violência política na Europa não foi um exclusivo nem uma invenção do republicanismo português, a verdade é que a República implantada a 5 de Outubro de 1910 foi o primeiro regime, e Portugal o primeiro Estado, a ensaiá-la e aplicá-la com grande êxito em associação com agentes da sociedade civil, facto que produziu um legado de décadas. ([22]) Assim, e independentemente de com o passar do tempo as circunstâncias históricas terem conhecido importantes alterações, assim como mudado os actores individuais e colectivos, a verdade é que o republicanismo português, enquanto movimento e regime, e os republicanos portugueses deram forma e consolidaram a um novo instrumento de teorização e acção política: a violência. A esta realidade não foi estranho o facto de, ao contrário, por exemplo, do sucedido em 1834, com a vitória liberal na guerra civil, no 28 de Maio de 1926 ou a 25 de Abril de 1974, a 5 de Outubro não houve qualquer negociação, acordo ou transferência simbólica de poder e de legitimidade política, de vencidos para vencedores. Não houve Evoramonte, António José de

Almeida e Mendes Cabeçadas, conferências em Sacavém ou encontros entre um oficial general e um presidente do Conselho num quartel cercado no centro de Lisboa.

O Acontecimento

A revolução republicana de 5 de Outubro de 1910 foi uma mistura de golpe de Estado [23] e de movimento insurreccional. [24] Eclodiu na noite de 3 para 4 de Outubro e foi pensada e executada por uma facção do Partido Republicano Português [PRP] [25] que defendia que a República devia implantar-se não pela força do voto mas pela força das armas. Esta facção ganhara vigor e proeminência no movimento republicano depois de, com o fracasso do 31 de Janeiro de 1891, terem sido os "legalistas" a conquistarem influência e prosseguido uma política de alianças entre facções desavindas e antagónicas. [26]

A data inicialmente prevista para a saída da revolução seria algures em meados ou em finais do mês de Outubro. Isto significa que as notícias de que a "revolução" saíra na madrugada do dia 4 foram uma surpresa tanto para monárquicos como para muitos republicanos. [27] O levantamento civil e militar deveria ter tido início com "alguns tiros de canhão disparados" por vasos de guerra ancorados no estuário do Tejo diante da capital. Porém, a resistência de um punhado de oficiais de monárquicos que se encontravam ou rumaram aqueles navios ao tomarem conhecimento de que uma revolução estaria em curso, a par das hesitações e descoordenação entre os "revolucionários", impediram que o tiro de partida da revolução fosse dado onde e quando combinado. [28]

Para além do assalto aos navios de guerra que se encontravam ancorados ao largo da cidade de Lisboa, o plano de operações elaborado por oficiais de carreira do Exército antecipava a realização de três "ataques simultâneos" em Lisboa. Um à residência da família real em Alcântara (o Palácio das Necessidades); outro dirigido ao quartel--general da I Divisão do Exército localizado no Rossio; o terceiro teve como objectivo o quartel da Guarda Municipal situado no largo do Carmo. A conspiração contava, à partida, com o apoio de sete unidades militares situadas em Lisboa e, genericamente, de oficiais e sargentos que, auxiliados por grupos de civis armados, deviam não apenas tomar de assalto aqueles três objectivos como ocupar ou neutralizar grande parte dos quartéis da capital cuja predisposição em relação à insurreição era desconhecida. Segundo o plano de operações, nestas unidades seriam mobilizados para as acções militares dos revolucionários grande parte dos homens nelas aquarteladas. Finalmente, em diversas cidades e vilas do centro e sul do país os republicanos deveriam depor as autoridades locais e proclamar a República.

Como é sabido, grande parte do plano falhou. É verdade que os revolucionários se apoderaram de Infantaria 16 em Campo de Ourique, de Artilharia 1 em Campolide e do Quartel de Marinheiros em Alcântara, mas nas restantes unidades as pretensões dos conspiradores abortaram. Vários aquartelamentos optaram pela neutralidade e uma minoria manobrou de forma a dar combate aos revoltosos. Entretanto, os três objectivos definidos no plano de operações saíram gorados. O assalto ao Palácio das Necessidades foi rechaçado, enquanto as colunas que deviam ter marchado sobre o Quartel do Carmo e o Quartel-General acabaram por se dirigir à Rotunda onde permaneceram barricadas na convicção de que o fracasso da revolução se materializaria numa questão de horas, sobretudo pelo facto dos reforços esperados não terem feito a sua aparição onde e quando eram aguardados. Cerca das 6 horas da manhã do dia 4, os dirigentes republicanos reunidos nos banhos de públicos de São Paulo, onde aguardavam notícias favoráveis, acabaram por dispersar convencidos de uma derrota em toda a linha. Foi então que Cândido dos Reis, almirante na reserva e único oficial general implicado no movimento, se suicidou. A notícia da debandada dos líderes e do suicídio de Cândido dos Reis chegou à Rotunda piorando estado de alma dos insurrectos. Três horas após a cimeira ocorrida no largo de São Paulo, uma reunião entre oficiais revoltosos concluiu pela "inutilidade da resistência e todos foram autorizados a debandar." No entanto, foram essencialmente os "oficiais que se retiraram, procurando abrigo seguro." [29]

Apesar do fracasso da componente militar da revolução, um grupo de homens armados chefiado por Machado dos Santos, e constituído por umas centenas de praças e de civis enquadrados por um número indeterminado de sargentos, não se rendeu nem dispersou. Tratou-se, provavelmente, de uma resistência da Carbonária, ou de uma facção desta à qual Machado Santos pertencia, e que lhe valeu, por um lado, da parte dos militares e civis que o acompanhavam, uma total obediência e uma "ilimitada confiança" e, por outro, o conhecimento de que apesar da derrota do movimento militar estaria em curso uma insurreição civil preparada e executada pela Carbonária mas que contou com grande apoio junto de vários sectores da população lisboeta. [30]

De facto, ao longo do dia 4 foram-se aglomerando junto dos revoltosos na Rotunda carbonários e soldados que haviam fugido dos quartéis num total que não deveria exceder os 500 homens. Chegavam com moral elevado e transportando armas e alimentos. Ao contrário dos seus chefes, e após os reveses iniciais, não só não desistiram como tomaram a iniciativa. Na Rotunda e ao seu redor, mas também um pouco por toda a cidade, nomeadamente em bairros populares, civis e soldados, pontualmente enquadrados por alguns oficiais e sargentos, enfrentaram com êxito as poucas forças fiéis ao Governo que manobraram na tentativa de jugular a insurreição armada. Ou seja, a revolução republicana nunca se circunscreveu às barricadas e ao acampamento da Rotunda. E se o ataque das forças monárquicas à Rotunda, ocorrido no dia 4, fracassou, noutros pontos da cidade de Lisboa o chamado povo republicano ensaiou emboscadas e pequenas escaramuças, arremessando dezenas de bombas contra objectivos militares que se movimentavam com o intuito de contrariar as pretensões dos revolucionários. [31] Lisboa estava minada por insurrectos republicanos dispostos a desenvolver até ao limite dos seus recursos sucessivas operações de guerrilha urbana, ora planeadas ora improvisadas, numa altura em que o novo regime, que ainda não era, começava a ser vitoriado, na maior impunidade e no maior júbilo, em diversas localidades que cercavam Lisboa, tanto na margem esquerda como na margem direita do rio Tejo. [32]

De qualquer modo, o momento que terá decidido o rumo da contenda foi a passagem para mãos republicanas da totalidade dos principais navios da esquadra ancorada no Tejo. No fim da manhã do dia 4, dois navios de guerra, já depois do cruzador *D. Carlos* ter sucumbido aos revoltosos, bombardearam o Palácio das Necessidades provocando o pânico entre a família real e, sobretudo, entre os membros do Governo que se encontravam junto de D. Manuel II. Apesar de, eventualmente, as forças lealistas se encontrarem em vantagem, [33] o rei fugiu de automóvel para Mafra e depois continuou para Ericeira onde embarcou em direcção a Gibraltar donde posteriormente seguiu para o exílio em Inglaterra. É verdade que ainda em Lisboa, e debaixo de fogo feito a partir dos navios de guerra fundeados no Tejo, o monarca ponderou colocar-se à frente das tropas nas Necessidades e dali marchar para o centro da capital, da mesma forma que já na Ericeira também considerou a hipótese de se dirigir para o Porto onde resistiria e prepararia a reconquista de uma Lisboa perdida para os republicanos. No entanto, foi dissuadido a fazê-lo com base na informação, genericamente correcta, segundo a qual não apenas a República fora proclamada em Lisboa, como um pouco por todo o país as autoridades civis monárquicas ou bem que tinham aderido à República ou então tinham entregado o poder a representantes da nova ordem republicana. [34]

O já mencionado fim da resistência do *D. Carlos* não teve repercussões apenas no Palácio das Necessidades, com a consequente fuga da família real e o eventual desbaratar de qualquer possibilidade de resistência militar aos revoltosos em Lisboa. A tomada pelos revolucionários do mais poderoso navio de guerra da Armada portuguesa garantiu a livre e segura circulação de embarcações dos revoltosos no Tejo, facto que permitiu a deslocação de marinheiros da zona de Alcântara para o Terreiro do Paço, onde desembarcaram, para atacarem pela retaguarda as tropas lealistas que se encontravam concentradas no Rossio, ficando na iminência de se encontrarem cercados.

De qualquer modo, na manhã do dia 5 a evolução dos acontecimentos favorecia declaradamente os insurrectos. As forças leais ao regime, para além daquelas que se mantinham aquarteladas ou aos quartéis tinham regressado, ou bem que andavam sem rei nem roque por Lisboa à procura de um pretexto para legitimamente debandarem depois da sua (re)acção militar se ter revelado um fracasso, ou então tinham-se acantonado no Rossio e nos Restauradores onde haviam deixado de pensar na possibilidade de lançarem qualquer contra-ataque dirigido aos rebeldes estacionados na Rotunda. Naquela zona central da capital, em posição estrategicamente inferior do ponto de vista militar, limitaram-se a aguardar um acontecimento que lhes permitisse uma rendição, lhes salvasse a face e, acima de tudo, as vidas. [35]

Pouco importa portanto saber se a história da trégua pedida pelo ministro alemão em Lisboa produziu um equívoco que a população residente na Avenida da Liberdade e nas suas imediações, e de onde assistia ao desenrolar da Revolução, interpretou como sendo o da rendição das forças fieis à monarquia e o consequente triunfo dos revoltosos. Certo foi que, e com assinalável rapidez, a dado momento, uma multidão foi enchendo a avenida e depois o Rossio onde confraternizou com as tropas ali acantonadas gritando vivas à República e agitando bandeiras republicanas. Para além do povo em delírio e em convívio com os militares acantonados no Rossio, começaram a ver-se bandeiras republicanas penduradas ou hasteadas em vários edifícios daquela praça, além de se ouvirem cada vez mais vivas à República. A certa altura, a bandeira republicana apareceu hasteada no edifício do Quartel-General. De repente, e sem que nada o previsse 24 ou mesmo 12 horas antes, a resistência, ou aquilo que dela restava, cessou e a República triunfou. Foi então que vários dirigentes do PRP, os mesmos que horas antes tinham batido em retirada dos Banhos de São Paulo dando como perdida a sua causa, se voltaram a reunir e dirigiram para o edifício da Câmara Municipal de Lisboa para proclamarem a República. [36]

Tal como é ensinado nos manuais, o "golpe" republicano venceu como resultado da mobilização e do comportamento correcto de três variáveis. Em primeiro lugar, das Forças Armadas que podem fazer e/ou desfazer um golpe. Depois, daquilo que é a disponibilidade da burocracia e dos políticos para aceitarem o golpe. Finalmente, o êxito ou o fracasso de um "golpe" depende da passividade do aparelho de Estado e das populações. Ora no 5 de Outubro as Forças Armadas mantiveram-se genericamente pouco activas como resultado do seu desinteresse quanto ao destino político da Monarquia; as forças políticas monárquicas e o aparelho burocrático aceitaram a inevitabilidade do golpe e a consequente queda do regime; por fim, além da passividade do aparelho do Estado face ao golpe, como também de boa parte das populações, uma fatia significativa do povo lisboeta e de muitas outras localidades apoiou activamente os golpistas. ([37]) Dada a vitória retumbante e as circunstâncias genéricas e específicas em que ocorreu, mais importante se torna perceber porque razão os golpistas transformaram uma espécie de golpe de Estado bem sucedido numa conjuntura política permanentemente revolucionária e com recorrentes episódios de guerra civil.

Sucede que no 5 de Outubro venceu a revolução republicana, muito mais do que a República. Justamente por isso, e pelo facto de a revolução não ter ficado concluída e os revolucionários politicamente saciados com o mero derrube da Monarquia e a proclamação de um novo regime, os anos subsequentes da história política portuguesa foram marcados pela contradição entre aquilo que tinha sido o triunfo de uma ideia nas mãos de revolucionários radicais e violentos, e aquilo que durante algumas décadas fora o desejo de implantar e consolidar um regime político que, integrando todos os portugueses, produzisse as mudanças de que Portugal necessitaria para se transformar numa nação tão moderna como as mais modernas da Europa, presumindo, claro está, que tal aspiração era exequível.

Triunfara pois a concepção de Revolução e de República, herdeira do Iluminismo e da Revolução Francesa, baseada numa fé cega no progresso e na necessidade deste, crente que as sociedades, e neste caso a sociedade portuguesa, estavam destinadas, custasse o que custasse, ao progresso económico, social e cultural assente numa nova ordem das coisas. Era a Revolução entendida enquanto "expressão máxima da perspectiva modernizadora [e] da crença" de que o "homem" é capaz de "controlar e mudar o seu ambiente e que ele tem não só capacidade, mas também o direito de o fazer." ([38]) No entanto, e para que o progresso pudesse acontecer e, portanto, a Revolução vingar, era necessário destruir instituições e eliminar pessoas. ([39]) Liquidou-se, por isso, a instituição monárquica e, tentou-se destruir, embora sem êxito, a Igreja católica Portuguesa e o catolicismo. Neste caso, procurou-se não apenas diminuir a influência da Igreja católica, mas, e sobretudo, removê--la do lugar que havia conservado na sociedade portuguesa desde o triunfo do liberalismo na década de 1830. É claro que muitas outras instituições com menor relevo na vida política e social vieram a desaparecer ou a transformar-se radicalmente como resultado da revolução republicana, quase permanente, em que Portugal e os portugueses mergulharam entre 1910 e 1926. A par disso, milhares de cidadãos portugueses perderam a vida em episódios revolucionários e contra-revolucionários que marcaram o quotidiano da I República ou em acontecimentos próprios de uma autêntica guerra civil. Foram ainda vítimas fatais de atentados e vinganças políticas que se consumaram ao dobrar de uma esquina, num beco, numa esquadra de polícia ou num quartel. Muitos portugueses perderam ainda a vida ou ficaram física e emocionalmente estropiados como resultado da sua participação em operações militares que resultaram da intervenção portuguesa na Grande Guerra ou como vítimas de repressão policial em confrontos que decorriam de manifestações ou greves em que se reclamavam melhores salários, emprego ou jornadas de trabalho mais reduzidas.

Mas para além daquelas que foram as circunstâncias e os acontecimentos que, desde Outubro de 1910, fizeram com que a história política da I República se tivesse confundido com a história da introdução e aplicação de princípios e práticas inusitadas de violência política, houve ainda um outro conjunto de razões que ajudam a explicar o fenómeno da violência política enquanto pedra angular do regime republicano português. Foram eles, primeiro, as origens e os fundamentos político-ideológicas do republicanismo português e, depois, o modo peculiar como o movimento e o regime republicano procuraram afirmar-se uma vez conquistado o poder. Daí que nas duas secções seguintes se tratará da questão das origens do republicanismo, narrando-se e analisando-se depois brevemente a história da República e do republicanismo sob a forma de movimento e de regime revolucionário.

Origens, formação e consolidação [40]

O republicanismo fez as suas primeiras aparições em Portugal ainda na primeira metade do século XIX, nomeadamente no decurso das lutas entre liberais e miguelistas. No entanto, foi na sequência da Patuleia e das revoluções europeias de 1848 que criou as suas raízes. Fê-lo através das páginas de alguns jornais e de uma primeira reflexão teórica da autoria de José Félix Henriques Nogueira intitulada *Estudos Sobre a Reforma de Portugal*. Nela era apresentado "o esboço de um militantismo social a que não era estranho um certo antimonarquismo." ([41]) Mas foi sobretudo na década de 1880 que o republicanismo ganhou o estatuto de "grande movimento" e, depois, de partido. Apesar, ou sobretudo, pelo facto de ter defendido o fim da monarquia sem recurso à violência, por ter sido utilizado pelos Progressistas para "assustar o rei" e pelos Regeneradores para "diminuírem a margem de manobra dos progressistas à esquerda", ou por ter passado por um processo de "reorganização" que foi causa e consequência de "deserções importantes" e do encerramento de jornais por "falta de vendas", o republicanismo foi por muito tempo inofensivo desde um ponto de vista político. ([42]) De facto, a sua expansão fez-se, entre finais da década de 1840 e o início da década de 1880, lentamente. Porém, revelou-se sólida e irreversível apesar da sua mensagem ter sido durante décadas ignorada ou até recusada por amplos e importantes sectores da sociedade portuguesa.

Foi durante a Regeneração, período de pacificação da vida política e de expansão económica, mas a prazo geradora de impasses e de profundas crises, que o republicanismo português entrou numa nova fase de crescimento e maturação. Depois de 1851 o republicanismo era identificado como um "tendência" ou sensibilidade de "esquerda" que ia ganhando espaço entre a "família demoliberal". Defendia não apenas uma República por oposição a uma Monarquia, mas ainda o "progresso" em vez da "ordem", a "justiça" e a "ciência", propondo-se combater ferozmente o "obscurantismo" e o "ultramontanismo". Isto significa que, mais tarde, na década de 1870 quando lançou "as suas bases", ou já na década na década de 1880 quando conheceu alguma notoriedade, o republicanismo se afirmou do ponto de vista político e social enquanto movimento no seio do qual a "ideologia" exercia "um tal peso que acabou por sobredeterminar o sentido e a identidade da própria luta a favor [da instauração] de um novo regime." Sendo e pretendendo ser um movimento (e também um partido) contrário à ordem social e política vigente, foi igualmente, e sobretudo na sua génese e na sua estrutura, "um *partido de ideologia* e de *massas*." [43] Ou seja, um partido novo no contexto político e ideológico português, acompanhando padrões ocidentais e aparentemente vocacionado para mudar radicalmente a forma de fazer política em Portugal, tanto em Monarquia como em República, caso esta chegasse um dia.

O republicanismo português viveu também, a partir de finais da década de 1860, marcado pela agitação política e social que conheceu o seu ponto alto na Janeirinha (1868), no golpe de Saldanha em 1870, na conspiração radical abortada conhecida pela "Pavorosa", mas ainda pelo regresso de importantes episódios revolucionários ao quotidiano político de países historicamente condenados a influenciarem o desenrolar da política portuguesa. O republicanismo português presenciou o triunfo da revolução de 1868 em Espanha. [44] Um acontecimento que depôs Isabel II e, cinco anos mais tarde, permitiu a primeira revolução republicana naquele país. Mas se a aventura republicana em Espanha fracassou absolutamente, em França, entre 1870 e 1871, à queda de Napoleão III e do II Império, à traumática derrota da Comuna de Paris, [45] sucedeu o triunfo político do republicanismo e a implantação da III República. [46] Ora quaisquer que tenham sido as esperanças alimentadas pelos republicanos portugueses de que o triunfo da República em França implicaria o alastramento do republicanismo à Europa, e em particular à Península Ibérica, à semelhança do que sucedera em 1820 como resultado do triunfo da Revolução em França depois de 1789, a verdade foi que a progressiva consolidação da III República não apenas serviu de inspiração a muitos republicanos portugueses e à própria expansão do ideal republicano em Portugal, como, sobretudo, permitiu apreender e compreender aquela que se transformou na primeira experiência política republicana duradoira na Europa. [47] Ou seja, e como notou Fernando Catroga, os acontecimentos ocorridos em Espanha e em França (o "laboratório social em que se prefigurava o futuro inexorável" de Portugal) na passagem da década de 1860 para a década de 1870, "contribuíram [...] para uma melhor clarificação das várias tendências que reivindicavam a aspiração republicana", ao mesmo tempo que "conduziu ao reagrupamento dos partidários da Monarquia de molde a conseguirem o reforço de uma instituição" que muitos continuavam a considerar o "melhor garante dos interesses mais conservadores." [48]

Os anos finais da década de 1880 marcaram uma mudança política em Portugal. Uma mistura explosiva de crise política, económica e financeira, a que se juntou a tão substancialmente falsa quanto dramática questão do Ultimato, num sinal claro do ambiente delirante e demagógico em que laborava grande parte da sociedade portuguesa que se mantinha informada e politicamente activa através daquilo que eram as notícias e as opiniões veiculadas em jornais com tiragens que iam crescendo, colocou os monárquicos e a própria instituição monárquica em xeque. Ao mesmo tempo radicalizou-se o discurso político dos republicanos, lançando inclusivamente uma boa parte do movimento republicano e do republicanismo contra o PRP, mas ainda assim fazendo aumentar a influência dos ideais republicanos, sobretudo nos meios urbanos mais populosos. [49] Esta primeira avalanche republicana diluiu-se temporariamente no 31 de Janeiro de 1891, [50] para logo regressar nos finais da primeira década do século XX, [51] menos legalista e mais violenta com o argumento de que a governação de João Franco em 1907-8, apoiada em D. Carlos, era "ditatorial" e autoritário [52] e, portanto, justificava moral e politicamente a radicalização de procedimentos, muito à imagem daquilo que vinha acontecendo em Portugal, um pouco por toda a Europa e nos EUA, onde os assassinatos de chefes políticos se foram sucedendo. [53] Fosse, ou não, mero pretexto o facto das circunstâncias nacionais e internacionais explicarem e justificarem o avanço, no seio do movimento republicano, das opiniões e sectores favoráveis ao uso da violência política para que pudessem ser atingidos os seus objectivos, a verdade é que após o regicídio se notou claramente estarem reunidas condições mais que suficientes não apenas para ser levada a cabo uma tentativa republicana de tomada do poder pela força, mas ainda, e sobretudo, a evidência de que existia na sociedade portuguesa, ou pelo menos em boa parte da sociedade lisboeta, um largo apoio e compreensão para com o fenómeno da violência política quando usado pelos republicanos contra a Monarquia. [54]

Assim sendo, não só não foi surpreendente como foi sinceramente desejado e amplamente apoiado o uso de métodos violentos para derrubar a Monarquia e implantar a República como, sobretudo, para impor o republicanismo após o 5 de Outubro de 1910. O republicanismo tornara-se depois do regicídio num movimento consolidado social, política e ideologicamente, independentemente daquilo que eram as crónicas divisões internas, muitas vezes com motivações estritamente do foro pessoal. Mas acima de tudo, o republicanismo mostrou depois de Fevereiro de 1908 ter capacidade para reunir apoios firmes para prosseguir os seus objectivos usando a violência política como instrumento tão indispensável como incontornável. Só assim se compreende a força ganha pela chamada via "conspirativa" para a conquista do poder, no decurso e na sequência do Congresso do Partido Republicano realizado na cidade de Coimbra em finais de Abril de 1908. [55]

De Abril de 1908 a Outubro de 1910, a via revolucionária, ou "conspirativa", ganhou mais espaço e influência dentro do partido. [56] Poder-se-á argumentar que as circunstâncias políticas externas ao PRP propiciaram o avanço e a consolidação da via revolucionária e violenta. No entanto, e muito mais importante do que as circunstâncias, foi a predisposição de uma parte substancial do PRP e das organizações armadas que funcionavam na sua órbita para não só tomarem o poder pela força mas, e sobretudo, para o manterem pela força em termos substancialmente distintos daqueles até então usados pelos poderes públicos.

Daí que as decisões tomadas no Congresso que decorreu em Setúbal de 23 a 25 de Abril de 1909 tenham dado continuação à "ascensão do núcleo mais radical" do PRP, sendo atribuído ao novo directório "um mandato imperativo: *«Auxiliar ou fazer revolução»*". [57] Que com a mudança de directório tenha definitivamente modificado a posição do PRP face à questão do derrube da Monarquia por via insurreccional, atesta-o o facto de em Novembro de 1909 a nova direcção do partido ter tornado público um documento em que afirmava ser convicção que a Monarquia exigia "uma luta sem tréguas", para depois acrescentar que a identificação daquela com o "clericalismo", o "inimigo de todo o progresso científico e social", impunha "à democracia a obrigação de se opor, por todos os meios, ao predomínio das forças católicas reaccionárias." Era a "acção! acção! e acção!" que Afonso Costa ordenou no Porto. ([58])

Criou-se de seguida um comité revolucionário que coexistiu com uma direcção civil entregue ao "grande demagogo e agitador do Partido", António José d'Almeida, facto que muito indispôs os carbonários. ([59]) Até à noite de 3 para 4 de Outubro de 1910, os preparativos da "revolução" revelaram que a par do trabalho de planificação existiam profundas divisões não só entre os que eram favoráveis à via insurreccional e os que a recusavam ou viam com desconfiança, mas também entre aqueles ou aquelas (indivíduos e sensibilidades) que preparavam o derrube pela força da Monarquia. De qualquer maneira, na preparação e, sobretudo, na execução da revolução o que contou foi a vontade e a eficácia do braço popular, formado e enquadrado pela Carbonária, por oposição ao papel preponderante dos militares que outros sectores do republicanismo defendiam e que provocou sucessivos adiamentos no despoletar da revolução.

Com as eleições de Agosto de 1910, na qual os republicanos tiveram a sua maior votação de sempre, ficou selada a decisão de fazer sair a revolução. Não apenas porque estava a ser preparada e porque era essa a vontade de uma importante e influente facção do PRP e dos seus seguidores, mas também por se ter percebido definitivamente que não se chegaria à República por via do sufrágio eleitoral ou que se chegasse essa circunstância limitaria a acção dos sectores radicais e intransigentes do republicanismo. ([60])

As Sequelas do 5 de Outubro ou a "república para os republicanos"

Se houve alguma coisa que rapidamente permitiu e permite perceber aquilo que os republicanos queriam que fosse a República e, também, aquilo que ela efectivamente foi, basta simplesmente notar o facto de, até Outubro de 1910, o programa republicano ter proclamado o fim da "tirania" ou da "oligarquia" e, ao mesmo tempo, ter garantido que instauraria a "democracia" após o derrube do velho regime e a proclamação do novo. Ora na realidade todas estas promessas foram esquecidas. A velha oligarquia foi apenas parcialmente afastada sendo imediata e rapidamente substituída por outra. E a tirania, cuja remoção dependia da introdução do sufrágio universal nas eleições parlamentares e locais, do respeito pela lei por parte do Estado ou da imposição do respeito pela lei pelo Estado junto de todos aqueles que a violassem, já para não falar na aplicação de reformas de descentralização administrativa, de facto nunca acabou. Pelo contrário, proliferou. Por se tratar da "expressão ideológica de uma vontade revolucionária", o "democratismo" republicano propalado durante anos só existiu nos programas e nas cabeças da generalidade dos seus partidários. Por isso, a República foi não só uma contradição insanável entre o seu programa e a sua prática, mas ainda, consequência desta contradição, um retrocesso no uso dos direitos políticos pela generalidade dos cidadãos, nomeadamente se for feita uma comparação com a Monarquia Constitucional portuguesa saída da guerra civil da década de 1830. [61]

É verdade que dentro da República e do PRP que se veio a fraccionar em três partidos, ficando o Partido Democrático como uma espécie de herdeiro legítimo do Partido Republicano, houve posições distintas sobre aquela que devia ser a natureza política do novo regime. Simplesmente, aqueles que defenderam a constituição de uma solução liberal estiveram quase sempre numa posição periclitante, acossados pelos sectores radicais do regime na rua, na Câmara dos Deputados ou no Governo. Os moderados defenderam, além da imposição da ordem e do respeito pela lei, a conciliação entre republicanos e entre estes os monárquicos. Por outro lado, sustentavam que a política de laicização do Estado devia ser moderada de forma a não hostilizar nem a Igreja nem uma população maioritariamente católica, sobretudo fora de Lisboa.

Portanto, a República, além de segregar todos os não republicanos, iniciou um programa de mudança política e social radical do país cujo ponto alto foi a promulgação da Lei da Separação da Igreja e do Estado a 20 de Abril de 1911. A Lei de Separação, além de uma afronta à Igreja católica, impedia propositadamente a colaboração com a República da generalidade dos monárquicos e de muitos republicanos conservadores que, católicos ou não, tinham com a religião, em geral, e com o catolicismo e a Igreja católica, em particular, uma relação incompatível com o princípio da política persecutória iniciada imediatamente após e 5 de Outubro de 1910 e confirmada a 20 de Abril de 1911. Aliás, o próprio Afonso Costa sintetizou publicamente aquela que era a agenda republicana radical, jacobina, ao afirmar que a República perseguiria os monárquicos e a Igreja, eliminaria a oposição moderada, racharia os sindicalistas e estabeleceria a ditadura do seu partido "enquanto não terminasse a «obra comum» dos republicanos." [62]

Por outro lado, o Governo e os seus aliados, dentro e fora do Partido Democrático, não hesitaram em recorrer à tortura e ao terrorismo para perseguir os seus inimigos monárquicos e sindicalistas, sucedesse o que sucedesse com as entradas e saídas dos radicais do Governo e das maiorias e minorias que se faziam e desfaziam nas duas câmaras do Parlamento. E tudo isto sucedeu independentemente da "revolução" que levou Pimenta de Castro ao poder, da participação na guerra ter imposto a constituição do Governo da União Sagrada entre todos os republicanos ou de Sidónio Pais e os seus variadíssimos aliados terem varrido os "democráticos" entre Dezembro de 1917 e Dezembro de 1918.

Esta vertente radicalmente violenta da República atenuou-se depois da Grande Guerra apesar da experiência humilhante que foi o sidonismo ou dos episódios do Monsanto e da Monarquia do Norte terem dado novos argumentos aos radicais diante dos velhos e novos inimigos da República. Mas por se ter atenuado não significa que tivesse desaparecido. Episódios como o da "noite sangrenta" atestam bem a ocupação que a violência política fez do espaço público com o advento e consolidação do republicanismo radical desde Outubro de 1910.

Para que fique sublinhada a natureza radical e em boa medida extemporânea daquelas que foram as opções políticas e ideológicas da I República portuguesa, basta comparar o caso português com as experiências revolucionárias republicanas suas contemporâneas em França e no Brasil em 1870 e 1889, respectivamente. Nesse sentido, o único exemplo histórico em que o radicalismo e o sectarismo do republicanismo português podiam encontrar e encontravam antecedentes remontava à França revolucionária da década de 1790. Este facto ilumina aquilo que foi a especificidade da República portuguesa no seu tempo mas, também, o seu anacronismo (uma revolução francesa tardia e uma revolução bolchevique precoce).

Explicação sobre a Natureza Política do 5 de Outubro...

Ao tentar compreender e explicar a natureza política da revolução republicana e do regime que se lhe seguiu, tem-se insistido, compreensivelmente, na relação existente entre as importantes mudanças sociais ocorridas em Portugal no último terço do século XIX (generalização do uso do caminho de ferro, construção de uma nova rede de estradas, mudanças na imprensa, expansão lenta mas continuada da educação, chegada do telégrafo, etc.), que aceleraram depois de 1890, e as alterações ocorridas na forma de fazer política (emergência de novas forças políticas, massificação da política, aparecimento de novos e/ou mais activos grupos de pressão). O produto desta nova realidade terá sido o êxito do radicalismo político que seria filho da ausência de uma classe média social e economicamente emancipada do Estado. Nesse sentido, o triunfo do radicalismo político, com raízes no radicalismo, liberal de esquerda com origem na vida política portuguesa das décadas de 1830 e de 1840, foi uma espécie de fatalidade histórica totalmente impermeável ao reformismo político ensaiado sem êxito nos últimos 30 anos da monarquia constitucional portuguesa. Em Portugal, não havendo classes médias fortes e numerosas, a sustentabilidade das instituições liberais e a sua democratização não passariam de uma quimera cercada que estava social e politicamente por adversários políticos (conservadores de direita ou radicais de esquerda) que abominavam ora o liberalismo ora a democracia, ora uma e outra coisa simultaneamente. Nesse sentido, a historiografia liberal, [63] já para não falar na marxista, [64] analisou a atribulada e complexa história das derradeiras décadas da Monarquia portuguesa à luz da presunção de que a história se move inelutavelmente para um fim pré-determinado. Ou seja, no fundo, e no caso português, o fracasso do reformismo liberal e da democratização do sistema político foram consequência da impotência e de uma certa incompetência das classes médias para liderarem um movimento político numa direcção pré-determinada.

Na verdade, não foi isso que sucedeu. Em primeiro lugar, porque a relação entre projectos políticos e condições sociais deve ser considerada acidental. Mais do que as condições sociais, são as circunstâncias históricas que determinam o sucesso ou o insucesso de um determinado projecto político. Em segundo lugar, o confronto político em Portugal nas vésperas da República e depois da implantação da República não foi um confronto entre projectos que reflectiam os interesses desta ou daquela classe social. Na verdade, aquilo que importa sublinhar é o facto de as divisões e opções políticas em Portugal depois de 1880 e, sobretudo, depois de 1910, terem andado especialmente em torno de questões como aquela que devia ser o lugar da religião e da Igreja católica ou da definição do conceito de nação por causa tanto da sacralização da questão colonial como da definição do universo de eleitores e eleitos. Finalmente, os actores políticos não devem ser vistos como meros repositórios de determinadas forças sociais, mas sim sujeitos que valiam por si próprios e, portanto, podiam gozar de maior ou menor capacidade para influenciarem o universo em que se moviam. Aliás, os políticos portugueses, entre 1880 e o início da década de 1920, andaram especialmente preocupados com a questão religiosa ou com a definição dos vários conceitos de nação. Ou seja, em estripar a religião ou em preservar a sua influência, em refazer a comunidade de cidadãos nacionais ou em salvaguardar aquilo que consideraram ser a sua essência. Ora o que se tornou particularmente inovador neste contexto, e que os republicanos, antes de quaisquer outros em Portugal, tiveram oportunidade de tentar concretizar, foi executar um programa ambicioso, vasto e radical de mudança política, social e cultural cujo objectivo foi garantir, a qualquer preço, primazia e a pureza desse mesmo programa. [65]

... e do Seu Significado e Consequências

O republicanismo e a I República, ao terem introduzido voluntária e conscientemente a banalização da violência na história política do século XX português, produziram uma nova realidade cujo significado merece ser avaliado sucintamente, da mesma forma que se enunciarão as principais consequências ou implicações decorrentes dessa avaliação.

O republicanismo português, apesar de não ter sido historicamente uma realidade política e ideologicamente homogénea, assentou ainda assim num denominador comum relativamente simples materializado quase ininterruptamente entre Outubro de 1910 e Maio de 1926. Esse denominador comum resumia-se ao convencimento por parte de uma fatia significativa das elites e do povo republicano de que os problemas maiores da vida portuguesa – nomeadamente o "atraso" económico, político e cultural – podiam e deviam ser resolvidos transformando de forma radical os portugueses e a sociedade portuguesa, totalmente à revelia daqueles e desta, sem o seu mandato e se necessário fosse, como quase sempre foi, contra a sua vontade. [66]

Portanto, a revolução republicana, o movimento republicano e o regime republicano, cuja primeira etapa da sua história terminou entre Maio de 1926 e Maio de 1931, encerram uma lição: o preço a pagar pelo uso da autoridade política em prol da implementação de objectivos e de desígnios ideológicos, não só é sempre demasiado elevado como pode ser apropriado com êxito e maior eficácia por outros actores e distintos programas. Tendo sido isso que aconteceu paulatina mas firmemente depois de Maio de 1926, e apenas extemporaneamente entre Dezembro de 1917 e Dezembro de 1918, deve ainda registar-se que as mudanças procuradas e tornadas reais pelo republicanismo português tiveram implicações e consequências morais, tanto durante a vigência da I República, como posteriormente quando emergiram e se consolidaram novas soluções políticas com carácter transitório ou definitivo. Essas consequências e implicações podem resumir-se a uma revolução ocorrida na relação entre pensar e fazer política, por um lado, e os limites morais colocados àquelas duas realidades por parte dos agentes políticos. E de facto depois de 1910, o princípio moral, kantiano, segundo o qual o ser humano não deve ser usado como meio para atingir os fins propostos por terceiros e, portanto, deve ser considerado um fim em si mesmo, foi desaparecendo. [67] Ou seja, primeiro os republicanos e depois outros membros de outras famílias políticas, da extrema-direita à extrema-esquerda portuguesa, não hesitaram em percorrer grande parte da história do século XX português defendendo a sustentabilidade de posições de princípio que não foram nem eram mais do que uma violação tanto de velhos princípios morais e éticos em política, como a criação de um universo provido de claros limites éticos e morais ao uso do poder político. É por isso natural que num dos seus ensaios sobre a história da I República, Rui Ramos não hesitasse em sublinhar que "Portugal passou o século XX a pagar a factura do 5 de Outubro." [68]

ANTÓNIO DE ARAÚJO
LUÍS BIGOTTE CHORÃO

Política e Direito
nos alvores da Primeira República

O Governo Provisório

A proclamação da República em Lisboa a 5 de Outubro de 1910 anunciou a organização do Governo Provisório, constituído em nome da legitimidade revolucionária, o qual concentrou em si os poderes legislativo e executivo como *mandatário* do Directório e da Junta Consultiva do Partido Republicano [1]. Tal como ficaria a constar expressamente de texto legislativo (decreto de 21 de Dezembro de 1910), o Governo Provisório recebera «directamente da Nação a soberania sem limitação alguma, cabendo-lhe por isso todos os poderes do Estado», logo após a revolução.

Embora Teófilo Braga encarasse o Governo de sua presidência como constituindo apenas «a comissão liquidatária de uma massa falida» que se propunha «examinar a escrita e dar balanço rigoroso» [2], a realidade desmentiria que fossem limitados os seus propósitos. Na verdade, designadamente através de uma arrojada acção legislativa, o Governo Provisório antecipou algumas importantes realizações do programa partidário Democrático, sem que também – importa sublinhá-lo –, tivesse deixado de se afastar dele em domínios sensíveis e politicamente muito significativos.

Numa entrevista a Joaquim Leitão, poucos dias após o 5 de Outubro, o Ministro da Justiça, Afonso Costa, expunha o seu entendimento com respeito à acção do Governo, tendo afirmado que «parte do programa do partido republicano» só podia ser posto em execução pelo legislativo, mas «outra parte» tinha de ser «posta imediatamente em execução». E, tentando esclarecer o jornalista sobre a «nítida diferença» que em seu entender se verificava entre os actos ditatoriais de um governo revolucionário, «necessário e imposto pela História, em nome do Povo e da Liberdade», e uma ditadura «por motivos de caciquismo e para fins reaccionários de um governo em plena normalidade constitucional», acrescentou:

> «Acto ditatorial é, com efeito, mas necessário e absolvido por um termo prefixo e para a prática e eixo de uma ampla acção tem de começar por ele e o não dispensa» ([3]).

Ao fazer tal afirmação, Afonso Costa revelava a consciência da importância da acção do Governo Provisório, e foi esse motivo que o levou a centrar-se, enquanto titular da Justiça, na elaboração de diplomas que se revelariam centrais na arquitectura jurídico-política, e portanto ideológica, do regime, os quais, mais do que discutir, importava aprovar e fazer cumprir. À dinâmica do Ministro não foi por certo alheio o objectivo de condicionar os futuros poderes legislativos. Muito provavelmente foi o que sucedeu com a legislação do divórcio, a qual, na ordem de prioridades anunciada por Afonso Costa, se colocava depois da referente à separação do Estado das Igrejas, e acabaria, a final, por antecedê-la em vários meses ([4]).

Na mensagem dirigida à Assembleia Nacional Constituinte, pela qual depôs o seu mandato «oferecendo a sua obra construtiva e reformadora ao seu julgamento e sanção» ([5]), o Governo Provisório foi claro ao reconhecer que aproveitara a ditadura para «cimentar» a República, «criando as bases fundamentais com reformas orgânicas de que tanto carecia», e justificou o critério seguido:

> «O Governo Provisório, no exercício necessário do poder que lhe foi confiado, pensou sempre em que tinha de dar contas perante a Assembleia Nacional Constituinte, representando a vontade nacional, e por isso mesmo os Ministros, inspirando-se num alto sentimento patriótico, procuraram sempre traduzir em suas medidas as mais altas e mais instantes aspirações do velho partido republicano, em termos de conciliar os interesses permanentes da sociedade com a nova ordem de coisas, inevitavelmente derivada do facto da revolução» ([6]).

Exercendo os seus poderes num quadro de "interregno constitucional", o Governo Provisório legislou em ditadura através de decretos com força de lei e o texto constitucional de 1911 incumbiu-se de determinar no seu artigo 80.º que continuavam em vigor, enquanto não fossem revogados ou revistos pelo poder legislativo, as leis e decretos com força de lei até então existentes, ficando a valer como lei no que explícita ou implicitamente não fosse contrário ao sistema adoptado pela Constituição e aos princípios nela consagrados [7]. Quer dizer, portanto, que a legislação publicada pelo Governo Provisório foi recepcionada na ordem constitucional através daquela norma que *encapotou* um amplíssimo *bill de indemnidade* [8]. Isto, para além da legislação objecto de expressa recepção no texto constitucional, como foi o caso da relativa à extinção, dissolução e expulsão de território português da Companhia de Jesus e de todas as congregações e ordens monásticas (artigo 3.º, 12.º), matéria sobre a qual tinha disposto o decreto com força de lei de 8 de Outubro de 1910 [9].

Apreciando a mensagem dirigida à Constituinte pelo Governo Provisório, o deputado Alexandre Braga afirmou que o Executivo legislara «para o seu tempo e para o seu meio», dando «forma legal a reivindicações que tinham já cabelos brancos, dentro da aspiração e da vida do verdadeiro espírito nacional». Porém, sublinharia muito intencionalmente que esse Governo jamais se arrogara o papel de «legislar definitivamente», e no exercício da sua «ilimitada ditadura» – única que Braga considerava «legítima», porque, dizia, não invadira nem usurpara quaisquer poderes constituídos –, sempre considerara a «sua incondicional subordinação a todas as modificações» determinadas futuramente pela «soberania nacional, representada pelos seus eleitos» [10].

A proclamada intenção de a Assembleia Constituinte proceder, como foi sugerido, a uma apreciação da obra legislativa do Governo Provisório, constituída, como então se salientou, por «leis impostas por necessidade urgente», verdadeiras «medidas de ocasião», justificando, por essa natureza, uma revisão «extremamente ponderada, escrupulosa e atenta» [11], acabou por não se compaginar com os acelerados ritmos que foram incutidos aos trabalhos constituintes. A essa "pressa" não terão sido alheias motivações políticas no sentido de deixar inalterada uma obra que Alexandre Braga exaltou como «gigantesca, maravilhosa, soberba», cujos princípios «sagrados», entendia jamais poderem ser «derruídos».

De entre as suas primeiras medidas, o Governo Provisório, através do decreto de 14 de Outubro de 1910, manteve os tribunais criminais de 1.ª instância de Lisboa e Porto, e criou juízos de investigação criminal em cada uma dessas comarcas. Em conformidade com o disposto no artigo 6.º do diploma, os tribunais de investigação criminal tinham «a seu cargo a formação, dentro da sua área, de todos os corpos de delito e a realização de todos os actos de processo criminal preparatório até à pronúncia, inclusive, ou despacho correspondente também inclusive», devendo depois remeter os processos para os competentes distritos criminais, onde «só» poderia seguir-se o processo acusatório e o julgamento. Por outro lado, ainda, ficava expressamente consagrada a assistência por advogado, mandando-se que em todas as comarcas do território da República seria realizado o primeiro interrogatório dos arguidos que estivessem detidos «dentro das primeiras vinte e quatro horas improrrogavelmente, a contar do momento da prisão». Entre as garantias estabelecidas se incluiu a da limitação da incomunicabilidade dos detidos, nunca podendo esta exceder quarenta e oito horas, bem como o princípio segundo a qual, por regra, ninguém podia ser conservado em custódia mais de oito dias, devendo a «prolongação da prisão preventiva», que não podia exceder um novo período de oito dias, ser expressamente fundamentada. No domínio específico dos delitos por abuso de liberdade de imprensa, o decreto proibiu a «detenção prévia», bastando-se com o termo de identidade.

O diploma em causa era inatacável, senão na forma, no plano substantivo, fixando, ainda que com declarado carácter transitório, ou seja até que fosse publicada a anunciada reforma da organização judiciária, directrizes da maior relevância no domínio do processo criminal, que conferiam, como foi reconhecido até por quem não tinha simpatia pelo regime saído do 5 de Outubro, «maior garantia individual dada com toda a segurança» e constituía «título de honra» do Governo Provisório [12].

As preocupações garantísticas desse diploma foram reafirmadas dias mais tarde no decreto com força de lei de 20 de Outubro de 1910, através da determinação aos delegados e subdelegados do Procurador da República que participassem ao Ministério da Justiça, directamente, factos que permitissem ao Governo «assegurar a protecção à liberdade individual» (artigo 7.º, n.º 5, § 1.º).

Não obstante as boas intenções reveladas em Outubro, no mês de Dezembro o Governo Provisório – pressionado pelos acontecimentos e conhecedor das ameaças ao regime – decidiu-se por proceder a um conjunto de alterações ao Código Penal, estabelecendo um quadro punitivo e de julgamento justificado por essas circunstâncias. E a 15 de Fevereiro de 1911, afastava-se o Governo Provisório do modelo que assumira meses antes, tendente a assegurar a judicialização de todo o processo criminal, consentindo que a investigação dos crimes previstos no decreto de 28 de Dezembro de 1910 e artigo 137.º do Código Penal pudesse também ser realizada «pelas autoridades administrativas e policiais de Lisboa e Porto». Além disso, foram conferidos ao Ministro do Interior poderes para ordenar a remoção de detidos para Lisboa ou para o Porto até que se apurassem as suas responsabilidades, fórmula que subvertia o princípio da limitação da prisão preventiva e até o da incomunicabilidade, nos termos previstos na lei, aliás não revogada expressamente. Compreende-se, assim, que tivesse sido afirmado que aquela disposição legal «podia ter a elasticidade que se lhe quisesse dar» ([13]).

Quanto à prisão sem culpa formada, a Constituição Política haveria de estabelecer os casos em que ela poderia verificar-se: flagrante delito, alta traição, falsificação de moeda, de notas de bancos nacionais ou estrangeiros e títulos de dívida pública portuguesa, homicídio voluntário, furto doméstico, roubo, falência fraudulenta e fogo posto ([14]).

Em face do novo texto constitucional, que entrou em vigor em Agosto de 1911, foi entendido, não sem razão, que o decreto de 14 de Outubro de 1910 se mantinha em vigor por não se retirar do seu regime qualquer incompatibilidade com a Constituição, diferentemente do que ocorria com o decreto de 15 de Fevereiro de 1911, cujas disposições contidas nos artigos 1.º, 2.º e 3.º eram inconstitucionais.

OUTUBRO: A REVOLUÇÃO REPUBLICANA EM PORTUGAL

Circunstâncias políticas próprias do ambiente conturbado vivido ao tempo precipitaram uma actuação do Ministro da Justiça, Afonso Costa, que visou vários magistrados num processo cujas consequências políticas se revelaram funestas.

A questão teve origem numa participação que Francisco Correia de Herédia, visconde de Ribeira Brava, patrocinara contra o antigo presidente do conselho, João Franco e os membros do seu gabinete, por factos praticados entre 10 de Maio de 1907 e 1 de Fevereiro de 1908. A participação tinha por base a prática dos crimes que Afonso Costa havia denunciado na célebre sessão da Câmara dos Deputados de 28 de Julho de 1908: traição e rebelião, abuso de poder, falta de observância das leis, ataque à liberdade e segurança dos cidadãos e dissipação de bens públicos. Contrariamente ao que certamente constituía expectativa dos promotores materiais e morais da queixa, o Tribunal da Relação de Lisboa deu provimento aos recursos e mandou arquivar os autos, sustentando a incompetência dos tribunais comuns para querelar e julgar os réus. Decorridos sete dias sobre o conhecimento dos acórdãos, o Governo Provisório, depois de os considerar contrários a «alguns princípios essenciais da República Portuguesa» (responsabilidade ministerial, igualdade de todos os cidadãos perante a justiça, incompatibilidade absoluta entre os crimes de desvios de dinheiros públicos e os abusos de origem ou carácter político), mandou que os juízes signatários dos acórdãos passassem à Relação de Nova Goa e de Luanda, cessando de imediato funções na de Lisboa [15].

Embora o incidente tivesse agravado os juízes – Abel de Matos Abreu; Basílio Lencastre da Veiga; António Augusto Barbosa Viana; Manuel Pereira Pimenta de Sousa e Castro; César Homem de Abranches Brandão e Carlos Augusto Vellez Caldeira Castelo Branco [16] –, as "sanções" foram limitadas nas suas consequências, não se tendo reflectido na progressão daqueles magistrados nas suas respectivas carreiras, já que, com excepção do desembargador Abranches Brandão, que foi logo colocado no quadro da magistratura judicial, sem exercício, até ser aposentado a seu pedido ou por limite de idade [17], todos ascenderam, e durante a I República, ao Supremo Tribunal de Justiça.

Exercendo interinamente funções de Ministro da Justiça – no impedimento por razões de doença do seu titular –, Bernardino Machado liquidou o assunto – que se tornara objecto de atenção da imprensa ([18]) –, através do decreto com força de lei de 5 de Junho, mandando executar a resolução do Conselho de Ministros no sentido de serem novamente colocados no Tribunal da Relação de Lisboa os juízes que dele tinham sido removidos. Porém, a actuação do Governo não foi pacífica, tendo merecido duras críticas por parte de Dantas Baracho, ínsitas num vasto requerimento que dirigiu na sua qualidade de deputado constituinte ao Ministério da Justiça. Entre outras questões interrogava-se o parlamentar sobre as «causas» que haviam determinado que os «os dois primeiros decretos de remoção de juízes fossem assinados por todos os membros do governo provisório, e os outros dois apenas pelo ministro da justiça e pelo da marinha e colónias». Parecia-lhe, enfim, que tinham sido submetidos a «tratos de polé os bons costumes, a sensatez e as leis» ([19]).

E, na verdade, a reponderação do Governo não parece que tenha sido determinada por qualquer movimento de opinião, nem sequer manifestação de solidariedade da magistratura com os seus colegas "deslocados". Fialho de Almeida observou a respeito: «nenhuma toga protestou, nenhum barrete se moveu» ([20]).

No plano político, contudo, a decisão do Governo Provisório foi interpretada como revelando um *entendimento* das relações do executivo com o judicial desrespeitoso do estatuto da magistratura e da sua alegada independência. Tudo ao arrepio, note-se, não só das directrizes do programa republicano, como de repetidas afirmações sobre as garantias de respeito pela separação de poderes, e até, como se verificaria mais tarde, da vontade constituinte.

Compreensivelmente, esse "caso" haveria de passar a integrar, e em lugar de destaque, o argumentário antigovernamental, reflectindo-se de forma negativa na imagem do Governo, tanto mais que não foi olhado isoladamente, mas no contexto de outras medidas que traduziram um sentimento de indisfarçada desconfiança em relação à judicatura. Referimo-nos, em especial, às sindicâncias mandadas realizar pelo Ministro da Justiça aos tribunais superiores e à fixação de limite de idade para o exercício da magistratura, a qual não se tendo concretizado imediatamente, acabou por permitir a recomposição parcial do Supremo Tribunal de Justiça [21].

Para o clima de tensão vivido nas relações do Governo Provisório com a magistratura contribuíram certas posições de membros do partido republicano – alguns com motivos de reparo em relação a situações concretas –, e o próprio debate na Constituinte sobre a organização do "Poder Judicial" o qual convocou a sempre discutida e recorrente questão da sua legitimidade. Exemplar duma perspectiva sobre o problema, foi a de Marinha de Campos, expressa na edição de 29 de Junho de 1911 de *A Capital*:

> «Numa República Democrática, porém, não pode admitir-se o exercício vitalício de qualquer poder do estado, nem se pode considerar legítimo o poder que não dimane insofismavelmente da soberania popular.
>
> O poder legislativo é representado numa República por cidadãos escolhidos directamente pelo sufrágio popular, o poder executivo é igualmente delegado da nação, que o elege por intermédio dos seus deputados, ou que o nomeia por via do chefe do estado, que é eleito pelos cidadãos ou pelos seus enviados ao parlamento; porque há-de o poder judicial permanecer nas mãos de indivíduos nos quais a soberania nacional não delega a menor parcela da sua vontade?
>
> A justiça ou contínua a ser administrada vitaliciamente por profissionais sem dependência do voto popular e neste caso ela constituirá somente um serviço público como o ensino oficial, a defesa nacional, as comunicações postais, a fiscalização aduaneira e todos os outros; ou continua a ser a função de um determinado poder do Estado e então terá de ser confiada temporariamente a quem possua a necessária procuração do povo.
>
> O nosso poder judicial tem sido um poder prejudicial. Não há ninguém que não conheça meia dúzia de casos que demonstrem a falência do poder judicial no nosso país. Ele foi o maior inimigo da República, o mais encarniçado perseguidor da democracia. A nossa imprensa liberal teve de cobri-lo de suspeições e epítetos mal-sonantes e ainda agora depois da queda da monarquia foi necessário que o poder executivo se opusesse aos seus des-

mandos para que ele respeitasse o triunfo da Revolução emancipadora do 5 de Outubro.

Alguém veio à imprensa lembrar que foi o juiz Marshall quem salvou a constituição americana, recusando-se a reconhecer as leis opostas ao espírito dessa constituição. E se lhe tivesse dado para fazer o contrário?»

A alteração da nomenclatura do Ministério de Afonso Costa, operada a 8 de Outubro, não lhe alienou competências no domínio dos cultos ou negócios eclesiásticos.

O Ministro da Justiça não se ocupou só dos aspectos legislativos, em geral do Governo, e em particular da Justiça, entregando-se dedicadamente ao acompanhamento da execução efectiva dos seus diplomas. Assim sucedeu no domínio dos cultos, ocupando-se pessoalmente de diligências burocráticas ou de carácter "policial". Ficou conhecida a sua intervenção no caso da Pastoral Colectiva do Episcopado Português de 24 de Dezembro de 1910 [22], tendo o ministro interrogado pessoalmente o bispo do Porto, D. António Barroso [23], e também os contactos estabelecidos com jesuítas de nacionalidade estrangeira ao tempo residentes na capital. Nesta última circunstância, aliás, o Ministro da Justiça teve a acompanhá-lo uma deputação de republicanos espanhóis, solidários com as directrizes políticas de Afonso Costa.

As cadeias e os estabelecimentos de menores foram objecto de particular atenção do Ministro, que se viu confrontado com os acontecimentos graves que logo a 6 de Outubro se verificaram no Limoeiro. Dias depois, Afonso Costa visita a Penitenciária de Lisboa, num momento em que decidira encarregar uma comissão de estudar a adaptação do Colégio de Campolide a «prisão-central modelo», que se destinaria a receber os presos do Limoeiro e outros, inclusive das penitenciárias, que conviesse, no dizer do legislador, submeter a um regime de encarceramento diverso dos até então adoptados e «mais harmónico com as exigências da sociologia criminal».

Anunciada uma ampla reforma penitenciária, na verdade nunca concretizada, isto não obstante terem sido aprovadas alterações regulamentares de alcance, em Abril de 1911, Afonso Costa encarregou José da Costa Nery do estudo dos regimes prisionais, trabalho que se destinaria a constituir base da projectada reforma.

O conhecimento da situação em que funcionava a Casa de Detenção e Correcção de Menores, em Caxias, interessou o titular da Justiça, que estabeleceu relações cordiais com o padre António Oliveira, cuja personalidade e experiência aconselharam o Ministro a solicitar-lhe colaboração muito próxima, incluindo no domínio da preparação legislativa. No quadro de um conjunto de providências respeitantes à protecção de menores indigentes, foi criada junto do Ministério da Justiça uma comissão de protecção de menores em perigo moral, pervertidos ou delinquentes, que ficou encarregada de uma vasta missão reformadora. Presidida pelo governador civil de Lisboa, Eusébio Leão, dela fazia parte o padre António de Oliveira, superintendente das casas de detenção e correcção de Lisboa; os médicos José António de Magalhães e António Cassiano Neves; o advogado Adolfo Godefroy de Abreu e Lima; o agrónomo Eduardo Lima Basto e o escultor Augusto da Costa Mota.

Sobretudo os estudos do padre Oliveira iriam estar na base da profunda reforma do regime de protecção aos menores delinquentes, abandonados e em perigo moral, que teve concretização legislativa com a aprovação do decreto com força de lei de 27 de Maio de 1911, que criou a Tutoria de Infância e a Federação Nacional dos Amigos e Defensores das Crianças [24].

O afastamento temporário de Afonso Costa da actividade ministerial pelas mencionadas razões de saúde terá justificado que o Governo Provisório não tivesse levado por diante o plano abundantemente referido de uma reforma judiciária. O próprio Afonso Costa sentiria necessidade de se justificar quanto a essa "omissão", invocando na Constituinte aqueles motivos de doença, e em diversos momentos a sua "baixa" foi realmente mencionada como tendo constituindo a razão do adiamento desse esperado, anunciado e jamais concretizado plano reformador.

Tal não impediu que do gabinete de Afonso Costa tivesse saído um numeroso conjunto de medidas com incidência na organização judicial, de cariz processual umas, outras de natureza sobretudo organizativa e burocrática, mas nem por isso de importância política menor. Foi o caso da extinção da Relação dos Açores e do Tribunal de Verificação de Poderes; da redução de lugares de ajudantes do Procurador da República; da dissolução dos Conselhos Superior Judiciário; Disciplinar da Magistratura Judicial; Supremo Conselho da Magistratura do Ministério Público; Disciplinar dos Oficiais de Justiça e Conselho Superior do Notariado. Também, da organização dos tribunais criminais; da alteração do regime de recenseamento e eleição dos jurados comerciais; remodelação de serviços judiciais; criação do Tribunal de Honra de Lisboa; alterações no domínio do processo civil e comercial.

Igualmente o inquilinato mereceu providências legislativas do Governo Provisório, através dos decretos de 12 e 18 de Novembro de 1910 que regularam o arrendamento e despejo de prédios urbanos, pouco depois sujeita ao escrutínio de uma comissão encarregada de codificar todas as disposições legais sobre arrendamento urbano, bem como o regime de naturalização, alterando-se consequentemente o Código Civil.

O dia 25 de Dezembro de 1910 ficaria assinalado, não por acaso, com a publicação de providências legislativas sobre o casamento como contrato civil e sobre a protecção aos filhos, e com data de 31 seguinte foi regulada a posse pelo Estado dos bens das extintas congregações religiosas e o processo respeitante à reclamação dos mesmos bens.

Em Fevereiro de 1911 foi instituído o registo civil obrigatório, incluído entre os "pontos de honra" do programa do partido republicano, projecto agitado nos tempos da propaganda e causa da influente Associação do Registo Civil.

O estado de quase ininterrupto sobressalto em que acabaria por viver o regime não iria permitir a concretização de um qualquer plano de acção consequente no domínio da Justiça. Sendo assim, e a não ter o Governo Provisório realizado a sua *revolução* político-legislativa, ter-se-iam muito provavelmente gorado as expectativas de realização mínima do programa republicano, que teve, de facto, expressão, principalmente no vasto conjunto de decretos com força de lei publicados até à promulgação da Constituição Política, a 21 de Agosto de 1911.

Não constituiu a instabilidade governativa a única determinante da inviabilidade da tão proclamada ambição reformadora da República. Foi também o critério dos políticos que repetiram o erro oitocentista de remeter para "comissões" muito numerosas, tarefas de elaboração legislativa. Tomando como exemplo o que ocorria em finais de 1915, situação que se manteve inalterada, quando não se agravou, ao longo do tempo, estavam constituídas junto do Ministério da Justiça diversas comissões: a Comissão de Reforma Penal e Prisional, presidida pelo Ministro da Justiça e da qual faziam parte quinze vogais; a Comissão encarregada de remodelar o Código Comercial na parte relativa às sociedades anónimas composta por seis membros; a Comissão encarregada de estudar e propor a reforma dos serviços médico-legais, de investigação criminal e identificação dos criminosos que contava com a colaboração de oito especialistas; a Comissão encarregada da revisão da lei do inquilinato, igualmente participada por oito membros; a Comissão encarregada de elaborar um projecto de lei criando e organizando a Ordem dos Advogados Portugueses, com quinze participantes. Por último, a Comissão encarregada de elaborar um plano completo de reforma da organização judiciária era integrada por nada menos que trinta e dois membros.

Ao núcleo restrito e eficiente de colaboradores do Ministro da Justiça durante o Governo Provisório – entre os quais cabe salientar o nome de Germano Martins –, sucedeu, pela própria entrada na "normalidade constitucional", uma prática legiferante altamente complexa. A parlamentarização do sistema de governo teve naturais consequências, sobretudo no domínio das iniciativas individuais, por regra comprometidas nas complexas teias legais e regimentais do processo legislativo, duplicadas, aliás, por via da intervenção da Câmara dos Deputados e do Senado.

O debate constitucional

A Assembleia Nacional Constituinte, que se reuniu pela primeira vez a 19 de Junho de 1911, chegou a discutir se, no regime saído da revolução de Outubro do ano anterior, deveria existir a figura do Presidente da República.

Não era esse o sentido do projecto elaborado pela Comissão da Constituição, que, na qualidade de relator, o deputado Sebastião Magalhães Lima apresentou na sessão de 3 de Julho de 1911. Previa-se aí a eleição do Presidente da República pelo parlamento, com um mandato de quatro anos, mas também a faculdade de, reunidas em Congresso, as duas câmaras – o Conselho Nacional e o Conselho dos Municípios – poderem destituí-lo, mediante resolução aprovada por dois terços dos seus membros. O Presidente da República deteria «privativamente» o poder executivo e, nesse contexto, não existiria a figura de um chefe do Governo, sendo os ministros nomeados e demitidos livremente por aquele. Determinava-se, todavia, no artigo 26º do projecto, que o poder executivo era de «delegação temporária» do poder legislativo.

Os constituintes de 1911 – ou, pelo menos, alguns deles – tiveram a consciência clara da necessidade de assegurar um adequado equilíbrio de poderes. Ao intervir na sessão de 6 de Julho de 1911, o deputado Francisco Correia de Lemos reconheceu que, fosse qual fosse a organização dos poderes, «há-de haver sempre um que tenha a hegemonia»; mas, justamente por isso, era indispensável «estabelecer em cada poder elementos de contrabalançamento e de resistência aos desmandos dos outros poderes» [25]. Na mesma sessão, Alexandre Braga chamou a atenção para a necessidade de garantir ao Presidente um lugar adequado no quadro do sistema político:

> «A função da presidência corresponde à necessidade da existência de um elemento coordenador e moderador que, superior a todas as lutas e paixões políticas, possa estabelecer unidade dentro da Pátria e dar coesão e seguimento às diversas obras governativas, que hajam de suceder-se na arena parlamentar.

Eu não posso aceitar, em meu espírito, a compreensão de um presidente inerte, porque essa inércia corresponde, exactamente, à negação de todas as faculdades que ele requer, como uma aguda sinceridade, uma lúcida compreensão dos lances em que a vida política e social se pode encontrar».

Em face disso, Alexandre Braga referiu a necessidade de o Presidente possuir, «quando a salvação do país assim o reclame», a faculdade de dissolver o Parlamento. De imediato, levantaram-se protestos na Câmara. «Esperava já que essa tempestade havia de surgir», replicou Alexandre Braga[26], advogando a instauração de uma «República presidencial»:

«A República Portuguesa deve ser e há-de logicamente ser, porque assim o afirmou já a vontade da nação, uma República presidencial. O Presidente não pode ter uma mera função aparatosa e representativa; tem de desempenhar actos coordenadores e de equilíbrio que a própria natureza das suas funções o levam a desempenhar»[27].

Estava equacionado o grande dilema com que os constituintes se teriam de debater. O problema centrava-se em torno de uma questão específica – a faculdade presidencial de dissolução parlamentar – mas possuía, naturalmente, um alcance mais vasto. Em causa estava, no fundo, toda a definição do lugar que o Presidente da República deveria ocupar na nova arquitectura político-institucional do Estado português.

Para alguns, como António Macieira, a Comissão da Constituição adoptara um «sistema misto, conciliador», mas que revelava «tendências pronunciadamente presidencialistas», inspirando-se, porventura em excesso, no modelo da Constituição brasileira de 1891. Os poderes de veto e de dissolução só se justificariam se tivesse sido acolhida a eleição do Presidente por sufrágio directo, esse «tão perigoso sistema de eleição presidencial»[28]. Julgava-se, por conseguinte, que a eleição indirecta do Presidente exigiria logicamente que lhe não fossem atribuídos aqueles poderes, mas, do mesmo passo, considerava-se até que o resultado final era equilibrado e harmonioso, sem prejuízo de certos constituintes sustentarem que, em seu entender, o sistema directorial suíço se afigurava como o ideal, ainda que não possível [29]. O presidencialismo, consideravam outros, seria adequado aos «organismos políticos de Estados novos onde ainda se não tinha estabelecido ou diferenciado bem o carácter da raça», como sucedia nos Estados Unidos da América ou no Brasil. Em Portugal, nação velha de séculos, «onde a alma nacional está bem vincada», «nada há a justificar o regime presidencial» [30]. Mais ainda: desse sistema poderiam resultar conflitos graves entre o poder executivo e o poder legislativo, como o demonstravam as experiências políticas de certos Estados da América do Sul. E, pior ainda, o presidencialismo representava «o caminho mais direito para a ditadura e para a tirania» [31].

Defendendo-se – e defendendo o projecto da Comissão, de que fazia parte –, o deputado José Barbosa afirmou, com veemência, que o texto proposto não advogava um regime presidencialista, como ficava patente, desde logo, na circunstância de, ao contrário do que sucedia nos Estados Unidos, se prever a eleição do Presidente pelo Congresso. Como se vê, a ausência de sufrágio universal directo era usada em dois sentidos, ambos convergentes: para mostrar que o projecto da Comissão não resvalava no tão temido presidencialismo; e, por outro lado, para argumentar, como o fez António Macieira, que a ausência de sufrágio directo justificava a não atribuição dos poderes de veto e de dissolução parlamentar. Tudo apontava, pois, para a instituição de um sistema em que o Presidente era eleito pelo Congresso mas não podia dissolvê-lo nem vetar os diplomas que este produzisse. Em seu abono, José Barbosa invocava um argumento suplementar, o programa do Partido Republicano. Tal programa, na verdade, apontava para a existência de um «poder legislativo de eleição directa» e de um «poder executivo, de delegação temporária do legislativo, e especializando a acção presidencial para as relações gerais do Estado» [32]. No entanto, destas afirmações programáticas, de carácter vago e difuso, não se podia inferir, naturalmente, que o Presidente da República não deveria ser eleito directamente ou não deveria possuir a faculdade de dissolver as câmaras.

E este seria, no fim de contas, o problema nuclear do debate jurídico-constitucional que atravessou toda a Primeira República. Fazendo eco do temor que as várias tentativas de «engrandecimento do poder régio» suscitaram no espírito dos propagandistas republicanos, a versão originária da Constituição de 1911 consagraria a existência de um parlamento bicameral, composto por uma Câmara dos Deputados e por um Senado, o qual elegeria o Presidente da República. A este caberia promulgar e fazer publicar as leis e as resoluções do Congresso, mas sem direito de veto (o «veto de bolso» equivalia à promulgação, nos termos do artigo 31º). De igual modo, não dispunha da faculdade de dissolver o Congresso, mas este tinha a faculdade de destituir o Presidente, nos termos do artigo 46º: «O Presidente pode ser destituído pelas duas Câmaras reunidas em Congresso, mediante resolução fundamentada e aprovada por dois terços dos seus membros e que claramente consigne a destituição [...]».

O debate constitucional, porém, não terminaria aqui, culminando, em 22 de Setembro de 1919, com a Lei nº 891, a qual atribuía ao Presidente a faculdade de «dissolver as Câmaras Legislativas quando assim o exigirem os superiores interesses da Pátria e da República, mediante prévia consulta do Conselho Parlamentar» [33]. No consulado sidonista, o Decreto nº 3.997, de 30 de Março de 1918, instituíra a eleição presidencial por sufrágio directo e a atribuição ao Chefe do Estado da competência «para nomear e demitir livremente os seus Ministros e Secretários de Estado», não tendo esta alteração sobrevivido ao assassinato de Sidónio Pais.

Os constitucionalistas têm qualificado o sistema de governo instituído pela versão originária da Constituição de 1911 como um «sistema de governo parlamentar de assembleia ou, noutra perspectiva, como um sistema parlamentar atípico», por o Presidente da República não dispor do poder de dissolução do Congresso, nem do poder de veto, e, em contrapartida, o Congresso ter poder de destituição do Presidente [34].

A essa hegemonia do parlamento atribui-se uma deformação institucional do regime, a qual seria, no entender de muitos, a causa principal para a instabilidade política que caracterizou a Primeira República. E, de facto, se o Presidente detivesse a faculdade de dissolução do Congresso poderia ter actuado, porventura, como um elemento regulador da atribulada vida política republicana. Trata-se, no entanto, de uma mera suposição, uma vez que qualquer avaliação que se faça nesta matéria será sempre contrafactual ou especulativa. A realidade evidenciou, isso sim, que, ao contrário do que por vezes se supõe, existia uma cultura constitucional entre nós, ainda que incipiente, e que o problema da dissolução parlamentar sempre foi um dos tópicos centrais do debate político da época. A dado trecho, pode mesmo dizer--se que a dissolução do Congresso se tornou um tema obsessivo para todos quantos procuravam uma alternativa à linha dominante do Partido Democrático[35], como se a salvação da República dependesse em exclusivo de uma intervenção cirúrgica no texto constitucional. Como se o fulcro do problema estivesse apenas no facto de o sistema de governo se encontrar claramente desequilibrado em benefício de um dos poderes em presença. Tanto é assim que quando a faculdade de dissolução foi, enfim, atribuída ao Presidente da República, pela Lei nº 891, de 1919, já era tarde para introduzir um elemento racionalizador de um parlamentarismo que, até por força da progressiva fragmentação no campo partidário, dava mostras de ser incapaz de se auto-regenerar. A dissolução do Congresso nunca foi usada, por se ter revelado imprestável o regime que a consagrou, uma vez que condicionava a decisão presidencial a parecer do chamado "conselho parlamentar". Assim, serviu tão-só como factor adicional de pressão sobre o Presidente para fazer cair governos. Chegara-se, assim, a uma situação algo paradoxal: ao invés de temperar os males do parlamentarismo, a faculdade de dissolução das câmaras representou um elemento suplementar de perturbação e de instabilidade da vida política. Agudizou, no fundo, os vícios de um sistema de governo desequilibrado, a que se lhe juntava um sistema partidário que se por um lado acusava a marca da hegemonia do Partido Democrático, por outro começava a dar sinais de desagregação numa miríade de grupos e facções quase sempre destituídos de um programa coerente que pudesse funcionar como alternativa credível ao inquestionável domínio do antigo Partido Republicano Português.

De facto, se a hipertrofia parlamentar constituiu, sem dúvida, um factor disfuncional do sistema, a grande questão situa-se, isso sim, no

OUTUBRO: A REVOLUÇÃO REPUBLICANA EM PORTUGAL

facto de essa hipertrofia institucional convergir com uma outra: a hipertrofia do Partido Democrático no âmbito do sistema partidário[36]. A questão não se resumia a existir um parlamento hegemónico. Consistia, mais precisamente, na circunstância de existir um parlamento hegemónico dominado por um partido hegemónico, que sabia actuar tanto no interior do hemiciclo como fora dele, dominando aquele que durante muito tempo foi o palco decisivo da política republicana: a «rua».

A fiscalização da constitucionalidade das leis

As constituições monárquicas do século XIX não previam qualquer forma de fiscalização da constitucionalidade das leis pelos tribunais. A apreciação da constitucionalidade era, assim, exclusivamente *política*, já que eram políticos os órgãos que detinham o encargo de vigiar pelo cumprimento da Constituição[37].

Deve notar-se, porém, que o problema do controlo da constitucionalidade pelos tribunais vinha sendo intensamente discutido no dealbar do século a propósito dos decretos ditatoriais do poder executivo, ou seja, dos decretos com força de lei emitidos pelo governo, estando as Cortes dissolvidas[38]. Na altura, formou-se uma larga corrente de opinião favorável à possibilidade de os tribunais fiscalizarem a inconstitucionalidade orgânica. Esta tese – que, segundo parece, foi avançada pela primeira vez por Silva Ferrão – conquistou numerosos adeptos: Afonso Costa (*Lições de Organisação Judiciaria*, 1901), o juiz Francisco José de Medeiros (*Sentenças*, 1904), Alberto dos Reis (*Organisação Judicial*, 1905), Marnoco e Souza (*Direito Político*, 1910). A possibilidade de atribuir aos «tribunais competência para conhecer da validade das leis» constava mesmo da proposta (frustrada) de reforma da Carta apresentada em 14 de Março de 1900[39].

Por outro lado, pelo decreto de 1 de Julho de 1907 introduziu-se um sistema *sui generis* de controlo concentrado da constitucionalidade. Como refere Jorge Miranda, «por paradoxal que pareça, foi um diploma destinado a impedir a apreciação judicial das leis que, primei-

134

POLÍTICA E DIREITO NOS ALVORES DA PRIMEIRA REPÚBLICA

ramente, introduziu no direito português uma forma de concentração de competência atinente à inconstitucionalidade: foi o decreto de 1 de Julho de 1907 (*Diário do Governo*, nº 152, de 12 de Julho), editado por causa de um juiz de 1ª instância se ter negado a reconhecer força obrigatória à primeira medida da ditadura de João Franco. E a medida nele prevista consistiu em permitir a revisão pelo Supremo Tribunal de Justiça, reunido em tribunal pleno, por iniciativa obrigatória do Ministério Público e facultativa de qualquer das partes, das decisões que recusassem força legal aos decretos do poder executivo» [40].

O princípio do controlo jurisdicional das leis nasceu com a Constituição de 1911, o que representou, aliás, uma inovação no contexto europeu. O artigo 63º daquela Constituição dispunha que «o poder judicial, desde que, nos feitos submetidos a julgamento, qualquer das partes impugnar a validade da lei ou dos diplomas emanados do poder executivo ou das corporações com autoridade pública que tiverem sido invocados, apreciará a sua conformidade com a Constituição e os princípios nela consagrados». Tratava-se, por conseguinte, de um sistema *difuso* de controlo da constitucionalidade, confiado à generalidade dos tribunais ordinários no quadro dos casos concretos que houvessem de decidir. Entendia-se, porém, que só os tribunais ordinários (isto é, «do poder judicial») tinham a faculdade de recusar a aplicação das leis inconstitucionais e, além disso, que as questões de constitucionalidade não podiam ser apreciadas oficiosamente. Esse modelo era inspirado na experiência norte-americana da *judicial review* e na Constituição republicana do Brasil de 1891 (que, de resto, imitava o direito americano). Contudo, a sua adopção ficou a dever-se essencialmente a razões de ordem interna (*v.g.*, a reacção contra a prática dos decretos ditatoriais do regime anterior). À semelhança do que sucedeu com o sistema de governo, como atrás se viu, para a adopção de uma dado figurino político-institucional o peso da memória do regime anterior foi, por certo, muito mais determinante do que a recepção de experiências constitucionais estrangeiras.

Porém, logo na Constituinte surgiram propostas no sentido da concentração das competências de controlo da constitucionalidade no Supremo Tribunal de Justiça. Na sessão nocturna de 15 de Agosto de

1911 defrontaram-se diversas posições. O deputado Machado Serpa chamava a atenção para o risco de se atribuir aos tribunais a faculdade de, «com uma simples penada, anular toda a obra do poder legislativo». Por isso, a sua proposta, juntamente com as de outros deputados, procurava limitar o objecto da fiscalização aos actos do poder executivo, numa tentativa de conciliação entre o princípio da constitucionalidade e a soberania do Congresso[41]. Noutras propostas procurava-se concentrar a apreciação da constitucionalidade no Supremo Tribunal de Justiça. Era o caso da proposta do deputado Goulart de Medeiros, que, além do mais, previa uma forma original de referendo sobre a inconstitucionalidade: «O Supremo Tribunal de Justiça, como primeira instância, julgará qualquer reclamação contra a promulgação de leis inconstitucionais. D'este tribunal há recurso para a Nação, que será consultada directamente»[42]. Noutra aproximação, o deputado António Macieira, depois de alertar para os perigos de divergências jurisprudenciais suscitados pela fiscalização difusa, propôs que as decisões sobre constitucionalidade das leis só produzissem efeitos depois de confirmadas pelo Supremo Tribunal de Justiça, até ao qual sempre se poderia recorrer»[43].

Recorde-se ainda que alguns projectos de Constituição se inclinavam justamente para um sistema concentrado de fiscalização da constitucionalidade. Com efeito, José Barbosa, deputado pelo círculo nº 35 (Lisboa Ocidental), apresentou em 1911 um *Projecto de Constituição* que propunha no artigo 46º: «Ao Supremo Tribunal de Justiça compete privativamente suspender, por sentença, as leis que forem contrárias à Constituição da República»[44]. No projecto de Basílio Teles atribuía-se competência ao Supremo Tribunal para «dirimir questões de direito constitucional e de direito comum litigadas nos tribunais ordinários»[45]. Também o projecto do deputado Goulart de Medeiros previa, no seu artigo 15º, que «das leis de qualquer tribunal há recurso para o Supremo Tribunal de Justiça e, se o recurso for interposto por outro corpo legislativo, há ainda recurso final para a nação». Numa fórmula curiosa, Fernão Boto-Machadom deputado pelo círculo nº 35 (Lisboa Ocidental), previa, no seu projecto de «Constituição ou Código Fundamental da República Portuguesa», um capítulo III, intitulado «Dos vigilantes da Constituição», que consagrava uma câmara de censores destinada a defender as «garantias individuais e os direitos individuais». Essa câmara, que constituiria a 3ª secção do Supremo Tribunal de Justiça, seria integrada por sete juízes, eleitos por um colégio eleitoral que, numa linha «corporativa» ou «representativa de interesses» já muito presente na época, integrava, designadamente, as assembleias gerais da Sociedade de Geografia de Lisboa e das Associações Comercial, Industrial e Agrícola e de Lojistas de Lisboa, o claustro pleno das universidades, a Academia das Ciências de Lisboa, o corpo docente do Curso Superior de Letras, da Escola Politécnica e da Escola Médica [46]. Finalmente, no projecto de João Gonçalves, deputado pelo círculo de Vila Franca de Xira, previa-se que o Supremo Tribunal de Justiça, quando entendesse que determinada lei era inconstitucional, convidaria as duas câmaras a reapreciá-la em sessão conjunta, «enviando-lhes ao mesmo tempo o seu parecer sobre os pontos que lhe parecerem contrários à Constituição» [47].

Ao contrário do que se possa supor, esta questão poder-se-ia revestir de uma importância fundamental, até para o funcionamento do sistema de governo instituído pela Constituição de 1911. Não detendo o Presidente da República os poderes de veto e de dissolução parlamentar, os tribunais poderiam ter adquirido um importante papel como agentes de regulação do sistema e de controlo da actividade do Congresso. A fiscalização da constitucionalidade das leis poderia ter sido o elemento de equilíbrio de que o modelo de 1911 tanto carecia.

Aliás, a questão não era nova e, a este propósito, é essencial ter presente que, antes da Constituição de 1911, a «luta» pelo acesso aos tribunais – ou melhor dizendo, do poder judicial – ao controlo de constitucionalidade começou bem antes. É precisamente por isso que, sem deixar de se reconhecer a primazia da Constituição de 1911 na consagração do controlo de constitucionalidade, mesmo no contexto europeu, não pode deixar de se referir que os tribunais, como se disse, vinham colocando o problema nos processos que lhes eram submetidos a julgamento. Destaca-se, a tal propósito, o acórdão do Supremo Tribunal de Justiça, de 23 de Julho de 1907, relatado por Pinto Osório e que teve objecto a «força obrigatória dos diplomas promulgados pelo poder executivo, assumindo funções legislativas», ou seja, o de saber se «tais diplomas devem ou não cumprir-se antes que as cortes gerais da nação os confirmem ou revoguem» [48]. Estava em causa a sentença de um tribunal de primeira instância que se recusara a aplicar uma norma constante de um decreto ditatorial com fundamento no facto de esse decreto não ter sido entretanto discutido e aprovado pelas Cortes. O Supremo Tribunal de Justiça revogaria aquela sentença, considerando que os decretos ditatoriais deveriam ser cumpridos mesmo antes de obterem confirmação parlamentar. O acórdão do Supremo Tribunal de Justiça representa uma curiosidade histórica, à semelhança de outras decisões da época que trataram este problema [49]. O que importa é o modo como nesse acórdão se adquire consciência da relevância da posição do poder judicial quanto ao controlo da constitucionalidade das leis no contexto mais vasto do equilíbrio de poderes adoptado na Constituição. E essa é, talvez, a lição mais importante deste acórdão, porque ela permite compreender, afinal, as verdadeiras razões pelas quais o sistema difuso de fiscalização jurisdicional de constitucionalidade das leis se revelou decepcionante no regime parlamentar de 1911 e não logrou, apesar de tudo, afirmar-se na vigência da Carta Constitucional. Aliás, a posição do poder judicial em face do equilíbrio de poderes expresso em cada texto constitucional permite compreender o facto paradoxal de a fiscalização judicial da constitucionalidade ser porventura menos efectiva nas Constituições de 1911 e de 1933, apesar de nelas ter sido formalmente consagrada, do nos últimos anos de vigência da Carta, que a não chegou a contemplar. Na verdade, a Constituição de 1911 adoptou contra a prática dos decretos ditatoriais um remédio mais radical do que a introdução da fiscalização da constitucionalidade das leis: consistiu ele no agravamento da omnipotência parlamentar e no enfraquecimento substancial dos poderes do executivo, através da introdução de um parlamentarismo de assembleia. Neste contexto, era difícil aos tribunais intervirem através da fiscalização da constitucionalidade das leis porque não havia pura e simplesmente poderes a equilibrar. Em face de um parlamento perante o qual se dobrava o executivo, o poder judicial tinha naturais dificuldades de afirmação. A correlação de poderes era de tal forma assimétrica que até medidas inovadoras como a consagração do controlo da constitucionalidade das leis acabavam por se revelar ineficazes para um regular funcionamento do sistema e para a garantia dos direitos dos cidadãos. Até neste domínio, a marca da hipertrofia parlamentar se fez sentir – e de um modo nefasto. Assim, seria impossível consolidar o regime proclamado em Outubro de 1910. O tempo se encarregaria de mostrar que, em épocas de grande volatilidade política, um regime dificilmente conseguirá sobreviver se não estiver solidamente apoiado num articulação de poderes estável e equilibrada.

Epílogo

A brevíssima digressão pela política e Direito dos alvores da Primeira República que se acabou realizar pretendeu, de certo modo, trazer para a discussão sobre este conturbado período da História contemporânea um elemento novo ou, pelo menos, um elemento que tem passado relativamente despercebido a juristas e historiadores, já que os primeiros julgam que esta matéria deve ser tratada pelos segundos, e vice-versa. Este conflito negativo de competências abriu uma lacuna que deve ser colmatada, à semelhança do que ocorre em vários outros momentos da nossa História recente, incluindo o Estado Novo.

O cruzamento entre política e Direito é um factor essencial para compreender as vicissitudes da República, um tempo que tem sido sujeito a interpretações demasiado «comprometidas», de um lado e doutro, e vem suscitando visões extremadas que nem sempre atendem à importância de realidades tão fundamentais como o quadro jurídico em que se estruturou a vida pública do regime nascido a 5 de Outubro. É certo que, muitas vezes, a República actuou fora desse quadro de legalidade. Mas não é menos certo que o Direito da República condicionou a sua política, como foi condicionado por ela. Basta lembrar que a «questão religiosa» teve como epicentro um acto legislativo: a «Intangível» Lei da Separação de Abril de 1911.

Com isto não se pretende afirmar que o Direito é a chave explicativa do período republicano, nem muito menos atribuir ao facto jurídico uma importância que não teve para a crónica instabilidade do regime e para o seu desfecho em Maio de 1926. Haverá, sem dúvida, muitos outros aspectos a tratar, designadamente aqueles que decorrem do confronto entre o ideário e a propaganda republicana e a sua concretização após o 5 de Outubro (*v.g.*, no domínio da definição do universo eleitoral, com exclusão do voto feminino). Haverá, de igual modo, que indagar em que medida certas garantias e liberdades consagradas no artigo 8º da Constituição de 1911 (*v.g.*, de imprensa, de associação) tiveram efectiva exequibilidade prática ou se, na verdade, não foram postergadas pelo domínio atrabiliário da «rua» e do Partido Democrático.

De todo o modo, a República quis afirmar-se como um Estado de legalidade – e, por isso, conhecer o cruzamento entre Direito e política é essencial para a compreender. Não é descabido supor que a legalidade republicana foi subvertida em muitas das suas facetas. Pelo menos, há domínios, como o do controlo judicial da constitucionalidade das leis, em que não se saiu dos textos, da *law in books*, para a prática, a *law in action* Esse é, todavia, um campo de investigação tão vasto que transcende, naturalmente, o âmbito deste modesto e despretencioso texto.

BRUNO CARDOSO REIS
SÉRGIO RIBEIRO PINTO

República e Religião,
ou a procura de uma Separação

1. A Religião na queda da Monarquia Constitucional

O sobressalto nacionalista que sobreveio ao *Ultimatum*, apesar de capitalizado sobretudo pelo movimento republicano, foi partilhado por outros grupos sociais que se reclamavam portadores de uma solução para a «crise» nacional, diagnóstico generalizado da situação do país na transição do século XIX para o século XX.

Entre as explicações mais populares das causas da decadência de Portugal estava a que via na religião católica a razão principal de tal queda, devido à repressão inquisitorial, e da equação da religião como superstição numa época política e culturalmente marcada pelo liberalismo, pelo cientismo e por diversas correntes positivistas que consideravam o religioso como um obstáculo a ultrapassar no caminho para o progresso civilizacional. Paradoxalmente, à luz destes preconceitos, que consideravam que as religiões tinham os dias contados, o final do século XIX assistiu a um novo dinamismo das denominações religiosas cristãs, inclusive pelo incremento da actividade missionária que passou a ter liberdade de acção nos termos do Acto Geral da Conferência de Berlim (1885). Nesse movimento estava envolvida também a Igreja Católica, nomeadamente no que diz respeito à recomposição do catolicismo, quer nas suas práticas missionárias, quer nas suas formulações doutrinais.

A perda dos Estados Pontifícios no processo de construção do Estado italiano, que coincidiu com a realização do I Concílio do Vaticano (1869-1870), reforçou do ponto de vista do Papa Pio IX a necessidade de sublinhar num enquadramento dogmático novo a sua centralidade na Igreja Católica, redefinindo perfis de actuação no sentido de valorizar a acção papal à escala mundial e a defesa da sua liberdade de actuação face aos Estados.

Leão XIII e Pio X deram seguimento a este processo que tem sido classificado como «romanização», tendente à busca de unidade interna e reforço de disciplina no catolicismo. Esse processo não foi linear e nele confrontaram-se tendências espirituais e concepções distintas da Igreja, entendimentos diversos do papel e da acção não só do pessoal eclesiástico como dos fiéis leigos. Embora o debate fosse interno ao universo católico, não deixou de ter consequências políticas, sociais e culturais fora dele, sobretudo nos ambientes em que a Igreja Católica se apresentava como religião sociologicamente maioritária ou, como no caso português, em que a "Religião Católica, Apostólica Romana" era constitucionalmente definida pela Carta Constitucional de 1826, em vigor até 1910, como a "Religião do Reino" [1].

A confessionalidade do Estado acarretava diversas consequências. Por um lado, implicava a intervenção das autoridades civis em diferentes âmbitos da vida eclesiástica, da escolha não só dos bispos como também do clero paroquial [2]; por outro lado, imbricava o pessoal eclesiástico na vida sócio-política do Reino, quer com o assento dos bispos na Câmara dos Pares, quer com o envolvimento do clero nas redes afectas aos partidos que deram corpo ao Rotativismo. Deste modo, a Igreja Católica era vista como pilar indispensável do constitucionalismo monárquico, o que não impediu que desde cedo se manifestassem obstáculos ao entendimento com o liberalismo monárquico quanto ao papel da religião, seja nas resistências dos católicos afectos ao legitimismo miguelista que continuava a rejeitar o liberalismo, seja no que diz respeito aos âmbitos da intervenção estatal no domínio religioso.

Embora o esquema possa ser redutor, genericamente pode dizer-se que de um lado perfilavam-se aqueles que entendiam como abusiva a acção governativa em matéria religiosa, pretendendo controlar a sua acção e definir o perfil da mesma, e que por isso encontravam no papado o garante da actuação livre da Igreja Católica (apelidados de papistas ou ultramontanos); do outro lado, aqueles que entendiam ser

REPÚBLICA E RELIGIÃO, OU A PROCURA DE UMA SEPARAÇÃO

dever do poder civil dirigir e zelar pela acção religiosa como obrigação decorrente do Estado Confessional (ditos regalistas ou cismontanos). Os ultramontanos acusavam os regalistas de não garantirem a protecção e o auxílio necessários à acção autónoma da Igreja. Os regalistas entreviam na acção eclesiástica e eclesial fora do controlo do Estado um factor de desnacionalização, vendo no Papa sobretudo um soberano estrangeiro. Embora esse embate versasse os mais diversos aspectos da acção religiosa, foi a questão da legitimidade e legalidade da acção das Ordens e Congregações – de frades, monges, e outros – que mais polémica se revelou, sendo um ponto central na que viria a ficar conhecida como «questão religiosa».

Esse confronto, porém, não se cingia à problemática religiosa, em sentido estrito. Na realidade, estava em causa não só a organização da Igreja Católica, ou ainda a sua relação com o Estado, mas também o perfil e acção do pessoal eclesiástico e dos leigos. Por outro lado, disputava-se, também, a estruturação do Estado Português e, na sua relação com a instituição religiosa, a definição da competência de ambos em diversos âmbitos, da educação à assistência social, passando pelas modalidades da presença nos territórios coloniais.

A diversidade interna do catolicismo exprimiu-se como fractura, ainda, no que diz respeito à acção política, expressando perspectivas diversas quanto ao entendimento do indivíduo enquanto cidadão. A disputa pelo voto católico e a constituição de um partido que reclamou ser católico – o Partido Nacionalista [3] – arrastou o catolicismo português para a luta política propriamente dita e acabou por acentuar as divergências entre católicos. Apesar de elas se expressarem em torno da acção política e da questão do voto católico, também tinham uma raiz especificamente religiosa no que respeita a entendimentos diversos, existentes nos meios católicos, quanto à concepção da organização Igreja Católica e da sua acção na política e na sociedade [4].

A referência ao «nacionalismo» no nome do partido católico não era inocente. Por um lado, era uma resposta à acusação feita pelas tendências regalistas de que uma Igreja Católica fora da tutela da autoridade civil constituiria um factor de desnacionalização; por outro lado, pretendia reforçar a proposta católica como solução para a «crise» nacional. Essa solução devia passar pelo regresso da nação à fidelidade aos valores católicos que constituiriam o núcleo da identidade nacional. O mesmo argumentário era usado contra o desenvolvimento e expansão de outras comunidades cristãs não-católicas, em Portugal como nas colónias[5].

O fracasso eleitoral do Partido Nacionalista e da sua estratégia política, que passou por alianças com as dissidências dos partidos do rotativismo, acentuou a falência do quadro partidário rotativo e as contradições da confessionalidade do Estado. Basílio Teles viria a alertar, mais tarde, para a consequência nefasta da constituição de partidos católicos que provocariam a irritação dos adversários[6]: mais, num Estado confessional, para quê um partido de cariz religioso? Os Nacionalistas consideravam que o Estado não cumpria cabalmente as determinações constitucionais, não sendo realmente católico como o era historicamente a nação portuguesa.

Ao pretender conquistar o poder – ainda que em coligação a definir – e ao dar maior lastro à sua intervenção abrangendo outras esferas que não a religiosa, a existência do Partido Nacionalista colocava em questão o sentido de voto dos católicos e a pretensa obrigatoriedade de votarem num partido confessional. A estes elementos há que juntar as críticas cerradas vindas do Partido Nacionalista relativamente às acções e aos objectivos do movimento republicano – e vice-versa – que acentuaram as tensões políticas em torno do catolicismo no período final da monarquia. A aliança entre Trono e Altar, a par dos gastos da Casa Real, aliás exagerando quer uns quer outros, foram dois grandes temas da propaganda republicana. A ponto de o último Governo da monarquia, liderado por Teixeira de Sousa, ter alegadamente ponderado avançar com algum tipo da Separação, ou pelo menos acção contra certas ordens religiosas mais atacadas pelo anti-clericalismo, como os jesuítas, para retirar força aos republicanos.

2. «Questão religiosa» e o religioso em questão: uma resposta republicana radical

O republicanismo em Portugal propunha-se à construção de uma "nova racionalidade e novo sentimento colectivo, fundidos com a vivência ritual de uma nova simbologia comunitária" [7]. A questão do regime político, não sendo secundária, não esgotava o projecto reformista global do movimento republicano e do Partido Republicano Português (PRP). Só atendendo à amplitude das implicações desse projecto e ao peso sócio-político, económico e cultural do catolicismo em Portugal se poderá compreender a magnitude do afrontamento institucional entre o Estado Português e a Igreja Católica, entre as personalidades e grupos que se reclamavam do ideário republicano e aqueles devotos do catolicismo, ainda que seja importante sublinhar que apesar da forte tendência para a separação de águas por via deste choque, não se tratavam de dois blocos completamente uniformes, monolíticos ou mutuamente exclusivos.

Para o movimento republicano, mas não só, o factor religioso deixara de ser a base da coesão social, da identidade nacional. O embate foi, antes de mais, de visões do mundo, daí a amplitude das suas implicações: disputava-se o entendimento acerca do indivíduo e da organização social, da Pátria e dos elementos estruturantes da sua memória, do Estado e dos seus órgãos, bem como dos protagonismos que as diversas instituições deveriam legitimamente ter.

Em nome da independência do poder civil em relação ao religioso, face ao peso considerado desmesurado e indevido da simbólica e dos agentes religiosos no Estado monárquico, o republicanismo propunha-se separar a política da religião, o novo Estado republicano da velha Igreja Católica ou de qualquer outra instituição religiosa e prescindir dos rituais e sanções religiosos que tinham mantido alguma importância simbólica na vida pública portuguesa, embora evidentemente muito menos do que no período anterior ao triunfo do liberalismo em 1834. Esse desiderato acarretou não só um embate institucional com a Igreja Católica, como veio a ser uma importante fonte de conflitos políticos e sociais que atravessaram a primeira fase do regime republicano em Portugal, regido pela Constituição de 1911, e que se prolongaram mesmo para lá da Primeira República (1910-1926); embora haja que cuidar de delimitar cuidadosamente para cada período e contexto o seu peso específico e as temáticas variáveis em que se foca.

Assim, a Primeira República não inaugurou a «questão religiosa», procurou foi dar uma solução radical para um problema que lhe era anterior, que estava longe de se limitar a Portugal, e que não pode ser desligado de outras disputas numa sociedade e numa política portuguesas em mudança relativamente lenta se comparada com outros países europeus, mas nem por isso mais fácil, e portanto já a braços com outras crises que acabavam por se entrecruzar.

Três factores foram decisivos na radicalidade da solução republicana, sobretudo de 1910-1917, no tocante à «questão religiosa». Por um lado, a importância da tradição regalista em Portugal, ou seja da tendência para o Estado procurar controlar e subordinar a Igreja; por outro lado, a instrumentalização do factor religioso para procurar cimentar a unidade política do republicanismo no processo de definição do sistema partidário republicano; por fim, a larga influência do positivismo no movimento republicano e nas suas figuras de proa – embora a sua influência fosse transversal às elites letradas do país – que via no fenómeno religioso como um atavismo supersticioso e grande obstáculo ao progresso. [8]

A gestão do Ministério da Justiça e Cultos com o controlo sobre a «questão religiosa» foi ocupada no Governo Provisório que tomou o poder por via do golpe de 5 de Outubro de 1910 pelos sectores mais radicalmente anti-clericais e laicistas do republicanismo – Afonso Costa e os seus apoiantes. As leis que aí foram decretadas em catadupa entre 1910-1911 consignavam um projecto de desmantelamento completo do catolicismo tradicional, tido como remanescente do Antigo Regime que se considerava não ter sido plenamente destruído como devia ser pelo constitucionalismo monárquico. A Lei da Separação – ou melhor decreto governamental de Abril de 1911 – culminou um processo legislativo intenso por parte do Governo Provisório que, entre outras medidas avançou com a expulsão de todo o clero regular – pois estes frades ou monges/monjas, incluindo os tão temidos e denegridos jesuítas, não dependiam do Estado e faziam parte de redes globais dedicadas à consolidação e expansão do catolicismo; laicização das instituições e das normas estatais; encerramento ou estatização de muitos seminários e colégios católicos, assim como de instituições de assistência; fim da personalidade jurídica da Igreja Católica. Esse processo incidiu também sobre áreas fundamentais do enquadramento do indivíduo e da sua inserção no tecido social levando à laicização do tempo e do espaço através de um novo calendário de feriados seculares – em que o Natal, por exemplo, passou a ser o Dia da Família; da educação, de que a religião passou a estar excluída; e imposição de limitações e estrito controlo estatal sobre a acção da Igreja Católica no campo da sociabilidade e do associativismo [9].

A legislação republicana no que respeitava ao âmbito do religioso tinha um objectivo fundamental: a moldagem do indivíduo como cidadão republicano numa cultura que prescindia de qualquer referência ou legitimação de carácter religioso. Representava um projecto da construção de uma cultura nova nos seus fins e fundamentos, cujo protagonista hegemónico, senão exclusivo, no espaço público seria o Estado republicano, sem qualquer legitimação externa ao contrato social expresso pelo povo soberano em eleições para o parlamento, fonte de todo o poder e toda a legitimidade.

Pretendia-se que a total prevalência do Estado-Nação e a separação das diversas confissões religiosas concorressem para cimentar uma estrutura política plenamente moderna e democrática, que deixaria o campo aberto à expressão de sistemas de crença diferentes e, sobretudo, à doutrinação pelo Estado republicano no sentido da descrença religiosa aliada a uma forte crença nacionalista. [10]

Os católicos viram nestas acções do novo Estado republicano sobretudo uma diminuição drástica das suas liberdades e um reforço extremo do regalismo do Estado – que parecia-lhes tudo querer controlar, sem nada dar. Efectivamente esta multiplicidade legislativa do início da Primeira República pretendia fundá-la combatendo e reduzindo a expressão da Igreja Católica, associada que estava à Monarquia que tinha acabado de ser derrubada em 1910. Entre o indivíduo e o novo Estado republicano devia ser abolida a mediação de carácter religioso, que antes o enquadrava, quer do ponto de vista da memória colectiva, quer das relações sociais, da sua compreensão e inserção no mundo, ainda que frequentemente em tensão com a outra fundamentação do regime – liberal, progressista, racional e pragmática. O republicanismo pretendeu resolver essa tensão entre liberalismo progressista e tradição católica – que se tinha acentuado, como vimos, a partir da viragem da Igreja Católica com o Primeiro Concílio do Vaticano, em 1870 – eliminando a confessionalidade do Estado, mas mantendo o catolicismo sob estrito controlo estatal. O Estado republicano separou-se do catolicismo que deixou ter lugar de honra nele, mas à Igreja Católica não foi permitido separar-se de um controlo estatal ainda mais restritivo.

Constituído o novo regime numa base nacionalista, o ideário republicano em acção procurou activa e militantemente eliminar qualquer referência ou dependência externa, afirmando-se o Estado, como única concretização histórica da Pátria, entidade última configuradora do sentido da vida do cidadão, dispensando a encarnação de Portugal num rei e numa dinastia, e a sua filiação numa ordem universal cristã católica. [11] Tal reflectiu-se na ambição de transformação civilizacional do republicanismo português, pelo que a Primeira República assumiu a dimensão de uma revolução cultural anti-católica e anti-monárquica, que pretendia criar um português novo, um cidadão exemplarmente educado e portanto obrigatoriamente laico.

3. Separação de 1911: continuidade, ruptura e católicos reclamam separação a sério

O princípio genérico da separação entre Estado e religião, no entanto, alcançou amplo consenso em movimentos afectos ao republicanismo, mas mesmo mais amplamente em sectores progressistas fora do campo do PRP, sendo então já uma reivindicação antiga e não só dos republicanos. Novidade no panorama jurídico português, no entanto, a Separação fora já objecto de concretizações históricas diversas em países de presença hegemónica católica (México, Brasil, França), e portanto já fora doutrina discutida no direito eclesiástico português[12]. Todavia, o modelo seguido, que o decreto de 20 de Abril de 1911 corporizou, foi um factor de divisão que fracturou o próprio movimento republicano e tornou-se um foco de tensão durante toda a Primeira República, mais aguda entre 1911-1917, mas mesmo para além disso e estendendo-se até para lá do termo do primeiro regime republicano em 1926.

A separação foi uma medida unilateral elaborada no essencial por Afonso Costa como Ministro da Justiça e Cultos do Governo Provisório. Note-se relativamente a este aspecto que os bispos portugueses haviam recusado *a priori* negociar o regime de separação com o Governo Provisório por indicação da Secretaria de Estado da Santa Sé de Pio X, que era pouco dada a acordos com Estados não confessionais, e sobretudo pretendia que a haver negociações fosse entre o novo Governo e o Papado[13]. Ainda assim os bispos portugueses tinham procurado dar um sinal de unidade na adversidade, com a carta pastoral colectiva elaborada em Dezembro de 1910, que se procurou divulgar em Janeiro de 1911, em que se protestava contra as leis anti--católicas já decretadas e se apelava a todos católicos para defenderem os direitos da Igreja, mas dentro da legalidade afirmando-se o dever de obediência de todos os católicos ao poder político vigente. Alguns membros do clero tinham mesmo dado sinais de que a Separação seria aceite desde que a futura lei fosse moderada, a começar pelo próprio núncio papal em Agosto de 1910. [14]

Porém, não só a Lei de Separação – mais precisamente o Decreto de 20 de Abril de 1911, da lavra de Afonso Costa como Ministro da Justiça e Cultos, mas assinado por todos os membros do Governo Provisório republicano – virá a ser considerada danosa e mesmo insultuosa pelos bispos e pela maioria dos católicos, como até essa carta pastoral colectiva dos bispos se tornou pretexto de um primeiro confronto com o governo republicano. Ao abrigo da alegada necessidade de censura prévia pelo Estado de todos os documentos episcopais com divulgação pública, Afonso Costa proibiu a sua divulgação, e tomou mesmo medidas de desterro sem julgamento dos bispos que desafiaram essa ou outras determinações governamentais. Estas medidas de exílio interno forçado foram sendo sucessivamente aplicadas até que, em 1914, todos os bispos portugueses tinham sido desterrados. Três anos depois de decretada a Separação, o Estado republicano procurava decapitar a Igreja Católica.

Esta tentativa de controlo da Igreja Católica pelo poder civil levou a que, desde 1911, fossem muitos os bispos e outros católicos a reclamarem uma verdadeira separação entre o Estado e o catolicismo [15]. Uma reclamação acompanhado por alguns sectores republicanos que consideravam abusivas e nefastas certas determinações regalistas ou excessivamente restritivas da Lei da Separação. Por que provocou a Lei da Separação tanta celeuma e deu azo a um embate tão forte que foi visto por muitos na época como uma «guerra religiosa»?' O principal problema estava, não na novidade da separação, mas sim na continuidade e agravamento até das características regalistas do período anterior. A Lei da Separação, de facto, aumentava o controlo estatal da Igreja Católica em Portugal e reduzia esta a comissões eleitas de leigos nas paróquias, isto num período em que o universo católico se encontrava num processo de centralização e valorização da figura do bispo e do Papa.

Ainda assim, mesmo que criticando algumas destas determinações que também condicionavam o seu culto e organização, esta lei teve consequências para as confissões religiosas não-católicas, sendo as protestantes as mais numerosas, com existência tolerada até 1910, e que viam agora garantida a "plena liberdade de consciência a todos os cidadãos portugueses e ainda aos estrangeiros que habitarem o território português" (art. 1.º) e a sua existência legal, ainda que como associações particulares, e tendo como únicos limites a moral pública e "os princípios do direito político português" (art. 2.º) com direito a templo ou igreja plenamente aberta ao público – antes de 1910 estes espaços tinham de ser murados. Mas mais do que nesta intenção de libertação das crenças religiosas, a Lei da Separação do Estado das Igrejas centrava-se sobretudo no desmantelamento da orgânica interna e no controlo da Igreja Católica: por um lado, não reconhecia a personalidade jurídica da Igreja Católica com a sua estrutura própria liderada pelo Papa e pelos bispos, por outro lado, acentuando o quadro anterior de dependência dos párocos em relação ao Ministro que tutelava a pasta da Justiça e dos Cultos, retirando ao episcopado a gestão directa da organização e direcção do respectivo clero. Acresce o facto da Lei da Separação pretender controlar a formação dos candidatos ao sacerdócio, quer definindo as matérias a leccionar, quer reduzindo radicalmente a rede de seminários diocesanos a cinco, e proibindo funções de docência pelos candidatos que tivessem sido formados nas instituições universitárias pontifícias. Correspondeu portanto a Lei da Separação de 1911 a uma agenda de estatização, de nacionalização, e de redução do papel catolicismo.

Essa vontade de controlo estatal e redução da presença da Igreja Católica, mais do que de real separação, fica claro no facto de grande parte do articulado do decreto de Abril de 1911 ser devotado a regular e restringir o culto, com a lei a prever a criação de associações cultuais, livremente eleitas pelos habitantes de uma paróquia a quem competiria a gestão dos actos religiosos católicos, e de cuja direcção estavam expressamente arredados os sacerdotes. Ao clero competiria apenas a realização dos actos de culto, mas não a gestão da igreja e paróquia, a que acrescia o facto de que, por determinação da lei, quer as horas a que se podiam realizar, quer o montante das verbas a afectar ao culto eram substancialmente reduzidas. A Lei da Separação estava desenhada para que o culto católico fosse limitado, e pudesse ser gerido à revelia do clero e mesmo por indivíduos desafectos à respectiva Igreja, como acabou por acontecer [16]. Mais, a lei previa não só a nacionalização de todos os bens do clero católico, incluindo igrejas, residências paroquiais e respectivas hortas, como também o fim das côngruas – uma espécie de imposto pago pelos paroquianos aos seus padres – e dos rendimentos relativos aos terrenos anexos às residências dos padres. Do que viveriam os padres? A lei previa a existência de pensões para o clero paroquial, mediante um conjunto de condições (cf. art. 113.º) que reforçavam a sua dependência do Estado e levavam o seu corte com as normas eclesiásticas.

O articulado relativo às pensões foi julgado particularmente afrontoso pelos bispos, padres, por muitos fiéis católicos, considerando-se que constituía um verdadeiro convite à quebra da disciplina interna do catolicismo, nomeadamente ao prever a possibilidade de os sacerdotes poderem casar sem que isso acarretasse a perda da pensão, bem como o sustento de eventuais mulher e filhos dos sacerdotes no caso da morte deste (cf. art. 152.º); e ainda que o facto de um padre vir a ver o exercício da sua função ser considerado ilegítimo por parte da hierarquia não implicar a perda do direito à pensão do Estado.

Algo paradoxalmente, portanto, embora a Separação estabeleça em certos aspectos um importante corte e seja a mais significativa herança do regime republicano em matéria religiosa, acabou por não significar, sequer no período entre 1910-1917 de mais agudo conflito religioso, o fim da importância especial das relações entre o Estado Português e a Igreja Católica que marcaram os períodos precedentes da história portuguesa.

4. As diversas correntes políticas e religiosas face à Lei da Separação

A Lei da Separação, independentemente do seu significado religioso, teve uma enorme importância política. Passou a ser apresentada como a Lei Intangível, parte essencial da grande obra de Afonso Costa, pilar indiscutível do edifício da Primeira República. A defesa da Lei de 1911 passou a ser a pedra de toque que alegadamente distinguia o verdadeiro republicanismo que, precisamente a partir desse ano, passou a controlar o PRP, de tendências dissidentes mais moderadas que se organizaram no Partido Evolucionista de António José de Almeida e no Partido Unionista de Brito Camacho, em parte pela sua oposição à lei.

Por outro lado, no campo católico, a aceitação ou recusa das pensões com o acolhimento ou o combate ao regime republicano, acabou por colocar diversas dificuldades. Em primeiro lugar, uma guerra de números logo na época. Depois, a da sua interpretação até ao presente. Independentemente de dados de pormenor, o que é claro é que contrariamente às expectativas das franjas radicais do PRP, e dos receios do episcopado católico, a tendência foi para o número dos padres pensionistas do Estado ser relativamente diminuto. A investigação até agora publicada aponta para apenas c.700 num total de 5000, e concentrado geograficamente a Sul – embora investigação actualmente em curso pareça complexificar um pouco a questão – zona onde os padres enfrentariam de outra forma problemas especialmente agudos de subsistência dada a pobreza da região e a relativa fraqueza da prática católica, tendo de contar com uma hostilidade anti-clerical mais forte, como aliás o Arcebispo de Évora se empenhou em explicar ao Vaticano para aconselhar avaliações caso a caso.

Todavia, a aceitação ou não de uma pensão do Estado serviu para dividir o clero católico. Mas para os que as recusavam acarretou dificuldades económicas que só podiam animar a sua hostilidade face ao novo regime. As pressões do episcopado para que o clero não aceitasse as pensões e a recusa de algumas populações em verem à frente das comunidades um padre pensionista, conduziu a alguma agitação, quer com a interdição de algumas igrejas, quer com o abandono de outras por parte do clero, quer devido ao facto dos pensionistas terem visto a sua acção dificultada, quer porque alguns não pensionistas se viram forçados a emigrar devido a dificuldades de subsistência.

O que também fica evidente é que, contrariamente às expectativas de alguns elementos das confissões protestantes que atribuíam as dificuldades no seu trabalho de missionação sobretudo às limitações colocadas por um Estado confessional católico, a verdade é que não houve uma mudança radical com um crescimento em grande escala do protestantismo – e menos ainda de outras correntes religiosas. Não houve, nem uma grande mudança da atitude das massas rurais muito conservadoras na rejeição do protestantismo como um fenómeno estranho – o seu combate ao culto dos santos e de Nossa Senhora era uma barreira particularmente importante; nem as novas elites republicanas mostravam grande entusiasmo por quaisquer religiões cristãs no sentido tradicional, para mais vistas como vindas do estrangeiro – embora alguns atribuíssem crédito científico ao esoterismo e espiritismo. O novo quadro legal de Separação, aliás, embora com algumas vantagens – nomeadamente ao permitir o proselitismo, isto é, a procura de novos conversos – não se lhes mostrou inteiramente favorável. As fórmulas de organização do culto impostas pela lei não se enquadravam necessariamente bem com todas as formas de organização das igrejas protestantes. Sobretudo, a lei era limitadora da vinda de clero estrangeiro para Portugal – disposições provavelmente pensadas sobretudo no sentido de contrariar a dimensão mais internacional do catolicismo, mas que também limitavam muito seriamente o trabalho das confissões protestantes que ainda dependiam muito da acção de formação, organização e pregação de missionários estrangeiros, nomeadamente britânicos, norte-americanos e brasileiros.

Tal limitação só não se aplicava nas colónias portuguesas por via da lei internacional que desde o final do século XIX impedia as potências colonizadoras de proibir a acção de quaisquer missionários cristãos europeus. Nas colónias a aplicação da Lei da Separação foi, por isso, particularmente controversa, pois dela resultou paradoxalmente a expulsão dos missionários portuguesas das diversas ordens religiosas e a substituição dos missionários formados no seminário de Cernache por missões laicas – tardiamente e com fracos resultados de acordo com os próprios responsáveis do PRP. Os missionários estrangeiros – sobretudo protestantes, mas também alguns católicos – esses não puderam ser expulsos. Tal facto, levou a uma rápida e relativamente consensual inversão de políticas, logo a partir de 1920, com o apoio do Estado a missões católicas "nacionais". ([17])

As resistências à Lei da Separação foram portanto plurais. Não surgiram apenas dos católicos, ou sequer apenas das várias organizações religiosas e dos seus membros, ou mais ou menos espontaneamente das populações que viram alterar-se um dos elementos estruturantes do seu quotidiano, sobretudo nos espaços rurais; também na imprensa e nos debates parlamentares ecoaram diversas vozes que, reclamando-se do ideário republicano, contestaram o conteúdo e a execução do decreto de 20 de Abril de 1911. Um exemplo especialmente relevante é Eduardo de Abreu, que fora deputado republicano ainda durante a Monarquia Constitucional, e atacou a Lei da Separação durante os trabalhos da Assembleia Constituinte. Apresentou mesmo um projecto alternativo que, não sendo totalmente isento de características regalistas, previa uma maior autonomização das Igrejas e um controlo menor pelo Estado. ([18]) Considerou o decreto de Afonso

REPÚBLICA E RELIGIÃO, OU A PROCURA DE UMA SEPARAÇÃO

Costa não só inexequível como não correspondendo sequer ao objectivo pretendido, uma vez que acabava por não separar o Estado das Igrejas ao imiscuir-se na organização interna destas.

Importa notar que, ainda que a própria Lei da Separação previsse a sua apreciação pela Assembleia Constituinte, o extremar de posições e a instrumentalização política da «questão religiosa» levou a que tal não acontecesse, só viria a verificar-se um debate parlamentar da mesma, e de modo parcelar, durante a vigência do ministério de Bernardino Machado (9 de Fevereiro a 12 de Dezembro de 1914), numa altura em que já se tinham dado os primeiros passos tendo em vista o possível reatar de relações entre o Estado Português e o Papado, como veremos em secção dedicada especificamente a este tema.

A constituição do sistema partidário durante a República foi, portanto, também reflectindo as diversas posições dos grupos políticos no tocante a tão importante questão, que se tinha tornado um problema político importante. Em particular as alternativas ao PRP para obter por via das suas posições mais moderadas a adesão do universo católico, o que se tornou evidente relativamente ao Partido Republicano Evolucionista, que contava, aliás, nas suas fileiras com católicos republicanos e mesmo alguns elementos do clero, merecendo destaque o padre Casimiro Rodrigues de Sá que ainda em 1906 aderiu ao ideal republicano, e depois de 1910 foi presidente da primeira Comissão Municipal republicana e administrador daquele concelho, governador civil de Viana do Castelo, partiu para França como capelão militar, sendo ainda deputado à Constituinte e noutras legislaturas, tendo nomeadamente sido eleito em 1915 com desistência de Oliveira Salazar a seu favor. [19]

Estas diferentes reacções não devem ser reduzidas a estereótipos monolíticos de jacobinismo anti-clerical e jesuitismo reaccionário, antes patenteiam, quer preconceitos de parte a parte, quer também concepções mais sofisticadas em choque sobre o valor civilizacional do fenómeno religioso e das suas manifestações, das Igrejas e da sua relevância social, bem como da relação entre a pertença religiosa e a afirmação da cidadania. Essas realidades compreendem diferentes concepções sobre o indivíduo e a sua afirmação na sociedade; a relação entre a vivência privada e a manifestação pública da fé; o papel do Estado e das instituições diversas que lhe disputam a organização da vida social.

A disputa em torno do religioso inscreve-se no debate mais amplo sobre a estruturação da sociedade contemporânea, a gestão da concorrência de protagonismos que a atravessa e a afirmação das instâncias legitimadoras do enquadramento e da pertença do indivíduo.

As complexidades das diferentes posições neste campo são exemplificadas pela rejeição do sistema de separação pelos monárquicos constitucionais que tenderão a incluir a luta contra a Separação como um importante argumento a favor da sua luta pela restauração da Monarquia, que argumentavam ser a única forma da Igreja Católica se defender. Por outro lado, temos o acolhimento do princípio da separação, ainda que revista, por sectores católicos que consideravam que permitiria, finalmente, a actuação livre da Igreja, ao contrário do que, em sua opinião, sucedia durante a vigência da Monarquia Constitucional, que aliás muitos consideravam apenas formalmente católica. Na realidade, muitos sectores católicos militantes – e não apenas sectores afectos ao campo legitimista miguelista – tendiam a identificar a constitucionalização do Catolicismo como religião do Estado, e a consequente funcionarização do clero pela inserção das estruturas eclesiásticas na organização política e administrativa do país como também ela uma forma, ainda que mais confortável do que a de 1911, de manietar da acção livre da Igreja Católica. [20]

Neste domínio havia portanto uma paradoxal continuidade entre a Monarquia Constitucional e a Primeira República, já que apesar de o catolicismo deixar de ser a religião do Estado, não deixou de se tentar estatizar a actuação eclesial, delimitando-lhe o terreno e as formas de actuação. Como sublinhou Manuel Clemente, a «questão religiosa» não teria resolução satisfatória "enquanto o Estado não reconhecesse a legitimidade da realização comunitária e da expressão pública do catolicismo", sendo que, por outro lado, "o catolicismo teria sempre de demonstrar não pretender privilégios sociopolíticos ou exercer pressões sobre a consciência alheia" [21]. Foi na procura desse equilíbrio instável que cada vez mais se processaram as relações entre os diferentes protagonistas do poder político e a Igreja Católica, procurando construir um regime de separação mais viável, dado, por um lado, o peso dos sectores que reclamavam a independência mútua e a redução da influência da estrutura eclesiástica no Estado e na sociedade e, por outro lado, a consciência do peso na sociedade e, portanto, também na política da Igreja Católica. Mas antes disso, importa perceber melhor em que termos colocar a questão da repressão ao catolicismo pelo Estado republicano.

5. Repressão republicana e Guerra religiosa?

A violência durante a Primeira República, nomeadamente a que visava a Igreja Católica, é parte central na polémica construção da memória desta época. O seu mais durável e importante exemplo na memória católica é a história das aparições de Fátima de 1917 em que o papel de vilão cabe às autoridades republicanas com a temporária detenção em Agosto de 1917 pelo responsável republicano pelo Concelho de Ourém dos videntes, assim como o uso da cavalaria da GNR, ainda no início da década de 1920, para tentar impedir as peregrinações, e violentos actos anticlericais como o atentado anónimo que destruiu à bomba, em Março de 1922, a primeira «capelinha», e ironicamente fez explodir o número de peregrinos de alguns milhares para as dezenas de milhar – 60.000 na missa de desagravo.

Há quem tenha visto nesta violência do republicanismo português um heroísmo revolucionário necessário para derrubar o passado e construir o futuro, mesmo que com alguns lamentáveis mas inevitáveis exageros. Há quem considere que essa violência – que incluiu o assassínio de dois padres durante o golpe de 5 de Outubro de 1910 – é fundamental para se poder perceber e condenar a Primeira República. [22] Neste livro não nos situamos a esse nível de juízo normativo, mas antes no da simples análise histórica.

Olhando nesses termos para os factos e os documentos da época é evidente, mas deve ficar expresso, que não se pode falar de uma verdadeira guerra religiosa entre catolicismo e republicanismo em todo o período de 1910-1926, e mesmo ainda no de 1910-1917. Não existiu em Portugal um nível de violência em torno da «questão religiosa» que nem de perto se assemelhasse ao que se viveu por esta altura no México – culminando precisamente numa verdadeira guerra civil e religiosa, dos *Cristeros* (1927-1929); nem sequer ao nível de violência contra a Igreja Católica que se verificou em Espanha durante a Segunda República e a Guerra Civil (1931-1939). [23]

Houve certamente muitos golpes e confrontos armados durante a Primeira República, como se verá ao longo desta obra, mas estes confrontos, além de baixa intensidade e curta duração, nunca assumiram uma feição marcadamente religiosa. Aliás, a grande maioria destes, desde logo os golpes militares triunfantes, de Sidónio Pais, em Dezembro de 1917, ou de 28 de Maio de 1926, eram expressamente republicanos e não colocavam, portanto, em questão, quer o regime republicano, quer a separação que a ele estava intimamente associado. É certo que no único caso em que houve um breve ensaio de guerra civil – entre Janeiro e Fevereiro de 1919 – entre republicanos e monárquicos como resultado da tentativa restauração da Monarquia em certas zonas do Norte, houve padres e até o bispo do Porto e o Arcebispo de Braga que assumiram posições no mínimo benévolas face aos revoltosos. É importante notar, no entanto, que nessas acções armadas os monárquicos que geralmente também se apresentavam como católicos devotos, estavam a desobedecer não só às directivas do próprio D. Manuel II, mas também e sobretudo, para o tema que aqui nos importa, às instruções oficiais e públicas do Papa e do conjunto dos bispos, quer na Pastoral de 1911 quer ainda novamente no dito apelo de Santarém de 1913, que mandavam acatar o novo regime, contestando apenas dentro da legalidade as medidas contra a Igreja, ou ainda mais enfática e repetidamente depois de 1919. Ou seja, os católicos, enquanto tal, nunca se organizaram para combater pelas armas o que foi durante os anos iniciais da República frequentemente uma forte repressão republicana da religião em geral, e do catolicismo em particular.

Por outro lado, embora o PRP-PD tenha tomado o poder em 1910 como um partido armado anti-monárquico e anti-clerical, não só a ala política do republicanismo estava deliberadamente e respeitavelmente separada dos grupos armados de carbonários, *modus operandi* típico deste tipo de partidos com uma ala clandestina violenta, como a verdade é que o nível de violência física usada pelos republicanos, antes de 1910, e por estes e pelo Estado republicano, após 1910, foi relativamente baixa.

Isto não significa que esta violência, embora de relativa baixa intensidade, não tenha sido traumática para os seus alvos e eficaz nos seus objectivos de coacção, particularmente quando aparece mais concentrada nos anos 1910-1912, e novamente em 1915, e 1919. Tratava-se sobretudo de ataques verbais e ameaças aos católicos nas entradas das igrejas ou em procissões. Tratou-se também do assalto e da destruição física do interior das igrejas ou das próprias igrejas, e ainda das associações ou da imprensa ligada ao movimento católico. Exemplos emblemáticos deste facto foram o assalto e destruição pelo fogo da sede do CADC em Coimbra – o grande centro intelectual do catolicismo, de cuja direcção faziam então parte Salazar e Cerejeira – e da Associação Católica do Porto; e a destruição de jornais críticos da Lei da Separação, fossem eles católicos e monárquicos como o *Correio da Manhã*, *O Dia* ou *A Palavra*, fossem até republicanos como o *Jornal de Notícias* ou o *Diário do Porto*, o que além da interrupção de circulação, por vezes definitiva até pelos custos materiais que a recuperação implicava, levava também a um efeito de auto-censura em tudo o que respeitava à «questão religiosa».

Sampaio Bruno, embora fosse um republicano histórico, era muito crítico do que designava de "traço distintivo" dos que pretendiam ser os mais "avançados em Portugal", que era a sua "irreligião ignorante e petulante". Sentiu-se forçado a suspender a publicação do seu *Diário da Tarde*. [24] Outro republicano crítico do anti-clericalismo António Claro optou pelo exílio voluntário no Brasil, e deu como exemplo do clima de intimidação que o levou a tal decisão a recusa de publicação de um texto crítico da Lei da Separação no *Imparcial*, por o fundador da República, Machado Santos, ter receio de que o seu jornal fosse destruído como consequência. [25]

Há, portanto, que não desvalorizar o efeito cumulativo desta coação de baixa intensidade associada a outras medidas repressivas. A Primeira República dominada nos seus anos iniciais por Afonso

Costa utilizou sobretudo uma violência sistémica: expropriou e fechou instituições, desterrou ou até exilou e privou até da nacionalidade – sem julgamento, por decreto do Governo ou decisão administrativa – bispos, padres e elites católicas, impediu o funcionamento da maior parte dos seminários. O efeito acumulado de todas estes medidas oficiais, de par com a violência de rua, foi a de se criarem enormes dificuldades ao funcionamento normal e à renovação da Igreja Católica que – privada de muitos padres e bispos, privada de jornais e de igrejas, ou de novos seminaristas – deixou de poder ser governada normalmente, viu a sua liberdade de expressão altamente limitada quer na prática, por via dos ataques e ameaças a jornais e fecho de igrejas, quer de direito, por via da necessidade de autorização estatal para muitos actos do culto e para a difusão de mensagens das autoridades eclesiásticas aos fiéis. Se em certas regiões o impacto desta repressão foi marginal, noutras, como nos arredores de Lisboa, foi muito significativo com, por exemplo, o administrador do concelho de Loures a poder gabar-se, em 1916, de que o catolicismo na área da sua responsabilidade estava reduzido a um único pároco. [26]

Qual o grau de responsabilidade do novo Estado republicano e dos líderes políticos do republicanismo em tudo isto? Ela é evidente no caso das medidas de repressão oficial. Mas, e quanto à violência e coação mais difusa do «bom povo republicano»? Quanto a esta, há a responsabilidade política última por o Estado não ser capaz de manter a ordem, e esta atitude de passividade das autoridades republicanas revelava no mínimo displicência ou mesmo cumplicidade, pois regra geral não prevenia, não investigava ou punia eficazmente (e por vezes até incentivava) esta violência, seja em discursos, seja em textos e editoriais da imprensa republicana mais radical e mais ligada ao PRP--PD como n'*O Mundo*.

Mas porque razão dedicou a Primeira República alguma violência e muita repressão institucional à Igreja Católica? O catolicismo era ainda a principal ideologia a competir com o republicanismo na luta pelo controlo das elites e da população nacional. A hostilidade relativamente à Igreja Católica era também um eficaz instrumento mobilizador das massas urbanas de Lisboa e seus arredores, arregimentando-as aos PRP-PD. O anti-catolicismo providenciava ainda um conveniente bode expiatório para todas as misérias pátrias; e oferecia ainda ao republicanismo uma forma de ganhar legitimidade revolucionária, tanto mais importante quanto em termos económicos e sociais este não trazia grandes rupturas. Como vimos, para além disso, o catolicismo era sincera e profundamente visto por muitos republicanos, e não só, como o grande obstáculo à libertação e ao progresso do povo português. Para quem assim pensava, a repressão religiosa da Primeira República até podia parecer moderada.

É importante sublinhar, novamente, que nem todos os republicanos, inclusive ao nível dos seus líderes, viram esta violência fosse da propaganda e legislação anti-clerical, fosse de milícias armadas de voluntários da república, com agrado; nem que fosse pelo facto de, por vezes, se terem tornado eles próprios alvo da mesma. Esta rejeição dos elementos mais extremistas do republicanismo foi mesmo um importante factor na divisão do PRP, com a saída de figuras prestigiadas do seu directório, particularmente Brito Camacho e António José de Almeida. Mas foi o PRP-PD que passou a controlar o Estado republicano e a definir no essencial a sua agenda no campo religioso, ou cultos como então se dizia, desde que Afonso Costa, o seu principal líder, tomou conta da respectiva pasta ministerial em Outubro de 1910 e até Dezembro de 1917, quando Sidónio Pais instalou durante um ano a República Nova, efémera mas importante do ponto de vista da «questão religiosa».

A importância das elites, da imprensa e das organizações republicanas na condução mesmo da acção dita «espontânea» do «bom povo» contra os católicos durante a Primeira República fica, em todo caso, comprovada pelo facto de que a nova política religiosa de acalmação que resultou do sidonismo (1917-1918) mas foi prosseguida pela Nova República Velha (1919-1926), levou praticamente ao fim não só da repressão oficial contra a Igreja Católica mas também da violência «espontânea» contra a mesma. Importa portanto perceber mais detalhadamente as importantes novidades trazidas pelo sidonismo à «questão religiosa».

6. O sidonismo: revisão da Lei de Separação e renovação das relações com o Catolicismo

Foram vários os factores que explicaram o triunfo do golpe militar liderado por Sidónio Pais, aliás tratado especificamente em outro capítulo desta obra. Mas o mal-estar causado pela política religiosa repressiva do catolicismo seguida por Afonso Costa não deixou também de dar um contributo importante para a impopularidade crescente do governo do PRP-PD, dando a Sidónio Pais – um quase desconhecido militar e ex-ministro, que entre o pouco que se sabia estava o ser laico e maçom – a oportunidade de conquistar com facilidade a adesão das elites e da população católica, bastando-lhe para isso pôr fim, não à Separação entre Estado e Igreja, mas à política anterior de repressão activa do catolicismo pelo PRP-PD, e o atenuar um pouco a lei que a regulava.

O catolicismo português poderia estar em 1917 mais militante, mais consciente do que 1910. Mas estava também desesperadamente necessitado de recuperar fôlego. Pois continuava a não poder contar com os padres das congregações, como os jesuítas, uma elite particularmente bem-educada e bem organizada no sector fulcral da educação católica; não dispunha dos seus bens e outros meios tradicionais de sustentação do clero; mal funcionavam os poucos seminários permitidos, dificultando a formação de novo clero e a renovação das suas fileiras; o mais claro sinal de uma situação longe do normal estava no facto de haver ainda quatro bispos, e outros membros do clero, desterrados por decisão governamental e impedidos de trabalhar nas suas dioceses ou paróquias. Uma decisão governamental arbitrária que o Governo de Sidónio logo anulou como primeiro sinal de boa-vontade. [27]

Tratou-se de uma simples coincidência temporal a aparição mística da Virgem em Fátima e a aparição política Sidónio Pais no mesmo ano? O ano de 1917 foi, de facto, marcado no campo religioso, em Portugal, pelas aparições marianas de Fátima a que nos referiremos com maior detalhe em secção adiante. Ora Sidónio, tal como Fátima, correspondia ao desejo de salvação nacional e de um fim da guerra, ou pelo menos do fim do empenho de forças portuguesas no principal e mais duro teatro de operações militares, na frente ocidental da Primeira Guerra Mundial. Foi isso que uniu os que peregrinavam a Fátima e os que festejaram a tomada do poder por Sidónio Pais. Havia portanto ânsias comuns a largas faixas da população portuguesa, que encontraram resposta em Sidónio e na Senhora da Fátima, mas ir mais além do que isso é entrar no campo do romanesco. Sidónio esteve, de facto, longe de ser uma espécie de cavaleiro paladino da Virgem, um vingador do catolicismo. A «questão religiosa» foi central na sua gestão política, mas como um exemplo paradigmático do tipo de equilíbrios que o novo Presidente procurou na tentativa de consolidar em torno de si uma República Nova. É certo, no entanto, que a sua nova política de acalmação tinha como uma componente essencial o fim da hostilização, e mesmo a procura de uma aproximação, mas ainda cautelosa e limitada, ao catolicismo. O que se traduziu numa série de medidas concretas e em alguns gestos simbólicos. O simbólico é evidentemente um campo importante quando se fala do religioso, e foi Sidónio o primeiro Chefe de Estado republicano a assistir a uma missa, embora naturalmente como simples assistente, visto não ser crente.

Quanto a medidas mais substantivas do sidonismo para com o Catolicismo a mais importante foi, sem dúvida, a revisão de algumas das cláusulas mais contestadas pelos católicos da Lei da Separação de 1911. O decreto de revisão quebrou assim o tabu que fazia do decreto de Afonso Costa uma Lei da Separação intangível, imutável. Esta mudança legislativa conhecida por Decreto Moura Pinto, o Ministro da Justiça e Cultos de Sidónio que a produziu, marcou o princípio do fim da «questão religiosa» em Portugal.[28] O preâmbulo do decreto revendo a lei de 1911 sintetizava bem o objectivo e os equilíbrios da política religiosa de Sidónio declarando que: "estas são as modificações que, representando a aspiração mais urgente da consciência católica, o Governo imparcialmente, sem quebra dos superiores princípios que norteiam a República, entende dever decretar, como condições de paz, harmonia e reconciliação".

As alterações mais relevantes prenderam-se com a possibilidade dos fiéis de cada religião livremente constituírem a corporação a cargo de quem ficará a sustentação do culto público com duas determinações essenciais que não estavam presentes no decreto de 1911: a harmonização dos seus estatutos com os "preceitos reguladores da sua religião" e a possibilidade dos ministros da respectiva religião fazerem parte dos organismos dirigentes da mesma. Eram também menos restritivas as determinações quanto aos locais e as horas dos actos de culto. A proibição do uso de vestes religiosas pelos sacerdotes fora dos locais de culto foi revogada. Na questão essencial da autorização prévia do Estado para a divulgação dos documentos dos bispos e do papa para os católicos portugueses – o que equivalia a um direito de sua censura prévia – revogava-se tal medida que "deve cessar em regime de Separação". Porém, mostrando que o sidonismo não esperava que tudo fossem rosas nas relações com a Igreja Católica e que não abdicava de algum controlo sobre a mesma, ressalva-se que "confia o Governo em que nenhum abuso se praticará por este meio de publicidade, que deve cingir-se exclusivamente a matéria de crença" e que considerando a "especial natureza e importância deste meio de propaganda, quando lesivo dos interesses da Pátria e do regime, adoptaria providências especiais [...] se para isso não bastassem as leis penais existentes." [29] Ou seja, impunha-se a auto-censura dos católicos em tudo o que fossem questões políticas sensíveis como recompensa pela extinção da autorização prévia do Estado à publicação de documentos eclesiásticos.

Importante também será outro decreto em que a república reconhece a liberdade das autoridades religiosas de qualquer confissão para "fundar estabelecimentos em que seja ministrado o ensino da teologia e das respectivas disciplinas preparatórias". Mas ficava omissa a possibilidade de criar colégios católicos. Havia portanto limites na nova disposição conciliadora, mas ainda assim o que sobretudo era notado pelos católicos na época era a melhoria do seu estatuto legal e sobretudo da sua situação política e prática face à que viviam no regime dominado pelo PRP-PD de Afonso Costa. Como estranhar que em face disto os católicos aderissem ao sidonismo?

Essa adesão era tanto mais importante politicamente quanto Sidónio tinha decidido suplantar o PRP-PD no seu próprio terreno, prometendo ainda mais democracia popular, e antecipando uma prática política que só se generalizou na Europa pós-1918, organizou eleições directas a Presidente da República por voto universal masculino. Foi esta a primeira vez que o presidente foi directamente escolhido por todos os cidadãos portugueses, embora só tivessem um candidato para escolher: Sidónio. Ainda assim, para assegurar a sua consagração o sidonismo tinha toda a vantagem em garantir o apoio do catolicismo e, com isso, o voto dos fiéis católicos que constituíam o grosso desse eleitorado ampliado num país rural e analfabeto, onde a palavra do padre ainda contava muito – razão aliás, pela qual, o PRP-PD sempre rejeitou o sufrágio universal.

Significa isto que com o sidonismo se deu uma confessionalização do regime republicano? Não, pois Sidónio queria renovar e não acabar com a República – vinha do Partido Unionista. Nunca se colocou a questão de um regresso à tradicional legitimação católica do poder, voltar a um Estado confessional colocando em causa a ideia de Separação entre Estado e Igreja Católica. A Separação foi revista nos termos prudentes que vimos, em que se atendeu apenas a algumas das reivindicações mínimas dos católicos, mas como forma de normalizar relações.

Em termos de política religiosa o que dominou durante o consulado de Sidónio foi um centrismo laico e agnóstico – como o do próprio presidente – que veio substituir o laicismo militantemente anti-católico do PRP-PD de Afonso Costa. Alguns líderes católicos agregaram-se ao regime, é certo – foi o caso, por exemplo, de Lino Neto, que foi vice-presidente e mesmo presidente interino da Câmara dos Deputados sidonista – mas nunca a ponto de se justificar falar do seu predomínio. Figura bem mais representativa do regime sidonista foi Egas Moniz – conselheiro informal de Sidónio, parlamentar, diplomata, ministro dos negócios estrangeiros. Era um académico e médico prestigiado, vindo a ser o único prémio Nobel português no campo científico. Fora educado num colégio de jesuítas e embora se tivesse tornado agnóstico nem por isso deixou de louvar os padres da Companhia de Jesus pela boa educação científica que lhe deram. Vindo do progressismo monárquico – como, aliás, Lino Neto – Egas Moniz fundou o Partido Centrista, pequeno mas ideologicamente influente durante o sidonismo, cujo programa defendia a necessidade de um bom entendimento entre o novo Estado republicano e a Igreja Católica. De acordo com este centrismo laico Egas Moniz defendia uma Separação amigável, pois, como afirmava: "as religiões não se extinguem ao sabor dos estadistas." (30) Como resultado directo destas mudanças e deste novo quadro político de acalmação – que interessava à Igreja Católica consolidar – foi possível, precisamente a Egas Moniz, negociar o restabelecimento de relações diplomáticas com o Papado.

Na verdade, as relações entre o Estado Português e o Papado – apesar do corte público e até da extinção por decreto em 1913 da embaixada portuguesa junto do Papa, quase nunca estiveram realmente cortadas. (31) Houve logo nesse mesmo ano de 1913 contactos secretos em Madrid entre o representante português e o núncio papal, e depois negociações igualmente secretas por intermédio de um diplomata do Mónaco, em Roma, entre 1916-1917, em que chegou a esboçar-se um acordo com o empenho do Presidente Bernardino Machado e de António José de Almeida, mas que evidentemente nunca obteve o assentimento do chefe do Governo, Afonso Costa. Ora Sidónio Pais encontrou documentação relativa a estes factos no Palácio de Belém quando ocupou a residência presidencial a seguir ao golpe triunfante de Dezembro de 1917. Tinha portanto uma base segura para prosseguir a sua política de melhor entendimento com o catolicismo.

Tudo isto explica o Decreto Moura Pinto, e o facto de as condições de restabelecimento de relações diplomáticas terem sido negociadas e assentes em apenas nove dias, em Madrid, entre 16 e 25 de Junho de 1918, pelo núncio Ragonesi e Egas Moniz! Apenas quatro dias após a conclusão destas negociações, a 29 de Junho, deu-se o encontro entre o núncio Ragonesi, que deslocou de Madrid a Lisboa, e o presidente Sidónio Pais. No final da audiência foi comunicada aos jornalistas uma nota previamente acertada em que se aludia ao "primoroso interesse" por Portugal por parte do papa Bento XV, e de como este "deseja ardentemente o seguimento da política de reconciliação de espíritos [...] do actual Governo. Essa reconciliação será a base de um novo e mais esplêndido futuro da República." E concluía "As recentes modifi-

REPÚBLICA E RELIGIÃO, OU A PROCURA DE UMA SEPARAÇÃO

cações [...] à lei da Separação marcam já um grande passo para essa pacificação." [32]

Este apoio não resultava do Vaticano preferir *a priori* um Governo autoritário de direita em Portugal, pois, como vimos, a Santa Sé estava pacientemente a negociar secretamente há dois anos, durante 1916 e 1917, com dirigentes do regime dominado pelo PRP-PD literalmente até ao golpe de Sidónio que apanhou a correspondência respeitante a isso no Palácio de Belém. O que importava do ponto de vista papal era obter garantias tão sólidas quanto possível de líderes republicanos fossem eles quais fossem de uma melhoraria da situação concreta da Igreja Católica na linha do projecto de *modus vivendi* que estava ser negociado secretamente antes da tomada do poder por Sidónio. O essencial era obter de Sidónio, ou de quem quer que fosse, alguma margem de manobra para recuperar depois de sete anos de repressão. Tanto assim é que, logo a seguir, em 1919, quando o PRP-PD voltou a controlar o Governo, e António José de Almeida se tornou Presidente, ambos encontraram um Papado disponível para continuar a manter precisamente as coisas na forma em que estavam quando Sidónio foi assassinado.

Nem todos, de facto, tinham ficado satisfeitos com este rápido volte-face nas relações entre República e Igreja Católica. Isso tornou-se evidente na violenta reacção a estas mudanças que se traduziu no próprio assassínio de Sidónio Pais. O autor do atentado, como é típico destes actos de acção política violenta, fez questão de dar ampla divulgação às suas motivações ideológicas. Um seu entrevistador testemunha que ele era "sobretudo um anticlerical com a fobia da Igreja no mais alto grau. O primeiro acto que ele desejaria do triunfo do socialismo italiano, que considera inevitável, é o esmagamento da Roma papal, a pulverização do Vaticano." O próprio assassino explicou o seu acto nestes termos: "quando eu vi a lei da Separação esfarrapada, as liberdades suprimidas e a reacção clerical erguer a cabeça e ditar a lei neste país de tantas tradições liberais, jurei a mim mesmo matar o Sidónio". [33] Ironicamente, portanto, o autor do atentado contra Sidónio Pais falhou no seu objectivo principal, pois a morte do Presidente da República Nova embora tenha levado ao fim do novo regime presidencialista que com ele apenas se esboçara, não levou ao fim às relações diplomáticas entre a Primeira República e a Santa Sé, que não voltaram a ser quebradas apesar do regresso do PRP-PD ao poder.

A República Nova fosse ela o que fosse, nunca chegou a ser um regime estável. Provavelmente a ampla coligação reunida pelo carisma de Sidónio Pais mas também pela oposição ao poder do PRP-PD de Afonso Costa, que incluía muitos católicos, como Lino Neto e Salazar, mas também muitos republicanos progressistas e laicos, como Egas Moniz ou António Sérgio, dificilmente se poderia manter a prazo. Mas o que é certo é que Sidónio, apesar de um legado efémero noutras áreas, conseguiu remeter a Separação conflituosa entre Estado republicano e catolicismo, no essencial, para o passado.

7. República nova ou velha na questão religiosa?

O «velho» PRP-PD – apesar de mais fracturado internamente – retomou o domínio do sistema político entre 1919-1926, porém, nunca retomou a repressão do catolicismo. Nem mesmo quando os *canhotos* – a sua ala esquerda – chegaram ao Governo em 1925 isso sucedeu. Com o fim da repressão religiosa mais aguda, vieram promessas sempre adiadas de rever mais a fundo a situação do catolicismo por vários governos, inclusive pelo último Governo da Primeira República, liderado por António Maria da Silva, que impediram a plena pacificação da questão. [34]

António José de Almeida, o novo Presidente, entre 1919-1923, procurou ser um símbolo dessa reconciliação entre República e Igreja Católica, levando a cabo a partir do Palácio de Belém uma política evolucionista. A Lei da Separação continuou a vigorar na versão mais benévola decretada por Sidónio. Continuaram também as relações diplomáticas entre a República e o Papado, apesar de alguns deputados anti-clericais todos os anos, aquando da discussão do orçamento, religiosamente requererem a poupança que resultaria da extinção da representação portuguesa junto do papa. O presidente António José de Almeida convidou também a Igreja Católica a participar na grande liturgia patriótica que foi o enterro dos dois Soldados Desconhecidos no Mosteiro da Batalha – o que remete para a importância da Grande Guerra e do valor dado aos capelães militares católicos voluntários também na legitimação desta re-aproximação. Este antigo orador radical chegou mesmo ao ponto de emular – para enorme irritação, quer de monárquicos, quer de anti-clericais – o papel dos reis portugueses ao impor o barrete de cardeal ao núncio em Portugal, como faziam os monarcas no tempo em que o Estado era confessional, quando, em 1923, Mons. Locatelli foi elevado a tal dignidade, de acordo com a secular tradição de assim se honrar o fim da missão de cada enviado papal a Lisboa.

Mas qual o interesse do PRP-PD em manter relações diplomáticas com a Santa Sé? A liderança da Primeira República, após 1919, como a documentação deixa claro, teve dois objectivos prioritários na relação com a Santa Sé. O primeiro e principal dos governos republicanos foi conseguir que a Santa Sé usasse a sua autoridade sobre os católicos portugueses para os levar a abandonar o monarquismo – que assim ficaria privado da sua mais importante e enraizada rede de apoio – e a aceitar a República. O segundo aspecto era conseguir que o papa mantivesse todos os tradicionais privilégios da Igreja e do Estado português, entre os quais uma frágil relíquia da glória imperial portuguesa em terras do Oriente que eram os privilégios de Padroado em zonas descobertas e missionadas pelos portugueses. Ao contrário do que se poderia esperar, foi bem mais fácil concretizar o primeiro destes objectivos, pelo menos tanto quanto estava no poder do papa levar os católicos portugueses a alinhar com novo regime republicano, do que o segundo.

O Papado forçou, de facto, o afastamento público e institucional do catolicismo militante em relação ao monarquismo. Ou seja, e usando as palavras do representante diplomático português junto do Papado entre 1919-1923, Joaquim Pedro Martins, "A intervenção directa, pública e solene da Santa Sé" no sentido *ralliement*, foi indispensável na aceitação do novo regime republicano pelos católicos, garantindo a consolidação da República. De facto, logo que chegou em Setembro de 1919, o hábil representante diplomático de Portugal junto do papa, queixou-se da colagem do monarquismo ao catolicismo e pediu medidas. O chefe da diplomacia papal, cardeal Gasparri respondeu: "reprovando tal atitude da imprensa e dos católicos, não consentânea com a doutrina [...] de respeito ao poder constituído", ou seja, de *ralliement*. E "perguntou em seguida se o meio de corrigir o equívoco não seria uma Encíclica papal nesse sentido, que ele próprio escreveria e previamente à publicação me mostraria". Em troca o diplomata português garantiu informalmente ao papado que, desde que fosse "agradável a Encíclica" ao seu Governo, ou seja "decerto clara e inequívoca" então "se criariam condições propícias" para o Governo adoptar uma atitute mais benévola em relação ao catolicismo, a começar pelo "caso do arcebispo de Braga" e o seu alegado envolvimento na tentativa de restauração da monarquia que seria visto "com um critério que não fosse estritamente jurídico", como de facto não foi, sendo deixado cair no esquecimento. Relativamente ao impacto possível da encíclica proposta Joaquim Pedro Martins comentava ainda este para o seu Governo: "permito-me reputá-lo enorme para a consolidação e tranquilidade da República, ainda quando alguns católicos não queiram conformar-se com ela."

Muitos católicos, como Martins previa, resistiram às repetidas indicações papais, e continuaram a acreditar – como era o caso do influente líder leigo e director do principal diário católico, Fernando de Sousa – que só o fim da Primeira República, com a consequente queda definitiva do PRP-PD do poder pela restauração da monarquia poderia levar à restauração dos direitos legítimos da Igreja Católica. Esse não era, no entanto, o entendimento do Papa e da sua diplomacia. O Cardeal Gasparri afirmou ao diplomata português em termos inequívocos: "o seu sentimento de que os ventos correm favoráveis para as democracias e hostis aos tronos" acrescentando ainda Martins que "pelas informações que tenho, é esse o sentimento hoje predominante no Vaticano." O papado tinha, de facto, a avaliar pela estratégia seguida nos anos seguintes à Primeira Guerra Mundial abandonado a aposta no monarquismo ou mesmo no confessionalismo, vendo ambos como condicionantes a eliminar nas suas relações com os Estados em troca de maior liberdade para a Igreja Católica. [35]

Este esforço de convergência e entendimento com a Primeira República foi mesmo ao ponto de o Vaticano não só passar a fazer uma comunicação prévia aquando da nomeação de novos bispos, formalmente de pura cortesia, aos governos da República, mas aceitar mesmo as reservas, aliás sensatas, colocado pelo governo à nomeação, em 1920, do antigo confessor da Rainha D. Amélia, Domingos Frutuoso para a sé de Beja. Neste caso, portanto, a Santa Sé *de facto* aceitou um veto governamental.

No entanto, tal estratégia papal estava longe de significar que – apesar das indicações papais para ser mantida a mesma orientação de acalmação e aproximação com a República seguida desde o tempo de Sidónio Pais – todos os bispos, leigos e padres tivessem passado a ver com bons olhos o novo regime dominado novamente por um partido, o PRP-PD que apenas alguns anos antes se empenhava na sua repressão. Isso levou: a uma dissidência pública de muitos católicos que desejavam continuar a ser monárquicos, apesar das indicações papais; a uma contínua relutância de bispos e da militância face às autoridades republicanas – aliás sabemos hoje pelos arquivos do Vaticano que a maioria dos prelados portugueses, com a excepção de Faro, se manifestaram contra a encíclica papal de *ralliement* – embora tivessem não só de a acatar, como eles próprios expressamente a tivessem de subscrever e mandar seguir em várias ocasiões no início dos anos 1920.

No caso da imprensa católica, verificou-se por imposição papal, e depois de pressões várias falharem, o encerramento do principal diário católico e monárquico *A Época*, e a fundação de um novo diário oficioso do episcopado, as *Novidades*, em 1923. Também a liderança do braço político parlamentar do catolicismo, o Centro Católico, se viu renovada entre 1919-1922, com a nomeação de uma liderança que os bispos e o núncio consideravam dar garantias de executar sem falhas essa política de reconciliação com o regime republicano. [36]

Os maiores problemas surgiram quanto ao desejo da Primeira República manter certos privilégios tradicionais do Estado face ao catolicismo, e particularmente no caso do Padroado do Oriente. A razão era simples: o que para Portugal era uma questão formal e de prestígio, para o Papado era uma questão importante de princípio e de prática.

O Padroado era uma questão de princípio para o papa porque o fim dos padroados régios era precisamente uma das contrapartidas esperadas da estratégia papal de *ralliement*. Este privilégio tradicional dava aos Estados em que o Catolicismo era a religião de Estado o direito de nomear bispos que depois tinham de ser aprovados pelo Papa. Ora, como recordou o Papado no início de 1926 quando decidiu levantar a questão, este privilégio tinha sido concedido aos reis portugueses, líderes de um Estado oficialmente católico, e não a uma República portuguesa não só oficialmente separada do catolicismo, mas que tinha expulsado as congregações missionárias, e desse forma, em 1926, o Padroado via-se privado praticamente de qualquer presença religiosa portuguesa.

O Padroado era também uma questão prática para o Papado porque em importantes zonas do Oriente, há muito fora do controlo português, e em que a presença nacional era quase nula, verificava-se um crescente nacionalismo – era nomeadamente o caso da Índia com Gandhi e o Partido do Congresso. Por isso, o papado tinha apostado no distanciamento face às potências coloniais, nomeadamente pela nomeação de bispos autóctones.

Este choque de pontos de vista levou a crise diplomática séria que se arrastou desde o início de 1926 – portanto antes do 28 de Maio – até Abril 1928, quando se chegou à beira de uma ruptura pública que poderia ter dificultado, se não mesmo impossibilitado, a entrada de Salazar no Governo. No entanto, *in extremis*, a diplomacia portuguesa confrontada com a ameaça credível de Pio XI nomear um novo arcebispo para Bombaim, pondo fim ao Padroado, conseguiu convencer o resto do Governo português a aceitar uma redução forçada e muito substancial do território do mesmo, assim como a substituição da nomeação governamental pela papal, apenas cabendo ao chefe de Estado português formalmente nomear os bispos indicado pelo Vaticano entre o clero português.

No final da Primeira República tal como no início da Ditadura Militar, e durante o Estado Novo, o principal pomo da discórdia entre a Santa Sé e Portugal foi, de facto, colonial: com o papado apostando no distanciamento cada vez mais acentuado face aos impérios coloniais, como forma de permitir uma acção mais livre da Igreja Católica e uma maior integração local de forma a evitar tornar-se, também ela, alvo dos ataques dos nacionalismos anti-coloniais em ascensão, sobretudo na Ásia.

Em 1926 a «questão religiosa» não estava resolvida para o Papado, pois a revisão da Lei da Separação de 1918, e a prática mais conciliadora dos governos da Nova República Velha eram uma melhoria, mas não substituía a falta de formalização da situação mediante um acordo mútuo e não meramente por legislação unilateral do Estado português, faltava até o reconhecimento da personalidade jurídica da Igreja Católica, a recuperação legal e não só de facto das igrejas e outras propriedades católicas, o estatuto das escolas católicas, a questão das missões, o que poderia acontecer mediante uma concordata ou mesmo um simples *modus vivendi* como o que estava em negociação em 1917 entre Portugal e a Santa Sé. Apesar disso, e até pelas promessas feitas pela facção mais moderada do PRP-PD, nomeadamente do seu último governo liderado por António Maria da Silva, não se pode negar que o Papado e o Episcopado haviam feito muito por afastar catolicismo e monarquismo. O que nem o Papado conseguiu fazer foi o milagre de que a maior parte da elite católica gostasse de uma Primeira República dominada pelo PRP-PD.

Mas os sentimentos eram recíprocos, pois apesar da maioria dos principais líderes PRP-PD procurarem seguir, a partir de 1919, o exemplo de sucesso sidonista e abandonaram as antigas políticas de repressão do catolicismo, sempre com algumas hesitações, pois a militância anti-clerical era importante para controlar a "rua republicana" de Lisboa, essencial para o manter no poder; e continuava a desconfiar-se do poder da Igreja Católica. Um exemplo revelador da persistência deste anti-clericalismo, apesar de políticas e promessas de moderação, na gestão dos líderes do PRP-PD de 1919 em diante, foi o facto de no último congresso do partido, no final de 1925, o intelectual da esquerda apartidário, Raul Proença comentar criticamente na *Seara Nova* que na reunião magna do partido dominante do regime republicano se tivesse voltado a "ferir a nota do anticlericalismo", acusando estes "jacobinos" de estarem a contrariar "as intenções respeitabilíssimas dos nossos Bispos" e assim servirem objectivamente os interesses dos monárquicos, os únicos a quem esta "clericofobia" interessava para melhor poderem justificar uma restauração da monarquia. [37]

8. O 28 de Maio: um pronunciamento militar e religioso?

É evidente que o papado e os seus diplomatas assim como o episcopado estavam minimamente informados de conspirações militares e tentativas de golpes – pois para isso bastava ler a imprensa portuguesa que estava pejada de notícias a esse respeito no início de 1926. Mas a estratégia oficial e institucional católica fora, de forma particularmente clara desde 1919, de avisar o episcopado e o clero, e mesmo os leigos mais ligados à Igreja, no sentido de evitar qualquer tipo de envolvimento em conspirações que a pudessem comprometer.

Há quem tenha especulado em torno da arrancada do pronunciamento militar do 28 de Maio de 1926 a partir de Braga, onde precisamente se realizava o Congresso Mariano que reunia dezenas de milhares de católicos e quase todo o episcopado. Ora, o que as fontes da época referem é uma feliz ou até "providencial coincidência". Mas não seria coincidência a mais? Todos os dados conhecidos apontam para a ausência de ligação da Igreja Católica enquanto tal, dos bispos e mesmo do alto clero ou de destacados dirigentes laicos de movimentos católicos à conspiração. Logo a seguir ao triunfo do golpe o futuro Patriarca, e então já influente padre Cerejeira, escrevia – ao contrário dos bispos que se mantiveram essencialmente reservados – celebrando a queda do PRP-PD, sentimento que muitos católicos militantes partilhavam com muitos outros militantes da esquerda e da direita frustrados com mais de uma década de controlo das eleições e do poder pelos «democráticos» do PRP, mas afirmando também que faltava ver o que faria a Ditadura Militar relativamente à «questão religiosa», e concluindo para quem tivesse dúvidas: "a Igreja não faz revoluções". [38] Era a melhor síntese que se poderia fazer da política seguida pelo Papado, pelos Bispos, e pelo Centro Católico, de forma particularmente enfática desde 1919.

O General Gomes da Costa, chefe do pronunciamento de 28 de Maio de 1926, para mais, era uma personalidade que, além de errática, não tinha qualquer ligação ao catolicismo, vinha até do Partido Radical situado na esquerda republicana. Mais, Gomes da Costa não tinha sequer planeado iniciar o pronunciamento militar a partir de Braga, a 28 de Maio, mas sim do Porto, e a 26 de Maio. Este facto, até hoje não contestado pela historiografia só por si desmente a tese de uma coincidência propositada do golpe e do Congresso Mariano em Braga, quando muito poderá falar-se de uma colagem *a posteriori* e *in extremis*.

Aliás, seria não dar nenhum crédito à tradicional prudência da Igreja Católica pensar que se realmente estivesse envolvida num golpe tão arriscado quanto este esteve – pois muitos outros tinham falhado contra o PRP-PD, e este efectivamente à beira de falhar – não teria feito o possível para se distanciar dele. Mais ainda, que estaria disposta a arriscar no golpe o imenso trabalho organizativo e o significativo investimento feito na realização do Congresso Mariano, caso algo corresse mal ou mesmo se corresse bem, caso houvesse confrontos violentos, como, mais uma vez, frequentemente sucedera neste tipo de intentona militar durante a Primeira República. De facto, apontando para esta mesma preocupação, e confirmando como eram desconhecidos os detalhes da conspiração e das suas decisões, o próprio Gomes da Costa considerou necessário, de acordo com várias fontes, avisar e descansar o Arcebispo de Braga quanto às suas intenções e à sua capacidade de garantir a continuação em segurança do evento. [39]

É verdade que houve um importante vulto político católico – precisamente Salazar – que apareceu logo no primeiro Governo da Ditadura Militar. Porém, não é menos significativo que ele se demita ao fim de poucos dias alegando que a extrema instabilidade da situação impedia qualquer acção política útil. Uma razão adicional para a reserva institucional e política da Igreja Católica face à Ditadura Militar foi precisamente a sua instabilidade e indefinição política inicial, não se sabendo sequer se o regime duraria, qual seria o seu programa político se durasse, e quem mandaria afinal, sendo que nada nos documentos e proclamações iniciais indicava qualquer vontade de mexer na «questão religiosa». Bem pelo contrário, como ficará claro na imposição que os militares que controlavam a ditadura fazem a Salazar, quando este regressa ao Governo em Abril de 1928, de não se mexer na questão religiosa. Fazê-lo, todos sabiam, seria oferecer poderosa munição ao arsenal da oposição do PRP-PD e de outras correntes republicanas à Ditadura Militar.

A Igreja Católica no sentido da sua liderança suprema, do Papado e do Episcopado dele directamente dependente, não estava nem mais, nem menos disposta a colaborar com uma ditadura de direita em Portugal, do que um regime republicano dominado pelo laicismo mais menos atenuado do PRP-PD. Colaboraria com qualquer Governo ou regime exactamente de acordo com os princípios de *ralliement* que o papa Bento XV vinha afirmando repetidamente desde pelo menos 1914.[40]

9. Fátima: o religioso extravasando o Estado e a Igreja e sua gradual assimilação

As aparições de uma Senhora luminosa a três pastores numa zona agreste, remota e pobre do concelho de Ourém foram dos acontecimentos mais importante na história religiosa portuguesa neste período, e não podiam deixar de ter implicações na relação entre catolicismo e republicanismo. Sendo Fátima milagre ou não, foi certamente um conjunto de eventos extraordinários e que mostrou a força da crença católica em muitos sectores da sociedade portuguesa reforçando a voz daqueles que argumentavam que a República devia abandonar a política de repressão do catolicismo.

Os protagonistas de Fátima foram crianças camponesas pobres e analfabetas – foram de forma inédita figuras de primeiro plano da história portuguesa neste período. A sua mensagem fundamental era simples: Nossa Senhora não tinha abandonado os portugueses, de que era padroeira, em hora de necessidade, prometia-lhes mesmo a ansiada paz no contexto da Primeira Guerra Mundial, e recordava-lhes os deveres de uma espiritualidade e piedade tradicionais – em torno do terço, das peregrinações.

Fátima foi inicialmente uma entre muitas visões nesses tempos de tribulações, mas foi rapidamente ganhando dimensão nacional levando cada vez maiores multidões à cova da Iria. Este facto abalou os alicerces do Estado republicano laico e alterou a geografia católica portuguesa e mesmo internacional, com o surgimento de um novo grande centro de peregrinações nacionais e, cada vez mais internacionais, no centro de Portugal.

Do fundo de uma cova no meio do país rural veio, portanto, ao de cima a religiosidade católica popular, de forma imprevista e inicialmente suscitando reservas no seio da própria Igreja Católica ao nível dos bispos e clero, assim como de militantes leigos. Quanto ao poder republicano local e central – na época liderado novamente por Afonso Costa – não teve dúvidas em procurar reprimir este problema com uma dimensão cada vez maior e mais ameaçador. Do ponto de vista do Governo, do governador civil e do administrador do concelho esta era uma manifestação particularmente repulsiva de atávica superstição religiosa; era também um acto religioso público ilegal visto não ter sido sujeito à necessária prévia autorização do novo poder republicano; era ainda um desafio a uma política fundamental de empenho a fundo de Portugal na Primeira Guerra Mundial por via de um pacifismo dissolvente e derrotista. Seria errado, no entanto, pensar que em Fátima tudo decorreu de acordo com linhas de demarcação evidentes e pré-definidas.

As reservas relativamente a Fátima não vieram, de facto, apenas de militantes do PRP-PD. Surgiram também das Igrejas protestantes que aí viam um renovar da idolatria marianista. Vieram mesmo do seio da elite católica, do clero e sobretudo e militância laica, que desconfiavam dum processo que mexia com a sua agenda de modernização da fé católica e que temiam poderia ter sérias repercussões negativas para uma Igreja já em situação difícil, caso se revelasse ser uma fraude de algum tipo. Por outro lado, também nem todos os republicanos, nem mesmo os mais anti-clericais, se reviam necessariamente numa política de repressão. Por exemplo *A Montanha*, um jornal assumidamente jacobino, recomendava ignorar e desprezar como o melhor remédio para esta epidemia de superstição: "Pergunta-nos um constante leitor a razão porque não falámos ainda no caso de Fátima. Pela simplicíssima razão de não costumarmos mexer em porcarias".[41] Mas o sector republicano dominante ao nível local, como referimos, decidiu agir de acordo com a linha que Afonso Costa vinha seguindo desde o início quanto à Igreja Católica, e tentar evitar novas aparições e novas peregrinações, que viam como actos públicos de desacato à Lei da Separação. Tal apenas acirrou o ânimo dos católicos, sobretudo depois da última aparição, a 13 de Outubro de 1917, ter convencido muitos dos presentes, inclusive alguns cépticos, de que tinham presenciado um milagre do sol. E mais ainda o fez a tentativa após 1919 de impedir as peregrinações usando a cavalaria da GNR, ou o atentado à bomba de que foi alvo a pequena capelinha no local das aparições, em 1922.[42]

Pode-se, portanto, afirmar que Fátima em certo sentido se impôs, quer à República, quer à Igreja Católica. Mas é necessário qualificar esta afirmação explicitando que a eventual aceitação institucional estatal e eclesial foi essencial para o seu desenvolvimento na escala que veio a atingir. O discurso e os rituais em torno de Fátima foram adoptados a partir das indicações dos videntes, mas também adaptadas, em parte modelados ao mesmo tempo que amplamente propagados pela militância e pelo clero católico, nomeadamente com a insistência na expiação pelos pecados da Pátria e na promessa da regeneração nacional não pela rejeição do catolicismo, mas sim pela restauração das glórias e virtudes antigas do Portugal, Terra de Santa Maria.

Por outro lado, só foi possível o crescimento sustentado das peregrinações por os últimos governos da Primeira República terem decidido que afinal também no caso de Fátima teriam de aplicar – mais ou menos a contragosto, pouco importa – a mesma política de acalmação da «questão religiosa» já genericamente seguida; e portanto não só terem abandonado qualquer tentativa séria de repressão destas manifestações religiosas; como também, a partir de 1926 cada vez mais os governantes se terem mesmo preocupado em oferecer a sua cooperação com as autoridades eclesiásticas para dotar o santuário que ia lentamente emergindo, de infra-estruturas básicas de apoio.[43]

10. Adaptações e resistências a caminho do diálogo

Face à tentativa de acantonamento do catolicismo às forças refractárias à República, sobretudo por parte do Partido Democrático, os bispos evitaram cautelosamente legitimar a resistência ao regime republicano enquanto atitude institucional da Igreja Católica, o que nunca conseguiu impedir, no entanto, o envolvimento de alguns católicos, inclusive de renome e com passado de militância católica, nos movimentos monárquicos e suas tentativas restauracionistas.

Na realidade o catolicismo chegou politicamente dividido à República, e assim continuou, apesar de ser inegável que o esforço do Papado e dos Bispos na implementação da política de *ralliement* e de acção partidária unitária a partir do *Apelo de Santarém* em 1913 deu importantes frutos na acção do Centro Católico Português e sobretudo no esboçar de uma rede cada vez mais activa e disciplinada de militantes laicos que iria desembocar na criação e no dinamismo da Acção Católica, a partir de 1933. Mas, há que notar que no que respeita ao CCP (1917-1932) este nunca conseguiu reunir todos os católicos activos na política – que como vimos iam desde dirigentes monárquicos a senadores de partidos republicanos – como mesmo aí se haveriam de revelar as divisões internas, nomeadamente entre os partidários da secundarização da questão do regime e aqueles que consideravam imprescindível o regresso à Monarquia para a melhoria das condições de existência da Igreja Católica em Portugal.

O episcopado procurou liderar o processo de adaptação ao novo enquadramento jurídico e às dificuldades que trazia ao funcionamento da vida interna da Igreja Católica. Sendo importantes as alterações políticas que se verificaram por acção destes, não menos relevante foi o resultado de tudo isto em termos da recomposição do catolicismo português, nomeadamente com o surgimento pela primeira vez de uma prática frequente de reunião e acção conjunta dos bispos – depois formalizada no surgimento da Conferência Episcopal – em muita estreita articulação com o Papado através da presença do núncio ou seu equivalente logo desde 1910. Ironicamente, portanto, a ofensiva anti-clerical liderada pelo PRP-PD de Afonso Costa, apesar do enorme custo que teve no curto prazo, no período entre 1917, acabou por levar a uma maior coordenação que nunca existira entre os bispos portugueses e um estreitamento da sua ligação com o Papado, visto como seu indispensável orientador e defensor face um Estado hostil.

Embora do ponto de vista doutrinal a separação entre a Igreja e o Estado fosse sempre um desafio numa sociedade que tinha vivido como comunidade orgânica e institucional católica durante séculos, as características da Lei que em Portugal a decretou, teve como resultado ser vista por todos no seio da Igreja Católica, mesmo os mais moderados e predispostos à conciliação com o regime republicano, como hostil e atentatória, acabando por marcar um ponto de viragem, por dois motivos. Em primeiro lugar, congregou as comunidades em torno dos seus bispos, cuja autoridade interna saiu reforçada no embate com as autoridades civis pela recusa de algumas determinações da Lei da Separação; em segundo lugar, porque o confronto com as forças considerados adversas à Igreja reforçou a visão de uma sociedade descristianizada que era preciso converter e ajudou a uma mobilização mais unitária dos católicos portugueses.

O resultado da ofensiva do PRP-PD contra a Igreja Católica foi portanto exactamente o oposto do desejado. Em vez de destruir a ligação dos católicos portugueses com o Vaticano e de anular o peso e autonomia dos bispos e padres, apenas reconhecendo comissões cultuais locais, pelo contrário reforçou o peso quer do Papa, quer dos Bispos e clero que os fiéis viam como indispensáveis referências e defensores da fé ameaçada. Desta ameaça resultou um importante esforço de criação de instituições que a ela pudessem responder pela vivência militante do catolicismo, numa relevante mobilização católica, que pretendendo ser indifirente ao regime da Primeira República, não deixou de vir marcada pela memória dessa hostilidade republicana anti-clerical original que foi essencial no seu doloroso parto.

Apesar das novidades que este processo trouxe – por exemplo um protagonismo muito maior dos leigos – a principal característica do processo foi a prevalência e mesmo o reforço de um forma de pensar a Igreja vinda do Concílio de Trento, que tinha procurado criar no século XVI estruturas de resposta católica ao novo desafio do protestantismo e do regalismo estatal. Neste sentido, continua a ter base fundamental a diocese e a paróquia. Central na doutrina e prática católica, a mediação do clero entre o fiel e Deus saiu reforçada ante os intuitos de entregar aos leigos a gestão do culto católico, como ficou patenteado no fracasso das comissões cultuais e das pensões do clero que foram a grande aposta do PRP-PD de Afonso Costa no sentido da dissolução dessa organicidade católica. A importância dos sacramentos da Eucaristia e da Confissão, determinantes na identidade católica, acentuavam o relevo dessa mediação e constituíram-se como instâncias fundamentais da vivência espiritual do catolicismo português.

Algumas determinações de Pio X foram muito importantes no reforço deste forte enquadramento nomeadamente pela valorização religiosa da infância que sofria a concorrência do enquadramento escolar laico estatal com a encíclica *Acerbo Nimis* (1905), cujos ecos em Portugal se reflectiram na constituição das Associações da Doutrina Cristã em diversas dioceses. Neste quadro de reacção à laicização da educação surge ainda, em 1921, a Cruzada Eucarística das Crianças.

O lugar relevante das devoções do culto do Coração de Jesus com uma espiritualidade que se centrava na necessidade de reparar os pecados do Mundo, sai reforçada da percepção de forte hostilização externa do catolicismo por parte do poder republicano. O fomento das práticas da confissão e comunhão frequente ajudavam a criação de um clima de mobilização para a «reconquista cristã».

Esta insistência na reparação das ofensas feitas a Deus pela República e na reconquista católica de Portugal será central na renovação e recomposição dos santuários e das peregrinações. É fundamental neste aspecto a devoção a Nossa Senhora. Os acontecimentos de Fátima condensam muitos destes elementos da espiritualidade reparadora, à importância da comunhão, passando pela relevância da espiritualidade da infância. Conduz também à deslocação da centralidade do catolicismo português, com alguma perda de importância relativa de Arquidiocese Braga e do-Santuário Sameiro em detrimento do Patriarcado de Lisboa-e do Santuário de Fátima.

O culto de Maria foi desde épocas muito remotas um elemento central do catolicismo português e da piedade popular; Fátima foi assim um marco particularmente importante, estendendo-se para lá do aspecto peregrinacional, influindo no quotidiano familiar, pela prática do terço, na importância das promessas à Virgem e nas novenas, ao longo de todo este período e para além dele.

Muito relevante é também no contexto do tema que aqui nos ocupa o culto do Santo Condestável. Seja pelas suas implicações políticas, por via do surgimento da Cruzada Nacional Nuno Álvares Pereira, em 1918, que reúne católicos, republicanos laicos, e monárquicos numa liga com crescentes inclinações direitistas e de hostilidade ao PRP-PD, e mais genericamente pela tentativa de recuperar a agenda de regeneração nacional do republicanismo por via da identificação do ser católico e ser português. [44]

Apesar do importante sobressalto originado pelo modo como o regime republicano procurou solucionar a questão religiosa, cujas incidências se centraram sobretudo nas relações institucionais, ainda que com repercussões importantes e pertubadores da livre vivência religiosa quotidiana das populações, pode-se questionar até que ponto esta crise foi determinante para a revitalização religiosa católica. Parece-nos que o lento mas consistente processo de recomposição da presença e acção da Igreja Católica em Portugal, mercê quer da influência de elementos externos, quer internos à experiência religiosa católica, tem provavelmente mais importância. Ainda que seja impossível destrinçar completamente elementos endógenos à Igreja Católica do contexto histórico fortemente condicionado pela criação da Primeira República.

Os aspectos políticos, quer os resultantes da situação de confessionalidade na Monarquia Constitucional, quer o de desconfessionalização do Estado operado pela Primeira República a partir da centralidade da separação e do decreto que lhe deu corpo, foram importantes na criação de condições que possibilitaram, por um lado, o reforço de unidade interna do catolicismo, necessidade que se sentia desde os finais do século XIX e, por outro lado, uma crescente mobilização ante um clima considerado frontalmente hostil à Igreja e às manifestações religiosas católicas. Ambas as tendências culminando na formação da Acção Católica. Esta ideia de uma reconquista espiritual encontrou máxima expressão nas conclusões Concílio Plenário dos bispos portugueses de 1926. Note-se que se o republicanismo aderia a um mito de uma Idade do Ouro da democracia na Idade Média e no início das descobertas – valorizando o papel dos concelhos, cortes e a revolução – o que já de si diz muito – de 1383-1385, o catolicismo tendia também a dourar esse passado glorioso português imaginando um Portugal profundamente devoto, profundamente praticante, que não corresponde às enormes dificuldades documentadas por bispos e padres no sentido de ter igrejas por todo o território, e conseguir que sobretudo os homens fossem à missa mais do que pelo Natal e Páscoa prática tradicional significativamente designada de desobriga.

Em conclusão, não se pode reduzir a religião – e nomeadamente o largamente dominante catolicismo – apenas à política. Dito isto, é claro que teve importância política o facto de alguns leigos, apesar das instruções papais e episcopais, nunca terem aceite verdadeiramente uma Primeira República dominada pelo PRP-PD de cujas intenções e promessas sempre desconfiaram – até pelo frequente brandir da ameaça do retorno à Lei de 1911, mesmo que pouco credíveis dado o crescente isolamento do PRP-PD. Mas também não eram os católicos organizados enquanto tal a promover activamente o derrube do regime. Sobretudo, cada vez mais a partir de 1919 os católicos – embora a contragosto de muitos, e com a desobediência de outros – passaram a aceitar que o regime republicano, embora preferencialmente não na forma em que estava, sobretudo quanto à «questão religiosa», que era tolerável temporariamente mas era insatisfatória, tinha vindo para ficar. A maioria dos católicos não queriam a consolidação o PRP-PD como partido dominante do sistema político – dada a centralidade que o anti-clericalismo tivera no seu início.

No entanto, não há nenhuma indicação documental que aponte para o envolvimento institucional de qualquer tipo da Igreja Católica em mais um dos golpes da Primeira República, o 28 de Maio de 1926, que por acaso triunfou, mas bem podia ter falhado como tantos outros. Em suma, se a Igreja Católica não ajudou a consolidar a Primeira República a partir de 1919 foi sobretudo porque a instabilidade política e os golpes eram tantos que não havia muito que ajudar a consolidar.

PEDRO AIRES OLIVEIRA

A República e a Guerra, 1914-1918

Por alguma razão, as guerras parecem ser opções irresistíveis para regimes frágeis em busca de consolidação. Exemplos históricos não faltam: os Girondinos franceses em 1792, o Governo provisório de Kerensky na Primavera de 1917, a Grécia de Venizelos em 1917-20. E a lista poderia continuar. Se nos cingirmos à conjuntura que antecedeu o fatídico Verão europeu de 1914, encontraríamos também exemplos de governos que, não carecendo do mesmo impulso de afirmação pelo patriotismo beligerante, procuraram todavia resolver crises e impasses domésticos através de apostas de alto risco. Nas últimas décadas, um número apreciável de autores virou do avesso o clássico preceito rankeano para explicar a marcha para a guerra de algumas das principais potências europeias, sugerindo que tal opção resultara, afinal, do "primado da política interna" (*Primat der Innenpolitik*), e não tanto da complexa engrenagem do sistema de alianças internacionais. [1] De um modo geral, é também nesse sentido que confluem hoje a maior parte das interpretações acerca das razões da entrada de Portugal na guerra, nomeadamente as produzidas na década de 1990. [2] De então para cá, é seguro dizer que nenhuma contribuição digna de nota desafiou esse consenso.

Ir à guerra sem convite?

Apesar de suscitada pela declaração de guerra da Alemanha em 1916, a beligerância portuguesa no teatro europeu ocidental foi, indiscutivelmente, "uma guerra de escolha". Mesmo não sendo conhecidos os bastidores do processo decisório que levou ao aprisionamento dos barcos alemães, e as reservas das autoridades britânicas quanto à presença portuguesa na Flandres, à época ninguém duvidava da apetência dos dirigentes do PRP (entretanto designado de Partido Democrático) – o partido semi-hegemónico do regime instituído pela Constituição de 1911 – para uma participação militar activa na Europa. Com alguma candura, um deles, o ministro Augusto Soares, haveria mesmo de afirmar que a declaração alemã havia sido "a sorte grande para Portugal", na medida em que oferecia ao país a possibilidade de possuir "voz e voto na Conferência de Paz". [3]

Afirmações desse tipo remetiam para uma questão nunca abertamente discutida, mas bastante comentada em surdina: a relação problemática das autoridades republicanas com a potência que, dentro da lógica europeia das "esferas de influência", nos tutelava, a Grã-Bretanha. Como é sabido, nos tempos da "propaganda", a anglofobia havia sido quase uma segunda natureza do PRP. A afirmação das suas credenciais patrióticas, e a construção da sua mitologia nacionalista, fizera-se através da oposição ao predomínio britânico em Portugal e à sua suposta influência maligna. Sucessivos tratados negociados com Londres pelos governos da Monarquia na época da "corrida a África" foram objecto das mais veementes denúncias pelos parlamentares republicanos, o mesmo sucedendo com a neutralidade ambígua adoptada pelo Governo de Luciano de Castro aquando da Guerra Anglo-Bóer. [4]

Essa atitude seria depois rectificada assim que o PRP passou a assumir uma postura mais condizente com a de um partido com ambições governativas. A preparação do assalto ao poder em 1910 foi inclusivamente precedida de uma sondagem ao Foreign Office (FO), na qual emissários republicanos ofereceram garantias de fidelidade à aliança assim que passassem a dirigir o país. [5] Mas o gene anti-británico, esse nunca foi inteiramente suprimido. O delicado processo de reconhecimento internacional do regime, muito dificultado pelo Governo de Asquith, dividido quanto às repercussões que esse gesto poderia ter junto de Afonso XIII [6], mostrou aos republicanos que conquistar a confiança de Londres seria um processo mais exigente do que haviam estimado. Gestos tradicionais de cortesia, como o envio de um navio da Royal Navy a Lisboa, foram evitados por Londres, que parecia não perder uma oportunidade para manifestar a sua frieza face a um regime regularmente fustigado pelo seu sectarismo e intolerância na imprensa inglesa. Tudo isto os responsáveis republicanos tiveram de suportar com algum estoicismo, aproveitando toda e qualquer ocasião para reiterarem a centralidade da aliança no sistema de relações internacionais de Portugal. [7]

Os anos que antecederam a deflagração da guerra foram igualmente complicados para a posição estratégica de Portugal face à sua aliada histórica. Entre 1911 e 1914, sobre o pano de fundo da competição anglo-germânica, Londres e Berlim reataram contactos com vista a uma possível partilha das colónias africanas de Portugal. A isso não seria também alheia a campanha movida por certos meios humanitários na Grã-Bretanha a favor da reconsideração da aliança com Portugal, tendo em vista a complacência das autoridades lusas face à persistência de práticas "esclavagistas" (a coberto do sistema do "trabalho contratado") nos seus domínios africanos. A antipatia que a negligência e corrupção associadas à administração colonial portuguesa despertava junto de figuras como Edward Grey, o Secretário de Estado do FO, terá facilitado o diálogo com a Alemanha em torno de uma possível reactivação dos acordos informais de 1898 que apontavam, precisamente, para uma transformação do Ultramar português numa espécie de condomínio anglo-germânico. Como é sabido, as conversações entre o FO e os embaixadores alemães em Londres não produziram nunca qualquer efeito prático, sendo altamente duvidoso que pudessem vir a contribuir para um desanuviamento efectivo das tensões anglo-germânicas. Desde logo, os territórios portugueses estavam longe de possuir a relevância estratégica suficiente para servirem de base a um entendimento mais amplo entre duas grandes potências com interesses mundiais, além de que os danos morais que a Grã-Bretanha sofreria caso fosse vista a sacrificar um aliado mais pequeno para apaziguar a Alemanha não deixaram de ser devidamente ponderados em Whitehall. [8]

Mais alarmantes para Portugal foram as discussões travadas no seio de vários departamentos governamentais britânicos relativamente às vantagens de se manterem os tratados de aliança, no contexto da situação estratégica no Mediterrâneo. Desde as duas crises marroquinas (1906 e 1911) e a intensificação da corrida naval com a Alemanha após 1898, que a contenção do possível expansionismo germânico no Atlântico se tornara um dos principais focos das preocupações dos estrategas britânicos.[9] Isso levou-os a procurar uma divisão de tarefas nos mares onde a esquadra alemã representava uma ameaça às suas posições, primeiro, e depois às da Entente Cordial. Deixando à França a responsabilidade pela segurança dos seus interesses no Mediterrâneo, a Inglaterra comprometia-se a concentrar esforços no Atlântico e no Mar do Norte, assegurando a defesa das costas francesas (Acordos Navais de Julho de 1912). O concurso da Espanha para este novo arranjo de forças foi também julgado importante tendo em vista o alinhamento da Itália com as potências centrais e a incerteza quanto à posição que a Turquia pudesse assumir. Em Dezembro de 1912, um memorando secreto do almirantado britânico, então liderado por Winston Churchill, levantava uma série de questões quanto à relevância da aliança com Portugal para a Inglaterra. Aparte o benefício proporcionado pela negação de facilidades a potências inimigas em pontos estratégicos como os Açores e Cabo Verde, os autores do documento viam poucas vantagens em continuar a oferecer garantias a um país incapaz de se defender por si próprio. Em suma, o desiderato fundamental da Grã-Bretanha deveria consistir em garantir a neutralidade portuguesa num cenário de guerra, mas para isso a pressão diplomática deveria ser suficiente.[10] Subjacente a este raciocínio estava uma valorização da ligação a Espanha, cujo poderio naval (seis cruzadores modernos) não podia ser menosprezado num equilíbrio de forças no Mediterrâneo. Acreditando que uma beligerância portuguesa ao lado da Entente poderia encorajar Afonso XIII a inclinar-se para o lado da Tríplice Aliança, figuras como Churchill argumentavam que seria mais avisado guardar algumas distâncias face ao regime jacobino- -revolucionário de Lisboa – ou até mesmo anuir perante os desígnios anexionistas do monarca Bourbon. Esta reorientação de fundo, con-

A REPÚBLICA E A GUERRA, 1914-1918

tudo, acabaria por não vingar. Responsáveis igualmente influentes, como Sir Eyre Crowe, alegaram que a preservação de uma neutralidade útil para a Inglaterra por parte de Portugal seria mais fácil de garantir, justamente, pela manutenção da aliança (cujas cláusulas, de resto, Londres pôde sempre interpretar com grande flexibilidade), e não pela sua denúncia. Para além do mais, seria duvidoso que uma intervenção de Afonso XIII em Lisboa – aparentemente "autorizada" pelo entendimento franco-espanhol de Dezembro de 1912 – pudesse oferecer garantias de uma maior estabilidade na Península Ibérica. [11]

O ponto de vista de Crowe prevaleceu – mas isso não devolveu tranquilidade aos responsáveis portugueses. As conjecturas da imprensa e as inconfidências diplomáticas colocaram-nos de sobreaviso face às ambiguidades da Inglaterra. Ciente da sua falta de alternativas (a este respeito, a crise do Ultimatum fora instrutiva), a classe dirigente republicana acabaria por se resignar à tutela britânica. Enveredou então por outro caminho – aquilo a que um estudioso destes assuntos designou como "colagem agressiva". [12] Para além da dimensão retórica (hiperbolização da amizade luso-britânica), essa abordagem consistia em persuadir Londres das vantagens de fortalecer a ligação a Portugal, em detrimento de uma aproximação a Espanha. Para além de terem agitado – sem grande sucesso, diga-se de passagem – o espantalho do "anexionismo espanhol", os dirigentes republicanos desdobraram-se em gestos obsequiosos. A somar às já mencionadas concessões comerciais, aceitaram adjudicar à Marconi Wireless o estabelecimento de um sistema de telegrafia sem fios em vários pontos do continente, ilhas e domínios ultramarinos (em detrimento de uma proposta mais vantajosa da Telefunken alemã), negaram à Marinha alemã a possibilidade de aceder a depósitos de carvão nas ilhas atlânticas, e procuraram o apoio britânico para a modernização das forças armadas portuguesas, cujas carências ao nível de equipamento eram sentidas como um dos factores que mais diminuía a posição do país perante a aliada. [13]

Este último aspecto, aliás, foi desde cedo encarado como crítico pelo regime saído do 5 de Outubro, e em boa parte reflectia as ansiedades dos meios militares face ao grau de empenhamento britânico na defesa nacional. O ambicioso (ou, se quisermos, megalómano) plano de reequipamento da Armada, delineado por uma comissão presidida pelo tenente Pereira da Silva em 1911, traduzia a crença de que a segurança dos portos portugueses, na eventualidade de um bloqueio espanhol, teria de depender essencialmente das capacidades nacionais, ao menos numa fase inicial, dado o reposicionamento operado pela Royal Navy na sequência dos acordos navais com a França. [14]

Nada disto, porém, alterou o essencial da equação. A eclosão da guerra na Europa vai apanhar o país mal preparado para qualquer cenário de beligerância – especialmente se a ela estivesse associada uma opção voluntarista, mal compreendida pela população. Para além das insuficiências ao nível do equipamento, a instituição militar vivia uma espécie de crise de identidade. A reorganização do exército (1911), liderada pelo ministro da Guerra, general Correia Barreto, à volta do qual sobressaiu um grupo de oficiais conhecidos como a "Jovem Turquia", ligados ao Partido Democrático e à loja maçónica "Acácia", pretendia transformar a instituição castrense numa grande escola de cidadania, veículo ideal para disseminar os ideais do regime junto de uma população que lhe era maioritariamente indiferente, senão mesmo hostil. A sua referência, para além da "Nação em Armas" da França revolucionária, era o modelo miliciano da República Helvética, que estabelecia um vínculo entre o cidadão e as forças armadas ao longo da vida, através de curtos períodos de instrução. [15] No entanto, dificuldades de ordem financeira, as resistências do corpo de oficiais, e toda a convulsão política interna que se seguiu à implantação do regime, levaram a que a reforma mal passasse do papel. Nesse sentido, a perspectiva de uma participação na guerra não deixava de ser vista como uma segunda oportunidade para realizar a grande mobilização cívica que ajudaria a enraizar mais eficazmente o regime e os ideais republicanos.

Uma vez mais, porém, seria a atitude da Grã-Bretanha que baralharia os cálculos da facção intervencionista da classe política republicana. Muito resumidamente, Londres olhava para a posição da sua aliada sob dois ângulos principais: as implicações estratégicas da entrada do país na guerra e os benefícios e custos inerentes a uma beligerância de Lisboa no teatro europeu. Ora, nada disto tornava os responsáveis britânicos propensos a ir ao encontro das pretensões dos seus interlocutores lusos.

Como já foi notado, até 1915 as incertezas que envolviam o equilíbrio de forças no Mediterrâneo pesaram decisivamente na maneira como a situação na Península era encarada nas ilhas britânicas. Com a beligerância da Turquia ao lado das potências centrais (Setembro de 1914), a Entente ficou impedida de comunicar com a Rússia e, como tal, mais vulnerável à atitude que neutros como a Itália e a Espanha pudessem tomar. Enquanto a primeira não se definisse, era vital para britânicos evitar qualquer tentação espanhola de seguir o exemplo da Turquia (aliança com Berlim) e assim colocar Gibraltar e o acesso ao Mediterrâneo em perigo. Por conseguinte, manter a Espanha neutral tornava-se vital, sendo que uma beligerância pró-Entente de Lisboa era vista pelos decisores em Whitehall como susceptível de comprometer esse objectivo. [16]

Por outro lado, a legação britânica desde há muito que vinha reportando a Londres as tremendas insuficiências do exército português, que, para além de graves problemas de disciplina, organização e equipamento, se especializara nas últimas décadas em campanhas coloniais de baixo nível tecnológico, não se batendo contra adversários europeus desde as guerras napoleónicas. Não só Portugal não estava em condições de oferecer qualquer contributo válido no teatro europeu (incluindo o naval), como a sua beligerância significaria uma factura pesada para o Tesouro britânico e o risco de uma maior instabilidade política em Lisboa. Evidentemente que o país poderia prestar alguns serviços valiosos à causa aliada: a negação de facilidades ao inimigo, o acesso aos portos portugueses na Europa e no ultramar, o abastecimento de algumas matérias-primas, direitos de passagem nos territórios africanos, e até mesmo um certo grau de cooperação militar. Mas nada disso implicava uma beligerância activa, sobretudo na Europa. No fundo, o que o Governo de Asquith pretendia era reeditar a situação vivida aquando da Guerra Anglo-Boer, quando Portugal assumiu uma neutralidade "condicionada" ou "beligerante", e assim satisfez as necessidades da Grã-Bretanha no conflito. [17]

É verdade que em Outubro de 1914 um memorando britânico quase configurou um convite para a intervenção ao lado da Entente. Esse documento surgira na sequência de um pedido urgente da França, então ainda a recompor-se da ofensiva do Marne, a Portugal no sentido de este lhe ceder um conjunto de peças de artilharia *Schneider.* Perante a exigência portuguesa de fazer acompanhar essas baterias de militares portugueses (por questões de "dignidade nacional"), os britânicos aceitaram invocar a aliança para solicitar um alinhamento activo de Portugal com a Entente, que contemplaria o envio de forças portuguesas para a frente ocidental. Simplesmente, daqui não decorria, no entendimento britânico, que Portugal tivesse de renunciar de imediato à sua posição neutra; tal só deveria suceder assim que o país estivesse em condições de levantar um corpo expedicionário apto a marchar para a Flandres – e essa seria, assim o esperavam os britânicos, uma possibilidade relativamente remota. [18]

Nos meses seguintes, essa previsão revelou-se certeira. Em África, os primeiros recontros com os alemães, no Norte de Moçambique (ataque ao posto de Maziúa, na fronteira do Rovuma), em Setembro, e Sul de Angola (combates em Naulila, junto à fronteira com a Damaralândia), em Dezembro, demonstraram que a frente colonial estava longe de poder ser negligenciada. As expedições de Massano de Amorim a Moçambique e Alves Roçadas a Angola (ambas em 1914) ressentiram-se da pressa com que foram organizadas e geraram insatisfação entre um corpo de oficiais que tinham nas campanhas coloniais o seu principal motivo de orgulho. De resto, a perspectiva de uma mobilização para a frente ocidental terá estado na origem de um falhado pronunciamento militar ocorrido em Mafra, em Outubro, naquela que terá sido a primeira manifestação do mal-estar que a orientação pró-intervencionista dos democráticos estava a causar nas fileiras militares. [19] A circunstância do memorando britânico de 10 de Outubro ter conduzido aos preparativos para a constituição de uma Divisão Auxiliar confirmou os piores receios da oficialidade conservadora que dominava a hierarquia do exército e rangia os dentes perante as crescentes interferências partidárias no interior da instituição. O avolumar das tensões entre o Governo e esses sectores militares teria o seu clímax em Janeiro de 1915, com o chamado "movimento das espadas", um protesto simbólico contra alegadas perseguições políticas nos meios castrenses, o qual acabaria por abrir caminho para a "ditadura" do general Pimenta de Castro. [20]

Um dos aspectos mais salientes da governação de Pimenta de Castro (cuja chegada ao poder foi bem acolhida pelas autoridades britânicas, à semelhança do que sucederia depois com Sidónio) seria, precisamente, a adopção de um conjunto de medidas que iam ao arrepio da orientação prosseguida pelo executivo anterior: licenciamento de praças de infantaria e cancelamento dos preparativos para a instrução da Divisão Auxiliar que deveria acompanhar as peças de artilharia cedidas à Entente.[21] Os próprios corpos expedicionários enviados para Angola e Moçambique receberam indicações para fazer regressar parte dos seus efectivos, alegadamente para se rectificarem alguns dos aspectos mais descurados da sua organização.

Um novo volte-face acabaria por dar-se em 14 de Maio de 1915, na sequência da deposição de Pimenta de Castro por um movimento militar e civil onde os elementos intervencionistas ligados ao Partido Democrático (com destaque para os da Marinha e os "Jovens Turcos") desempenharam um papel preponderante.[22] Apesar da situação em Moçambique inspirar cuidado, e da perspectiva de uma beligerância na Europa se ter revelado altamente controversa no seio do campo republicano, nem por isso os democráticos deixaram de a converter no seu objectivo máximo assim que recuperaram as rédeas da governação. Como explicar a ressurgência desta obstinação?

Sem dúvida que alguma motivação de sentido mais estratégico não lhe era alheia. Os receios de que a Espanha pudesse emergir como a principal aliada ou interlocutora das potências ocidentais, e da Inglaterra em particular, no quadro peninsular, parecem ter tido sido partilhados por figuras republicanas influentes.[23] Sobretudo, entre alguns deles, alicerçou-se a crença de que apenas participando no exigente teatro ocidental o país poderia não apenas salvaguardar a integridade dos seus territórios ultramarinos, mas também aspirar a uma posição condigna da futura conferência de paz e na redistribuição dos despojos do conflito (o que na gíria da época era designado como "a pele do urso"). De certa maneira, Portugal teria de alinhar ao lado da Grã-Bretanha precisamente para se acautelar relativamente à sua habitual "perfídia" sempre que se tratava de dispor dos interesses de potências mais frágeis. Neste ponto, porém, nem todos os historiadores têm aceitado a retórica dos intervencionistas pelo seu valor facial. Na realidade, figuras destacadas da direita republicana, como Brito Camacho, desde cedo enfatizaram que uma postura de cooperação leal e útil com a Grã-Bretanha não seria incompatível com um estatuto de não-beligerância na Europa – desejada pela própria aliada –, nem com uma defesa activa da soberania portuguesa em África, algo que até então não havia comprometido o relacionamento com a Alemanha. João Chagas, ministro em Paris, resumiu bem, numa passagem muito citada do seu diário, o paradoxo da causa intervencionista, ao considerar a Inglaterra o principal inimigo de Portugal no conflito: "À política inglesa não convém que Portugal tenha individualidade, hoje, como não a teve no tempo de Napoleão. É preciso combater este velho propósito, afirmando mau grado seu a nossa individualidade. A nossa participação na guerra não tem outro objectivo que não seja este: sobreviver ao lado dos ingleses. Mas isto não se pode dizer nos jornais". [24]

Uma mobilização incompleta

Em Março de 1916, o apresamento dos navios alemães surtos em portos portugueses (o equivalente a 240 mil toneladas), desencadeado por um pedido formal da Grã-Bretanha, então a sofrer enormes perdas de tonelagem no Atlântico em consequência da campanha submarina alemã, ofereceu ao Governo de Afonso Costa o pretexto para efectivar a beligerância lusa. Mas um exame sumário da interacção diplomática entre Lisboa e Londres mostra que os dois governos tinham interpretações divergentes acerca das suas consequências práticas. Para os britânicos, ela deveria continuar a resumir-se a um apoio limitado ao esforço de guerra aliado, agora reforçado com a cedência de uma parte substancial dos 87 navios mercantes alemães requisitados por Portugal. Para os responsáveis portugueses, pelo contrário, ela carimbaria o muito desejado passaporte para uma participação militar em França, no âmbito de uma invocação expressa da aliança luso-britânica. Apenas ao cabo de porfiados esforços foi possível persuadir o governo de Asquith a aceitar este ponto de vista (o contributo da França, aliás, terá sido também importante, dado o desejo manifestado por Joffre em contar com reforços portugueses na frente). [25]

A analogia histórica com a posição dos jacobinos franceses em 1793 (os quais, curiosamente, se haviam inicialmente oposto à política intervencionista dos girondinos) tem sido justamente notada pela historiografia que sublinha o peso da motivação doméstica na estratégia do "partido da guerra". A França, uma vez mais, fornecia a fórmula que o momento exigia: um governo de "União Sagrada", dotado dos meios necessários para realizar a grande mobilização patriótica em torno de um objectivo que se confundia com o próprio ideário republicano – a luta pela Razão, a Justiça e o Direito. Estaria assim desimpedido o caminho para a reconciliação da família republicana, fracturada pelas querelas intestinas surgidas após 1911. Não querendo assumir o ónus de um repúdio formal dos princípios democráticos e parlamentares, a corrente que se reclamou da herança do PRP (os democráticos) tivera de se resignar a exercer uma hegemonia imperfeita no sistema partidário republicano, recorrendo a métodos que combinavam o velho caciquismo dos tempos do liberalismo monárquico com golpes de voluntarismo de inspiração jacobina.

As razões do fracasso dessa experiência são demasiado complexas para serem aqui discutidas. Bastará notar que entre 1911 e 1916, a instabilidade governativa foi endémica e o fosso cavado entre a elite política republicana e o grosso da população portuguesa não deixou nunca de se ampliar. Católicos, monárquicos, activistas operários e sindicalistas foram basicamente impedidos de desenvolver uma participação cívica e política normal. Procedimentos legais e administrativos confinaram os actos eleitorais a um universo muito restrito e controlado pela elite republicana. Inevitavelmente, os meios violentos tornaram-se a única via acessível para garantir uma mudança de políticas e de governantes. [26] O interregno de Pimenta de Castro terá sido um dos momentos críticos na forma como os "falcões" do Partido Democrático entendiam o futuro imediato do regime, desde logo por ter confirmado as suas piores suspeitas relativamente à deslealdade da maioria dos oficiais de carreira do exército. Para evitar que o ambiente de guerra civil larvar evoluísse para uma confrontação ainda mais grave, era imprescindível que o poder político republicano se reforçasse. Ora, tirando a ditadura, isso só poderia ser alcançável deitando mão a medidas excepcionais, apenas justificáveis por uma situação de "emergência nacional". Numa palavra, por uma guerra.

Para essa finalidade, o teatro africano, secundário e periférico, seria insuficiente. Desde Setembro de 1914 que decorriam hostilidades entre forças portuguesas e alemãs na África meridional sem que isso tivesse alterado o estatuto de Portugal face às potências centrais. Os territórios africanos eram demasiado distantes para causar qualquer espécie de comoção nacional, não obstante toda a hiperbolização do "império" no discurso nacionalista português. Além do mais, tirando as escaramuças com os alemães no Norte de Moçambique, em 1916 a situação na África portuguesa era insusceptível de pôr o país em pé de guerra. Como já foi notado, na mente dos intervencionistas, a "glória" só poderia advir de uma participação na Frente ocidental: "(...) os soldados portugueses bater-se-iam num teatro de operações central, com os grandes e entre os grandes, sob a bandeira da República. As batalhas da 'Grande Guerra' acrescentar-se-iam, agora, à já longa gesta dos portugueses e seriam, a partir de então, o último capítulo da sua memória heróica". ([27])

Apenas as exigências associadas a um envolvimento na Flandres dariam o pretexto às autoridades portuguesas para reconstituir uma nova divisão de instrução e solicitar à Grã-Bretanha o estabelecimento de uma cooperação militar efectiva, à qual estaria acoplada uma significativa assistência financeira. Na mobilização do país para a guerra, porém, os falcões republicanos foram incapazes de emular a eficiência de que os jacobinos, através do terror estatal e do governo por comités de salvação, deram provas em 1793-94, nem tão pouco os esforços de unidade nacional promovidos com êxito pela III República francesa desde 1914. Desde logo, o sentido de urgência que informou as políticas desses regimes não existia em Portugal em 1916. Para além da baixa intensidade dos recontros com a Alemanha em África, a vizinhança com a Espanha neutral era razoavelmente tranquila (os dois países, de resto, não se guerreavam desde a Guerra das Laranjas) e a pressão britânica para que o país marchasse para a Flandres não existia.

Mas mesmo que a propaganda governamental tivesse conseguido fabricar uma espécie de "psicose de guerra", a falta de um consenso alargado ao nível das principais forças republicanas foi desde logo visto como uma importante falha na estratégia intervencionista. [28] Com efeito, a "União Sagrada" versão lusa deixou de lado um dos principais partidos republicanos, os unionistas de Brito Camacho, o que deitava por terra um dos principais desideratos dos adeptos da beligerância (unificação do campo republicano). Confinada a democráticos e evolucionistas, a coligação começou a sofrer as primeiras cisões ao fim de poucos meses, nomeadamente após a aprovação de legislação draconiana visando actos de sedição e traição. Significativamente, o chefe unionista será um dos incentivadores iniciais do golpe contra-revolucionário de Sidónio Pais, em finais de 1917. A estratégia dos democráticos também não contemplava qualquer mão estendida a outras forças políticas, indiscutivelmente representativas de importantes sectores da opinião portuguesa. Apesar da aliadófilia de D. Manuel II, exilado em Londres, e das exortações à cooperação dos seus seguidores num esforço de colaboração com a Inglaterra, os monárquicos continuaram reduzidos à condição de párias no contexto político nacional. Nenhum esforço assinalável para envolver dirigentes do movimento operário na governação, e nas medidas de sacrifício que teriam de ser impostas à classe trabalhadora, foi levado a cabo – uma omissão que, uma vez mais, contrastou fortemente, com a tentativa de criação de um ambiente de confiança mútua empreendida pelas autoridades francesas desde 1914 (materializada em várias concessões aos sindicatos). Apesar da maioria desses sectores se ter declarado hostil a uma participação militar nacional numa guerra "imperialista", dificilmente a atitude adoptada por Afonso Costa em Março de 1916 – a tentativa de dissolução da União Operária Nacional e de alguns dos sindicatos que a constituíam – poderia ter contribuído para desanuviar a crispação social que as privações induzidas pela guerra haviam exacerbado, com especial acuidade desde o início desse ano. [29]

O universo católico, que a República antagonizara com as suas reformas secularistas radicais em 1910-11, foi igualmente descurado. É certo que desde 1914 alguns políticos e governantes republicanos haviam feito apelos a uma pacificação das relações com a Igreja – a célebre política de "acalmação" –, ao passo que no governo de Pimenta de Castro se adoptaram amnistias e foi autorizada a organização política dos católicos. ([30]) Mais a mais, muitos não ignoravam a importância que a assistência religiosa aos soldados, facultada pelos capelães militares, poderia vir a assumir numa campanha que iria exigir a incorporação de dezenas de milhar de indivíduos arrancados ao mundo rural e impermeáveis à aculturação republicana. Mas também aqui as medidas de conciliação foram escassas e ineptas. A possível revisão da Lei de Separação foi rejeitada e na constituição do governo de União Sagrada não se atenderam aos apelos à inclusão de uma personalidade católica. Até mesmo na questão da assistência religiosa, a intransigência jacobina do governo levou a melhor, negando-se à Igreja qualquer papel na selecção dos capelães. O conflito, porém, acabaria por dar à Igreja o ensejo para promover uma impressionante campanha de angariação de fundos destinada a financiar a manutenção dos capelães na Flandres e a proporcionar "conforto espiritual" aos soldados do CEP (através das "madrinhas de guerra") e das suas famílias. Conforme sublinhou Ribeiro de Meneses, "ao provocar um conflito aberto com a Igreja, o Governo permitiu aos católicos demonstrarem a sua força e disputarem o monopólio de patriotismo e apoio às tropas, que o Governo republicano deveria ter mantido intacto de forma a usar eficientemente a guerra para aprofundar as raízes do regime na sociedade portuguesa". ([31])

Talvez se possa argumentar que uma política de concórdia não estava na massa do sangue dos partidários da intervenção. Mas ainda assim, é difícil perceber de que se alimentava a sua confiança numa estratégia abertamente voluntarista, sobretudo atendendo à persistência das divisões políticas e às vulnerabilidades que o país apresentava nos mais variados planos. Perante o impasse instalado na frente europeia, a neutralidade americana e o número apreciável de carnificinas já registada até meados de 1916 (Marne, Ypres, Somme, Gallipoli, Verdun), as perspectivas de um desfecho rápido da guerra eram cada vez mais remotas. Isso teria exigido, desde logo, um esforço de "explicação" da beligerância portuguesa muito mais profundo do que aquele que acabou por ser realizado. As ambiguidades que haviam rodeado a entrada no conflito desaconselhavam, naturalmente, a publicação de algo semelhante a um Livro Branco, no qual o governo pudesse apresentar as suas razões e invocar o interesse nacional de uma maneira persuasiva. De resto, o facto de o país se encontrar exposto às consequências económicas da guerra mas não enfrentar a perspectiva de uma agressão ao seu território nacional, complicava ainda mais as coisas. A guerra era, em suma, um fenómeno distante e intrigante. Numa sociedade pobre, iletrada, esmagadoramente rural, qualquer operação de sensibilização teria de se articular com as "forças vivas" da província ou a Igreja católica, mas isso não foi feito. Sobraram alguns esforços mais ou menos desgarrados e individuais, como a *Cartilha do Povo* de Jaime Cortesão, mas o seu impacto deverá ter sido mínimo. Nas cidades, o habitat por excelência do activismo republicano e os locais de maior implantação social do regime, a campanha de mobilização para a guerra tem sido descrita como "antiquada" (por ignorar os novos meios de comunicação de massas, como o cinema ou o cartaz publicitário) e modesta na sua capacidade de penetração nos meios escolares e operários. Isto apesar de, em certa maneira, o *zeitgeist* sugerir alguma receptividade das elites intelectuais à exaltação das virtudes marciais e valores nacionalistas, conforme se pode constatar pelas intervenções de figuras e grupos não alinhados com o PRP (casos dos Integralistas ou de artistas mais ligados aos círculos modernistas, como Almada Negreiros). ([32]) Aparte a acção de organismos emanados do PRP, ou de militantes feministas como Ana de Castro Osório, tudo se resumiu quase à mobilização da imprensa afecta ao regime e à publicação de panfletos e brochuras, que dificilmente persuadiriam quem já não estava rendido à bondade das razões governamentais.

É possível, claro está, que mais do que falta de imaginação ou sensibilidade, tenha havido sobretudo falta de recursos e capacidade organizativa. Numa gestão das prioridades, os preparativos militares impuseram-se, naturalmente, no topo da agenda governamental. Na mitologia republicana, aliás, este foi sempre um dos aspectos mais valorizados da política intervencionista, e um dos poucos aspectos trabalhados com alguma sofisticação pela sua propaganda. ([33])

O célebre "milagre de Tancos" pôs à prova os dotes organizativos do ministro da Guerra, Norton de Matos, que, atendendo às circunstâncias, realizou a proeza de aprontar em poucos meses perto de 55 mil homens, que deveriam seguir para França em levas de 4 mil. Tratou-se de um esforço cujo impacto na população civil foi considerável já que o recrutamento, incorporação e instrução envolveu um número muito superior às metas estabelecidas pelas reforma militar de 1911, e teve de ser realizado em paralelo com o aprontamento de novas expedições para Moçambique, as quais envolveram para cima de 20 mil homens até 1918. A taxa de refractários, que em 1915 se havia cifrado nos 32,9 por cento, foi reduzida significativamente após esse ano, ao que tudo indica em virtude de uma vigilância mais apertada da GNR. [34]

As instalações e campos de instrução (a "cidade de pau e lona"), localizados no chamado "Polígono Militar de Tancos", perto do nó ferroviário do Entroncamento, tiveram de ser erguidas quase a partir do zero e toda a operação logística se revestiu de uma dimensão sem precedentes em Portugal. O perfil dos oficiais que iriam assumir posições de comando no CEP não foi descurado. O seu comandante, general Tamagnini de Abreu e Silva era tido como disciplinador e leal ao regime, ao passo que no seu Estado-Maior o tenente-coronel Roberto Baptista era alguém da máxima confiança de Norton de Matos, e o general Simas Machado, comandante da 2ª Divisão, um homem ligado ao Partido Evolucionista. A estes nomes deverão ser acrescentados outras figuras que se haviam distinguido no movimento dos "Jovens Turcos" ou nas fileiras do Partido Democrático, como Jaime Cortesão, António Granjo, Cunha Leal, Augusto Casimiro, Vitorino Guimarães, entre outros. [35]

Ao fim de três meses de instrução, em Agosto de 1916, uma divisão de quase 20 mil homens foi dada como apta para seguir. A pressa portuguesa tinha uma razão de ser: o receio de que o fim da guerra estivesse para breve e o esforço de mobilização tivesse sido em vão. Nesse sentido, era fundamental que Portugal tivesse, pelo menos, uma participação simbólica na frente ocidental. Apesar da má-vontade evidenciada pela Missão Militar britânica em Lisboa, os responsáveis portugueses conseguiram inclusivamente impor como meta o envio de duas divisões para a Flandres, o que lhe daria o ensejo de constituir um Corpo de Exército. As vantagens políticas eram óbvias: embora sob a alçada do comando-chefe britânico em França, um Corpo de Exército tinha direito a emitir os seus próprios comunicados de imprensa (e, não menos significativo, seria também uma forma de corrigir a memória da subalternização dos militares portugueses aos britânicos ocorrida no tempo das campanhas napoleónicas). [36] Adicionalmente, estava ainda prevista a formação de um corpo de artilharia pesado e de uma esquadrilha de aviação, mas a realidade encarregar-se-ia de corrigir essas pretensões mais ambiciosas. [37] Na verdade, a dependência portuguesa dos recursos britânicos era imensa, a começar pelos transportes marítimos que deveriam levar os contingentes lusos até Brest (a Espanha, invocando o estatuto de neutralidade, não autorizou a passagem dos soldados portugueses pelo seu território). No início de 1917, a primeira mobilização do CEP produziu um contingente de, aproximadamente, 40 mil homens (1 551 oficiais e 38 034 sargentos e praças), ao qual se juntariam mais 10 mil após completada a formação da 2ª Divisão. Cerca de 28 por cento eram voluntários, os restantes 72 por cento conscritos. [38]

Apesar da aprovação de um decreto reintroduzindo a pena de morte para certos crimes de guerra, as primeiras manifestações de resistência e indisciplina não tardaram. Em Abril de 1916, uma insubordinação de duas companhias na Covilhã mostrou que a diminuição do número de refractários não autorizava, afinal, grande optimismo quanto à motivação das tropas, ou ao zelo disciplinador dos oficiais. Mais grave seria porém o levantamento militar protagonizado em Tomar, a 13 de Dezembro, por Machado Santos, o "herói da Rotunda", nas vésperas do primeiro embarque para França. [39] O seu principal objectivo consistia no derrube do governo de António José de Almeida e, presume-se, na inversão da política militar prosseguida desde a declaração de guerra da Alemanha. Neutralizada em pouco tempo, a revolta contou todavia com um número apreciável de cumplicidades entre os oficiais que haviam ministrado a instrução em Tancos dos soldados destinados à Flandres. A prisão de muitos deles representou assim um duro revés para a coesão do CEP. Nos meses seguintes, tumultos e motins continuaram a preceder o envio de vários contingentes, alimentados, provavelmente, pela circulação de fantásticas histórias sobre os alegados lucros pessoais realizados por Afonso Costa e outros dirigentes à conta da requisição dos navios alemães e da mobilização do CEP (que entretanto ganhara a designação de *Carneiros de Exportação Portuguesa*).[40]

Pese embora este ranger de dentes, os embarques foram-se realizando sem perturbações de maior, entre Janeiro de Novembro de 1917 (para isso talvez tenha contribuído o ambiente de quase secretismo que os rodeou). Parte da instrução do CEP seria completada em França, pela necessidade que desde logo se sentiu de pôr os militares portugueses a par dos desenvolvimentos ocorridos ao nível das tácticas de combate e armamentos. A convenção anglo-portuguesa de Janeiro desse ano assegurara ao CEP uma certa margem de autonomia, nomeadamente ao nível da justiça e disciplina militares, mas subordinara-o táctica e estrategicamente ao comando-chefe britânico. Foi-lhe atribuída a responsabilidade por um sector próximo da cidade de Lille, entre Armentières e Béthune (entre 11 a 18 km, com uma frente de 4 a 11 km)[41], à data tido como relativamente calmo. Do outro lado da "terra de ninguém", encontrava-se o Sexto Exército alemão.

Na realidade, o posicionamento do contingente português em França decorrerá ao longo de um período não muito animador para as forças da Entente. Com a campanha submarina alemã a atingir o seu clímax na primeira metade de 1917, e a beligerância americana longe ainda de poder fazer a diferença, a máquina de guerra aliada parecia vulnerável face ao mais auto-suficiente bloco das potências centrais. À infeliz participação italiana e desaires nos Balcãs, juntava-se agora o colapso interno do regime czarista, na sequência da Revolução de Fevereiro, o que não prenunciava nada de bom quanto à já diminuta capacidade bélica da Rússia. Na frente ocidental, a introdução dos primeiros carros de combate pelos britânicos, na expectativa de conseguirem romper as linhas defensivas alemãs, foi incapaz de produzir resultados decisivos. Entre Julho e Novembro, uma vasta ofensiva britânica (Passchendaele) saldou-se por uma das maiores carnificinas do lado aliado (300 mil britânicos e 8500 franceses), esgotando praticamente o contingente de voluntários recrutado por Lord Kitchner em 1914. No lado francês, a Primavera vira eclodir os primeiros sinais de desmoralização nas trincheiras, com várias unidades a amotinarem-se no rescaldo da desastrosa ofensiva arquitectada por Nivelle. [42]

Deficientemente equipadas, mal agasalhadas, sujeitas a um regime alimentar estranho, as tropas portuguesas realizaram uma difícil adaptação às condições da Frente. Viaturas de apoio, munições, ambulâncias, e material médico foram apenas fornecidos à última hora pelos britânicos, e mesmo assim longe de poderem satisfazer todas as necessidades recenseadas. Fardas e calçado revelaram-se inadequados às condições climatéricas do Norte da França, particularmente no Inverno (chuvoso e frio), e o rancho à inglesa (carne enlatada, doce de laranja amarga, bolachas e chá) tornou-se uma das mais persistentes razões de queixa dos soldados portugueses. Estratagemas para regressar mais cedo, ou evitar uma maior exposição ao risco, não tardaram a surgir. Muitos indivíduos foram declarados incapazes pelas juntas médicas e recambiados para Portugal, o que levou o Ministério da Guerra a ter de aprovar sanções severas para os casos mais duvidosos. Um número apreciável de oficiais terá preferido fazer a guerra confortavelmente instalado em Paris, situação que se tornou politicamente melindrosa quando os seus laços de parentesco com proeminentes políticos republicanos foram revelados no mais famoso panfleto anti-intervencionista produzido à época (o *Rol da Desonra*). [43]

O "calvário" do CEP na Flandres é hoje um assunto relativamente bem estudado, muito embora um exame à correspondência dos seus membros nos pudesse oferecer novos ângulos sobre os sentimentos, percepções e atitudes do contingente luso. Aparentemente, a interacção das tropas com a população civil não correu mal, pese embora numa fase inicial os habitantes da Flandres os tenham confundido com eslavos, italianos ou ciganos, aos quais estavam associados estereótipos racistas. [44] Nos períodos de descanso, os militares portugueses prestaram auxílio às populações da chamada Linha de Aldeias, designadamente em tarefas agrícolas, domésticas e na reconstrução de edifícios atingidos pelo fogo inimigo – um empenhamento devidamente reconhecido por alguns poderes municipais franceses no pós-guerra. [45]

Aparte disso, o quotidiano do CEP faz jus às familiares imagens da Grande Guerra como um conflito particularmente terrível para o soldado das trincheiras. Para além dos rigores do clima, das péssimas condições sanitárias, da assistência médica insuficiente, o aspecto mais problemático terá sido a exposição a períodos demasiado longos na linha de frente, com o inevitável stress e desgaste psicológico daí resultantes. Tal acontecia porque a desejável rendição de tropas nunca funcionou devidamente. Atendendo à impossibilidade de usar as ligações terrestres ferroviárias para realizar o *roulement*, o CEP estava à mercê da disponibilidade dos transportes marítimos britânicos. Ora, desde Setembro de 1917 que os responsáveis aliados, a braços com perdas contínuas de tonelagem, vão deixar de atender aos pedidos portugueses. Situação que se agrava quando o comando britânico decide conceder total prioridade ao desembarque de contingentes militares norte-americanos e canadianos nos já muito congestionados portos atlânticos franceses. O Estado-Maior português ficava, assim, reduzido à possibilidade de usar os escassos meios da marinha nacional para estabelecer a ligação com a retaguarda doméstica (somente dois navios), o que se veio a revelar manifestamente insuficiente. Os tempos de permanência média na linha da frente foram de 6 meses para a Infantaria, 9 para a artilharia, 8 para as metralhadoras e 15 para sapadores mineiros.[46] Embora poupados a combates mais mortíferos durante boa parte de 1917, o tipo de tarefas suplementares atribuídas aos militares portugueses (vigilância, reparação de estragos de bombardeamentos, prestação de primeiros socorros), e a grande proximidade física das linhas inimigas, causavam um desgaste físico e psicológico assinalável. Como não podia deixar de ser, o moral e a disciplina ressentiram-se. Desvios comportamentais, pequena delinquência, rixas, manifestações de desleixo e falta de zelo, incumprimento de ordens, quebra anímica, foram-se tornando comuns. Houve quem simulasse doenças, recorresse à automutilação ou tentasse aliciar pessoal médico para prolongar um internamento ou, melhor ainda, obter uma baixa susceptível de ser usada em Portugal. Significativamente, o número de indivíduos padecendo de neuroses e doenças clínicas (sobretudo doenças infecciosas e do aparelho respiratório) terá sido superior ao das baixas motivadas por ferimentos e doenças de guerra mais comuns. Isabel Pestana Marques calcula que este quadro deverá ter contribuído para subtrair entre 18 a 20 mil homens ao contingente de 55 165 do CEP, em Março de 1918, possivelmente o mês mais decisivo da campanha portuguesa. [47]

Alguns oficiais começaram também a usar as licenças para regressar a Portugal pelos seus próprios meios, ou seja, atravessando a Espanha de comboio, o que fez as autoridades temer uma vaga de deserções. Para obviar a essa situação introduziu-se um sistema de licenças mais curto que obrigava ao descanso na retaguarda militar, em campos especialmente construídos para o efeito. Mas nem essa solução mitigou sequer o problema de fundo, já que os campos de repouso nunca foram suficientes para acomodar praças e oficiais de patente mais baixa em números expressivos. Como escreveu Rui Ramos, "o CEP eram 55 mil homens condenados ao exílio". [48]

Safaris sangrentos [49]: Angola e Moçambique

Abaixo da linha do Equador, a posição portuguesa não era muito melhor, pelo menos na África Oriental, o que não deixa de ser irónico se levarmos em conta que os propagandistas do regime haviam procurado justificar a entrada na guerra com a necessidade de acautelar a soberania nas colónias. Aliás, os paradoxos abundam quando atentamos nas circunstâncias do empenhamento português na defesa do império durante a Grande Guerra. Desde logo, estava longe de ser simples identificar a Alemanha como a principal ameaça. Para além das ambiguidades britânicas, os portugueses tinham de se preocupar sobretudo com as ambições da União Sul-Africana, cujo núcleo bóer continuava a exercer uma influência muito considerável na política e nos desígnios estratégicos do território, agora convertida num domínio da Commonwealth. As ambições de Pretória relativamente a Moçambique, nomeadamente à baía de Lourenço Marques e territórios a Sul do Save, eram bem conhecidas, e após o início da guerra Jan Smuts, o chefe da Força de Defesa Sul-Africana, chegará mesmo a submeter um memorando ao War Office em Londres sugerindo a incorporação na União daqueles territórios, da Rodésia, do Sudoeste Africano e do Sul de Angola até à linha do Caminho de Ferro de Benguela. [50] A forte presença britânica em algumas das Companhias Majestáticas da província, e as desconfianças de Londres face ao expansionismo africânder, travaram o plano; mas as incógnitas que persistiam quanto ao desfecho do conflito, e ao tipo de compromissos que poderiam ter de ser fechados numa conferência de paz, roubavam o sono aos portugueses.

Em Angola, a somar às "deslealdades" britânicas, os receios de Lisboa prendiam-se com um possível interesse belga em Cabinda [51], e alemão e sul-africano no Sul. À partida, o conflito favorecia a posição de Lisboa, na medida em que colocava os potenciais "abutres" em campos antagónicos. A eclosão da guerra vai contudo exacerbar clivagens na sociedade sul-africana, nomeadamente entre os mais liberais anglófonos, partidários da ligação ao Império através do estatuto de Domínio, e aqueles nacionalistas afrikaners que ainda não haviam renunciado ao sonho de uma República Bóer com aspirações de hegemonia regional, e não se tinham esquecido do apoio do Kaiser em 1899. Os sectores mais extremistas deste último grupo ainda esboçam uma revolta, em Outubro de 1914, com o intuito de realinharem a União com a Alemanha e proclamarem a República, mas o partido "imperial" acaba por prevalecer e intervir, de forma decisiva, no Sudoeste Africano, entre Março e Julho de 1915. O que, por sua vez, não deixa também de reforçar os desígnios expansionistas de Pretória. Em suma, se a capitulação de Windhoek aliviava a pressão sobre o Sul de Angola, não deixava também de criar outras ameaças a longo prazo. [52]

Este quadro de incerteza obrigou as autoridades portuguesas a tomarem algumas providências após o início das hostilidades na Europa, nomeadamente o envio de uma expedição militar para Angola (82 oficiais e 1482 outros militares) [53], em Setembro de 1914, liderada pelo major Alves Roçadas, vitorioso na campanha contra o Cuamato, sete anos antes. O envio deste "centurião" do tempo da Monarquia mostrava bem como o regime estava condenado a confiar num corpo de oficiais cuja lealdade às instituições republicanas era, no mínimo, duvidosa, e a ter de partilhar com eles os louros de eventuais glórias militares em África. De resto, a emergência de um teatro de guerra em África baralhava os planos republicanos de reforma das forças armadas, que previam uma maior autonomização do Exército colonial, com vista a torná-lo mais baseado no recrutamento local. [54] A perspectiva de um confronto com forças europeias, ou enquadradas por europeus e com tecnologia europeia, colocou tais intenções em suspenso e foi um dos factores de descontentamento entre os oficiais africanistas mais experientes, muito cépticos quanto à possibilidade de um corpo expedicionário aprontado à pressa se sair bem de um embate contra tal adversário. Nas vésperas do conflito mundial, Portugal disporia de aproximadamente 5 mil militares em Angola, um território com mais de 1 milhão e 200 mil km2, sendo apenas 1700 deles europeus. Nas regiões de fronteira com o Sudoeste africano prevalecia a dispersão e o acantonamento em pequenos postos isolados, geralmente rodeados por populações hostis. O planeamento estratégico e operacional era inexistente e os mapas militares pouco fiáveis. [55]

A missão de Roçadas era dupla: submeter novamente as tribos ovambas que continuavam a oferecer resistência ao domínio português (sobretudo os Cuanhamas), e selar a fronteira sul, para conter uma possível tentação alemã de usar o Sul de Angola como via para contornar o bloqueio inglês ao Sudoeste africano. Um incidente entre uma missão militar alemã e as autoridades portuguesas no posto de Naulila, próximo do rio Cunene, vai contudo precipitar a abertura de hostilidades entre os dois vizinhos. Apesar de se encontrarem em superioridade numérica, e mais bem equipados, os portugueses sofrem um desaire expressivo às mãos do contingente comandado pelo major Franke, novamente próximo do forte de Naulila. Objecto de polémicas apaixonadas nos anos subsequentes, Naulila deu validade às advertências de muitos oficiais quanto à dificuldade que Portugal teria em bater-se com tropas regulares europeias em África. O balanço é eloquente: 69 mortos, 76 feridos e 37 prisioneiros do lado português contra 12 mortos e 19 feridos no lado alemão. [56] A isto acrescia ainda a perda de um arsenal vasto (mais de mil espingardas e cerca de

OUTUBRO: A REVOLUÇÃO REPUBLICANA EM PORTUGAL

2 milhões de cartuchos) e, claro, as consequências psicológicas e estratégicas de uma retirada que em muitos aspectos mais se assemelhou a uma debandada.

Em Lisboa, a imprensa republicana tentou apresentar Naulila como o resultado da vizinhança traiçoeira dos alemães, mas os governantes perceberam que era urgente estancar as perdas e recuperar a iniciativa. Um outro veterano africanista, o general Pereira d'Eça, antigo ministro da Guerra, partiu para Angola investido da dupla função de comandante-chefe e governador-geral, sucedendo nesse papel a Norton de Matos. O contingente que reuniu para tentar a reconquista dos territórios perdidos e dar combate aos alemães (se os sul-africanos os obrigassem a recuar para o Sul de Angola) era, tendo em conta o historial das campanhas africanas de Portugal, impressionante: 265 oficiais, 7489 sargentos e praças e 60 canhões e metralhadoras. Foi a maior concentração de tropas europeias que o território conheceu até 1961. ([57]) A logística do contingente, e da expedição que depois foi concentrada no Sul, também superou tudo o que até então os portugueses haviam mobilizado para uma campanha colonial (artilharia pesada, camiões, animais de carga) – e neste aspecto, uma vez mais, os problemas de intendência foram enormes, o mesmo sucedendo com os serviços de saúde e o nível de preparação das tropas metropolitanas, recrutadas à pressa.

A rendição de Franke ao general Botha em Windhoek, a 9 de Julho de 1915, suprimiria um dos objectivos de Pereira d'Eça, que dois dias antes tinha acabado de reocupar Humbe, sem grande oposição. O desaire de Naulila ficou, pois, por vingar. Mas, como sublinha Pélissier, a vasta concentração de meios que o desejo de ajustar contas possibilitara deu aos portugueses o ensejo de liquidarem os principais focos de resistência no Sul de Angola, que em poucos anos estará transformado num "grande cemitério". ([58]) Essa operação de "pacificação" vai, contudo, ser realizada com o emprego sistemático do terror e de outras devastações, levadas a cabo pela tropa regular e auxiliares indígenas, numa escala inédita nos anais da colonização moderna de Angola. Rivalidades étnicas foram exploradas com especial crueldade, gado e colheitas foram dizimados e para os chefes insurrectos não houve clemência. A campanha de Pereira d'Eça terá o seu ponto alto com o recontro de Môngua (18-20 de Agosto de 1915), que termina com a rendição de Mandume, rei dos Cuanhamas e tenaz adversário dos portugueses. O mais arguto analista destes "safaris" ultramarinos de Portugal interroga-se sobre o esquecimento a que o recontro – "a única vitória franca e decisiva do Exército metropolitano português em África entre 1914 e 1918" [59] – foi votado pela memória nacional. Mas isso talvez se explique pela reputação feroz que Pereira d'Eça depois adquiriu enquanto governador militar de Lisboa, numa conjuntura de graves conflitos sociais e motins de fome, e pelas críticas que seriam feitas à condução das suas expedições em Angola nas sessões secretas do Parlamento em 1917. [60]

Em Moçambique, os portugueses não puderam beneficiar de um *knock-out* prematuro dos alemães e pagariam um preço muito alto por isso. Ao invés do que sucedeu com outras potências coloniais, que puderam recorrer ao reservatório humano dos seus impérios para refrescar os seus exércitos na Europa, Portugal conheceria em Moçambique um autêntico sorvedouro de homens e recursos [61], situação tão mais paradoxal quanto nos finais da Monarquia porções significativas do território haviam sido "pacificadas" pela acção de "centuriões" como Mouzinho, Azevedo Coutinho e Eduardo Costa. Como notou António Telo, foi como se os responsáveis em Lisboa tivessem optado por ignorar décadas de lições acumuladas em campanhas africanas. [62]

A primeira expedição destinada a Moçambique, liderada pelo coronel Massano de Amorim (1539 militares), partiu de Lisboa em 12 de Setembro, duas semanas depois de ter ocorrido um primeiro incidente na fronteira do Rovuma (o saque e incêndio do posto de Maziúa por uma força alemã). Tirando o reforço dos postos de vigia e das vias de comunicação, os objectivos da sua missão eram razoavelmente vagos, sobretudo no que toca ao "perigo alemão". Tendo em vista a desorganização e improviso que pautaram o levantamento da força expedicionária, dificilmente Massano de Amorim poderia aspirar a mais do que a "reprimir o gentio" caso este se sentisse encorajado a passar à rebelião. Ainda assim, as autoridades em Lisboa parecem ter considerado que os recontros anglo-germânicos mais a Norte, no Quénia, lhes ofereciam uma oportunidade para marcar pontos perante as forças aliadas, o que passaria, desde logo, pela reocupação de Quionga, essa espécie de Olivença do Ultramar português, detido pelos alemães desde 1894. Em Junho de 1915 a expedição portuguesa recebeu instruções de Lisboa para atacar esse objectivo, mas o seu impotente comandante informou Lisboa de que a sua força havia sido dizimada por epidemias e estava incapaz de conduzir qualquer manobra ofensiva. O envio de uma nova expedição de 1542 homens, acompanhada da nomeação de um novo governador, o político democrático Álvaro de Castro, em Outubro de 1915, foi a resposta possível à primeira *débâcle* no Rovuma. Apesar da bem sucedida tomada de Quionga (abandonada pelos alemães), o desempenho da força liderada pelo Major Moura Mendes foi igualmente afligido pelos problemas sanitários e logísticos, tornados dramáticos pela estação das chuvas. As suas elevadas baixas por razões sanitárias tornaram inevitável o envio de uma terceira expedição, a mais forte até à data, com 159 oficiais e 4 483 praças, comandada pelo general Ferreira Gil. [63]

Numa situação já de beligerância formal com a Alemanha, o poder político em Lisboa procurou colocar o novo corpo expedicionário ao serviço de uma estratégia de "prestígio", que consistia em lançar operações ofensivas além-Rovuma, em plena *Ostafrika*, na expectativa de que quando o armistício chegasse Portugal pudesse estar bem posicionado para reclamar a sua parte da "pele do urso". Sucede, porém, que esse desígnio nunca foi devidamente sustentado por uma avaliação criteriosa dos meios disponíveis para o alcançar, nem por uma reflexão fria acerca do que havia corrido mal em anteriores expedições. O voluntarismo, uma vez mais, produziu efeitos devastadores. As várias tentativas de desembarque na margem Norte do Rovuma, uma delas apoiada pelo cruzador *Adamastor*, saldam-se por outros tantos fiascos. Além dos graves problemas de disciplina, instrução, cuidados sanitários e intendência, a expedição de Ferreira Gil, um militar sem experiência de África, ressentiu-se de problemas de coordenação com a Marinha e, sobretudo, com o governador Álvaro de Castro. A sua ofensiva na segunda metade de 1916, uma incursão na fronteira norte

A REPÚBLICA E A GUERRA, 1914-1918

do Rovuma, produziu resultados decepcionantes e deu azo à captura de quantidades formidáveis de armas e munições por parte das forças germânicas. Tais desaires serão, inclusivamente, debatidos no parlamento de Lisboa, nas suas célebres sessões secretas de 1917, estando na base de azedas recriminações visando o Ministério da Guerra e Ferreira Gil. [64]

Mas a fase mais crítica da guerra em Moçambique ainda estava para vir. Ela vai ter lugar em 1917-18, quando o general Von Lettow-Vorbeck, muito pressionado pela ofensiva aliada no centro do Tanganica, escolhe internar-se na colónia portuguesa para aí conduzir um jogo do gato-e-do-rato que porá a cabeça em água a Álvaro de Castro, o qual havia entretanto assumido o comando de uma nova força expedicionária, a quarta desde 1914 (209 oficiais e 5058 sargentos e praças). [65] Para além da desesperante caça a uma coluna que usava os métodos de guerrilha com mestria, a autoridade portuguesa sofreu uma forte erosão perante alguns dos povos indígenas de Moçambique, que graças às incursões alemãs ganhariam uma outra percepção das vulnerabilidades do colonizador. Assim, a somar à enorme revolta que em 1916-17 havia ocorrido no Zambeze (em boa parte motivada pelo recrutamento coercivo de dezenas de milhar de carregadores para o exército colonial e forças britânicas), Portugal terá ainda de lidar com insurreições dos Ajauas, Macuas, Angoches e Macondes, instigadas ou encorajadas pela *Schutztruppe* de Lettow-Vorbeck, que a dada altura ainda chegaria a ameaçar Quelimane, um porto estratégico da província. Com um número de efectivos irrisório (menos de 300 europeus, 1700 *askaris* e 3000 carregadores), este virtuoso do "raide em profundidade" [66] vai obrigar os portugueses a submeter-se ao comando do general sul-africano Van Deventer, que, de resto, jamais conseguirá cercá-lo e aniquilá-lo. Para os aliados, este pesadelo moçambicano só chegará ao fim em 25 de Novembro de 1918, duas semanas após o armistício na Europa, altura em que o general prussiano decidiu finalmente oferecer a sua rendição (consumada, de resto, em território inimigo, na Rodésia do Norte).

De acordo com diversas análises e estimativas, o balanço da campanha moçambicana é pesado. As autoridades republicanas terão mobilizado perto de 40 mil homens, sendo destes 20 923 europeus fardados. Um autor estima que o número de mortos registado nos dois últimos anos de guerra (2007) terá sido superior ao número equivalente de todas as campanhas coloniais realizadas em Moçambique entre 1855 e 1917, sendo que a esmagadora maioria dessas baixas (1945) se terá ficado a dever à ausência de qualquer profilaxia anti-palúdica ou outras cautelas elementares (ferver água, uso de redes anti-mosquito). [67] Tirando a reocupação simbólica de Quionga, os mal-definidos objectivos militares das sucessivas expedições ficaram por cumprir, vastas quantidades de material, munições e víveres foram aproveitados pelo inimigo e, chegada a paz, o "palmarés" de Portugal no teatro da África Oriental estava longe de ser invejável. [68]

Tal não se ficou a dever a qualquer espécie de inferioridade tecnológica ou a recursos menos valiosos – a sua arma standard, por exemplo, era a *Mauser* de 1907, ao passo que a *Schutztruppe* alemã tinha de se contentar com o modelo de 1877 [69], e os portugueses encontraram-se quase sempre em superioridade numérica. As falhas têm de ser procuradas noutro lado: na liderança (descoordenação, rigidez táctica), no planeamento, na organização. Batendo-se em casa, os portugueses não coleccionaram um único triunfo digno de nota contra os alemães e viram-se obrigados a despender esforços assinaláveis para reprimir – com enorme brutalidade, de resto – vários levantamentos tribais em zonas até então dadas por "pacificadas". Terão, com isso, confirmado velhos estereótipos que outros colonizadores acerca deles formavam: "simples parasitas ou, na melhor das hipóteses, uns insignificantes Latinos palavrosos e fanfarrões". [70] Um muito mau presságio, pois, para a divisão dos despojos que haveria de ter lugar em Paris em 1919.

Derrocada doméstica

Primeiro conflito total, a Grande Guerra foi em boa medida decidida no equilíbrio entre os campos de batalha e a "frente doméstica". A vitória acabou por sorrir aos estados que se mostraram, simultaneamente, mais eficazes na prossecução do esforço bélico e na manutenção de uma elevada coesão política e social em torno dos objectivos nacionais. Em 1917 este equilíbrio foi duramente testado em vários países, não sendo Portugal excepção. A ilusão de uma guerra curta fora definitivamente enterrada. Os consensos domésticos, cujo grau de consistência era bastante variável entre os vários beligerantes, começaram a ressentir-se de um impasse que ceifara já milhões de vidas, o mesmo sucedendo com o moral das tropas. Em virtude da maior integração económica mundial registada desde o último quartel do século XIX (a era da "primeira globalização"), os estados europeus estavam especialmente vulneráveis às perturbações do comércio internacional, provocada pela guerra submarina ou pelos bloqueios navais. Embora as convulsões suscitadas pelo conflito (greves, motins, golpes militares) não tenham sequer poupado estados neutros, os mais vulneráveis terão sido aqueles cujos governos maiores dificuldades experimentaram em persuadir as respectivas populações da necessidade de suportar sacrifícios em prol de um desígnio nacional partilhado. ([71])

A localização periférica de Portugal face aos grandes teatros de guerra protegeu-o de quaisquer retaliações significativas por parte das potências centrais (à excepção de bombardeamentos esporádicos nos Açores, Madeira e Cabo Verde por submarinos alemães), mas não o poupou às incidências económicas do conflito, nomeadamente à desarticulação que este provocou às vias de abastecimento e escoamento do país. A dependência que o comércio exterior português apresentava face à Grã-Bretanha, não atenuada pelas requisições dos navios alemães, fez-se pagar bem alto em 1917 – só a partir de Setembro é que a escolta de navios mercantes através do sistema de comboio permitiu aos aliados minorar o impacto dos *U-boats* germânicos. Apesar dos esforços que as autoridades republicanas envidaram desde 1916 para tentar obviar às situações de escassez e ruptura de abastecimentos, nunca existiu vontade política suficiente para enfrentar com vigor os fenómenos do açambarcamento e manipulação de preços. A introdução de medidas de racionamento foi muito mais tardia (e ineficaz) do que noutros países, o mesmo sucedendo com o lançamento de impostos extraordinários para financiar o esforço de guerra. De resto, e como seria de esperar, a máquina administrativa do Estado provou não estar à altura da situação de emergência que o país atravessava, tornando-se o alvo de toda a espécie de recriminações a propósito da sua ineficiência, morosidade e cedência à corrupção. No plano social, iniciativas que poderiam ter contribuído para apaziguar as classes trabalhadoras foram praticamente nulas ou meramente simbólicas, não obstante a criação do Ministério do Trabalho e da Previdência Social em 1916. [72]

É possível que os governos tenham tentado fugir à aplicação de medidas impopulares sobre sectores influentes das "forças vivas" (caso dos grandes proprietários agrícolas ou da indústria moageira) ou de grupos importantes da sua base tradicional de apoio (comerciantes urbanos, funcionalismo), na esperança de que as linhas de crédito britânicas lhes permitissem continuar a pagar indefinidamente o "pão político" (cuja qualidade, aliás, sofreu uma deterioração imensa entre 1916 e 1918), mas a verdade é que a assistência financeira aliada esteve longe de suprir as necessidades do país. Os governos optaram por financiar os défices através de um aumento da circulação fiduciária, o que fez disparar a inflação. O índice oficial do custo de vida, que reflectia apenas os preços legais, determinados pelo governo (o que deixava de fora uma enorme variedade de artigos, susceptíveis de serem apenas adquiridos no mercado negro) passou de um valor de 100 em 1914 para 162 em 1917. [73] Apesar de terem sofrido vários aumentos, os salários nunca conseguiram acompanhar a espiral inflacionária que se agrava entre 1915 e 1917 (de 15 a 19 por cento) e conhece escalada brutal em 1918 (80 por cento). [74] Se a isso somarmos as rupturas pontuais de abastecimentos de bens de primeira necessidade, sobretudo nos principais centros urbanos, e um crescimento do desemprego entre os trabalhadores industriais, é fácil percebermos o contexto social explosivo que se foi formando ao longo de 1917. A famosa "revolta da batata", um motim de fome ocorrido em Lisboa, em Maio desse ano, deu azo a cenas nunca vistas de pilhagem de estabelecimentos comerciais por parte do *lumpen* dos bairros mais miseráveis. Para restaurar a ordem, o general Pereira d'Eça foi obrigado a chamar tropa da província e a estabelecer a lei marcial na capital. Dos confrontos entre as forças da ordem e os amotinados terão resultado 38 mortos, 117 feridos e centenas de detidos. [75]

Outro sinal agoirento para as autoridades foi o recrudescimento da agitação laboral organizada nesse mesmo ano, nomeadamente a eclosão de algumas greves gerais localizadas que registaram níveis de adesão elevados (especialmente a da construção civil, a dos trabalhadores da companhia das águas, ou até a dos tipógrafos do *Mundo*). No Verão de 1917, esta vaga de protesto contra a carestia de vida e as deficiências nos abastecimentos às cidades culminaria numa paralisação de grande impacto, a greve dos trabalhadores dos serviços postais e telégrafos, a qual, pelo seu simbolismo (tratava-se de funcionários do Estado), levaria o ministro da Guerra a colocar os grevistas sob a alçada da justiça militar e a avançar com a deportação dos que se recusaram a pôr fim ao protesto. [76]

No seio da União Sagrada, e em linha do que vinha acontecendo em alguns países europeus em guerra, António José de Almeida acarinhou a ideia de envolver as "forças vivas" no processo governativo, nomeadamente através da criação de um organismo que institucionalizasse um diálogo permanente entre os representantes dos grandes grupos económicos, personalidades académicas e o governo, o que supostamente daria mais força às decisões que este tomasse. No fundo, tratava-se da admissão de que os procedimentos democráticos vigentes estavam longe de proporcionar uma base de legitimidade sólida ao executivo, cabendo ao Conselho Económico Nacional mitigar os efeitos dessa situação. O facto de a sua composição não incluir elementos do mundo sindical, aqui ao contrário do que sucedeu noutros países beligerantes, veio contudo limitar as perspectivas deste balão de ensaio de uma representação de teor corporativo (que o consulado sidonista se encarregaria depois de retomar). Na realidade, a tentativa de a criar acabaria por estar na origem da crise política que ditou o colapso da União Sagrada, abrindo caminho para o terceiro, e último, executivo de Afonso Costa (Abril-Dezembro de 1917), constituído exclusivamente por personalidades seleccionadas pelo líder democrático, embora com a promessa de um apoio parlamentar dos evolucionistas. [77]

A sua vigência, porém, foi atribulada: a situação económica não mais deixou de se deteriorar, a contestação social, como já vimos, conheceu uma escalada imparável, e os embarques de tropas, tanto para a Flandres como para África, continuaram a ser criticados. Para além de ter alienado uma porção substancial do seu eleitorado mais fiel (a pequena e média burguesia urbana), a governação afonsista também não conseguiu nunca agradar às classes mais abastadas e conservadoras, insatisfeitas com a ausência de ordem[78] e ressentidas com algumas das iniciativas governamentais em matéria económica (nomeadamente aquelas que procuravam punir práticas ilícitas ao nível da comercialização de bens essenciais, ou tributar mais severamente os lucros de guerra). Em Junho, Costa teve de se empenhar pessoalmente para neutralizar um desafio esboçado por vários deputados do seu próprio partido, alguns deles com serviço militar prestado em França, que reclamavam a formação de um governo mais abrangente na sua composição. Para piorar as coisas, o recrudescimento de uma religiosidade popular, de contornos messiânicos, em torno das aparições de Fátima (Maio-Novembro de 1917), veio oferecer novos pretextos de mobilização a um catolicismo ofendido.[79] Em Novembro, eleições municipais deram um sinal claro da impopularidade do governo, sendo um dos seus indicadores mais expressivos os 24% dos votos obtidos por uma lista monárquica em Lisboa, o feudo histórico do PRP.

O febril ambiente conspirativo que se seguiu teria o seu corolário no pronunciamento de 5 de Dezembro de 1917, um golpe de Estado duplamente amargo para o jacobinismo republicano: em primeiro lugar, pelo simbolismo do local em que o movimento liderado por Sidónio Pais triunfou (a Rotunda em Lisboa); em segundo lugar, pela circunstância da queda do executivo de Afonso Costa (repleta de episódios desagradáveis, como a pilhagem da sua residência por uma multidão em fúria) ter sido bastante facilitada pela ausência em França de uma parte significativa dos oficiais republicanos que haviam constituído o esteio da sua estratégia intervencionista.

Objecto de outro estudo neste volume, limitar-nos-emos a assinalar aqui que o impacto da governação sidonista nos infortúnios do CEP, nomeadamente as consequências que teriam resultado da não rendição de tropas em França, foi sempre demasiado exagerado. Aliás, existe hoje algum acordo quanto à "absolvição" de Sidónio Pais nessa matéria, uma vez que, como já vimos, a suspensão do envio de contingentes

A REPÚBLICA E A GUERRA, 1914-1918

para a Flandres ocorrera ainda sob a vigência do governo de Afonso Costa, em consequência da retirada dos navios que estavam afectos ao transporte de tropas do CEP pelo comando britânico. De resto, o governo de Sidónio Pais (erradamente visto como germanófilo durante muito tempo) parece ter compreendido, e aceite, a lógica subjacente à política de intervenção no teatro europeu, pois durante os primeiros meses de 1918 tentou resistir à ideia de uma retirada do CEP da frente, exactamente por temer que um papel subalterno do contingente luso viesse anular os dividendos políticos que a beligerância deveria proporcionar. [80]

La Lys e depois

Em Abril, a ideia de que os soldados portugueses estavam inteiramente à mercê de desígnios e forças mais vastas encontraria a sua confirmação dramática no âmbito da grande ofensiva da Primavera desencadeada pela Alemanha. Contando já com um número significativo de tropas regressado da frente oriental, após a derrota da Rússia bolchevique, o alto comando alemão estava todavia muito pressionado domesticamente, até porque ninguém ignorava que dentro de pouco tempo o reforço americano começaria a fazer-se sentir. Apercebendo--se de que uma das vulnerabilidades dos aliados residia nos pontos de junção entre os sectores controlados por exércitos de nacionalidades diferentes [81], os alemães concentraram o seu poder de fogo na zona a cargo do Primeiro Exército britânico, na qual se incluía o sector a cargo do CEP. Com o objectivo de chegar ao Canal da Mancha, e aí cortar as linhas de abastecimento dos britânicos em França, o comando alemão apostou no uso de tropas de assalto especializadas nas mais recentes tácticas de infiltração, e apoiadas por um bombardeamento massivo de artilharia. A Batalha do Lys (também conhecida como a terceira batalha da Flandres, ou a quarta de Ypres), desenrolou-se entre 9 e 29 de Abril, tendo a sua primeira fase incidido sobretudo sobre o sector a cargo de Portugal, que recebeu um ataque de oito divisões do Sexto Exército alemão. Para a desmoralizada 2ª Divisão portuguesa, então subordinada ao comando táctico do XI Exército britânico, dificilmente o embate poderia ter ocorrido em pior altura. Na realidade, as chefias portuguesas e britânicas haviam finalmente acordado em proceder à retirada do CEP da linha da frente, depois de se terem verificado actos graves de insubordinação e indisciplina colectiva. O que não é surpreendente, dado o estado de exaustão física e emocional de tropas que, para além de não serem rendidas há meses, tinham suportado uma sucessão de ataques alemães especialmente intensos ao longo do mês de Março.

Coincidência ou não, a verdade é que o comandante alemão, von Falkenhausen, acertou em cheio no *timing* da ofensiva que recebeu o nome de código de "Operação Georgette", a qual vai ter lugar em pleno processo de rendição de tropas, e num momento em que a divisão portuguesa estaria desfalcada de aproximadamente 400 oficiais e mais de 6000 sargentos e praças, em parte devido ao caótico processo de licenças então vigente. Comandados por Gomes da Costa (a quem é creditada uma acção meritória, mesmo por historiadores insuspeitos de simpatia pela sua figura), os soldados portugueses terão acusado o impacto, sobretudo a nível psicológico, do poder da artilharia alemã. Ainda hoje é complicado encontrar um veredicto claro sobre a prestação do CEP em La Lys.[82] Seria injusto ignorar as circunstâncias anormalmente dramáticas a que o contingente estava submetido desde há meses, ou os actos de bravura de alguns elementos. Mas é difícil escapar à ideia de que o pânico se apoderou da grande maioria das tropas, ou subestimar o revés político que constituiu a dissolução do CEP e do seu comando autónomo. O balanço de baixas, também nunca apurado com uma exactidão completa, é também ele eloquente: elas rondarão entre as 6 938 e as 7 199, segundo duas estimativas, contando-se os mortos entre 398 e 614 e os prisioneiros 6 585. Tais números corresponderão a cerca de 35 por cento dos efectivos da 2ª Divisão portuguesa.[83]

Em jeito de consolação, alguns autores gostam de referir o contributo da resistência portuguesa para o retardamento do avanço alemão, dando oportunidade a que os britânicos se reorganizassem nalguns pontos e recebessem reforços da França. Quando a batalha chega ao fim, os alemães tinham recuperado algum terreno perdido em Passchendaele, mas o seu grande objectivo – chegar aos portos do Canal da Mancha – esse falhara por inteiro. No entanto, para Portugal, as elevadas baixas sofridas representaram um revés significativo, abalando muito o seu já diminuto prestígio. As chefias britânicas retiraram os destroços do CEP para a retaguarda e atribuíram-lhes a tarefa, não muito dignificante, de cavar trincheiras até ao fim das hostilidades. A relação de confiança entre os oficiais dos dois países foi seriamente afectada. Até ao armistício, verificar-se-iam ainda algumas tentativas de reconstituir uma divisão portuguesa com ocupação táctica e comando próprio, mas as exigências colocadas pelos responsáveis britânicos ao nível da instrução de tropas, da sua autonomia logística, assim como a manutenção das dificuldades com os transportes marítimos, inviabilizaram tal desiderato. Quando alguns dos oficiais mais politizados, como Hélder Ribeiro e Augusto Casimiro, tentaram formar, pelo menos, dois batalhões aptos para entrar novamente em combate, a reacção das praças não foi propriamente entusiástica. Em finais de Setembro e em Outubro de 1918, registaram-se numerosas deserções e actos de indisciplina colectiva graves, obrigando as chefias, numa ocasião, a ordenar a punição por metralhamento de uma das unidades sublevadas. [84]

Os infortúnios do CEP levaram, pois, a que o fim das hostilidades fosse saudado com alguma ambivalência. Os soldados portugueses ganharam o direito a desfilar nos Campos Elísios, ao lado dos contingentes de outras potências. Mas ninguém poderia ignorar que o preço a pagar por essa distinção fora imenso. Com as suas finanças de rastos, a inflação a atingir valores inéditos, e a conflitualidade laboral sem dar sinais de esmorecer, o país não parecia ter muito para celebrar. Sobretudo nas cidades. À escassez de géneros essenciais, juntava-se agora a disseminação de epidemias como a pneumónica, que entre 1918 e 1919 terá provocado entre 60 e 150 mil mortos (tal indeterminação diz algo acerca das capacidades dos serviços públicos para lidarem com a pandemia). [85] Cerca de um mês volvido sobre o armistício, a 14 de Dezembro, o assassinato de Sidónio Pais no Rossio encarregar-se-ia de pôr termo à experiência da "República Nova", sustentada essencialmente pela autoridade carismática do "Presidente-Rei". Abriu-se então um período excepcionalmente atribulado, muito próximo de um cenário de guerra civil. O bandoleirismo e a anarquia colaram-se à imagem externa do país, precisamente na altura em que se iniciavam os trabalhos da Conferência de Paz em Paris.

Os resultados alcançados aí pela delegação portuguesa (chefiada até Março de 1919 por Egas Moniz, e daí em diante por Afonso Costa) foram parcos, sobretudo atendendo ao que eram as expectativas e as ambições da elite republicana. Um estudioso destes assuntos considera, aliás, ter sido Portugal, a par da Itália, "um dos países aliados com mais razões de queixa dos resultados práticos da Conferência de Paz". [86]

Na única reunião preparatória da missão portuguesa em que chegou a participar, Sidónio Pais definira, em termos prudentes, os objectivos nacionais na Conferência, afastando, por exemplo, a hipótese de Portugal vir a reclamar qualquer espécie de recompensas territoriais. O desmembramento do império colonial alemão, contudo, e a atribuição de um mandato a uma pequena potência como a Bélgica, no Ruanda-Burundi, vieram desestabilizar a abordagem portuguesa. Por uma questão de prestígio, Afonso Costa procurou reclamar uma compensação idêntica para Portugal, pretensão que não foi atendida. Para além de gozar de uma reputação péssima como potência colonial, a prestação militar lusa em Moçambique agravara ainda mais as opiniões negativas das grandes potências acerca do imperialismo português. Mesmo a restituição de Quionga à soberania de Lisboa (apresentada pela imprensa republicana como um feito que por si só teria justificado a beligerância!) [87] parece ter sido menos simples do que os portugueses inicialmente esperariam – como observou o ministro das Colónias britânico, Lord Milner, ela terá acontecido mais por "uma questão de conveniência e graciosidade" [88] do que por outra razão qualquer. Uma velha aspiração portuguesa, a restituição de Olivença, também não sensibilizou o directório aliado, que, face às disputas e conflitos que o redesenhar das fronteiras europeias estava a provocar, dificilmente aceitaria patrocinar um ajuste territorial susceptível de gerar mais uma discórdia entre estados vizinhos.

Tendo definido as questões financeiras e as reparações de guerra como "a parte do Tratado mais importante para nós" [89], Afonso Costa apenas parcialmente alcançou os seus intentos nesta matéria. Como já foi notado, "nenhuma delegação se apresentou em Paris com uma atitude mais revanchista do que a portuguesa". [90] A lista das reivindicações lusas era extensa. No plano material, os diversos ramos das forças armadas formularam extensos pedidos relativos ao material apreendido às potências derrotadas (vasos de guerra, navios mercantes, artilharia moderna, submarinos, aviões), os quais apenas muito parcialmente seriam atendidos, e sempre de forma acidentada. No plano financeiro, e depois de vencidas as resistências do directório aliado quanto à inclusão de Portugal na Comissão de Reparações, pretendeu-se endossar à Alemanha a factura dos prejuízos (humanos, materiais e financeiros) incorridos durante o conflito, incluindo os custos associados às campanhas de pacificação africanas, alegadamente travadas para dominar o "gentio" incentivado pelos alemães (incluindo, note-se bem, as revoltas ocorridas em locais onde os soldados do Kaiser jamais tinham penetrado, como os territórios da Companhia de Moçambique). [91] O montante final perfazia 342 milhões de libras esterlinas, ou 6 biliões de marcos-ouro, e foi considerado inteiramente desadequado pelas principais potências. Quando uma versão preliminar do Tratado de Versalhes foi posta a circular pelas delegações, o diplomata Batalha Reis, não resistiu a observar que a "vitória" portuguesa, à luz das disposições fixadas, era afinal o maior desastre desde Alcácer-Quibir.

Ainda assim, uma vitória diplomática foi alcançada à última hora, em virtude da inserção de uma cláusula que impunha à Alemanha o pagamento de reparações por prejuízos sofridos por todos os beligerantes aliados, independentemente da data da sua entrada na guerra. Graças a esse expediente (congeminado por Afonso Costa), Portugal viu ser-lhe atribuída uma compensação avultada na Conferência de Spa (Julho de 1920), que determinou o montante final das reparações alemãs: 0, 75 por cento do total, a que correspondia a 49, 5 milhões de libras. Tratava-se de mais do dobro do total da dívida de guerra contraída junto da Inglaterra (20 milhões de libras), mas, como é sabido, as vicissitudes dos pagamentos alemães foram de tal ordem que Portugal beneficiaria apenas de um pequena percentagem daquele valor (aproximadamente 10 por cento) até 1931, ano em que a Moratória Hoover suspendeu os encargos das dívidas e reparações de guerra. Não tendo conseguido ligar a amortização da dívida à Inglaterra à execução dos pagamentos pelo Estado alemão, os lucros que poderiam ter sido realizados à luz da cláusula de 1920 acabariam por se revelar uma miragem.

Finalmente, num plano mais político, o da melhoria do estatuto internacional de Portugal, os resultados foram igualmente decepcionantes. Em primeiro lugar, a aspiração a participar nas forças de ocupação da Alemanha com um pequeno contingente, pretensão rejeitada pelo Ministério da Guerra britânico. ([92]) Depois, apesar de ter assegurado a sua inclusão em importantes comités, como o da redacção do pacto da Sociedade das Nações, ou o da Comissão Permanente dos Mandatos, a delegação portuguesa viu fugir-lhe o seu principal desígnio, a obtenção de um lugar de membro não-permanente do Comité Executivo da Liga. Uma derrota tão mais amarga quanto esse lugar viria a ser atribuído à Espanha neutral, anulando assim um dos elementos-chave da estratégia dos intervencionistas: o de reclamar para Portugal "a representatividade da Península Ibérica na Sociedade das Nações". ([93])

Semear ventos, colher tempestades

Parece hoje ser consensual que a participação no primeiro conflito mundial terá sido uma das decisões mais desastradas tomadas pelos dirigentes republicanos. Numa apreciação recente – e insuspeita – ela foi inclusivamente descrita como "a morte da Primeira República". ([94]) Muito embora o número de vítimas, no contexto daquilo que foi o Armagedão europeu, possa parecer relativamente modesto (desde logo porque os civis em Portugal foram poupados às retaliações bélicas), é impossível não levar em conta o carácter essencialmente opcional da beligerância portuguesa num balanço final. Uma opção que quase desafia qualquer tentativa de explicação baseada em critérios de racionalidade, não só devido à ausência de muitos dos factores que motivaram a entrada na guerra de potências não directamente implicadas na crise de Julho de 1914 (Itália, Roménia, Bulgária, todas elas animadas com promessas de recompensas por parte dos blocos aos quais decidiram aliar-se), mas, sobretudo, dos inúmeros indicadores que atestavam o estado de impreparação das forças armadas e do país para uma aventura com aquelas características. Do universo de 105 542 mobilizados para as frentes europeia e africana, registaram-se 38 012 baixas (7 760 mortos, 16 607 feridos, 13 645 feridos e desaparecidos), ou seja 36 por cento daquele número, o que fica bastante aquém das perdas sofridas por potências como a França, a Rússia ou a Alemanha. [95] Ainda assim, estes números não dão conta do total das baixas ocorridas nos teatros africanos (Angola e Moçambique), uma vez que raramente houve a preocupação em contabilizar devidamente os óbitos dos africanos que foram requisitados como carregadores pelas forças da Commonwealth ou de Portugal.

Se a estrutura demográfica do país não se ressentiu em demasia do esforço beligerante, o mesmo não se poderá dizer da sua economia. [96] Em meados da década de 1920, os níveis de actividade económica rondavam apenas os 75 por cento do que tinham sido antes de 1914, ao passo que os saldos negativos das contas pública se mantiveram acima dos valores médios das décadas anteriores à eclosão do conflito. [97] As perdas de tonelagem e de mercadorias sofridas após 1916, em consequência da maior exposição de Portugal à campanha submarina da Alemanha, não foram compensadas pelo apresamento dos navios alemães. No fim da guerra, estes seriam integrados nos Transportes Marítimos do Estado, empresa pública cujos maus resultados de gestão conduziriam à sua dissolução em 1925. [98] Depois de 1916, o endividamento externo do país agravou-se significativamente e não foi devidamente contrabalançado pelas reparações pagas muito irregularmente pela Alemanha (geralmente sob a forma de mercadorias). A explosão na despesa pública (gastos militares e subsídios a alguns géneros de primeira necessidade) gerou défices orçamentais elevados, em grande medida financiados por emissões monetárias do Banco de Portugal. A inevitável subida da inflação (para valores superiores a 50 por cento após 1920), conjugada com a depreciação contínua do escudo após o fim dos créditos britânicos, fomentou a fuga de capitais, fez baixar o valor real das arrecadações fiscais e puniu com violência as classes dependentes de rendimentos fixos (ou seja, a própria espinha dorsal do movimento republicano). [99] Mesmo um dos poucos aspectos positivos propiciados pela situação de guerra, a animação de um sector industrial orientado para a procura interna, acabaria por se revelar insustentável assim que o escudo entra em colapso e os principais países industriais europeus retomam a sua capacidade exportadora.

Contudo, seria no plano político que as consequências da beligerância se revelariam mais espinhosas. A tão desejada rectificação do estatuto internacional de Portugal, designadamente no âmbito da aliança com a Inglaterra, não aconteceu. Na Conferência de Paz, os diplomatas portugueses viram-se uma vez mais acossados por rumores e boatos que aludiam à possibilidade de outras potências tomarem conta dos seus mal administrados domínios ultramarinos. É possível que se os recursos canalizados para o envio do CEP para França tivessem sido empregues em Moçambique talvez se pudessem ter evitado as humilhações de 1917-18. Mas, fosse como fosse, a manutenção do império português continuaria sempre a depender da benevolência de uma potência como a Grã-Bretanha (pouco interessada em facilitar o expansionismo sul-africano), o que reforça a ideia da redundância da participação bélica no teatro europeu. Por razões eventualmente relacionadas com o receio de um apoio americano aos elementos autonomistas locais, a aproximação aos EUA, no contexto da concessão de facilidades militares à marinha americana nos Açores, nunca foi devidamente explorada pela diplomacia portuguesa, sobretudo na Conferência de Paz – o que talvez ajude a explicar a ausência de apoios para a eleição do país para o órgão de cúpula da SDN, ou a míngua de resultados nas compensações materiais e financeiras a atribuir a Portugal.

Internamente, a mal esclarecida beligerância, e a forma arrogante com que os governos identificados com essa opção conduziram os destinos do país, em nada contribuíram para a tão-desejada mobilização patriótica dos portugueses ou, sequer, para a reconciliação da família republicana. Pelo contrário, as grandes linhas de clivagem que existiam desde 1910 sofreram um agravamento notório: a dicotomia entre o "país político" e o "país real" (ou, se preferirmos, rural); os antagonismos entre as autoridades, os interesses económicos e o movimento operário organizado; a relação entre o Estado e a Igreja católica (à excepção do período sidonista). No seio da classe política republicana, os ódios e animosidades foram exacerbados por episódios de uma forma ou de outra relacionados com os objectivos dos intervencionistas, motivando depois uma série de ajustes de contas violentos no pós-guerra (o mais célebre dos quais seria a "Noite Sangrenta" de 1921). Para fazer face à enorme turbulência social e política que o país viveu, o recurso à força militar tornou-se uma tentação constante de sucessivos governos. Daí não resultou, todavia, um maior entrosamento entre a República democrática e os militares, bem pelo contrário. A opção pelo fortalecimento da GNR, ou a admissão nos quadros permanentes do exército de milhares de oficiais milicianos imediatamente a seguir à guerra, foram apenas dois dos factores que contribuíram para a crescente alienação de uma parte substancial do corpo de oficiais em relação à classe política republicana (nomeadamente aos democráticos, que voltam a dominar a maior parte dos executivos após 1919). Como já foi notado, em Portugal não existiu o equivalente ao mito da "vitória mutilada", nem tãopouco fenómenos equiparáveis aos dos grupos de ex-combatentes alinhados com as forças da direita radical. [100] Mas o sentimento de que os políticos republicanos haviam instrumentalizado a instituição militar para prosseguir desígnios fundamentalmente partidários, e alheios ao interesse nacional, ajuda a explicar a proeminência dos militares na fronda anti-parlamentar que acabará por triunfar no 28 de Maio de 1926. E esse terá sido, porventura, o fruto mais amargo da manobra dos partidários da entrada de Portugal na I Guerra Mundial.

FILIPE RIBEIRO DE MENESES

Sidónio Pais e o Sidonismo

Introdução

Só um observador descuidado e desatento poderá considerar a República Nova de Sidónio Pais uma experiência coerente que, pela força de circunstâncias imprevistas, durou apenas um ano, constituindo assim o mais breve regime político na história de Portugal. Uma análise detalhada do sidonismo leva-nos a ver nele um simples parêntese na história da Primeira República. Foi o sidonismo o resultado inesperado e imprevisível do enfraqucimento das instituições republicanas e do seu principal sustentáculo, o partido Democrático, em função da intervenção portuguesa na Primeira Grande Guerra. Uma vez finda a guerra, o sidonismo, privado de oxigénio, definhou. Nascida de um golpe militar ambíguo, porque apoiado em tropas destinadas às trincheiras da Flandres e que a elas se queriam esquivar, a República Nova nunca foi legitimada, quer por sufrágio popular genuíno, na qual participassem as principais forças políticas do momento, quer pela adaptação das novas instituições e práticas ditadas por Sidónio Pais à realidade nacional e vice-versa. Em boa verdade, é difícil identificar com precisão a natureza dessas instituições e práticas, tão rápida foi a sua mutação durante a República Nova. Do turbilhão sidonista fica na memória apenas a popularidade, entre algumas camadas sociais, do próprio Sidónio Pais e uma certa forma de fazer política, segundo a qual a improvisação, o gesto inesperado e imprevisível e o apelo ao sentimento, e não à razão, são tidos como virtudes. Tendo em conta, porém, o que se seguiria por toda a Europa nas décadas seguintes, isto não é pouco.

Stanley G. Payne, um dos pioneiros do estudo comparativo das histórias recentes de Portugal e Espanha, afirmou, em 1986, que

> one of the peculiarities of Portuguese political development has been a certain precocity in the introduction and consolidation of certain new political forms compared with some other countries of southern and eastern Europe. [1]

Neste mesmo artigo, Payne descreveu a República Nova como 'carismática e populista', integrando assim o sidonismo entre os pioneiros dos regimes autoritários – e fascistas – que se multiplicariam pela Europa ao longo das décadas de Vinte e Trinta. Grande parte da historiografia do período tem seguido Payne nesta interpretação, numa corrente à qual se opôs, recentemente, Armando Malheiro da Silva, que se esforçou por recuperar o Sidónio Pais 'republicano', desejoso de refundar a República, corrigir os seus vícios e afastar a 'demagogia' do partido Democrático e do seu líder, Afonso Costa.

O impacte da guerra em Portugal é discutido noutro capítulo deste livro. Mais tarde seria afirmado por Afonso Costa e seus defensores que, graças a um esforço diplomático bem sucedido, as grandes dificuldades encontradas até então tinham sido resolvidas nos primeiros dias de Dezembro de 1917, em Paris. [2] Já os defeitos do Corpo Expedicionário Português (CEP) eram demasiado grandes e graves para serem resolvidos – isto para não falar da situação militar em Moçambique, invadido em Novembro desse ano pelo Exército alemão após a derrota portuguesa em Negomane. De qualquer forma, o governo de Afonso Costa estava exausto, e, com ele, a União Sagrada, expressão que em Portugal bem pouco significou. Os Democráticos permitiram, durante a guerra, o agravamento dos muitos conflitos em que se tinham envolvido desde 1911: com as outras formações políticas, com a Igreja, com os sindicatos e grupos económicos e com o Exército. Machado Santos, o 'herói da Rotunda', preso; o Cardeal-Patriarca de Lisboa e o Bispo do Porto, entre outros prelados, desterrados; aparições em Fátima, greves e motins em Lisboa e noutras cidades; revoltas populares no campo, deserções, mercado negro, contrabando: mais do que simplesmente gasto pelo passar do tempo, o governo de Afonso Costa estava desfeito pela guerra. Acreditando que esta viria reforçar o modelo radical de República que defendiam, os intervencionistas nunca entenderam a necessidade de estender a mão ao resto do país de forma a melhor enfrentar os sacrifícios impostos pelo conflito, pagando assim um preço elevado em Dezembro de 1917.

Por outras palavras, Afonso Costa, isolado e convencido da sua razão, não dispunha já do apoio popular que noutros tempos o tinha transformado na primeira figura do regime republicano. O golpe sidonista triunfou, acima de tudo, pela falta de inimigos, tendo encontrado pouca resistência digna desse nome. Norton de Matos, a quem coube a tarefa de travar o golpe sidonista, cedo se apercebeu da enormidade de uma tarefa que, um ano antes, aquando do movimento de 13 de Dezembro, liderado por Machado Santos, se tinha revelado fácil. Norton quase não tinha tropas, e os revolucionários civis – a célebre *formiga branca* – já não estavam com Afonso Costa.

Dados biográficos

Armando Malheiro da Silva escalpelizou, no primeiro volume do seu *Sidónio e Sidonismo*, a vida de Sidónio Bernardino Cardoso da Silva Pais, o mais velho de sete filhos de Sidónio Alberto Marrocos Pais e de Rita Júlia Cardoso da Silva. Nascido em Caminha em Maio de 1872, e tendo aí passado grande parte da sua infância e juventude (seu pai morreu quando Sidónio tinha apenas onze anos), Sidónio mudou-se, aos treze anos, para Coimbra, tendo sido inscrito no Seminário Maior Episcopal e passando depois para a Universidade como 'voluntário no curso preparatório para as armas especiais e corpo do Estado Maior'. ([3]) Ingressou em Coimbra no mesmo ano que Afonso Costa, e tal como Costa – mas com menos distrações pelo caminho – cedo foi tido como "urso", graças aos excelentes resultados obtidos. No ano seguinte alistou-se voluntariamente no Regimento de Infantaria N. 23 (Coimbra), continuando, porém, a estudar até, em Novembro de 1890, ter sido chamado à Escola do Exército, sendo-lhe destinada uma carreira de artilheiro. Em Amarante, em 1895, casou com Maria dos Prazeres Martins Bessa, e nesse mesmo ano regressou a Coimbra, para concluir a licenciatura em Matemática. Explorando as ligações políticas da família da esposa, Sidónio Pais conseguiu conciliar as obrigações militares e académicas (esquivando-se a serviço perigoso em Moçambique), licenciando-se e doutorando-se em 1898. Ainda esse ano concorreu, com sucesso, a uma vaga de lente na Faculdade de Matemática, onde ingressou imediatamente. Mais tarde, necessidades financeiras levá-lo-iam a leccionar, para além da Universidade, na Escola Industrial Brotero, a qual viria a dirigir a partir de 1905.

Embora com fama de republicano, Sidónio Pais em nada contribuiu para a queda da monarquia. No entanto, os seus horizontes foram transformados pelo advento da República. Fazendo parte de uma rede clientelar ligada a Brito Camacho, Sidónio Pais viu-se catapultado para a política, primeiro em Coimbra e, muito rapidamente, a nível nacional: vice-reitor da Universidade, presidente da Câmara Municipal de Coimbra e membro do conselho de administração da Companhia dos Caminhos-de-Ferro Portugueses foram alguns dos papéis que desempenhou nos primeiros meses do regime. Em Fevereiro de 1911 ingressou na Maçonaria, com o nome simbólico de Carlyle. Alguns meses depois foi apresentado como candidato a deputado constituinte pelo PRP no círculo de Aveiro, sendo eleito a 28 de Maio. A sua presença na Assembleia Constituinte foi discreta, pautada pelo desejo de garantir a pureza republicana das instituições a criar. Manteve-se próximo de Brito Camacho, e com ele estabeleceu pontes em direção a Machado Santos, o que implicava uma maior atenção às questões sociais. Mais tarde, rejeitaria as propostas corporativistas de Egas Moniz, afirmando-se a favor da eleição por sufrágio directo das duas Câmaras que iriam compôr o Congresso da República, explicando esta opção pela necessidade de travar os desígnios conservadores, ou reaccionários, das classes possedentes em Portugal. Defendeu, porém, a necessidade absoluta de rigor orçamental, mesmo que tal meta colidisse com a autoridade parlamentar.

A desagregação do PRP viu Sidónio Pais seguir Brito Camacho; e foi no período que se seguiu que Sidónio Pais alcançou a sua máxima visibilidade na cena política, graças à recusa do Presidente Manuel de Arriaga em permitir a formação de um governo Democrático. Foi do chamado Bloco Parlamentar que surgiram os Ministros destes executivos, entre eles Sidónio, que sobraçou a pasta do Fomento (pertença de Brito Camacho durante o Governo Provisório) no governo encabeçado por João Chagas. Dada a breve duração deste executivo, porém, Sidónio, contestado por muitos devido à sua adesão tardia à República, pouco pôde fazer. No governo seguinte, liderado por Augusto de Vasconcelos e dotado de melhores condições de sobrevivência política (mesmo assim duraria apenas sete meses), Sidónio Pais foi promovido à pasta das Finanças. Desejoso de restabelecer o equilíbrio orçamental, tido como essencial para promover as reformas desejadas por todos os republicanos, Sidónio defendeu a necessidade de aumentar receitas e cortar despezas, mas não logrou alcançar o seu objectivo. Aquando da queda deste governo, Sidónio Pais manifestou o desejo de partir para a legação em Berlim, continuando a servir, entretanto, como simples deputado, até Agosto, quando a sua nomeação foi publicada no *Diário do Governo*. Significou a partida para a capital alemã uma separação ainda mais pronunciada da família, que o não tinha acompanhado até Lisboa.

Berlim era, por razões óbvias, um posto difícil para o representante, fosse ele quem fosse, da República Portuguesa. Sidónio Pais empenhou-se a fundo na tentativa de melhorar a imagem de Portugal na imprensa alemã, e tentou acompanhar o melhor que pôde as negociações entre Berlim e Londres quanto a uma possível repartição das colónias portuguesas, pouco conseguindo neste sentido para lá de garantias inconsequentes de que os interesses portugueses não seriam afectados. Anos mais tarde seriam feitas acusações graves contra a conduta de Sidónio Pais em Berlim: não só em relação à sua vida privada, tida por alguns como dissoluta, mas sobretudo em relação ao entusiasmo demonstrado pela ordem e a força alemãs. Para estes inimigos políticos, Sidónio ter-se-á deslumbrado em Berlim, estabelecendo--se então uma ligação inconfessável entre a diplomacia alemã e o seu interlocutor português. Daí ao golpe de Dezembro de 1917, terá sido um pequeno passo. Mas a realidade foi bem diferente. Sidónio foi marginalizado pela classe política portuguesa entre 1914 e 1916, em parte pela dificuldade em comunicar de forma segura com a legação em Berlim, mas sobretudo porque o seu ponto de vista não se coadunava com o espírito intervencionista da liderança republicana que, após o afastamento do governo de Bernardino Machado (e do respectivo Ministro dos Negócios Estrangeiros, o prudente Coronel Freire de Andrade) e com excepção do governo atribulado do General Pimenta de Castro, em 1915, tomou conta do país. Sidónio Pais, testemunha do esforço de guerra alemão, sabia que ao entrar no conflito Portugal estava a jogar a sua própria existência, embora não possuísse os meios necessários para fazer pender o fiel da balança para o lado dos Aliados; seria, por outras palavras, refém do sucesso ou insucesso dos Exércitos francês e britânico. Assim sendo, esforçou-se por minorar os efeitos dos confrontos entre militares alemães e portugueses em África, sobretudo no sul de Angola, que o governo português procurou explorar de forma a tornar um *casus belli*. Bem tratado em Berlim, foi Sidónio Pais posto de parte por Lisboa, especialmente após a revolta de 14 de Maio de 1915, que abriu a porta ao controle, por parte dos Democráticos, do Congresso, do governo, e da Presidência da República. Em Fevereiro e Março de 1916, tudo tentou para encontrar uma solução à crise aberta pelo apresamento, pelo governo português, dos navios mercantes alemães surtos em àguas nacionais – mas sem sucesso. Escreve Malheiro da Silva,

> E se procedeu desta forma não foi, obviamente, por germanofilia [...] mas por republicanismo e por convicção sincera de que Portugal perdia mais do que ganhava se participasse no teatro europeu da guerra. [4]

Recear uma vitória alemã – o que significaria o fim do império colonial português – não era o mesmo que desejar essa vitória.

De volta a Lisboa, pôde Sidónio Pais ser confrontado com a realidade triste da União Sagrada e das dificuldades militares, políticas, económicas e sociais enfrentadas por Portugal, para as quais não havia resposta pronta. Em serviço no M.N.E., inicialmente sem funções definidas, e mais tarde numa posição intermédia na Direcção-Geral dos

Negócios Diplomáticos e Políticos, Sidónio deixou-se apagar. Não se comprometeu com Machado Santos no 13 de Dezembro (ao contrário de seu irmão Alberto, oficial de infantaria), estando inclusivamente fora do país, em Nice, quando se deu o golpe, que levou à prisão de Machado Santos.

De volta a um país em guerra, e com manifestamente pouco para fazer, Sidónio Pais, oficial do Exército, não se ofereceu para servir em França, ou em África; conhecedor da Alemanha, não se ofereceu para participar na campanha propagandística contra este inimigo poderoso. Não ofereceu a sua pena, ou a sua voz, para alentar os soldados que partiam para a Flandres. Em vez disso, conspirou, usando a rede de contactos de um partido Unionista que, determinado a explorar a fraqueza dos seus opositores para se içar ao governo, via chegar a hora do seu triunfo. [5] Sem tomar grandes precauções, primeiro com o apoio de Brito Camacho e depois sem ele, Sidónio Pais foi montando o seu esquema insurreccional. Nos dias que se seguiram ao golpe de Dezembro de 1917 Daeschner, tentando avaliar a personalidade duma figura inesperadamente detentora do poder em Lisboa, ofereceu o seguinte esboço:

> De l'avis de ceux qui le connaissent et qui l'ont vu à l'oeuvre, M. Sidónio Pais est un homme fort intelligent, et très bon organisateur, enérgique et très ambitieux, mais quelque peu détraqué – on le dit même de tendences épileptiques ce qui, joint à une nature volontiers misanthrope, expliquerait peut-être l'attitude de réserve étrange qui, à son retour d'Allemagne, nous avait donné l'impression qu'il en revenait avec des sentiments qu'il eut peine à exprimer devant des alliés.

Segundo o mesmo retrato, Sidónio Pais era pouco escrupuloso – tinha trabalhado lado a lado com o Ministro dos Negócios Estrangeiros enquanto conspirava para o derrubar – e era 'très joueur', lançando-se à aventura com o apoio de apenas 250 homens, número que cresceu, mais tarde, para 1,500. [6]

De facto, o golpe de Dezembro de 1917 espanta pela debilidade dos meios de que dispôs: em Lisboa, Sidónio Pais contava sobretudo com alguns oficiais de baixa patente e com os cadetes da Escola do Exército. Tinha, porém, dois trunfos na manga: a exaustão do país e o sentimento de revolta que animava algumas unidades militares prestes a partir para França. Vezes sem conta o Ministro francês em Lisboa, Daeschner, voltou a este ponto; a 9 de Dezembro, por exemplo, escreveu,

> M. Sidonio Pais s'était de plus assuré le concours d'un certain nombre d'officiers et des Elèves de l'Ecole de Guerre qui voyaient dans le succès d'une insurrection le moyen de ne pas être envoyés au front. [7]

O 5 de Dezembro

É necessária uma reflexão sobre o momento escolhido por Sidónio Pais e os restantes conspiradores para o derrube da União Sagrada. Sidónio Pais julgava – toda Lisboa julgava – que o gabinete de Afonso Costa parecia ter os dias contados. Uma simples leitura da imprensa republicana da altura – por exemplo *A Capital* – demonstra a fragilidade do governo na iminência da reabertura da sessão parlamentar. Eduardo de Sousa, dirigente Evolucionista, afirmou, em 1919, ter-se encontrado com Sidónio Pais a 4 de Dezembro, no Chiado, tendo-lhe dito na altura que o governo cairia dentro de dias, quando Afonso Costa voltasse de Paris. Pouco tempo depois, afiançou Eduardo de Sousa a Sidónio Pais, seria votada a dissolução parlamentar, abrindo-se assim a perspectiva de uma mudança política significativa.

> Respondeu-me ele: "Seja como fôr, a dissolução já não se fará".
> No dia seguinte rebentava o movimento do 5 de Dezembro... [8]

Ao ocorrer na iminência de tais acontecimentos, o golpe sidonista parece feito não para derrubar um governo moribundo, mas para impedir que a renovação desejada por tantos se fizesse através do normal funcionamento das instituições republicanas – por outras palavras, para impedir que um novo governo, mais consensual, surgisse pacificamente no parlamento, ou que o eleitorado fosse consultado sobre o caminho a seguir. Sidónio Pais tinha pouca margem de manobra, e precisava de aproveitar ao máximo a falta de popularidade de Afonso Costa (e a sua ausência de Lisboa), indispensável para garantir a abstenção dos revolucionários civis e o a poio das tropas à espera de serem embarcadas para França. Embora inicialmente rotulado de Unionista, o movimento veio impedir a ascensão desse partido ao poder.

Mais importante do que o momento político então vivido em Portugal, porém, é o facto de o golpe sidonista ter ocorrido enquanto o país estava em guerra contra um inimigo poderosíssimo, cuja marinha operava com grande sucesso em águas portuguesas e cujo Exército ocupava, no norte de Moçambique, território português, estando também em contacto com as tropas portuguesas na Frente Ocidental. O golpe de 13 de Dezembro de 1916, liderado por Machado Santos, foi lançado antes da partida dessas tropas, numa tentativa clara de aproveitar o descontentamento reinante no Exército português quanto à presença na Frente Ocidental, vista por muitos oficiais como um projecto partidário e não nacional. O golpe sidonista foi, do ponto de vista legal e moral, mais grave, pois teve, como não podia deixar de ter, consequências imediatas e sérias para a vivência do CEP, uma unidade já de si fragilizada e minada por desavenças políticas. Mesmo não sendo o fim da participação portuguesa na guerra o principal motivo do 5 de Dezembro, a verdade é que muitos dos seus apoiantes eram anti-intervencionistas e os seus opositores eram intervencionistas; uma tal disposição de forças teria sempre um reflexo na política a seguir. Por outras palavras: se, tendo em conta a realidade do Exército português da altura, o envio do CEP para França tinha sido fruto de alguma irresponsabilidade, então a acção desenvolvida por Sidónio Pais foi-o ainda mais, pois o primeiro dever da classe política republicana era adiar qualquer ajuste de contas até ao pós-guerra, velando entretanto pelo bem-estar do CEP e das expedições a África. Podemos ainda realçar o facto de o estado de guerra, e dos deveres de Portugal para com os Aliados, de quem o país dependia completamente para o abastecimento de trigo e carvão, terem encurtado a margem de manobra política, económica e social de Sidónio. Sendo um momento ideal, do ponto de vista táctico, para o golpe de estado, Dezembro de 1917 era um muito mau ponto de partida para uma revolução que se dizia nacional.

Sidónio Pais e o esforço de guerra português

Impelido pelos apoiantes a reduzir o esforço militar português, mas forçado pelas circunstâncias da guerra e pelas realidades económicas a cooperar com os Aliados, Sidónio Pais pôde, porém, encontrar uma tábua de salvação – o cepticismo britânico quanto ao valor militar do CEP. Os governos da União Sagrada tinham lutado para criar, enviar para França e aumentar o CEP, esforçando-se ainda para mantê-lo devidamente abastecido, assim assegurando a sua permanência na Frente Ocidental. Encontraram resistência a estes desígnios em Portugal, mas também no Alto Comando britânico que, impelido apenas por razões de ordem militar, quis reduzir ao mínimo a presença portuguesa nas trincheiras. Sidónio pôde assim demonstrar ao país por gestos e não por palavras que a posição intervencionista assentava sobre duas premissas falsas: que Portugal podia, na Flandres, ajudar a ganhar a guerra e que a sua presença na Frente Ocidental era desejada por todos os Aliados. A trave mestra da sua diplomacia foi, por isso mesmo, agradar a Londres, sabendo que assim poderia garantir a contenção e, mais tarde, a redução do esforço bélico no teatro de operações europeu. Este *quid pro quo* foi identificado por Daeschner mesmo antes do findar de 1917:

> Si le Gouvernement Britanique eut insisté auprès de M. Sidónio Pais pour l'exécution intégrale de ces projets [o envio para França de um corpo de exército completo e não só de uma divisão], il est vraisemblable que celui-ci n'eut pas été en mesure de les faire exécuter et surtout de les faire accepter à ses propres partisans mais les autorités militaires anglaises paraissent au contraire vouloir saisir l'occasion non seulement de prévenir le renforcement projeté mais même re réduir les forces déjà constituées en France. [9]

Foi muitas vezes atribuída a responsabilidade da derrota do 9 de Abril a Sidónio Pais mas, em boa verdade, o CEP estava já em Dezembro de 1917 muito carenciado de soldados, oficiais e mantimentos. A falta de navios mercantes para garantir o abastecimento do CEP foi herdada dos Democráticos. Porém, Sidónio não hesitou em aceitar o que Norton de Matos sempre recusara – a redução da frente portuguesa – e agravou a situação moral do CEP ao usá-lo como depósito de pessoal para a administração do país: oficiais que voltavam a Portugal em licença eram nomeados para funções políticas e administrativas enquanto que, para os soldados, privados de licença, a situação era bem diferente.

De acordo com as suas memórias, recentemente publicadas, [10] o General Tamagnini de Abreu estava descontente com a União Sagrada, vendo em Sidónio Pais a possível resolução dos problemas que assolavam o CEP – mas depressa mudou de opinião. A 2 de Fevereiro, encontrando-se com o novo Presidente da República em Lisboa para pedir o envio imediato de reforços, foi informado de que, a pedido britânico, a presença do CEP na linha da frente seria reduzida a uma divisão, que integraria um corpo de Exército britânico. O pedido de demissão então apresentado por Tamagnini de Abreu foi recusado por Sidónio Pais. Mais do que a memória deste episódio, o que frustrou Tamagnini nas semanas que se seguiram foi o fluxo constante de oficiais para Portugal, que tanto mal fez à capacidade bélica do CEP e ao estado de espírito das suas tropas.

Muito se escreveu, e continua a ser escrito, sobre a fase final da vida do CEP – o período entre a derrocada de 9 de Abril de 1918 e o fim da guerra, a 11 de Novembro desse ano. Mas há algo de irreal em tudo o que se passou na altura – o desejo manifestado, por Lisboa, de reconstituir o CEP e o correspondente desejo britânico de impedir essa reconstituição. O Exército britânico estava disposto a aproveitar os soldados portugueses, integrando-os em unidades suas; naturalmente, o Exército português opunha-se a tal desígnio, pois que este significava anunciar ao mundo o que se dizia abertamente, entre os Aliados, na linha da frente – que embora os soldados portugueses fossem bons, os oficiais – o Exército, por outras palavras – não o eram. Totalmente dependente desses mesmos oficiais para a sua defesa, o regime sidonista não podia deixar cair a sua reputação; e não podia permitir o repatriamento *en masse* do CEP, o que significaria também admitir perante o mundo o que os combatentes sabiam bem: que o CEP tinha sido derrotado, e já não existia enquanto força organizada. O que sobrou? Fingir, perante o país, que o CEP se mantinha na frente de combate, saudando os seus oficiais e soldados a toda a hora; mandar retirar para Portugal os feridos e doentes, que constituíam grande parte do que restava da formação; anunciar que estes homens iam ser rendidos por novas unidades; e pedir a licença dos Aliados para que essa rendição acontecesse. Ao fazer-se o pedido, porém, sabia-se que nem os Aliados o aceitariam, nem soldados portugueses estavam prontos para partir. Ao mesmo tempo, impedia-se os jornais de discutirem a condição real do CEP, vedando-lhes o acesso à informação necessária, [11] e denegria-se o esforço intervencionista dos anos anteriores. Esta campanha iniciou-se logo em Dezembro de 1917, quando às notícias da derrota de Negomano se vieram juntar os relatórios das expedições anteriores a África, agora publicados; estes revelaram não só a falta de preparação do Exército para estas expedições, mas também a interferência política na sua condução; na imprensa monárquica, António José de Almeida, o primeiro líder da União Sagrada, passou a ser apelidado de 'assassino de Newala', cena de outra derrota africana, em 1916. [12] Resumindo o esforço de guerra português, o jornal integralista *A Monarquia* afirmou que

> As nossas tropas expedicionárias saíam de Lisboa, ali do Terreiro do Trigo, quasi a ocultas, como se fossem praticar um crime, ou como se houvesse vergonha em mandá-los para França, quando seu caminho estava naturalmente traçado para África, onde eles, de certo, em massa, em melhores condições, haviam de resistir valentemente aos alemães, e derrotá-los, e conservar a nossa integridade colonial. [13]

Ex-oficiais monárquicos, trabalhando como correspondentes militares (Satúrio Pires em *A Monarquia* e Júlio Costa Pinto em *O Liberal*), imprimiram um tom de futilidade ao esforço português que não escapou aos diplomatas dos países Aliados. [14] Sidónio permitiu o regresso a Portugal de António Teles de Vasconcellos, ex-director de *O Liberal* e suposto autor do panfleto *O Rol de Desonra*, entretanto expulso do território nacional pelo governo de Afonso Costa, que lhe fechou o jornal. Uma vez em território nacional, Telles de Vasconcellos reabriu *O Liberal*, que imediatamente lançou uma campanha contra os Ministros aliados em Portugal. Para Daeschner, que tinha protestado junto do governo contra esta campanha, Sidónio Pais não se sentia seguro para enfrentar os interesses que estavam por trás deste jornal. [15] Mais tarde, e comentando uma lista – enviada pelo Ministério da Marinha francês – de indivíduos a quem deveriam ser recusados vistos para entrar em França, Daeschner afirmaria que a campanha anti-guerra, ou pró-Alemanha, tinha recrudescido após a batalha de La Lys, quando deixou de haver tropas portuguesas em contacto com as alemãs na frente ocidental. [16] Por outras palavras, não havendo já combates entre alemães e portugueses (pelo menos em França), podia-se reabrir a questão da intervenção na guerra. E uma fonte militar francesa afirmou em Agosto que até que as forças de Infantaria 33, um dos regimentos que, estando prontos para partir para França, tinham participado no golpe sidonista, fosse de vez para a Frente Ocidental, mais nenhuma força miltar portuguesa aceitaria partir. [17]

Porém, o melhor exemplo desta campanha anti-intervencionista foi o discurso pronunciado pelo Secretário de Estado da Guerra, Amílcar Mota, na Câmara dos Deputados, em Agosto. Mota, que tinha participado no 13 de Dezembro de 1916, sendo preso no seguimento desse golpe falhado, criticou toda a preparação do CEP, especialmente o seu estágio em Tancos e a decisão política de aumentar a unidade para que esta pudesse defender uma frente mais considerável:

> Mas, se para constituir a primeira divisão se tinham absorvido quasi todos os recursos de que dispunhamos, houve enorme dificuldade em organizar a segunda. Não só faltava o pessoal e material, mas ainda era sensível a falta de navios, o que logo fazia prever que para a futura condução de reforços as dificuldades de transportes se agravariam, como realmente veio a suceder. [18]

Mota passou depois a citar alguma da correspondência – trocada entre Afonso Costa e Norton de Matos – que resultou destas dificuldades. A leitura destes telegramas causou grande transtorno na Câmara e na opinião pública; segundo um deles, 'Situação causada falta oficiais altamente deplorável, não podemos entrar combate e Ministério da Guerra inglês pergunta razão nosso desejo constituição corpo exército e nossa pressa embarcar mais tropas se nem sequer temos oficiais suficientes para o que já se encontra em França.' Aires de Ornelas, em nome da bancada monárquica, pediu a realização de uma sessão secreta sobre a preparação do CEP; apenas Cunha Leal remou contra a maré, defendendo a necessidade da intervenção portuguesa e a existência de bons Democráticos que, inclusivé, preparavam o derrube do governo de Afonso Costa por via constitucional. Dias depois o jornal sidonista *O Norte* resumiu da seguinte forma a política intervencionista:

> Estalou a guerra. A Inglaterra não pretende de nós um único soldado, e é ele [Afonso Costa] que nos oferece a todos para morrermos nas primeiras linhas deixando o filho a ensinar francês no quartel general. [19]

Política

Não é lícito duvidar-se do republicanismo de Sidónio Pais, como o fizeram inimigos políticos antes e depois do seu assassinato. Sidónio queria salvar a República, depurando-a da 'demagogia' – do partido Democrático – que se tinha, no entender de Sidónio Pais, apoderado do poder e feito do facciosismo e do sectarismo práticas comuns. Como, porém, eternizar a derrota dos Democráticos? Como mantê-los afastados do poder, e como desbaratar as suas tentativas de regresso ao governo? Sidónio Pais teve de perseguir dois fins nem sempre concordantes, e por vezes bem contraditórios: criar uma 'República Nova', aceitável à opinião liberal e progressiva, na qual os Democráticos não tivessem espaço de manobra política e, ao mesmo tempo, manter intacta uma coligação de apoiantes que ia desde republicanos históricos como

Francisco Xavier Esteves e Machado Santos até aos monárquicos, mas que se fortalecia consoante se ia da Esquerda para a Direita. Por breves instantes, em Dezembro de 1917, a coligação sidonista pareceu incluir a classe operária da capital. Criada a Junta Revolucionária, e derrotados os Democráticos, a União Operária Nacional organizou uma manifestação em Lisboa, afirmando o seu apoio condicional a Sidónio Pais, na esperança de ver iniciada 'uma época de pacificação e concórdia para a sociedade portuguesa'. [20] Esta esperança cedo se revelou ilusória. Por outras palavras, a base de apoio do sidonismo estava à direita da opinião que Sidónio Pais dizia representar. A posição monárquica foi expressa pelo apelo de *O Dia*, logo a 12 de Dezembro: 'Não dispa a farda, Sr. Major Sidónio Pais'. Para se manter no poder, Sidónio Pais teve não só de experimentar novas formas de governar, como ainda de aceitar práticas e medidas que chocaram grande parte da opinião republicana que o seguia. Da tensão latente nestas contradições resultaram os fenómenos mais interessantes do sidonismo.

Conquistado o poder, e expulso Bernarndino Machado, a Junta Revolucionária inicial transformou-se em governo. Convém lembrar que Sidónio Pais derrubou um governo, fechou um parlamento, expulsou do país o Presidente da República e, mais tarde, substituiu as câmaras municipais por delegados nomeados pelo poder central. Esmagou, por outras palavras, a 'República Velha'. Sidónio, Presidente do Ministério, chamou a si, numa demonstração clara da importância do conflito mundial para a experiência sidonista, as pastas da Guerra e dos Estrangeiros. Dos outros membros que formaram o triumvirato inicial, Feliciano da Costa ficou com o Trabalho enquanto Machado Santos foi encarregado de manter a ordem e assegurar a administração política do país no Interior. Era esta uma curiosa inversão de papéis, dadas as boas relações de Machado Santos com o mundo sindical e o facto de Feliciano da Costa, tido por monárquico, representar os partidários da 'Ordem'. Três Unionistas entraram no Governo, sendo de destacar a presença de Moura Pinto na Justiça; dois centristas a eles se juntaram, com, por fim, na pasta do Comércio, Francisco Xavier Esteves, trazendo ao Governo o seu prestígio de deputado eleito em 1900 (com Afonso Costa) e as suas extensas ligações no Porto. Pouco tempo depois, porém, Sidónio Pais nomeou-se a si próprio Presidente interino da República, completando assim o seu controlo do poder Executivo. Daeschner mostrou pouca confiança neste 'ministère de jeunes', que continha no seu seio famílias políticas à partida incompatíveis:

> D'une part les monarchistes qui réclament déjà un gouvernment d'allure militaire qui devra préparer le retour à la monarchie, et les groupements syndicalistes de la suite de M. Machado Santos.
> En attendant c'est une foi de plus l'inconnu en Portugal. [21]

O que queria Sidónio quando derrubou o governo de Afonso Costa? Acima de tudo, dar uma nova oportunidade à República, libertando-a das lutas partidárias que assolavam o regime desde 1911. Era necessário, para tal fim, atrair à vida política as forças que se tinham desinteressado do novo regime, ou que com ele nunca tinham colaborado. O núcleo de apoio inicial – Unionistas, Centristas, *Machadistas* – não chegava, todavia, para governar, administrar e reformar o país. Eram necessários governadores civis e administradores de concelho. Mais tarde, quando foram demitidas as câmaras municipais, foi preciso nomear mais funcionários pelo poder central. Para reabrir o parlamento era forçoso encontrar candidatos a deputado e a senador; eram precisos oficiais de confiança para assegurar a paz e a solidez do novo regime e diplomatas para suprir as baixas deixadas pelas nomeações políticas da República "Velha". Por todas estas razões, procuraram-se apoios fora da coligação de republicanos descontentes: era necessário alargar a rede de apoio sidonista de forma a incluir elementos sindicalistas, socialistas, católicos e monárquicos. Tal esforço representava o esvaziar ideológico do programa sidonista, e causou sérias dificuldades a Sidónio Pais: apoios encontrados no Exército, entre oficiais dispostos a colaborar com um governo 'dezembrista', forçosamente empurraram o regime para a Direita. Desejoso de se manter no poder, Sidónio Pais permitiu que esta mutação ocorresse e se consolidasse. Rapidamente a coligação inicial desmoronou-se, se é que alguma vez chegou a existir. Se, por um lado, a relação entre Sidónio Pais e Brito Camacho cedo começou a deteriorar-se, gorada a expectativa de um governo unicamente Unionista, por outro as pontes entre sidonistas e sindicalistas revelaram-se demasiado frágeis, levando a um intensificar da onda grevista evidente em Portugal desde 1917.

O destaque nacional alcançado pelos "Cadetes do Sidónio", ou por jovens oficiais como Teófilo Duarte, demonstra sobejamente a falta de colaboradores de peso que Sidónio Pais teve de enfrentar, apesar da sua política de atração. O exemplo máximo desta política foi a obra levada a cabo por Moura Pinto na Justiça, isto é, a revisão da Lei de Separação, desde 1911 a pedra-de-toque, para os apoiantes de Afonso Costa, do 'verdadeiro' republicanismo. Tocar na Lei da Separação, ou mesmo encarar a possibilidade da sua revisão era, para os Democráticos, uma obra de traição, e assim foi vista a reforma de Moura Pinto, se bem que ficasse muito aquém dos desígnios da Igreja, que passavam pela simples abolição da Lei. Esta longa campanha de atração dos católicos portugueses passou ainda pela presença de Sidónio Pais em algumas cerimónias religiosas (começando por uma Missa por alma dos soldados mortos em combate, em Maio de 1918) e o papel de destaque que foi reservado na vida parlamentar aos representantes católicos.

Convém ainda mencionar que a dificuldade em governar convenientemente o país em guerra foi herdada dos governos da União Sagrada, mas que esta dificuldade se agravou significativamente em 1918. A barafunda administrativa das subsistências e a incapacidade de repor ordem no sistema de recrutamento militar demonstram-no sobejamente. Os resultados foram, num ano de crise, enormes, pois as atenções da população viraram-se naturalmente para as privações e as dificuldades do dia-a-dia; a guerra, e o papel de Portugal nela, desapareceu dos espíritos. Incapaz de fazer frente de forma eficaz às dificuldades enfrentadas pela população, os governos de Sidónio refugiaram-se em acções simbólicas tais como como a onda de rusgas ao pequeno comércio levada a cabo por Jorge Botelho Moniz ou a criação da 'Associação 5 de Dezembro', obra de caridade virada para a alimentação dos pobres, e veículo propagandístico por excelência para Sidónio Pais mostrar o seu lado 'social'.

Deslumbramento

Tendo conquistado o poder pela força, Sidónio Pais necessitava de convencer o país e os Aliados de que tinha o direito de governar Portugal, ainda que provisoriamente. Precisava de se mostrar ao país e de receber da população não só um sinal de agradecimento pelo afastar da 'demagogia' Democrática como ainda um pedido para que continuasse a sua obra. A fim de obter ambos, partiu para o Norte a 12 de Janeiro, numa viagem que o levou, por Coimbra, ao Porto, a Braga, Guimarães e Viana do Castelo, indo desta cidade até Caminha para rever a família; voltou depois de novo ao Porto e a Coimbra, onde foi saudado na Universidade. Por onde passou a recepção foi, apesar do pouco significado ideológico das alocuções de Sidónio, apoteótica, sendo descrita minunciosamente pela imprensa. O triunfo político não poderia ter sido maior. Foram muitos os observadores que notaram uma diferença significativa em Sidónio Pais após o seu regresso do Porto. Para os seus inimigos, o banho de multidão teria causado um desiquílibrio mental, do qual Sidónio (cuja família imediata continha casos de loucura) nunca recuperou.[22] Mesmo os seus aliados notaram uma mudança significativa, enquanto Daeschner, comentando o sucedido, escreveu, 'il est à souhaiter qu'il ne se laisse pas gagner pas la mégalomanie'.[23] Sidónio confundira apoio popular com força política, embora os dois fenómenos fossem, em Portugal, bem distintos. Pouco depois de regressar a Lisboa, onde foi novamente festejado como um herói, Sidónio Pais partiu à conquista do Sul, onde os seus discursos assumiram um cariz marcadamente programático, manifestando-se pela primeira vez o desejo de consolidar os seus apoios e a boa vontade demonstrada num partido novo, que mais tarde se intitularia o Partido Nacional Republicano, aberto a todos os 'bons Portugueses'. Quando combinado com a tentação presidencialista, o partido único sidonista transformou a República Nova em algo completamente diferente do que se tinha esperado em Dezembro de 1917. O simples anúncio deste desígnio levou à saída dos Ministros Unionistas e à primeira grande reformulação do gabinete. Moura Pinto foi substituido por Martinho Nobre de Melo; outras caras novas do governo incluiram um tenente de vinte e três anos, Henrique Forbes de Bessa; Eduardo Fernandes de Oliveira, proprietário rural alentejano, como Ministro da Agricultura (uma pasta nova); e José Carlos da Maia, oficial da Armada próximo de Machado Santos, como Ministro da Marinha.

O novo elenco ministerial não agradou ao país, e o PNR nada fez para mobilizar boas vontades, não passando, na realidade do partido Centrista de Egas Moniz, em grande parte composto pela dissidência evolucionista de 1917, ao qual foram acrescentados Ministros e altos functionários públicos. As desavenças com os seguidores de Brito Camacho sentiram-se também a nível local, tornando mais difícil ainda o preenchimento de cargos administrativos. O que o novo governo fez, e depressa, foi aprovar uma lei eleitoral que permitiu a legitimização formal da República Nova não só através da escolha de um novo parlamento como, e sobretudo, pela eleição directa do Presidente da República, que seria livre de escolher e afastar Ministros. Redigida por Nobre de Melo e, na altura, consensual entre sidonistas de várias cores, a lei eleitoral introduzia na vida política portuguesa dois conceitos que, embora anteriormente discutidos em Portugal, tinham sido derrotados em 1911, aquando da elaboração da Constituição da República: o corporativismo, presente na escolha de vinte e oito dos setenta e sete senadores por categorias profissionais, e o presidencialismo, sendo o segundo aquele que mais sucesso teria dentro da experiência sidonista. É de realçar também o facto de o sufrágio ter sido alargado, o que não agradou a todos os republicanos. ([24]) Segundo o prêambulo do decreto 3997 (30 de Março de 1918),

> Sem sufrágio universal não pode haver democracia e só no pleno exercício desse direito os indivíduos alcançam a sua dignidade cívica e as nações a sua consciência política. Mas, se a generalidade do sufrágio universal é o primeiro fundamento de uma boa democracia, ninguém poderá deixar de reconhecer que ele não basta, na maior parte das vezes, para assegurar a genuína representação dos interesses diferenciados do agregado nacional. ([25])

A eleição directa do Chefe de Estado, em conjunção com outras características do sidonismo, levou a comparações com Luís-Napoleão

Bonaparte. Segundo Daeschner, 'M. Sidónio Pais joue les Bonaparte au petit pied'. ([26]) Para os Unionistas, Sidónio Pais tinha atravessado, com esta lei, um novo Rubicão; no congresso do partido, em Abril, as vozes que advocaram a reconciliação com Sidónio foram abafadas pelos seus opositores. Brito Camacho esforçou-se por se desmarcar de Sidónio, realçando o facto de o ter impedido de conspirar na sede de *A Luta*; na sua moção, Moura Pinto assinalou a transformação pessoal sofrida por Sidónio no poder: 'Considerando que a partir de certo momento – o regresso do sr. dr. Sidónio Pais da sua viagem ao Norte – se acentuaram propósitos políticos de S.Exa inteiramente diversos dos que foram base da Revolução [...]'. As eleições que se seguiram, em que o grande inimigo era a não-participação recomendada por Democráticos, Evolucionistas e Unionistas, inserem-se na longa tradição da *chapelada* eleitoral portuguesa. A abstenção parece ter sido alta para o parlamento (onde o PNR fez face a monárquicos, católicos e socialistas), e menos alta para a Presidência da República, sendo Sidónio Pais o único candidato. Os seus apoiantes, e a imprensa informativa, defenderam o meio milhão de votos directos em Sidónio Pais; alguns observadores, incluindo Daeschner, duvidaram seriamente de tal número, embora a legitimação por via eleitoral tenha possibilitado o reconhecimento formal por parte dos Aliados das novas instituições.

Decorridas as eleições, expirou o governo 'ditatorial' e entrou em funções um novo executivo de cariz presidencialista, no qual os Ministros de outrora eram agora designados de Secretários de Estado. Alguns mantiveram a pasta – entre eles Machado Santos, Francisco Xavier Esteves e Eduardo Fernandes de Oliveira. Outros mantiveram-se no executivo, mas com funções novas (Tamagnini Barbosa no Interior, Forbes Bessa no Trabalho). Outros, por fim, ingressaram no executivo: Amílcar Mota na Guerra, Vasconcelos e Sá (Centrista ex-Evolucionista) nas Colónias e Alberto Osório de Castro na Justiça. Ao todo, oito eram militares e apenas cinco eram civis – mas a todos faltava uma orientação superior e um desígnio comum que, apontados por Sidónio Pais, os pudesse nortear. Baixas importantes foram sofridas em Junho. Em primeiro lugar o Secretário de Estado das Finanças, Xavier Esteves, demitiu-se por causa do 'escândalo' das acções da CP, uma operação controversa na qual foi acusado de comprar as acções a um preço demasiado elevado. Pouco tempo depois Machado Santos e o seu colaborador próximo, José Carlos da Maia, afastaram-se do governo, tendo Machado Santos sentido-se desapoiado por Sidónio Pais aquando de um conflito com a administração da CP. A vertente republicana do sidonismo sofreu assim um duplo golpe; não havia figuras de peso para substituir os Ministros perdidos. A forma escolhida por Sidónio Pais para exercer o poder continuou a cavar este fosso. A sua estadia em Sintra, no Palácio da Pena, cercado da elite social de Lisboa, não foi bem vista por todos; e a sua forma de se dirigir aos seus Secretários de Estado – homens sem um apoio político próprio para lá da vontade do Presidente – reforçava a ideia de uma subalternização de toda a classe política a Sidónio.

Não se pode dizer que o parlamento sidonista, que abriu tarde e cedo fechou, tenha sido um sustentáculo válido da República Nova. A minoria monárquica aproveitou a sua presença em S.Bento para fins de propaganda; Machado Santos e os seus seguidores para se desmarcarem de Sidónio; e das fileiras do PNR não surgiram novas propostas ou mesmo vozes que empolgassem a opinião pública. Em regra, as discussões nada tiveram a ver com os enormes problemas que assolavam o país; e por vezes, ao descer ao simples pugilato, serviram apenas para denegrir a República Nova, como já tinham denegrido a Velha. A partir de Agosto o parlamento fechou, para que uma comissão pudesse redigir uma proposta de Constituição, enquanto outras analisavam, retrospectivamente, a legislação aprovada desde Dezembro de 1917; todo este labor se perdeu com o assassinato de Sidónio Pais. Uma tentativa de reabrir o parlamento em Novembro saldou-se por um fracasso tremendo, devido aos escassos números de legisladores presentes, sendo a reabertura adiada para Dezembro.

A fraqueza política de Sidónio Pais ficou demonstrada pela bem-sucedida resistência a medidas administrativas e legislativas tidas, pelos interesses económicos, por excessivamente intervencionistas. Dois decretos emblemáticos do período – o decreto 4.825, de 11 de Setembro, que regulava a compra e venda de moeda estrangeira, e o decreto 4841, de 23 de Setembro, que introduzia, finalmente, um imposto sobre lucros extraordinários provocados pelo estado de guerra – foram retirados, após uma campanha intensa por parte dos mais visados. Com Secretários de Estado a legislar independentemente uns dos outros, negando assim a lógica e a virtude do sistema presidencialista – a subordinação de todos a uma visão comum imposta de cima – a experiência sidonista parecia condenada ao fracasso.[27] Foram apresentados alguns projectos que, ao apontar a política de desenvolvimento económico a seguir no futuro, revelavam o desejo de (como se apregoava nos jornais anti-intervencionistas) 'preparar a paz' durante o estado de guerra. Mas chocaram contra os muros intransponíveis da falta de recursos ou da falta de interesse demonstrada pelo resto do mundo político. A tentativa de introduzir o racionamento de bens essenciais saldou-se por um fracasso total, dado o grau de sofisticação administrativa (para não falar no civismo) necessário para levar tal medida a bom porto. De certa forma, apenas o facto de o mundo continuar em guerra manteve Sidónio no poder: não porque os seus inimigos estivessem dispostos a esperar pelo fim do conflito para agir – tentaram derrubá-lo enquanto a guerra estava ainda em curso – mas antes porque os seus 'falsos amigos', de cariz autoritário e/ou monárquico – estavam dispostos a esperar, contribuindo para a derrota de Democráticos e sindicalistas para depois agir com maior liberdade. Enquanto esperavam, porém, prestaram pouca atenção à legalidade republicana e aos direitos dos seus concidadãos, usando o monopólio da força de que dispunham para seu proveito pessoal e político.

Nos seus últimos meses de vida, a República Nova limitou-se a resistir ao ímpeto sindicalista, entusiasmado pela Revolução Russa, às novas conspirações saídas do que restava da República Velha e à pressão, cada vez mais forte, dos círculos monárquicos. Sidónio, solidamente apoiado pela força armada contra este tipo de investidas, não encontrou grandes dificuldades em derrotar quem saísse à rua para lhe disputar o poder. Porém, greves e golpes de estado serviram para desmentir a afirmação de que a República Nova tinha trazido a paz à 'família portuguesa'. A 15 de Setembro, um 'dia de acção sindicalista' foi travado pelas autoridades. A 12 de Outubro foram os Democráticos a insurgir-se, numa acção militar liderada por baixas patentes e que se quis nacional mas que, de facto, se cingiu a Évora e a Coimbra; agindo de forma preventiva, porém, a polícia efectuou uma série de prisões de figuras oposicionistas, civis e militares. Foi na sequência destas prisões que se deu o famoso incidente da 'leva da morte', que resultou na morte de, entre outros, o Visconde da Ribeira Brava. Sidónio mostrou-se particularmente activo durante esta revolta, visitando os quartéis de Lisboa de forma a assegurar a lealdade da guarnição. No contexto desta resistência deu-se mais uma remodelação ministerial, com a entrada de Egas Moniz para o governo (Negócios Estrangeiros) a troco de garantias quanto ao papel futuro do parlamento e de António Bernardino de Sousa Ferreira para a pasta, cada vez mais importante, do Interior, cujo detentor, Tamagnini Barbosa, passou para as Finanças. Na Justiça, Jorge Couceiro da Costa substituiu Alberto Osório de Castro; na Guerra, Álvaro de Mendonça substituiu Amílcar Mota; e o capitão José João Pinto da Cruz Azevedo sobraçou a pasta dos Abastecimentos.

A segunda tentativa de derrube não só do governo e do regime, mas de toda a estrutura social, ocorreu uma semana após o fim da guerra: uma greve geral revolucionária lançada pela UON, apesar dos muitos factores que militavam contra o sucesso de tal empresa, começando pela falta de entusiasmo de muitos sindicatos, passando pelo sentimento generalizado de que, com o fim da guerra, a situação económica iria brevemente melhorar, e terminando com os efeitos da gripe pneumónica. Mais uma vez as autoridades, embora inicialmente assustadas, dominaram a situação a seu belprazer, desferindo ataques fortíssimos à UON e aos sindicatos que dela faziam parte. Sidónio Pais, percorrendo as ruas de Lisboa de carro ou mesmo a pé, apelou aos trabalhadores para voltar ao trabalho – mas ao mesmo tempo organizou (mais) um desfile militar pelas ruas da capital, marcado para dia 20, de forma a reforçar a impressão de que a República Nova era inamovível. Mais uma vez Sidónio desempenhou um papel importante nas demonstrações de força organizadas durante e depois da greve geral, esforçando-se por fazer passar uma ideia de confiança no futuro. Alguns acreditaram:

> Monté sur son beau cheval bai; svelte, élégant, souriant aux dames, et plus en forme que jamais, Sidónio souleva un enthousiasme indéscritible, d'autant plus vif que, toutes les forces de police ayant défilé en tête des troupes, il resta, deux heures autant, voisinant avec la foule, et sans autre défense éventuelle contre un attentat (dont il est menacé tous les jours) que ses aides-de-camp et les attachés militaires rangés à ses côtés'. [28]

O aniversário da 'revolução' dezembrista revelou um panorama desolador em Portugal. As prisões estavam cheias de detidos políticos; a força armada era o único sustentáculo do governo, embora a sua adesão ao sidonismo fosse precária; o regresso do CEP significava o regresso de oficiais intervencionistas; e, nos bastidores, o PNR estava em plena desagregação, com figuras de peso como Machado Santos e o próprio Egas Moniz a acenar a outras formações republicanas, tentando seduzi-las com um prometido atenuamento do presidencialismo sidonista – mas fazendo-o sem sucesso. Os antigos partidos recusaram--se a pactuar com um sidonismo em crise, continuando a rotular o governo de germanófilo – uma acusação cuja importância crescia, dado o aproximar da Conferência de Paz, em Paris. [29] Lisboa assistiu a numerosas demonstrações de força, tais como a comemoração oficial do 5 de Dezembro, elevado a festa nacional e a recepção e condecoração dos sobreviventes do *Augusto Castilho*, após a qual se esboçou uma primeira tentativa de assassinato de Sidónio Pais. Diferente na sua natureza, mas mesmo assim uma demonstração de fé em Sidónio, foram os assaltos à sede do Grémio Lusitano e da Loja *Pró Pátria*, represália não-oficial contra o atentado. Mas havia, ao lado dessa força, fraqueza. Cunha Leal, na altura conotado com Machado Santos, criticou a situação sidonista com veemência na Câmara dos Deputados. A 3 de Dezembro, por exemplo, afirmou que

> Aqui, como lá fora, não se sentiu a vitória dos aliados, porque os homens que hoje dirigem os nossos destinos nunca tiveram fé nessa vitória, confiança nos destinos de um Portugal maior, e a descrença e a desesperança transmitiram-se de alto a baixo, lançando na apatia um povo naturalmente sentimental e capaz de todos os entusiasmos e vibrações.

Sonhou-se entre os nossos governantes com a vitória da Alemanha. E por isso, a derrota do colosso germânico caíu-lhes em cima como um balde de água fria, que os deixou melancólicos, inertes, tremendo diante do facto consumado como diante duma fantasmagoria de Hoffman. [30]

No dia seguinte, a propósito da prisão do deputado monárquico Teles de Vasconcelos, director do jornal *O Liberal*, Cunha Leal apresentou a seguinte moção:

> A Câmara dos Deputados, reconhecendo que falta ao Governo a inteligência governativa necessária para evitar novos conflitos políticos e sociais, resolve levantar o estado de sítio, abolir a censura à imprensa, convidar o Governo a dar explicações claras sobre a prisão do Deputado Teles de Vasconcelos, e passa à ordem do dia.

Cunha Leal, explicando a moção, referiu-se ao 'Governo que para aí se arrasta', que estava agindo como 'um agente de desordem'. E quando o Secretário de Estado da Guerra saíu da Câmara durante a intervenção de Cunha Leal, este rotulou o gesto de Álvaro de Mendonça uma 'desconsideração para com o Parlamento' e exigiu explicações num prazo de quarenta e oito horas. Na sessão de 9 de Dezembro falou-se mais do assalto ao Grémio Lusitano do que do atentado mal-sucedido da véspera. Um deputado, Joaquim Crisóstomo da Silveira Júnior, insurgiu-se contra a 'tirania insolente e revoltante, que infelizmente nos prejudica e nos há-de conduzir à perda da nossa nacionalidade'; a única maneira de resgatar a situação política era, segundo este deputado, 'estabelecer uma plataforma para a aproximação dos partidos históricos da República no interesse do país'. [31] Cunha Leal foi muito mais longe, alegando a existência de cumplicidade entre a polícia e os assaltantes do Grémio, e afirmando-se disposto a defender os seus direitos de cidadão a tiro, 'porque não quero que, por culpa minha, Portugal se torne uma terra de escravos'. Na 'atmosfera de terror' em que o país vivia, segundo Cunha Leal, havia 10,000 prisioneiros políticos; [32] e, mantendo vivo o seu diferendo com o Secretário de Estado da Guerra, o mesmo afirmou, 'Se compreendo a ditadura do génio, repilo com energia a ditadura dos asnos'.

Morte de Sidónio Pais

Poucos dias depois de uma tentativa falhada de o assassinar, Sidónio Pais partiu, uma vez mais, para o norte do país. Segundo Malheiro da Silva, o único dado concreto que temos sobre as suas intenções é que estava marcado um encontro com a família. Quase todos os autores que se dedicaram ao assunto, porém, afirmam – sem, em boa verdade, muita fundamentação sólida – que era intenção do Presidente 'lidar', de uma forma ou outra, com a Junta Militar que se tinha entretanto estabelecido no Porto. Era este organismo uma demonstração clara de que as figuras militares que (ainda) apoiavam o Presidente julgavam ter chegado a hora de uma melhor definição do caminho a seguir, agora que a guerra tinha terminado. Sidónio chegou à estação do Rossio, cercado pelos seus ajudantes (alguns deles parentes próximos) e vários agentes da polícia, nos últimos minutos de 14 de Dezembro. Ao entrar para a gare, porém, foi alvejado no tórax; morreu em breves minutos sem ter tempo, ou possibilidade, de falar – embora alguns dissessem que tinha gemido 'Não me apertem, rapazes'. Mais tarde surgiria outra versão, mais apropriada à memória do defunto: 'Morro bem, salvem a Pátria!' O assassino, José Júlio da Costa, foi preso; outro homem, inocente, e sidonista convicto, foi linchado na gare por ter puxado do seu revólver, que não chegou a disparar. Muito se disse, em Portugal, sobre uma grande conspiração de origem maçónica para abater Sidónio, tendo Sebastião de Magalhães Lima, Grão-Mestre do Grande Oriente Lusitano, sido preso (o que muito prejudicou os herdeiros de Sidónio, sobretudo em França). Se, para os historiadores, José Júlio da Costa agiu sozinho, para Afonso Costa, em Paris, foi toda uma nação que premeu o gatilho:

> Uma parte das nossas mágoas mais profundas já teve reparação, graças a um acto, que em psicologia colectiva tem perfeita explicação e de que, por isso, ninguém poderá inteiramente separar-se desde quie estivesse cooperando no estado de consciência que se tinha formado. *Querer* ou *não querer* actos tais, é inútil. É como com as tempestades, que produzem descargas eléctricas. Certamente, elas têm causas, são determinadas como todos os

acontecimentos do universo. Mas a complexidade, a extensão e a força invencível dessas causas tornam-nas mais inacessíveis às revoluções dos homens e dos seus agrupamentos. E tanto assim, que antes de se produzirem os choques finais, toda a gente *sente e diz* que se vão produzir. [33]

Medidas de emergência, iniciadas logo na noite do atentado, permitiram ao sidonismo sobreviver ou, melhor agonizar, pois estava a ser atacado por todos os lados. O episódio da 'monarquia do Norte' foi a derradeira estocada, já que para preservar a República os sidonistas tiveram de partilhar o poder com os antigos partidos, num governo liderado por José Relvas, sendo rapidamente submergidos e postos de parte. O parlamento encerrou as suas portas; Egas Moniz, em Paris, foi substituido por Afonso Costa; e o Almirante Canto e Castro, sucessor de Sidónio Pais na Presidência da República, acabou por demitir-se. A impressão causada no país pela morte de Sidónio Pais, e o resultante 'terror sidonista', foi alvo de cuidada interpretação por João Medina. [34] Vale a pena, porém, lembrar o tom da sessão parlamentar de 16 de Dezembro. Canto e Castro, enquanto Presidente do Governo Provisório, lembrou que

> Os seus planos de desenvolvimento, que fazem parte de vários processos existentes nos arquivos do Palácio de Belém, são prova exuberantíssima de que o falecido Chefe de Estado empregava as suas vigílias no estudo do engrandecimento da sua querida Pátria elaborando obras de fomento, indispensáveis para que Portugal ocupasse o lugar que tam dignamente lhe pertence.

Aires de Ornelas, líder da bancada monárquica, afirmou,

> Era um grande português (*Apoaidos*). Tinha gravado no seu ânimo o amor pelo seu país e desejava que todos se unissem em volta da bandeira da Pátria. (*Apoiados*). Nunca nos pesou ter faltado à confiança que ele depositou em nós, porque acima de tudo e de todas as contingências políticas é o amor do país que nos une (*Apoiados*).

Martinho Nobre de Melo chamou-lhe o 'Grande Morto', mas as palavras mais memoráveis foram as do jovem Botelho Moniz, que se ofereceu para fazer justiça pelas próprias mãos:

> Venho ao Parlamento pedir vinganças, venho ao Parlamento pedir justiça! [...] Se todos os portugueses se unirem, se todos se unirem melhor em volta da memória desse homem que se uniram em volta dele enquanto vivo, é possível que nos salvemos. Mas não é este o momento de se discutir este assunto [...]Vim ao Parlamento pedir justiça e vingança. O homem que matou o Sr. Presidente da República está preso. Amanhã é possível que esta situação mude; é possível que seja divinizado, que seja talvez amnistiado pelos seus amigos políticos. É necessário que isso se evite (*Muitos apoiados*) [...] É proceder contra ele, mas por meios legais, da mesma forma que ele procedeu com o Sr. Presidente da República. Precisamos matá-lo, mas claramente, à luz do dia [...] Declaro a V.Exa, e tomo a resposabilidade da afirmação que faço [...] que seria capaz de ir matar esse bandido à prisao. Mas, em todo o caso, melhor fica à nossa situação que façamos as coisas às claras, tomando a responsabilidade daquilo que fazemos.

O que foi, então, o sidonismo?

Foram muitos os observadores de Sidónio Pais que viram nele um imitador, consciente ou não, dos Bonapartes. Não foi o único, nem o último, destes imitadores. O já citado Payne, noutra obra, afirma que

> Insofar as Bonapartism in France was the precursor of any particular state system, it seems more related to several of the right-wing, primarily non-fascist systems of the period between the world wars, which were sometimes similarly preaetorian-led and proclerical, retained pseudoliberal formulae, and tried to promote economic modernization without mass mobilization or new state economic systems. [35]

Algumas destas características assentam bem ao sidonismo. Em última análise, Sidónio Pais – sem partido próprio nem corpo de doutrina assente e disseminado pelo país antes de tomar o poder – governou como um 'homem forte a cavalo'. O seu desejo de apaziguar a sociedade portuguesa, tão agitada desde o declínio da monarquia constitucional, encontra um paralelo na política seguida por Napoleão III, senão por desígnio (e não nos repugna acreditar na sinceridade de Sidónio Pais ao querer restaurar a pureza da República, supostamente perdida nos primeiros dias da existência do regime), certamente por necessidade. Pouco tempo depois de ter assumido o poder, Sidónio Pais foi confrontado com um problema inultrapassável: tendo contra ele os partidos republicanos ditos históricos, e tendo estabelecido limites claros à colaboração com monárquicos, faltaram-lhe os apoios necessários para governar e administrar. A popularidade entre certas classes sociais não chegava para suprir esta falta alarmante de apoio entre republicanos; mesmo assim, Sidónio Pais insistiu em governar, assentando o seu poder, em termos concretos, e para lá de um regime parlamentar de pouca monta, na força e no seu carisma – um carisma de quem ninguém tinha suspeitado até Dezembro de 1917. São as consequências desta escolha que nos levam a inserir o sidonismo num traço contínuo que parte do bonapartismo e desemboca nos autoritarismos dos anos Vinte e Trinta e, como consequência, no Fascismo. Não faz sentido apontar Sidónio Pais como um precursor de Mussolini, e a República Nova como a antecâmara do Fascismo italiano; mas se diluirmos esse mesmo Fascismo na rejeição generalizada, um pouco por toda a Europa nos anos Vinte, quer do sistema parlamentar, quer do bolchevismo, rejeição essa guiada por um nacionalismo exacerbado, e tornada possível pelo impacte da Primeira Guerra Mundial, então menos sentido fará excluir Sidónio Pais desse fenómeno. O sidonismo foi uma fuga para a frente, rumo a um regime que só poderia ser ditatorial mas cujos contornos nunca ficaram bem definidos. As liberdades políticas, após algumas promessas em contrário, foram reduzidas, sendo a tendência neste campo para um agravamento da situação, afastando a República Nova dos ideais de 1910 (já de si pouco respeitados, em boa verdade, por governos anteriores); o parlamento funcionava, sem qualquer consequência prática (o governo continuava a legislar como se o parlamento não existisse) e até os discursos nele proferidos eram censurados; as prisões estavam cheias; apenas um candidato se apresentou ao sufrágio popular aquando das eleições presidenciais (sendo estas uma inovação), e o número dos seus eleitores foi inflacionado; após ter afirmado querer governar sem, ou até contra os partidos, Sidónio Pais fundara um, o PNR, aberto a todos os homens de bem, fossem quais fossem as suas opiniões políticas; privado de apoios políticos de peso, Sidónio Pais promoveu os jovens que o acampanharam desde a primeira hora muito além das suas capacidades e talentos, defendendo a respectiva falta de experiência como uma virtude. E convém não esquecer a transformação de Sidónio, mesmo em vida, numa personagem que se queria heróica, disposta a qualquer sacrifício por Portugal. A palingénese – o renascer – apresentado por Roger Griffin como factor essencial do fascismo está presente, em abundância, no sidonismo. Sidónio Pais é descrito vezes sem conta, ao longo de 1918, como o homem que, pela sua acção, impediu Portugal de se lançar pelo precipício abaixo, e que vela pelo seu ressurgir. Citemos, como exemplo, e para terminar, *O Norte*, um semanário do PNR publicado a partir de Abril de 1918:

> Surgiu a revolução de 5 de Dezembro e marcando duma maneira bem iniludivel o seu alcance histórico e o seu alto significado social, essa revolução fez surgir um *homem*. Uma dessas figuras que o Destino marcou para surgirem nos momentos decisivos da história de um povo, para o salvar e para o redimir. O País assim o compreendeu e fez-lhe uma glorificação. Cercado por uma plêiade de rapazes estóicos, como numa revivescência de lenda heróica, esse homem aparece com a fronte envolta numa auréola de martírio de um povo inteiro, enorme como um libertador, formidável como o vingador desse povo escarnecido [...]
>
> É em volta desse homem que a mocidade portuguesa cerra as suas fileiras, oferencendo à Pátria moribunda o seu sangue juvenil e a luz redentora de sua fé [...]
>
> Viva a República Nova! [36]

ÁLVARO FERREIRA DA SILVA
LUCIANO AMARAL

A economia portuguesa na I República

Introdução

A análise da economia portuguesa durante a década e meia que durou a I República pode facilmente ficar reduzida à compreensão do impacto da I Guerra Mundial. Num certo sentido, a guerra terá talvez sido o evento determinante para o fim do frágil regime republicano, que se havia instalado apenas quatro anos antes do seu início. Em termos económicos, para além das perturbações ao funcionamento geral da economia, sobretudo resultantes das dificuldades do comércio internacional, a guerra teve essencialmente efeitos financeiros e monetários, que por sua vez tiveram importantes repercussões na actividade económica. A incompletude das medidas de estabilização adoptadas a partir de 1922, em conjugação com os efeitos de abrandamento conjuntural do crescimento delas resultante, acabou por dar margem ao aparecimento do messianismo financeiro de Salazar. A crise económica e orçamental criada pela I Guerra Mundial ajuda, assim, a explicar o desaparecimento do regime da I República.

O período posterior à guerra é marcado, no mundo ocidental, pela ideia de regresso à prosperidade da segunda metade do século XIX e princípios do século XX. Para isso, julgava-se necessário voltar a abrir o comércio, encerrado desde 1914, e regressar ao sistema do padrão--ouro, o exemplo máximo da cooperação económica internacional.[1] Mas as décadas seguintes parecem confirmar o pessimismo retrospectivo de David Thomson: ninguém à época soube "ver que a guerra moderna é uma revolução, e que o mundo económico de 1913 tinha passado à História como os impérios dos Habsburgo e dos Romanov". ([2]) De facto, nunca se tinha visto nada assim: 60 milhões de mobilizados, 8 milhões de mortos, 7 milhões de incapacitados e 15 milhões de feridos; o fim de quatro impérios, três deles seculares: o Reich Alemão, o Império Austro-Húngaro, o Império Russo e o Império Otomano; o primeiro regime comunista da História da humanidade, na Rússia, instalado no território do maior desses defuntos impérios; cerca de dez novos países na Europa, muitos deles desprovidos das condições mínimas de viabilidade política e económica.

Ao contrário da maior parte dos países europeus ocidentais, Portugal tinha já abandonado o padrão-ouro quando a guerra começou, na sequência do incumprimento de dívida de 1892. Partilhava com esses países, no entanto, o desejo de regresso ao sistema, um projecto consensual a todos os governos portugueses quase desde o momento imediato ao abandono, e que os governos republicanos herdaram, apesar da retórica mais ou menos inflamada contra o despesismo da Monarquia.

Também partilhou os métodos de financiamento das despesas militares. No final do conflito, todos foram colocados perante o mesmo dilema: ou adoptavam uma política deflacionista, para restaurar os equilíbrios financeiros de antes da guerra e regressar ao padrão-ouro; ou por uma política de desvalorização da moeda. Mas a capacidade de restaurar o nível de receitas anterior ao conflito estava tão comprometida que o recurso ao imposto inflacionário, financiando o défice através da emissão de moeda, acabou por ser a solução adoptada pelos instáveis e fracos governos da época.

Em suma, Portugal confronta-se com problemas semelhantes e enfrenta o mesmo tipo de desafios que se deparam a outros países europeus no imediato pós-guerra. Confronta-se também com o peso da sua própria história, das instituições e práticas económicas e financeiras criadas e modeladas num tempo muito mais longo do que os 16 anos de duração da I República, Assim, mais do que expor o encadeamento da conjuntura económica e financeira que caracterizou a I República, este texto procura situar o caso português em diferentes planos de análise comparativa e explicativa. Em primeiro lugar, o tempo longo da economia e da evolução das finanças públicas em Portugal, capaz de enquadrar e elucidar os problemas com que a I República se depara. Em segundo lugar, o contexto internacional, económico e financeiro, marcado pelo impacto da Guerra. Através da compreensão deste contexto, desaparecem alguns dos elementos de aparente excepcionalidade da instabilidade política e financeira que marca Portugal no primeiro pós-Guerra.

Com estes pressupostos, o argumento deste capítulo desenrola-se ao longo de sete secções diferentes. Numa primeira secção, aborda-se a estrutura da economia portuguesa herdada pela I República e que delimita os problemas com que se debate o novo regime. Num segundo momento, salienta-se a evolução da economia portuguesa durante a I República, dando particular atenção aos elementos de novidade face ao quadro estrutural herdado, bem como os ritmos de crescimento económico neste breve período. A terceira secção analisa os efeitos da mudança de regime político nas finanças públicas e na política monetária. Os problemas financeiros com que o novo regime se confrontou após o início da I Guerra Mundial são abordados numa quarta etapa. A estabilização financeira que se segue a 1923 constitui o tema da quinta secção, acentuando-se as razões que permitiram uma travagem relativamente rápida da inflação e da depreciação da moeda. Uma sexta secção realça os paralelismos com a evolução monetária e financeira de outros países europeus pela mesma época, procurando destacar a falta de insularidade na trama dos múltiplos problemas com que se confrontava a I República no imediato pós-guerra, desde os problemas económicos e financeiros à instabilidade política. A conclusão remata este texto, salientando as continuidades na economia e nas finanças públicas herdadas da Monarquia constitucional, bem como o autêntico terramoto financeiro constituído pela I Guerra Mundial, que haveria de estar na raiz da queda do regime parlamentar, tanto quanto a sua incapacidade de instituir um amplo arco de legitimidade institucional.

1. O caminho até à instauração da República

Em 1910, quando a República foi instaurada, Portugal era um país relativamente pobre. O seu PIB per capita era de cerca de um terço do dos países mais desenvolvidos (Gráfico 1). Numa amostra de trinta e dois países de diversos continentes e vários níveis de desenvolvimento, Portugal aparece como o mais pobre da Europa ocidental e mesmo um dos mais pobres de toda a Europa, apenas ultrapassando a Albânia (Quadro I). Esta situação correspondia ao fim de um longo período de declínio comparativo face aos países mais desenvolvidos, como se pode ainda ver no Gráfico 1: no início do século XIX, o PIB per capita português era de cerca de 80% do das economias mais desenvolvidas; mas em 1850 já só era de cerca de 55% e em 1875 de menos de 40%. Se é verdade que nas décadas de 70 e 80 se verificou uma certa suspensão da divergência, ela retomou o seu percurso a partir da década de 90. Durante os dezasseis anos de vigência da I República, esta posição relativa não se alterou: em 1926, o PIB per capita português era ainda de cerca de um terço do das economias mais desenvolvidas. Pode, no entanto, dizer-se que se interrompeu então de forma duradoura o longo processo de divergência herdado da segunda metade do século XIX.

O atraso relativo da economia tinha uma correspondência natural na sua estrutura: em 1910, cerca de 60% da mão-de-obra empregava-se na agricultura, distribuindo-se os restantes 40% em partes equitativas pelos sectores industrial e de serviços. Era um tipo de estrutura relativamente semelhante ao de países menos desenvolvidos (Quadro II), como a Espanha; indicava um grau de industrialização e terciarização maior do que os países da Europa de leste; era, evidentemente, muito distante da do país pioneiro da industrialização, o Reino Unido; mas também o era de países que mais tardiamente lá chegaram, como a França ou os países escandinavos.

O atraso comparativo não significou, contudo, nem uma completa estagnação económica nem uma ausência de alterações estruturais. Desde 1850 que o crescimento do PIB per capita português apresenta taxas positivas (Quadro III). O problema foi comparativo, já que esse crescimento se revelou insuficiente para acompanhar os países mais desenvolvidos. Também a estrutura da economia se alterou (Quadro IV): em 1850, cerca de metade do produto nacional tinha origem na agricultura, com 40% nos serviços e apenas 12% na indústria. Progressivamente, a situação foi-se modificando e quando chegamos a 1910 apenas 37% do produto tinha origem na agricultura, com a indústria a representar já 27% e os serviços 36%.

Na realidade, a segunda metade do século XIX e os princípios do século XX foram um período de transformações fundamentais para a economia portuguesa. Desde logo porque corresponderam à longa transição do "Antigo Regime" para o "liberalismo". [3] Para além das suas implicações políticas, esta transição trouxe mudanças institucionais com vastas repercussões económicas. Foi através dela que a coroa, a aristocracia e a Igreja se viram expropriadas da maior parte dos seus patrimónios e que as terras comunais foram privatizadas. Ou seja, o estatuto jurídico da propriedade foi profundamente alterado, nascendo a propriedade privada moderna (com os seus direitos e obrigações conexos), o que teve uma incidência muito significativa na alienabilidade da terra, nas condições da sua gestão e até do seu cultivo. Tudo isto se fez sentir no domínio da fiscalidade, já que no chamado "Antigo Regime" a separação entre esta e a propriedade "privada" não era clara. [4] Ora, acontece que este foi um processo muito demorado e conturbado: começado em 1820 (com a primeira revolução liberal), teve os seus picos em 1834 (com a expropriação das ordens religiosas) e em 1861 (com a extinção do morgadio) e apenas se concluiu no princípio do século XX, sempre atravessado por enormes complicações jurídicas. Não deixa, no entanto, de ser um período em que, como foi notado por Miriam Halpern Pereira e Manuel Villaverde Cabral, as relações económicas de mercado se vão sobrepondo aos outros tipos de relação. [5]

Estas alterações institucionais foram acompanhadas por transformações produtivas não menos importantes. A mais significativa terá porventura sido a plena exploração agrícola do território, no que constituiu a verdadeira "revolução agrícola portuguesa", como lhe chamou Albert Silbert. [6] De facto, uma das características marcantes do país nos séculos XVIII e XIX era a extensão dos terrenos incultos: terá sido precisa a modificação institucional trazida pelas revoluções liberais para libertar a terra das regras jurídicas do Antigo Regime, tornando--se assim possível explorar em pleno o território nacional. Esta exploração fez-se acompanhar de muitas transformações tanto na estrutura como nos métodos de produção agrícolas. Trata-se de um período não apenas de crescimento do produto agrícola em geral, mas também de recomposição da sua estrutura, com a expansão das culturas do milho e do arroz, da criação pecuária ou a plantação de vinhas, oliveiras e sobreiros, [7] embora o vigor da introdução das inovações tenha tido grandes diferenças regionais. [8] Seja através do processo de alteração mais ou menos espontânea das condições de produção, seja através de certa legislação específica (como a famosa "Lei Elvino de Brito" de 1899, garantindo protecção alfandegária à produção de cereais), [9] ou o apoio à drenagem de pântanos e irrigação de terrenos, a verdade é que o "problema dos incultos" tinha desaparecido de Portugal no primeiro terço do século XX. [10]

A libertação das forças produtivas garantida por este conjunto de circunstâncias permitiu um grande crescimento populacional nos finais do século XIX e princípios do século XX. Entre 1900 e 1920 a população portuguesa cresceu em mais de um milhão de pessoas, com taxas de crescimento anual médio que só viriam a ser superadas na história portuguesa na década de 70, e neste caso apenas graças ao retorno de mais de meio milhão de refugiados das ex-colónias no espaço de dois anos. [11] E se grande parte desta população se foi empregar na agricultura, outra saiu dos campos, alguma para emigrar para fora do país, outra para as cidades. Daí o crescimento industrial que também se verificou, bem como a alteração da estrutura da indústria. Como foi notado por Armando de Castro, Manuel Villaverde Cabral, Jaime Reis e Pedro Lains a indústria cresceu tendencialmente mais do que a agricultura ao longo da segunda metade do século XIX e princípios do século XX. [12] Toda esta transformação foi feita dentro de uma política comercial sempre proteccionista. Contrariamente a uma ideia que foi comum durante muito tempo na historiografia económica nacional, nunca os governos portugueses da segunda metade do século XIX seguiram o livre-cambismo. Mesmo depois de um certo relaxamento da protecção a partir da década de 90, Portugal continuou a ser um dos países mais proteccionistas do mundo ocidental, embora o proteccionismo fosse aí a prática corrente. [13]

Seria errado considerar esta expansão como propriamente notável. Na verdade, o crescimento foi pouco vigoroso e Portugal não recuperou o atraso anterior. Mas a evolução também não foi menosprezável, havendo mesmo importantes mutações em termos de estrutura industrial e de inovações de gestão. De facto, este é o período em que a indústria têxtil se transforma no maior ramo industrial português. [14] É também o período de aparecimento e crescimento de modernas indústrias alimentares, como as conservas de peixe ou a moagem e panificação. [15] É igualmente o período de expansão da indústria corticeira e de outras indústrias tecnologicamente mais sofisticadas, como a química e a metalúrgica. [16] É ainda o período de aparecimento dos primeiros grupos económicos, embora de forma um pouco incipiente. Muitos destes grupos tinham origem em instituições bancárias, como o Banco Burnay, a casa Sotto Mayor ou o Banco Fonsecas, Santos & Viana. [17] Mas também se deu então o nascimento e primeira expansão daquele que viria a ser o maior grupo económico português do século XX, a CUF, cuja actividade principal assentava precisamente num ramo industrial relativamente sofisticado, a indústria química.

Este é também, portanto, o período do nascimento, expansão e consolidação do sector bancário português. [18] O primeiro banco moderno, o Banco de Lisboa, nasce em 1821, vindo em 1846 a tornar-se no Banco de Portugal. Sobretudo durante a segunda metade do século XIX, vão nascendo e desaparecendo diversas instituições bancárias, algumas até com estatuto emissor. As várias crises financeiras do período (em particular a de 1891-92) fazem desaparecer muitas instituições e/ou retiram-lhes essas capacidades, cada vez mais concentradas no Banco de Portugal. É então que ele vai assumindo o papel de banco central, embora ainda com um certo hibridismo. [19] Seria obviamente errado confundir estes desenvolvimentos com um grande florescimento bancário e uma grande contribuição do sector para a expansão da economia. Com efeito, de acordo com Jaime Reis, tanto a expansão dos depósitos como o crescimento do crédito para a actividade económica foram muito menores em Portugal do que na maior parte dos países europeus. [20] Os bancos continuaram durante muito tempo sobretudo vocacionados para a aquisição de dívida pública e não para o investimento na actividade produtiva.

Também ao longo da segunda metade do século XIX, Portugal adquiriu o seu sistema monetário actual, com a passagem do bimetalismo para o padrão-ouro em 1854 e, posteriormente, a fiduciarização da moeda portuguesa, sobretudo na sequência da crise de 1891-92. [21] É ainda neste período que o país se dota dos instrumentos jurídicos modernos de enquadramento dos mercados, como o Código Comercial de 1833, o Código Administrativo de 1836 (reformulado em 1842), o Código Civil de 1867 e a lei das Sociedades Anónimas de 1867. Foi igualmente durante a segunda metade do século XIX que o país se apetrechou de uma vasta rede de infra-estruturas de transporte e comunicações, constituída por 3 mil km de caminhos-de-ferro e 15 mil km de estradas macadamizadas, entre 1850 e 1910. [22] Apesar da óbvia importância da instalação desta rede, colocando Portugal numa razoável posição nas comparações internacionais, ela terá estado associada a duas consequências negativas. Por um lado, suspeita-se de que não tenha seguido os melhores padrões em termos de utilidade e eficiência. [23] Por outro, os recursos mobilizados (quase todos obtidos nos mercados de capitais internacionais) deram um grande contributo para a persistência não só de Orçamentos do Estado deficitários como de um crescente endividamento público e externo, que o país se revelou incapaz de pagar e acabou por determinar a declaração de insolvência externa em 1892 e consequente abandono do padrão--ouro. [24]

É claro que não foram apenas os empréstimos para transportes e comunicações a determinar esta crise. Na realidade, existiu aqui uma óbvia relação com a dificuldade em criar uma estrutura fiscal moderna – o que em larga medida corresponde também à criação do Estado moderno. Como se notou atrás, foi no século XIX que Portugal eliminou as estruturas fundiárias, fiscais, sociais e políticas senhoriais típicas do Antigo Regime. Como também se notou, o processo foi difícil e lento, embora contínuo. Rui Pedro Esteves constatou alguma permanência da estrutura fiscal de "Antigo Regime", tanto na importância de tributos vindos do passado, como no tipo de incidência (sobretudo indirecta), como ainda no baixo peso dos impostos enquanto percentagem do PIB, mas não deixa de ser verdade que é esta a época dos primeiros orçamentos modernos, inclusivamente sujeitos a aprovação parlamentar e fiscalização do Tribunal de Contas.[25] É também verdade que a miríade de tributos vindos do "Antigo Regime" acabam lentamente por ser substituídos por impostos sobre o rendimento mais uniformizados, mesmo se com diversas limitações. Ou seja, quando a República se instaura, uma primeira fase de transição da fiscalidade de "Antigo Regime" para a fiscalidade moderna está concretizada, embora com muitos problemas: ineficácia na tributação, baixa incidência, um certo desequilíbrio na estrutura dos impostos sobre o rendimento e um grave problema de dívida pública.[26]

Seja como for, na segunda metade do século XIX, a economia portuguesa alcançou um conjunto de características institucionais e um grau de crescimento económico que a colocavam, embora de forma incipiente, num caminho idêntico ao das economias mais desenvolvidas do mundo.

2. Crescimento e mudanças durante a I República

Durante o período da I República, a economia continuou a desenvolver-se a partir das estruturas criadas pelas transformações que acabámos de descrever. Mas foi também marcada por uma conjuntura internacional extremamente difícil, que teve repercussões internas cruciais: a da I Guerra Mundial e das dificuldades de reconstrução ao longo dos anos 20.

Na realidade, a guerra trouxe efeitos contraditórios para a economia. Por um lado, criou condições bastante desfavoráveis em termos do comércio externo. Muitos mercados externos fecharam-se às exportações nacionais e deixaram de exportar para Portugal como antes.[27]

De consequências particularmente importantes foram aqui as limitações à compra de bens alimentares no mercado internacional (trigo e bacalhau, para falar de dois dos mais famosos exemplos), que deram origem a diversos episódios de escassez. Também foram importantes as limitações à importação de bens energéticos e intermédios, como o carvão, os adubos ou a maquinaria. [28] O défice comercial agravou-se. Como, ao mesmo tempo, se verificou a paragem do tradicional fluxo de remessas de emigrantes, deu-se uma deterioração da balança de pagamentos.

No entanto, certos sectores derivaram algum benefício da situação de guerra. As condições de protecção "natural" levaram a uma expansão, por exemplo, das indústrias têxtil, metalúrgica e metalomecânica. Por outro lado, a indústria conserveira pôde aproveitar uma procura internacional acrescida, já que o seu produto era particularmente adaptado às circunstâncias bélicas (tanto na alimentação militar quanto civil), algo que também aconteceu com o vinho, o azeite e o gado. [29] Claro que a escassez de mão-de-obra causada pela mobilização militar, o seu maior custo e o encarecimento da sua alimentação, juntamente com o encarecimento dos bens intermédios, criaram condições difíceis para todas as actividades económicas. [30] A agricultura atravessou uma fase particularmente difícil. Dados os problemas com a importação de géneros alimentares, os governos esperaram do sector nacional que substituísse o mercado mundial. Um sistema de preços tabelados foi criado, mas o seu nível revelou-se sempre insuficiente face aos custos crescentes. O resultado foi a passagem para métodos ainda mais arbitrários, como as requisições e o racionamento. [31]

Tudo somado, o crescimento económico foi negativo durante a guerra – cerca de -1,6% ao ano entre 1914 e 1918 (Quadro III). Contudo, como Portugal não estava sozinho nestas circunstâncias difíceis, a maior parte das economias desenvolvidas também sentiram os mesmos efeitos (ou até mais fortes). Daí que a convergência para com elas tenha sido apenas marginalmente negativa (Gráfico 1). O grande problema económico de médio-prazo resultante da guerra acabou por ser o da inflação, em consequência do agravamento substancial dos défices orçamentais e da dívida pública. [32] Contudo, este é um assunto que, pelas suas repercussões económicas e políticas extremamente importantes (estando mesmo ligado à queda do regime), merece uma atenção específica (v. abaixo).

Já o período do imediato pós-guerra é positivo em termos de crescimento económico (Quadro III), embora (como notaram tanto observadores da época quanto historiadores actuais) esse crescimento tivesse dependido muito das condições de protecção implícita criadas pela inflação e a desvalorização do escudo.[33] Muitos efeitos da depreciação foram negativos, como o encarecimento da maior parte dos géneros importados (dos alimentares aos intermédios), razão pela qual a época ficou conhecida como a da "crise das subsistências" (que de resto deu origem a um famoso texto de Salazar).[34] Este encarecimento criou situações de escassez, a que acabaram por estar associadas significativas pressões salariais. O período é, portanto, perturbado pela agitação social. Os diversos governos acabaram por lidar com um dos problemas mais graves de escassez alimentar (o do pão) através da instituição de um mecanismo de subsídio ao preço do trigo. Este, que ficou conhecido como "pão político", significava que o Estado subvencionava o preço do trigo importado (cada vez com maior dificuldade, dado o crescente encarecimento do produto) na distribuição às unidades moageiras. O mecanismo foi criado ainda durante a guerra, mas dado o contínuo agravamento do preço do trigo em consequência da desvalorização do escudo, acabou por persistir até 1923.[35]

Seja como for, este é um período marcado pela expansão de diversos sectores industriais, dos mais tradicionais, como os têxteis, até aos menos desenvolvidos, como o cimento ou a construção civil, passando pelos que tinham encontrado condições de expansão especiais durante a guerra, como as conservas ou a indústria química.[36] Não surpreende assim que continue a aprofundar-se a transformação das estruturas empresariais do país, com a consolidação dos grupos vindos de finais do século XIX e a criação de outros. A CUF continua a sua expansão, bem como os grupos bancários Burnay ou Pinto & Sottomayor, surgindo ainda na década de 20 embriões de grupos novos como o Banco Espírito Santo e as empresas Champallimaud.[37]

OUTUBRO: A REVOLUÇÃO REPUBLICANA EM PORTUGAL

Naturalmente, estas evoluções tiveram impacto na estrutura económica do país. De facto, a agricultura foi perdendo peso tanto em termos de emprego quanto de contributo para a produção, embora ainda a um ritmo relativamente lento: se em 1910 cerca de 58% da mão-de-obra se empregava na agricultura, em 1930 essa proporção já só era de cerca de 50%. Repare-se, no entanto, como esta perda não se fez em favor da indústria, mas antes dos serviços: de facto, a mão-de-obra empregue na indústria decresceu ligeiramente, de 22% para 19% entre 1910 e 1930, enquanto nos serviços saltou de 20% para 30%. E o mesmo se passa em termos de contribuição para o PIB (Quadro IV): se, nas mesmas datas, o contributo da agricultura passa de 37% para 32%, na indústria passa de 27% para 28% e nos serviços de 36% para 41%.

Em termos da estrutura de cada sector, também se verificam algumas alterações. Na agricultura, estas mudanças não modificaram radicalmente o panorama do país. Os cereais continuaram a ser a maior produção nacional, crescendo mesmo entre 1910 e os anos 30, graças sobretudo à expansão da cultura do trigo, protegido pelas elevadas barreiras aduaneiras. Por sua vez, a criação pecuária e os produtos animais continuaram a ser o segundo conjunto de produtos da terra, embora com um ligeiro aumento da sua importância relativa. A estes seguia-se o vinho, que no entanto perdeu bastante peso no produto agrícola. Se a produção frutícola manteve a sua importância, já a produção silvícola teve uma boa expansão, sobretudo graças à plantação de sobreiros e à produção de cortiça. [38]

No que toca à indústria, o retrato também é de uma genérica estabilização da estrutura herdada dos finais do século XIX: os têxteis continuaram a ser o maior ramo industrial, embora com um significativo decréscimo do seu peso no produto industrial (de 45% para 35% do conjunto do sector), logo seguidos da indústria alimentar, neste caso com um aumento de 20% para 28%, predominando aqui as conservas. Dos restantes sectores, a madeira e a cortiça mantém uma importância entre os 15% e 20%, enquanto a indústria química oscila entre os 10% e 15%. Em níveis muito inferiores, mas com evolução interessante, estão a produção de pasta de papel e papel, a produção de cimento e a metalomecânica, embora só este chegasse a cerca de 5% do produto industrial em 1930. ([39]) Quanto aos serviços, a sua evolução deve-se sobretudo à grande expansão do funcionalismo público.

A I República também não alterou a tradição proteccionista da política comercial portuguesa. De resto, a guerra, bem como o processo inflacionário subsequente, criaram condições de protecção implícita que contribuíram para o mesmo fim. Precisamente quando o programa de estabilização orçamental e monetária de 1922-24 foi aplicado, tornou-se necessário rever a pauta aduaneira, o que aconteceu em 1923, num sentido de agravamento dos direitos, que aliás se encontravam desactualizados pelo efeito do aumento do nível geral de preços. ([40])

O sistema bancário continuou o seu crescimento, agora até um pouco mais ligado às actividades económicas. O período da República acaba por constituir um momento muito importante de consolidação do sector, sobretudo na sequência da legislação bancária de 1925. O pós-guerra foi uma época de grande florescimento bancário. Mais de uma dezena de instituições se fundaram. No entanto, grande parte delas revelou-se frágil e faliu. As complicações monetárias do pós--guerra bem como o crescimento económico geraram oportunidades imediatas que acabaram por se revelar efémeras. O programa de estabilização monetária de 1922-24 tornou-se fatal para muitas destas instituições. ([41]) Este programa, juntamente com a legislação bancária de Janeiro e Março de 1925, estabilizou e consolidou o sector. Os aspectos essenciais da legislação consistiram em aumentar os requisitos de capital das instituições, estabelecer limites mais estritos de crédito e submeter ao arbítrio do ministro das Finanças o estabelecimento de novas instituições. ([42]) O resultado foi a sua maior solidez. Efectivamente, desde então até hoje, as falências bancárias tornaram--se uma absoluta raridade em Portugal. A partir de então subsistiram as instituições bancárias que, no essencial, durariam até às nacionalizações de 1975. É verdade que durante o Estado Novo algumas seriam criadas e outras se fundiriam, mas o quadro de longo-prazo acaba por ser criado em meados dos anos 20. Esta maior solidez fez também com que os bancos pudessem a partir de então desempenhar um papel mais importante no financiamento da actividade económica. Se é verdade que durante a guerra e o pós-guerra permaneceram muito dependentes da situação de endividamento do Estado e da inflação, o programa de estabilização dos anos 20 libertá-los-ia dessas tarefas – algo que se consolidaria durante o Estado Novo, graças à prossecução sistemática de uma política de equilíbrio orçamental, e de endividamento e inflação baixos.

O défice da balança comercial continuou a agravar-se no pós--guerra, embora agora as remessas de emigrantes ajudassem de novo ao seu financiamento, graças à reanimação das saídas do país uma vez restabelecida a paz.[43] O forte crescimento económico requeria tanto o aumento da importação de bens alimentares quanto de bens inter-médios, pelo que se pode dizer que a protecção implícita garantida pela depreciação não impediu a continuação do crescimento das importa-ções. Seja como for, tal como aconteceu na maior parte das economias ocidentais, Portugal conhece um *boom* no início dos anos 20 (a versão portuguesa dos *Roaring Twenties*), a que estão associados certos fenó-menos sociais chocantes à época, como o "novo-riquismo" dos rapida-mente enriquecidos. A taxa de crescimento média da economia entre 1918 e 1923, ano principal da aplicação do programa de estabilização orçamental e monetária, foi de 3,3% ao ano (Quadro III). O plano de estabilização que se seguiu trouxe um abrandamento significativo, com a taxa de crescimento a passar para -0,13% entre 1923 e 1926. Tanto o crescimento da economia quanto o seu abrandamento estão, portanto, muito associados às condições criadas pela guerra e respec-tiva solução. É a esses temas que as partes seguintes se dedicam.

3. Finanças públicas: continuidade e mudança

Do ponto de vista financeiro, o início do século xx em Portugal é marcado por um crónico défice das contas públicas, uma elevada dívida, cujo serviço pesava fortemente nos encargos do Estado português, uma reduzida elasticidade das receitas e pela incapacidade de recurso ao endividamento externo para o financiamento do Estado, mercê da interrupção de pagamentos aos credores externos em 1892. ([44]) Este contexto marca a implantação da I República. Em termos ideológicos, a questão financeira era colocada como importante fundamento de um projecto político de transformação do regime. A instauração do equilíbrio orçamental e a criação de condições para um retorno à disciplina do padrão-ouro, abandonada após a crise financeira de 1891-1892, era apresentado pelos republicanos como representando uma viragem significativa face ao que teria sido a governação monárquica até 1910. A vitória republicana na Câmara Municipal de Lisboa nas eleições de 1908 já tinha dado o tom do papel programático e agregador que a questão financeira poderia representar. A candidatura vitoriosa dos republicanos tinha eleito o equilíbrio das contas municipais como prioridade, tentando demarcar-se do que definia como a administração laxista dos vários executivos monárquicos, mesmo quando vereadores republicanos tinham contribuído para a política de expansão das despesas municipais e de recurso ao aumento do endividamento. ([45]) A política de regeneração financeira das contas da capital portuguesa era apregoada como o embrião do que poderia ser a postura de uma governação republicana dos destinos do país.

O início da governação republicana em 1910 não introduz nenhuma mudança imediata na gestão das finanças do Estado, no que diz respeito a dois dos principais problemas herdados do regime anterior: o equilíbrio orçamental e a diminuição da dívida pública. A propaganda republicana tinha apregoado o despesismo monárquico, enfatizado a questão dos adiantamentos à Casa Real e atribuído à inépcia governativa dos velhos partidos do rotativismo a incapacidade de saneamento das contas públicas. Porém, os anos que antecedem o 5 de Outubro de 1910 já são caracterizados por uma redução dos défices públicos (cf. Quadro V). Se outra razão não houvesse, a incapacidade de recurso ao mercado internacional de crédito, mesmo após um acordo parcial com os credores externos em 1902, obrigara à parcimónia dos gastos públicos dos últimos governos monárquicos. Por seu turno, os riscos de depreciação da moeda e de pressões inflacionistas que poderiam resultar de um eventual financiamento dos défices através da emissão monetária disciplinara o recurso do Estado ao financiamento junto do Banco de Portugal e à emissão de notas bancárias a partir de 1897 [46].

Assim, os primeiros anos do novo regime são de evidente continuidade com o quadro financeiro herdado da monarquia, com défices moderados, na linha dos que se vinham registando. A entrada de Afonso Costa como Ministro das Finanças em 1913 constitui uma tentativa efémera de utilizar a política financeira como um trunfo político de rotura face ao quadro herdado do anterior regime. Em Abril de 1912, o Congresso do Partido Democrático tinha apresentado um programa detalhado de acção governativa, em que o equilíbrio orçamental, a contenção das despesas e a reforma fiscal eram enunciados. [47] A passagem de Afonso Costa pela pasta das Finanças enquadra-se na utilização da política orçamental com o propósito de atingir saldos positivos das contas públicas, que pudessem ser utilizados como uma marca distintiva do novo regime. Fá-lo através de uma redução de despesas de funcionamento do Estado, com a reforma de serviços públicos e a limitação da capacidade legislativa do parlamento para aumento de despesas ou redução de receitas, fora do período de debate orçamental. Desta forma, Afonso Costa inverte o saldo orçamental negativo nas contas públicas de 1912-13 e consegue um expressivo saldo positivo no ano seguinte (1913-1914), que em termos relativos só seria superado no século XX pelo alcançado no momento de outro orçamento politicamente emblemático – o de Oliveira Salazar quando assume em definitivo a pasta das Finanças (1928-1929). O início da I Guerra Mundial em 1914 não permite concluir se os dois anos consecutivos de saldos positivos alcançados por Afonso Costa iriam ser mantidos.

O regime fiscal sofre algumas mudanças, mas sem que a estrutura das receitas se altere ou se supere a reduzida capacidade de crescimento das receitas. A legislação fiscal de 1911 (Leis de 4 e 24 de Maio) poderia ser entendida como uma primeira intenção de definir um modelo republicano para o regime fiscal, através da introdução do princípio da progressividade na contribuição predial e na contribuição sucessória, bem como pela abolição de alguns impostos (imposto sobre as rendas de casa ou a décima de juros). [48] Porém, o seu alcance é diminuto para que possa ser considerada uma efectiva reforma fiscal. A introdução da progressividade nos impostos sobre o rendimento é assumida pela primeira vez de forma clara na revisão da contribuição predial de 1913, para apenas ser um princípio transversal a vários impostos sobre o rendimento com a reforma fiscal de 1922, no auge do período crítico da crise financeira e fiscal gerada pela I Guerra Mundial. Ao longo de todo o período a estrutura das receitas públicas continua a ser caracterizada por um peso diminuto dos impostos directos, quando comparado com o nível atingido pelas contribuições indirectas, e por uma presença significativa de receitas não-fiscais, provenientes de funções patrimoniais do Estado (Quadro VI).

No campo das despesas também não se descortina qualquer transformação estrutural importante com o advento da República (Quadro VII). Os encargos com a dívida pública mantêm-se como a principal rubrica nas despesas do Estado, apesar de ter existido algum esforço de amortização da dívida flutuante externa entre 1913 e 1914.[49] No entanto, nos primeiros anos do regime não existem alterações da estrutura da despesa que pudessem revelar diferentes prioridades na política governativa e novas funções do Estado. O acréscimo das despesas com a educação em 0,4% do PIB constitui a única diferença significativa. A eclosão da I Guerra Mundial terá um impacto muito mais profundo na estrutura da despesa, como iremos ver adiante. Para além das despesas militares, também o acréscimo das funções sociais e económicas do Estado após o início do conflito acaba por se reflectir nos gastos públicos. Contudo, ultrapassado o período de guerra e a instabilidade financeira subsequente, a estrutura da despesa herdada da monarquia volta a reaparecer em meados dos anos 20.

Na circulação monetária surge a mudança mais significativa, ao alterar-se um dos símbolos da soberania nacional. Em 1911, o escudo é introduzido como unidade monetária, substituindo o real, cinco séculos depois da sua criação em 1435. Tratou-se, porém, de uma alteração monetária com elementos de continuidade face ao anterior regime, já que a mudança simbólica foi a par de uma necessidade funcional sentida desde o período monárquico, a de substituir o real por um outro padrão monetário revalorizado. A reforma monetária de 1911 retoma, aliás, o múltiplo de unidade de conta em estudo nos últimos anos da monarquia, que pretendia introduzir o cruzado como unidade monetária, correspondendo a 1000 réis. A República muda o nome da unidade monetária, mas mantém a facilidade de conversão relativamente ao real, simplificando eventuais problemas de adaptação dos agentes económicos.[50] Um sinal de clara continuidade com o passado é também dado pelas espécies monetárias em circulação. Não apenas se mantêm no mercado as moedas e notas herdadas da Monarquia, bem depois da reforma de 1911, como se continuam a imprimir notas do Banco de Portugal usando chapas com a denominação em réis.

A reforma de 1911 institui um sistema monetário formal, assente num câmbio fixo entre o escudo e o ouro, em que o escudo corresponderia a 1,626 g de ouro, lado a lado com um sistema monetário corrente, baseado numa desvalorização de 15% face àquele sistema monetário convencionado ou ideal. A ultrapassagem dos défices públicos mais acentuados, vividos durante o período crítico da última década do século XIX, bem como a recuperação do nível das remessas dos emigrantes, que se traduzem numa estabilização do câmbio da moeda portuguesa face à libra desde 1906, poderiam trazer para a ordem do dia o retorno do sistema monetário corrente ao regime dos câmbios fixos, com a reentrada no padrão-ouro. Porém, mesmo após o equilíbrio das contas públicas conseguido por Afonso Costa em 1912--1913 e 1913-1914 tal desiderato inscrito no programa do Partido Democrático não se traduz em qualquer iniciativa governativa.[51]

4. O impacto da I Guerra Mundial na situação financeira

Esta imagem de continuidade é interrompida com a eclosão da I Guerra Mundial, que tem efeitos mais significativos na estrutura das finanças da República do que a mudança de regime. Apesar de a participação militar ser reduzida, quando comparada com outros países beligerantes, o impacto financeiro da guerra é tal que marca duradouramente a dúzia de anos da I República que se segue ao eclodir do conflito no Verão de 1914.

Um primeiro efeito é o acréscimo das despesas militares. As despesas com as Forças Armadas representam nos primeiros anos da República menos de 4% do PIB, em clara continuidade com o que se passava durante a Monarquia. Ao terminar a I Guerra Mundial cifram-se em mais de 14%, ainda assim bem longe dos 38% ou 53% do PIB, respectivamente em Inglaterra e Alemanha. [52] A mobilização e intervenção militar nas colónias africanas logo em 1914, bem como a entrada no teatro de guerra europeu a partir de 1916, foram as causas directas para a elevação desta rubrica da despesa. [53] Outras despesas contribuem para uma subida do nível dos gastos públicos. A necessidade de intervenção no mercado para manter o abastecimento de bens essenciais e as despesas de assistência social aos soldados e famílias fazem elevar também os encargos que pesam sobre o tesouro [54], explicando a elevação da despesa pública efectiva de 15% para 28% do PIB entre o primeiro orçamento republicano e a entrada de Portugal no conflito (cf. Gráfico 2), um nível que apenas seria ultrapassado após 1974.

Cerca de um terço das despesas militares é financiado por empréstimos concedidos pela Inglaterra, no valor de 22 milhões de libras, como parte de um acordo de assistência negociado em 1916, que previa a sua amortização após o fim do conflito. Porém, a maior parte do acréscimo da despesa tem de ser obtido recorrendo a outras fontes de financiamento. A exemplo do que acontece na esmagadora maioria dos países beligerantes, o financiamento não é realizado maioritariamente através da elevação da carga fiscal ou da colocação de títulos de dívida pública junto dos mercados financeiros, mas sim através da contracção de dívida interna e externa de curto prazo para fazer face ao crescente desequilíbrio das contas públicas (cf. Gráfico 2). [55] Em Portugal, a esmagadora maioria dessa dívida é contraída junto do Banco de Portugal e também, em menor grau, junto da Caixa Geral de Depósitos. [56] Os pedidos de suprimento ao Banco de Portugal por parte do governo são caucionados por sucessivos decretos, que entre 1914 e 1923 vão alargar o limite de emissão de notas sem cobertura de reservas de 120 mil contos para 1 milhão e 325 mil contos. [57] A circulação monetária cresce mais de 3 vezes durante o período que dura a I Guerra

Mundial (Gráfico 3). Contudo, o surto de emissão é ainda mais acentuado nos anos que medeiam entre 1919 e 1924. Neste último ano, as notas em circulação superam em mais de 18 vezes o nível atingido no início da guerra. ([58]) Para fazer face à desvalorização da moeda são introduzidas em 1920 e 1922 notas de valores faciais mais elevados, de 1000 e de 500 escudos.

Com o fim do conflito mundial e a desmobilização dos soldados, as despesas militares recuam em 1920 para o seu valor de antes da guerra. O que poderia explicar esta necessidade crescente de recorrer ao financiamento junto do Banco de Portugal, com a inevitável contrapartida de elevar a circulação monetária? Sobretudo duas razões. Do lado das despesas, continuava a fazer-se sentir a necessidade de subsidiar certos bens essenciais, como o pão ou os transportes, bem como as transferências sociais para soldados inválidos ou para as famílias de homens mortos em combate, razão por que não existiu uma quebra imediata destas rubricas dos gastos públicos. No entanto, a razão fundamental para o desequilíbrio das contas públicas resulta do agravamento da crise fiscal, que se vinha sentindo desde 1915, devido ao impacto da desvalorização monetária na erosão do nível das receitas fiscais. Um dos efeitos da multiplicação por 18 do volume da moeda em circulação foi um surto inflacionista, com a correspondente desvalorização da moeda. Como grande parte das receitas públicas advinha de impostos específicos, em que o montante do imposto se cifrava numa certa quantia por bem tributado, ou de impostos calculados sobre matérias colectáveis com valores fixos, a cobrança fiscal diminuiu em termos reais em 1920 para cerca de 50% do que representava em 1914. Ao invés, as despesas em termos reais encontravam-se quase 20% acima do nível de antes da guerra. A análise comparativa da evolução das despesas e receitas públicas como percentagem do produto interno (Gráfico 2) destaca igualmente esta queda das receitas, quando comparadas com a riqueza produzida no país. Mesmo que as despesas públicas já estivessem em 1920 a um nível idêntico face ao PIB do que detinham antes da guerra, as receitas estavam no seu ponto mais baixo. Assim, mesmo após o fim do conflito mundial a crise fiscal marca dramaticamente a conjuntura. O recurso à emissão monetária acaba por ser a forma encontrada de financiar o crescente défice público (cf. Gráfico 3). Através de empréstimos junto do Banco de Portugal e de sucessivas autorizações para que o banco central aumentasse os limites de emissão monetária, consecutivos governos conseguiam alívios momentâneos para fazer face a défices crescentes, alimentando a espiral inflacionista.

A subida rápida dos preços inicia-se logo no primeiro ano do conflito mundial, progredindo até ao Armistício, momento em que os preços se elevam a mais de 3 vezes o nível atingido em 1914 (Gráfico 3). Os seis anos que se seguem a 1918 registam um acréscimo ainda mais rápido da inflação, com o nível de preços a passar rapidamente para mais 24 vezes do que no início da guerra. À escala europeia a inflação portuguesa do primeiro pós-guerra só é ultrapassada pelas experiências de hiper-inflação vividas pelas potências beligerantes da Europa Central (Quadro VIII). Nos países do segundo grupo do quadro apenas a Finlândia, a braços com a desintegração do Império Russo e mais tarde com a guerra civil que se seguiu à declaração da independência em 1917, se encontra próxima dos níveis de inflação vividos em Portugal.

O surto inflacionista é explicável, numa primeira fase, pela crise de escassez derivada da situação de guerra, passando no imediato pós-guerra a ser alimentado pela monetarização do défice público. Estas duas componentes de sustentação da subida dos preços surgem plenamente evidenciadas quando se comparam os ritmos de crescimento dos preços entre 1914-1918 e 1919-1924. No primeiro período, a escassez de bens essenciais (produtos alimentares, combustíveis) explica grande parte da subida do custo de vida. O aumento de produção nos países que se mantêm neutrais não consegue superar os fenómenos de escassez devidos à deslocação de recursos produtivos para o esforço de guerra em todos os países beligerantes. Em simultâneo, assiste-se a uma desarticulação das redes de abastecimento comercial, causada pelos ataques às rotas comerciais. Pela sua novidade, a campanha de guerra submarina por parte da Alemanha constituiu o exemplo mais evidente. No segundo período (1919-1924), a espiral inflacionista resulta da necessidade de financiar o défice público através da emissão monetária, ultrapassados em grande medida os problemas de escassez a partir de 1919. O desequilíbrio das contas públicas mantém-se e até aumenta a seguir ao fim do conflito.

Depois de década e meia de vida, o escudo perde 96% do seu valor, tanto quanto o real desde a criação em 1435 até ao seu fim em 1911. [59] Como resultado desta desvalorização ocorre uma rarefacção das moedas de troco, o que origina novos focos de instabilidade monetária. Não apenas aumentam os custos de produção de nova moeda (nomeadamente a que deveria substituir as espécies metálicas herdadas da Monarquia), como a que estava em circulação é entesourada ou utilizada com vista ao aproveitamento do metal, já que o seu valor intrínseco se vai tornar superior ao seu valor facial. Rapidamente as espécies metálicas começam a rarear, o que torna insustentável a prossecução das trocas mais elementares, que exigem a presença continuada e abundante de moeda de troco. Para fazer face a esta situação entidades variadas (câmaras municipais, misericórdias) principiam a emitir cédulas, que funcionam como um substituto das espécies metálicas. O governo acaba por institucionalizar parcialmente a irrupção informal destas entidades como emissoras de moeda ao autorizar a Casa da Moeda e a Misericórdia da capital a emitirem cédulas de valores faciais diminutos, de molde a poderem funcionar como moeda de troco nas trocas comerciais. [60]

Em paralelo existe uma depreciação cambial do escudo, com níveis semelhantes aos atingidos pela inflação (cf. Gráfico 3 e Quadro IX). Uma vez mais, dois períodos são claramente visíveis. Durante o período em que se manteve o conflito mundial, a depreciação cambial do escudo face à libra esterlina cifrou-se em menos de 50% do seu valor antes da guerra, menor do que a inflação e muito inferior ao ritmo de depreciação que se vai seguir ao fim da guerra. A inexistência de desequilíbrios graves na balança de pagamentos constitui a razão mais evidente para esta depreciação cambial relativamente pouco acentuada entre 1914-1918. [61] A entrada de divisas provenientes do empréstimo junto da Inglaterra para financiar o esforço de guerra, bem como o efeito moderador da quebra da capacidade importadora induzida pela crise de escassez, explicam que o desequilíbrio da balança de pagamentos não tenha sido maior.

O fim da guerra gera um ritmo mais acelerado de depreciação cambial. Em primeiro lugar, aumenta o desequilíbrio da balança de pagamentos, mercê do efeito combinado do aumento da importação de bens e da anémica recuperação das transferências de emigrantes. Em segundo lugar, o facto de o escudo se revelar sobrevalorizado no final do conflito e existir uma grande incerteza sobre a capacidade do Estado português poder saldar a sua dívida de curto prazo, vai induzir um surto especulativo para a baixa do câmbio. Tal acelera a fuga de capitais privados, num quadro de profunda crise política e social interna, o que alimenta o défice das contas externas, com inevitáveis repercussões na evolução cambial da moeda portuguesa. [62]

Logo após o início da guerra, em 1914, ainda se tenta um controlo administrativo dos câmbios, através da criação de uma Junta Reguladora da Situação Cambial, onde têm assento não apenas o Presidente da Junta do Crédito Público e o Governador do Banco de Portugal, mas também representantes das associações empresariais. Pretende-se que esta instituição fixe o câmbio oficial da moeda portuguesa, estando os bancos obrigados a enviar um registo de todas as operações cambiais efectuadas. Esta medida revela-se ineficaz para regular o mercado cambial e vai ser rapidamente abandonada, até porque a pressão cambial não foi suficientemente forte durante o período de conflito militar. No final da guerra a depreciação cambial aumenta, prenunciando a espiral de desvalorização externa que se seguiria. Durante o período sidonista tenta-se retomar um controlo administrativo dos câmbios, mas também rapidamente esta solução é posta de parte. Entre 1920 e 1922, outras medidas são tomadas para controlar o mercado cambial, impedir a saída de divisas, bem como de moeda nacional, procurando travar a hemorragia de capitais privados, que tentam escapar à desvalorização do escudo e à instabilidade política. Este movimento de fuga de capitais acelerava ainda mais a quebra cambial do escudo. [63]

Em suma, os anos que se seguem ao final da I Guerra Mundial são de profunda crise monetária e financeira. A instabilidade política e social frustra as tímidas medidas adoptadas para controlar os preços ou os câmbios. [64] Focos de guerra civil tinham despontado em 1919. Os problemas de abastecimento ou a inflação galopante radicalizaram o emergente movimento sindical ou as contestações mais inorgânicas em meio urbano. Por outro lado, os meios de negócios e o patronato opunham-se a uma elevação dos impostos, condição necessária para o equilíbrio das contas públicas, para o fim da monetarização do défice e para a estabilização monetária e financeira. A pulverização do espectro político e um regime parlamentar de reduzida legitimidade geravam soluções governativas instáveis com uma média de 4 chefes de governo por ano a sucederem-se entre 1919 e 1922. O episódio que desemboca na noite sangrenta de 19 de Outubro de 1921, em que o chefe do governo, António Granjo, e republicanos históricos como Carlos da Maia e Machado dos Santos são assassinados por marinheiros revoltosos, simboliza o clima de afrontamento e de instabilidade que se tinha gerado desde a Guerra.

5. Estabilização monetária e financeira durante o período republicano (1922-1926)

A estabilização financeira é alcançada através da adopção de medidas tendentes a reduzir o défice público, quebrar a espiral inflacionista e inverter a depreciação externa do escudo. Mas tão importante quanto um programa de estabilização financeira era necessário alcançar alguma acalmia na política governativa e travar a deriva para executivos de curta duração e autoridade nula. No início de 1922, António Maria da Silva toma posse como chefe de governo, mantendo-se no cargo até Novembro de 1923, no que constitui uma excepção de longevidade governativa. Para além de procurar combater alguns dos focos de instabilidade política e militar (reforma da GNR, por exemplo), o novo ministério ensaia várias medidas para promover a contenção de despesas, o acréscimo das receitas fiscais e a estabilidade cambial. Nada indica que estas medidas tenham tomado a forma de um plano articulado e previamente delineado. Parecem constituir sobretudo a constatação de que a rápida derrapagem monetária e financeira tinha de ser travada. A situação internacional era também mais favorável a uma normalização do clima de especulação e instabilidade financeira. A Conferência de Génova adopta o padrão-divisas-ouro em 1922, procurando-se um retorno a um regime de câmbios fixos e prenunciando-se um acordo sobre o reinício das reparações de guerra por parte da Alemanha, o que iria acontecer em 1923. Portugal deveria receber a título de reparações de guerra uma verba que lhe permitiria fazer face à dívida externa de curto prazo.

Uma das principais preocupações do novo governo é acabar com os pedidos de suprimentos ao Banco de Portugal, único meio de travar a inflação e a depreciação da moeda. Para tal torna-se necessário aumentar as receitas públicas, bem como comprimir os gastos públicos, de forma a reduzir as necessidades de financiamento do Estado através da monetarização do défice. Os subsídios ao "pão político" são uma das primeiras vítimas da política de contenção de despesas.[65] Surgem ainda outras tentativas dispersas para diminuir a despesa pública, através da proibição de recrutamento de funcionários (a chamada "lei garrote"), venda de activos (como foi o caso dos transportes marítimos do Estado, que são vendidos a Alfredo da Silva, da CUF) ou o fim da política de construção de bairros sociais.

Poucos meses depois de tomar posse, o governo de António Maria da Silva institui a reforma fiscal de 1922. Pretende constituir um marco de modernização do sistema fiscal português, tendo como principais alicerces a criação de um imposto pessoal de rendimento e de um imposto geral sobre as transacções, bem como a transformação do método de cálculo da colecta nas contribuições predial e industrial, procurando incidir a tributação sobre o rendimento efectivo.[66] Para além do conteúdo reformador da lei de 21 de Setembro de 1922, retomando alguns dos temas caros ao programa do Partido Democrático de antes da guerra, o acréscimo das receitas fiscais constitui o seu objectivo mais importante. O seu sucesso está, porém, longe das ambições reformadoras que continha. O esperado aumento da carga fiscal sobre a actividade económica provoca o antagonismo das várias associações empresariais e dos meios de negócios, levando à demissão do ministro das Finanças e a uma reduzida eficácia da reforma tributária.[67]

Apesar das dificuldades, as receitas públicas revelam um aumento real de quase 8,5%, interrompendo a trajectória descendente. Esta reforma fiscal é completada com o aumento dos direitos aduaneiros em 1923. As receitas fiscais sobre o comércio externo tinham representado antes da guerra pelo menos 1/4 do conjunto das receitas públicas, mas também aqui o efeito erosivo da desvalorização da moeda diminuíra o seu peso (Quadro VI). Esta reforma aduaneira aumenta os direitos sobre o comércio externo, procurando por esta via contribuir para a superação da crise fiscal e enfrentando muito menor oposição dos meios empresariais.

Este conjunto de medidas consegue uma redução do défice público para cerca de 5% do PIB, ainda elevado, mas distante dos mais de 15% atingidos no final da I Guerra Mundial. A continuidade desta política de consolidação orçamental, após a saída de António Maria da Silva da chefia do governo, e com a entrada de Álvaro de Castro em 1924, leva a uma redução ainda mais nítida do défice público, mercê da extinção de vários serviços públicos. O défice público recua para níveis muito mais próximos da tendência do período de antes da guerra, no preciso momento em que a I República se aproxima do seu fim. A instabilidade política e social retira qualquer possibilidade de adoptar medidas mais profundas de redução e contenção do défice, que teriam sempre de passar por um acréscimo das receitas públicas, de molde a que estas aumentassem para o nível pré-Guerra de mais de 15% do PIB, em vez de se quedarem por uns anémicos 10%.

A diminuição do défice público vai atalhar os motivos que tinham levado ao pedido de empréstimos ao Banco de Portugal. O governo de António Maria da Silva ainda se tinha financiado largamente junto do Banco de Portugal, em sucessivos pedidos de empréstimo em 1922 e 1923. [68] A intenção do governo de não recorrer aos empréstimos junto do Banco de Portugal é amplamente divulgada por Álvaro de Castro, no momento em que toma posse como chefe do governo no início de 1924. [69] Os limites da emissão monetária sem cobertura de reservas e correspondente dívida do Estado ao banco central ainda são aumentados em 1926, no rescaldo da descoberta da burla do Banco Metrópole e Angola e da necessidade de substituir a emissão fraudulenta de 100.000 contos. [70] Porém, o fim da monetarização do défice público vai permitir o controlo do surto inflacionista. Em 1924, os

A ECONOMIA PORTUGUESA NA I REPÚBLICA

preços estabilizam, e em 1925 e 1926 mostram mesmo alguma tendência deflacionista. A normalização da circulação monetária torna-se então possível, através da cunhagem de moeda de baixa denominação e em metal mais barato (cobre e alpaca), substituindo as cédulas emitidas por variadas autoridades para fazer face à carência de moeda de troco.

A depreciação externa do escudo constitui outra preocupação. Em anos anteriores as soluções adoptadas tinham passado por formas variadas de controlo administrativo dos câmbios. Os resultados tinham sido nulos. O governo de António Maria da Silva vai exigir que as empresas exportadoras depositem no Banco de Portugal 50% das divisas obtidas, no sentido de reforçar as reservas do banco central. Este reforço permite uma política continuada de intervenção no mercado cambial, assente em operações de *open market* e não através do controlo administrativo dos câmbios. Por outro lado, o governo utiliza as receitas provenientes da venda de prata existente no Banco de Portugal para criar o Fundo de Maneio Cambial, no sentido de intervir no mercado através da compra de escudos de forma a evitar a sua depreciação. [71] O governo que sucede a António Maria da Silva, chefiado por Álvaro de Castro, reforça esta política de intervenção no mercado cambial e adopta o pagamento em escudos da dívida pública externa, com um câmbio fixo relativamente à libra esterlina, de forma a impedir a saída de divisas. [72] Por último, as remessas dos emigrantes começavam a dar mostras de recuperar algum do seu papel estrutural no equilíbrio da balança de transacções correntes. [73]

Embora com alguns sobressaltos em 1926, a estabilização cambial e dos preços está consumada em 1924. O escudo não apenas trava a sua depreciação externa, como revaloriza (quase 40% em relação à libra). [74] Entre 1924 e 1926 um número significativo de países europeus aderem ao regime de câmbios fixos na variante do padrão-divisas-ouro, após a Conferência de Genebra de 1922 (Quadro IX). Porém, mesmo depois de ter travado a queda do câmbio, o escudo mantém-se fora do padrão-divisas-ouro até ao fim da República. Teixeira dos Santos ensaia algumas explicações para tal facto. [75] A primeira seria a instabilidade política e governativa, que continuaria a marcar a Repú-

283

blica parlamentar até ao golpe de estado de 1926. A fraude do Banco Angola e Metrópole, descoberta em final de 1925, vai também contribuir para o clima de incerteza e de especulação sobre a situação financeira que marca o ano de 1926 e o final da I República. Razões estritamente financeiras impedem também um retorno ao regime de câmbios fixos. O défice público mantém-se em torno dos 4% do PIB e a dívida pública continua em patamares muito elevados, com a agravante de quase metade desta dívida ser de curto prazo. Assim, um retorno ao padrão-divisas-ouro continua adiado e inclusivamente mais comprometido após 1926, em que a passagem de Sinel de Cordes pelo Ministério das Finanças, já depois do golpe de 28 de Maio, redunda num aumento do défice público e em alguma pressão inflacionista. O acordo com a Inglaterra em 1926 para a redução da dívida de guerra a 20 milhões de libras e para a sua consolidação em dívida de longo prazo, afasta uma fatia importante das responsabilidades imediatas do tesouro português.

Mesmo após a inflação e a desvalorização do escudo se encontrarem controladas a partir de 1924, a situação financeira não se encontra definitivamente estabilizada, mercê do elevado défice público. A tentativa de negociação em 1927 de um empréstimo externo para fazer face aos compromissos financeiros do Estado, no âmbito dos tímidos programas de estabilização financeira caucionados pela Sociedade das Nações, encontra condições consideradas inaceitáveis pelo governo português. Só em 1931 é consumada a adesão ao padrão-divisas-ouro, culminando a estabilização financeira levada a cabo por Oliveira Salazar após a sua entrada como ministro das Finanças em 1928.

Salazar conseguiu o definitivo e duradouro equilíbrio do orçamento graças, sobretudo, a um grande aumento das receitas, que rondou os 40%. [76] Para isso, reverteu alguns aspectos das reformas de António Maria da Silva e de Álvaro de Castro. Onde estes governos tinham estabelecido o rendimento real como base de tributação, Salazar reintroduziu o rendimento presumido, de aplicação mais flexível, mas também mais certa. Aboliu o imposto único de rendimento, criando em vez disso uma série de impostos parcelares (contribuição predial, contribuição industrial, imposto profissional, imposto sobre a aplicação de capitais), de entre os quais sobressaiu aquele aplicado ao rendimento dos funcionários públicos (o imposto de salvação nacional). Agravou ainda a pauta aduaneira em 1929. Do lado das despesas, embora não tenham existido cortes pronunciados, foram introduzidos princípios novos. Passou aqui a vigorar a "ditadura financeira", segundo a qual o ministro das Finanças tinha direito de veto sobre todas as decisões dos outros ministérios que implicassem aumento das despesas ou redução das receitas. Para melhor aplicação da política, colocou em todos os ministérios delegações da Direcção-Geral da Contabilidade Pública, com importantes poderes de supervisão. [77]

Com estes métodos, o equilíbrio orçamental foi logo alcançado em 1929, a que se seguiu mesmo um ano com superávite. Foi deste modo também possível reduzir a dívida pública: em 1929, a dívida externa flutuante foi liquidada e a interna foi em parte paga e noutra parte convertida em dívida de longo-prazo. Graças a estes resultados, a taxa de câmbio havia-se mantido estável durante três anos. Decidiu então Salazar que era altura de o país regressar ao padrão-ouro. Em Junho de 1931, o escudo foi definido com um peso de 0,0739 gr de ouro com pureza de 900/1000, correspondendo a uma paridade com a libra de 110 escudos. [78] Esta taxa correspondeu a uma ligeira desvalorização. Assim, Salazar optou, em vez do ocorrido na reforma de 1924, por incorporar a desvalorização anterior e, ainda, introduzir uma pequena desvalorização, como forma de manter a competitividade da economia. Se é verdade que três meses depois, em Setembro de 1931, Portugal abandonaria o padrão-ouro, isso dever-se-ia não a uma incapacidade para manter a paridade, mas ao abandono da libra. Prevaleceram, mais uma vez, as considerações de competitividade: dada a importância do comércio com a Grã-Bretanha, a ausência de acompanhamento da libra traria graves problemas para a exportação dos produtos nacionais.

6. A República no pós-Guerra: o dilema inflação vs. Deflação

O caminho seguido pelos governos republicanos de recurso ao financiamento das despesas extraordinárias ditadas por um conflito tão prolongado e militarmente tão exigente não é muito diferente do de outros países europeus. No final da guerra todos são colocados perante o mesmo dilema: ou adoptam uma política deflacionista, de forma a restaurar os equilíbrios financeiros de antes da guerra, permitindo o regresso ao sistema de câmbios fixos; ou enveredam por uma política mais ou menos intensa de desvalorização da moeda, assumindo a impossibilidade de regressar à paridade cambial existente antes da guerra. No instável regime monetário internacional do imediato pós-guerra, sem a âncora representada pelo padrão-ouro clássico, novas oportunidades de negócio se abrem. Face a movimentos tão intensos de instabilidade dos câmbios como os que se vivem nos anos que se seguem ao fim da I Guerra Mundial, a especulação sobre o rumo e dimensão destes movimentos cambiais permite a obtenção de elevadas remunerações, provocando ainda mais pressão sobre as moedas que são alvo de especulação. No final de 1923, Keynes publica *A Tract on Monetary Reform*, em que aborda a instabilidade monetária e cambial do pós-guerra.[79] Aí trata não apenas as consequências monetárias e financeiras do conflito, mas também as suas consequências económicas e sociais. A elevada inflação que ocorre em vários países europeus no início dos anos 20, mais do que o resultado de uma má política monetária, seria a consequência de equilíbrios sociais e políticos sobre o modo de distribuir os custos da guerra e desta forma um meio de transferência de recursos entre diferentes grupos sociais. Uma política deflacionista tinha impactos substancialmente diferentes de uma política inflacionista enquanto instrumento de transferência de recursos, como na altura bem assinalou Keynes. Uma política inflacionista e de desvalorização prejudica detentores de poupanças ou de rendimentos fixos, mas impede uma contracção da actividade económica, com inevitáveis repercussões nos meios empresariais e no nível de emprego. O inverso é verdadeiro para uma política de estabilização, assente numa solução deflacionista.

Os governos da I República acabariam por seguir as duas alternativas em momentos diferentes. Num primeiro momento, até 1922-1924, optariam pelo método inflacionista. Num segundo, a partir de 1922--1924, optariam pela estabilização, com os esperados efeitos deflacionários. Esta sucessão não é muito original em termos internacionais (v. Quadros VIII e IX). Os países sujeitos a hiperinflação (Alemanha, Áustria, Hungria, Checoslováquia e Polónia) e aqueles sujeitos a inflações mais "moderadas" (França, Bélgica ou Itália) também a conheceram, e mais ou menos na mesma altura. ([80]) Naturalmente, a sequência foi diferente da ocorrida nos países que haviam feito a estabilização logo a seguir à guerra, optando por sofrer os efeitos deflacionários imediatamente, em vez de os diferir para o futuro. Como vimos, para além do controlo orçamental, o plano de estabilização em Portugal passou, em 1923-1924, pela travagem da emissão monetária e por uma revalorização do escudo. Há razões para crer que Portugal tenha feito parte do conjunto de países (como a Grã-Bretanha, a Dinamarca ou a Suíça) que sobreapreciou a sua moeda quando decidiu a nova paridade. Eis algo que originou problemas de competitividade externa, com impacto negativo no crescimento económico.

Apesar de tudo, vale a pena verificar que Portugal acabou por ter um dos programas de estabilização mais bem sucedidos da época, embora apenas completado em 1931, já sob a Ditadura Militar, com Salazar como responsável pela política financeira e monetária. Desde então que o país adquiriu grande credibilidade financeira e monetária, inaugurando-se um período de cerca de 35 anos de orçamentos equilibrados, inflação baixa e moeda forte. No fundo, os elementos da estabilização de 1922-1931 enquadrariam a economia portuguesa até por volta de meados dos anos 60 (sobrevivendo mesmo à II Guerra Mundial).

Tal como os países do primeiro dos dois grupos acima mencionados, Portugal conheceu um processo de acentuado crescimento económico enquanto durou o processo inflacionário ([81]) e uma contracção quando adoptou a política de estabilização: 3,3% de aumento anual médio do PIB per capita entre 1918 e 1923, e -0,13% entre 1923 e 1926. Contudo, o conjunto do período de 1918 a 1926 mostra um resultado genericamente positivo: a contracção de 1923 a 1926 acaba por ser moderada, e a taxa de crescimento entre 1918 e 1926 cifra-se em 1,81% ao ano (Quadro III). Não será por acaso que os anos de 1918 a 1923 (em conjunto com os da guerra) são aqueles em que Portugal interrompe duradouramente a divergência em relação aos países mais desenvolvidos, preparando o terreno para o longo período de convergência dos anos 30 em diante (v. Gráfico 1). Parece haver dois momentos diferenciados, com uma forte (embora breve) convergência no período inflacionário de 1918 a meados da década de 20, e uma não menos forte divergência daí até 1929. Mas, no final, os dois períodos compensaram-se mutuamente, pelo que não se agravou a diferença do país para com os mais ricos. Ou seja, apesar das distorções que introduziu, a inflação terá desempenhado o seu papel de manutenção da actividade económica (dessa forma evitando graves problemas sociais, como o desemprego) sem atingir os extremos hiperinflacionários da Europa central e de leste. A correcção pôde ser feita sem as consequências dramáticas verificadas naqueles países. Se é verdade que, por isso, o país não participou no boom da segunda metade dos anos 20 [82], como ilustra o Gráfico 1, também não perdeu demasiado terreno.

Tal como o resto do mundo, Portugal teve de aprender a lidar de forma instantânea com o verdadeiro furacão político, económico e social que foi a I Guerra Mundial. Pode dizer-se que não passou pelo mesmo grau de destruição material ocorrido em França ou na Bélgica. Nem teve de suportar um número de mortos, feridos e incapacitados idêntico ao dos principais beligerantes. Nem teve de lidar com a extraordinária revolução política trazida pelos tratados de paz à Europa central e de leste, e que determinou a amputação de 13% do território e 10% da população da Alemanha, assim como determinou a pulverização do Império Austro-Húngaro e a sua substituição por cinco novos países (Áustria, Hungria, Checoslováquia, Polónia e Jugoslávia), quase todos desprovidos das infra-estruturas mínimas (administrativas e materiais) para formarem unidades políticas e económicas viáveis. Também não teve de lidar com esse evento absolutamente único que foi a instalação do primeiro regime comunista da História da humanidade no defunto Império Russo. E também, ao recusar até ao fim da sua existência (a contra-pé da Europa ocidental), a introdução do sufrágio universal, não teve de lidar com pressões populares típicas da democracia. É finalmente verdade que, graças ao seu atraso industrial, também não teve de acomodar um movimento laboral sindicalizado na mesma proporção que os países mais desenvolvidos. Mas isso não significa que não tenha tido de confrontar-se com fenómenos para que estava mal preparado, e para que qualquer tipo de regime estaria mal preparado na década de 20 [83]: uma mobilização de cerca de 100 mil homens (quase 2% da população), que depois foi preciso desmobilizar rapidamente; um número de vítimas (entre mortos, feridos e incapacitados) de cerca de 25 mil homens, para os quais foi necessário encontrar compensações materiais (ou para as respectivas famílias); um movimento sindical que, apesar da baixa importância dos trabalhadores industriais, se foi afirmando como um dos mais importantes movimentos políticos organizados do período. [84] Aliás, mais importante do que a importância numérica relativa dos trabalhadores industriais, foi o tipo de conflito social novo a que os sindicatos estiveram ligados e que a guerra e a inflação trouxeram: tratou-se do primeiro conflito industrial de massas típico, com o problema que se tornaria clássico ao longo do século XX do desfasamento dos salários reais relativamente ao nível geral de preços.

Embora o regime republicano passe por ter sido muito disfuncional (e certamente que o foi em numerosos aspectos), o que teria tido importantes consequências não só políticas como também económicas, a verdade é que a disfuncionalidade estava muito disseminada pelo mundo ocidental de então, que não conseguiu regressar à tranquilidade política e económica da segunda metade do século XIX. Rapidamente, nos anos 20 e 30, quase toda a Europa tinha entrado no proteccionismo e achava-se coberta de regimes autoritários. Foi a Europa que não conseguiu manter-se dentro da tradição liberal. Não foi Portugal que se afastou da Europa.

7. Conclusão

Do ponto de vista financeiro, quando olhamos para os anos que se seguem à implantação da República, o novo regime revela mais con-

OUTUBRO: A REVOLUÇÃO REPUBLICANA EM PORTUGAL

tinuidades do que roturas. Como em tantas outras revoluções, a retórica de mudança confronta-se com o espartilho da realidade. Roturas importantes existem, mas essas foram as ditadas pelo choque externo representado pela I Guerra Mundial, que teve um impacto financeiro profundo em todos os países beligerantes. No caso português, o impacto na inflação e na depreciação da moeda, motivado pela monetarização do défice público, representa um terramoto financeiro que marca o destino do regime republicano.

O novo regime implantado a 28 de Maio herda também a sua questão financeira. A exemplo do que tinha acontecido na transição da monarquia para a República, também o regime autoritário que põe fim ao parlamento republicano pretende disciplinar o "caos financeiro", repor a ordem e a autoridade. Não importa que a espiral inflacionista tivesse sido quebrada em 1924 ou que pela mesma data o câmbio do escudo já não enfrentasse as mesmas pressões para a depreciação. As contas públicas continuavam desequilibradas e temia-se que a drástica redução do défice a partir de 1922 pudesse não representar mais do que um mero interregno e o prenúncio do retorno à orgia financeira que tinha caracterizado os anos anteriores. O recente escândalo do Banco Angola e Metrópole tinha contribuído ainda mais para arruinar a credibilidade financeira e política da I República. O seu fim haveria de resultar de um golpe militar de oficiais generais, promovidos durante o período republicano, capaz de unir um vasto movimento de descontentes contra o Partido Democrático e contra o regressado António Maria da Silva.

A herança da I República acabou por se fazer sentir sobretudo a um nível simbólico. Do mesmo modo que o cunho republicano do regime não esteve verdadeiramente em causa após o 28 de Maio de 1926, também a moeda se mantém. O escudo teve início fácil, após o surto inflacionista e a depreciação cambial que o fez rapidamente perder grande parte do seu valor, como vimos atrás. Foi sujeito posteriormente a outros episódios inflacionários (na II Guerra Mundial e no período dos anos 70 a 90). Mas acabou por subsistir enquanto moeda nacional até à perda de soberania monetária do país, com a adesão ao euro, em 1999. [85]

QUADROS E GRÁFICOS

GRÁFICO 1

PIB per capita em Portugal como percentagem do PIB per capita dos países mais desenvolvidos, 1820-2007

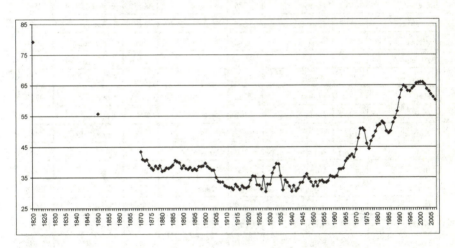

Países representados na amostra: Alemanha, Austrália, Áustria, Bélgica, Canadá, Dinamarca, Estados Unidos da América, Finlândia, França, Itália, Noruega, Nova Zelândia, Reino Unido, Suécia e Suiça

FONTE: Para Portugal: 1820-1910 – Angus Maddison, *The World Economy: Historical Statistics*, Paris, OCDE, 2003; 1910-1950 – Dina Batista *et al.*, *New Estimates of Portugal's GDP: 1910-1958*, Lisboa, Banco de Portugal, 1997; 1950-2007 – Luciano Amaral, "New Series of Portuguese Population and Employment, 1950-2007: Implications for GDP per capita and Labor Productivity", in *Análise Social*, n.º 193, 2009; para os outros países: 1810-1950 – Angus Maddison, *The World Economy: Historical Statistics*, Paris, OCDE, 2003; 1950-2007 – Groningen Growth and Development Centre, http://www.ggdc.net/

Quadro I
Ordenamento das economias por nível de PIB *per capita*, 1900-1930
(dólares Geary-Khamis de 1990)

1900		1910		1920		1930	
UK	4492	New Zealand	5316	New Zealand	5641	Switzerand	6246
New Zealand	4298	Australia	5210	US	5552	US	6213
US	4091	US	4964	Australia	4766	Netherlands	5603
Australia	4013	UK	4611	UK	4548	UK	5441
Switzerand	3833	Switzerand	4331	Switzerand	4314	Denmark	5341
Belgium	3731	Canada	4066	Netherlands	4220	Belgium	4979
Netherlands	3424	Belgium	4064	Denmark	3992	New Zealand	4960
Denmark	3017	Argentina	3822	Belgium	3962	Canada	4811
Germany	2985	Netherlands	3789	Canada	3861	Australia	4708
Canada	2911	Denmark	3705	Argentina	3473	France	4532
Austria	2882	Germany	3348	France	3227	Uruguay	4301
France	2876	Austria	3290	Sweden	2802	Argentina	4080
Argentina	2756	Uruguay	3136	Germany	2796	Germany	3973
Sweden	2561	Sweden	2980	Norway	2780	Sweden	3937
Uruguay	2219	France	2965	Uruguay	2674	Norway	3712
Chile	1949	Chile	2472	Italy	2587	Austria	3586
Norway	1937	Italy	2332	Chile	2430	Venezuela	3444
Spain	1786	Norway	2256	Austria	2412	Chile	3143
Italy	1785	Hungary	2000	Spain	2177	Czech	2926
Czech	1729	Czech	1991	Czech	1933	Italy	2918
Hungary	1682	Finland	1906	Greece	1918	Finland	2666
Finland	1668	Spain	1895	Finland	1846	Spain	2620
Poland	1536	Poland	1690	Mexico	1823	Hungary	2404
Romania	1415	Mexico	1680	Hungary	1709	Greece	2258
Mexico	1366	Romania	1660	**Portugal**	1187	Poland	1994
Greece	1351	Greece	1592	Venezuela	1173	Mexico	1618
Portugal	1254	Russia	1488	Brazil	963	**Portugal**	1509
Russia	1237	Bulgaria	1456	Bulgaria	909	Russia	1448
Bulgaria	1223	**Portugal**	1182	*Albania*		Bulgaria	1284
Venezuela	821	Venezuela	886	*Poland*		Romania	1219
Albania	685	Albania	780	*Romania*		Brazil	1048
Brazil	678	Brazil	769	*Russia*		Albania	926

Fonte: Maddison, *op. cit.*

A ECONOMIA PORTUGUESA NA I REPÚBLICA

Quadro II
Estrutura do emprego em 1910 (% do conjunto do emprego)

	Portugal	Espanha	Bulgária	Roménia	Suécia	Dinamarca	França	Reino Unido
Agricultura	57,44	56,29	81,88	79,57	46,20	41,67	40,95	8,75
Indústria	21,89	13,67	8,09	8,01	25,69	24,13	31,94	51,64
Serviços	20,67	20,94	10,03	12,42	28,11	34,2	27,11	39,61

FONTE: Portugal – Ana Bela Nunes, "Actividade económica da população". *In* Nuno Valério (ed.), *Estatísticas Históricas*, Lisbon, INE, 2001; outros países: Brian R. Mitchell, *International Historical Statistics, Europe, 1750-2005*, Palgrave MacMillan, 2007

Quadro III
Taxas de crescimento do PIB *per capita*, 1850-1934 (%)

Período 1850-1934	
1855-1870	0,27
1870-1882	0,18
1882-1902	1,25
1902-1922	1,20
1922-1934	2,75
Período I República	
1910-1926	1,01
1910-1914	0,88
1914-1918	-1,64
1918-1923	3,31
1923-1926	-0,13
1918-1926	1,81

FONTE: 1850-1910 – A. Maddison, *op. cit.* e 1910-1934 – D. Batista *et al*, *op. cit.*

Quadro IV
Estrutura da produção (% do total do PIB), 1850-1930

	Agricultura	Indústria	Serviços
1850	47.8	11.7	40.5
1870	40.8	17.2	42.1
1890	40.9	21.5	37.6
1910	37.1	27.1	35.8
1920	30.4	25.8	43.9
1930	31.5	28.0	40.5

FONTE: Pedro Lains, "Growth in a Protected Environment: Portugal, 1850-1950", in *Research in Economic History*, Vol. 24, 2007

Quadro V
Evolução das principais variáveis monetárias e financeiras

	Défice /PIB	Despesas /PIB	Receitas /PIB	Dívida	Dívida BP	Inflação	Emissão monetária	Taxa câmbio
1900-1910	-0,6	17,4	16,6	0,2	-1,0	0,6	1,6	-2,3
1911-1913	0,2	17,1	17,3	-0,6	-3,0	1,4	8,6	2,3
1914-1918	-6,7	21,9	15,2	8,8	63,9	20,0	20,2	8,7
1919-1923	-8,7	16,2	7,5	49,7	43,5	46,7	42,4	75,2
1924-1926	-3,5	13,2	9,7	8,6	9,5	11,6	8,5	-2,8

Défice, despesas e receitas públicas: % PIB; dívida, dívida ao BP, inflação, emissão monetária e taxa de câmbio: taxas de crescimento médio anual.

FONTES: PIB (1900-1910 – Nuno Valério (ed.), *Estatísticas Históricas Portuguesas*, Instituto Nacional de Estatística, Lisboa, 2001, 1910-1926 – D. Batista *et al*, *op. cit.*; outras variáveis. N. Valério, *Estatísticas...*

A ECONOMIA PORTUGUESA NA I REPÚBLICA

QUADRO VI

Estrutura das receitas públicas, 1900-1926

(em % do PIB)

| Períodos | Total das receitas | Receitas fiscais | | | | | Outras receitas |
		Subtotal	Imp. directos	Imp. aduaneiros	Outros indirectos	Transm. propriedade	
1900-1910	16,6	13,9	3,8	4,6	4,6	0,9	2,7
1911-1913	17,3	13,2	3,5	4,0	4,6	0,9	4,0
1914-1918	15,2	9,0	2,1	2,7	3,5	1,1	5,7
1919-1923	7,5	4,4	1,1	1,3	1,5	0,6	3,1
1924-1926	9,7	6,8	1,7	2,2	2,4	0,5	2,9

FONTES: Receitas públicas – N. Valério, *Estatísticas…*; PIB – 1900-1909: *idem, ibidem*; 1910-1926: D. Batista *et al, op. cit.*

QUADRO VII

Composição funcional da despesa pública total, 1900-1926

(em % do PIB)

Períodos	Total	Juros	Administração	Defesa	Ultramar	Economia	Educação	Despesas sociais
1900-1910	17,4	6,8	3,1	3,6	0,8	2,2	0,5	0,3
1911-1913	17,1	6,2	2,8	3,6	0,6	2,6	0,9	0,3
1914-1918	21,9	4,2	3,0	6,6	2,3	4,9	0,7	0,4
1919-1923	16,2	2,1	2,7	5,8	0,8	3,4	0,9	0,4
1924-1926	13,2	3,2	3,2	3,4	0,6	1,2	1,2	0,4

FONTES: Despesa pública – N. Valério, *Estatísticas…*; PIB – 1900-1909: *idem, ibidem,*; 1910-1926: D. Batista *et al, op. cit.*

GRÁFICO 2
Evolução das contas públicas durante a I República, 1910-1926

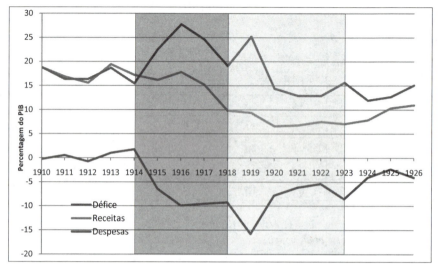

FONTES: PIB – 1900-1909: N. Valério, *Estatísticas…;* 1910-1926: D. Batista *et al, op. cit.*; receitas, despesas e défice público – N. Valério, *idem*

GRÁFICO 3
Evolução da emissão monetária, preços, câmbio e dívida pública ao Banco de Portugal

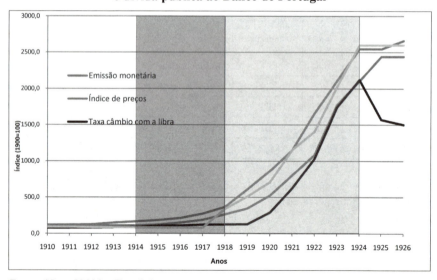

FONTE: Nuno Valério, *Estatísticas…*

A ECONOMIA PORTUGUESA NA I REPÚBLICA

QUADRO VIII

Índice de preços no consumidor, 1918-1926 (100 = 1914)

	1918	1919	1920	1921	1922	1923	1924	1925	1926
Países com hiper-inflação									
Áustria	1163	2492	5115	9981	263938	76	86	97	103
Alemanha	304	403	990	1301	14602	13,2[10]	128	140	141
Países em que a inflação continuou depois de 1920									
Portugal	293	335	580	909	1099	1726	2399	2306	2208
Bélgica	1434	344	-	366	340	399	469	498	604
Finlândia	633	922	889	1055	1033	1033	1055	1100	1078
Itália	289	331	467	467	467	476	481	580	618
França	213	268	371	333	315	344	395	424	560
Países em que a inflação estava controlada a partir de 1920									
Noruega	253	275	300	277	231	218	239	243	206
Suécia	219	257	269	247	198	178	174	177	173
Dinamarca	182	211	261	232	200	206	216	211	284
R. Unido	200	219	248	224	181	176	176	176	171
Holanda	162	176	194	169	149	144	145	144	138

FONTE: Charles H. Feinstein, Peter Temin, e Gianni Toniolo, *The European Economy between the Wars*. Oxford, Oxford University Press, 1997; Portugal: N. Valério, *Estatísticas...*

Quadro IX
Estabilização cambial no pós-guerra, 1922-1931

	Ano de retorno ao padrão-ouro	Nova paridade como percentagem da de 1914
Depreciação cambial superior a 90%		
Alemanha	1923	0,0000000001
Polónia	1926	0,000026
Áustria	1922	0,00007
Hungria	1924	0,0069
Bulgária	1924	3,8
Portugal	1931	5,3
Depreciação cambial entre 70 e 90%		
Finlândia	1924	13,0
Bélgica	1926	14,5
Checoslováquia	1923	14,6
França	1926	20,3
Itália	1926	27,3
Retorno ao padrão-ouro com a paridade de antes da guerra		
Suécia	1922	100
Holanda	1924	100
Suiça	1924	100
Reino Unido	1925	100
Dinamarca	1926	100
Noruega	1928	100

FONTE: Charles H. Feinstein *et al.*, *op. cit.*; Portugal: Fernando Teixeira dos Santos, "E o último a aderir ao padrão-ouro, Julho-Setembro 1931", in Jorge Braga de Macedo *et al.*, *Convertibilidade Cambial*, Lisboa, Banco de Portugal e Fundação Luso-Americana para o Desenvolvimento, 1994

BRUNO CARDOSO REIS

Da Nova República Velha ao Estado Novo (1919-1930)

A procura de um governo nacional de Afonso Costa a Salazar

A Nova República Velha é a designação corrente nos estudos da I República para designar o período entre 1919 e 1926, que veio a ser o último da história do regime ainda novo, mas precocemente envelhecido, da Constituição de 1911. Corresponde portanto ao terceiro ciclo da vida da I República, após o falhanço dos anos fundadores de 1910-1917 em consolidar uma república parlamentarista, e após a tentativa ainda mais rapidamente falhada, em 1917-1918, de Sidónio Pais criar uma República Nova de tipo presidencialista.

A relevância deste período deveria ser evidente. No entanto, se há queixas de que pouco se estuda a I República, isso é ainda mais flagrante relativamente ao período de 1919-1926, quando comparado com os períodos anteriores do primeiro regime republicano. [1] E no entanto, se a I República é relevante, então as razões do seu fim também o deveriam ser. O facto de o regime republicano ter sido caracterizado por muitos governos de coligações variadas não é suficiente explicação para o seu fim precoce – como torna evidente o exemplo da III República Francesa (1871-1940), que durou décadas com essas características, mas com estabilidade no pessoal ministeriável, nos partidos e respectivos programas governativos, e sem golpes frequentes. [2]

Mesmo para os que consideram que o regime salazarista tem sido mais estudado na historiografia recente por ser mais importante do que a I República, nomeadamente pela sua maior durabilidade, ainda assim deveria ser relevante entender este período de 1919-1926. Pois foi este o período em que Salazar ganhou experiência política como um dos líderes do Centro Católico. Estes anos foram também decisivos para determinar quais os grandes problemas que Salazar teve inicialmente de enfrentar e ultrapassar para consolidar o seu regime – nomeadamente a questão religiosa, a crise orçamental, a fraqueza crónica do governo e as relações com os militares.

Num texto que pretende ser mais explicativo que narrativo, iremos estruturar a nossa análise da Nova República Velha em torno de três aspectos essenciais:

1. O conturbado renascimento do regime político parlamentar assente na constituição republicana de 1911, apenas levemente revisto;
2. Os principais actores e tendências, de forma a delinear os contornos da política neste período derradeiro da I República;
3. A violência na política, a politização dos militares e a militarização da política que permitem perceber por que é que a Nova República Velha era um sistema político propício a um golpe militar como o que triunfou a 28 de Maio de 1926.

A tese fundamental deste texto é a de que a preocupação dominante na política portuguesa ao longo de todo este período foi o da imperiosa necessidade de construir algum tipo de governo nacional supra-partidário para resolver a crise estrutural do país e do regime republicano, que ia desde os problemas do funcionamento da política partidária e parlamentar até à forte inflação e défice orçamental, sendo todos os problemas agravados pela dificuldade em governos fracos de coligação e de curta duração levarem a cabo reformas consistentes e credíveis, ou conterem a violência na política e fora dela.

Portanto, Oliveira Salazar, que como referimos se estreou como protagonista político neste período, não fez mais do que capitalizar habilmente esta demanda de união nacional para criar a sua União Nacional em 1930 e um regime autoritário nas circunstâncias favoráveis para tal de Ditadura Militar. Antes dele, já o carismático e polémico Afonso Costa, o mais destacado político de todo o período da I República e um dos mais argutos líderes republicanos, tinha tentado, repetidamente em vão, durante este período da Nova República Velha formar um governo nacional supra-partidário, impondo tal condição para aceitar os sucessivos convites que lhe foram feitos para chefiar novamente o executivo português entre 1919 e 1925. O falhanço de Afonso Costa, ou de qualquer outro líder republicano, em consegui-lo durante a Nova República Velha foi condição do sucesso de Salazar na criação de um Estado Novo. Porém, se o regime salazarista foi apenas uma das formas possíveis de concretização desse anseio insistente e cada vez mais unânime de um governo forte de união nacional supra-partidário; também é verdade que um regime pluri-partidário e parlamentarista como o da I República dificilmente poderia sobreviver perante uma tão forte tendência que contrariava os seus pilares constituintes.

Aquilo que iremos procurar perceber, portanto, é por que não conseguiu consolidar-se o primeiro regime republicano português, acabando por chegar a um ponto, em Maio de 1926, em que uma série de líderes militares marcharam sem oposição efectiva sobre Lisboa e depuseram um governo do PRP/PD, que no entanto tinha alcançado uma maioria absoluta no parlamento recentemente eleito, em finais de 1925, acabando com o regime parlamentar da I República para instaurar uma Ditadura Militar.

Como é que tal aconteceu? Do nosso ponto de vista para responder é crucial perceber o funcionamento do sistema político, e a sua relação com a violência política e as Forças Armadas. A economia portuguesa até podia crescer mas o sistema político não parecia capaz de gerir conflitos que mesmo uma transformação positiva pode gerar. As ideias políticas podiam estar a mudar, mas se sectores mais à direita ganharam terreno neste campo com o integralismo da *Nação Portuguesa*, o mesmo de poderia dizer de sectores mais à esquerda com o socialismo da *Seara Nova*. A questão do regime foi definida pelo destino do partido dominante do sistema, o Partido Republicano Português, e por quem tinha mais forças armadas do seu lado.

1. A restauração da República Velha em 1919

A restauração da república parlamentarista dominada pelo Partido Republicano Português-Partido Democrático (PRP/PD) – dita «República Velha» – deveu-se em primeiro lugar ao rápido colapso da «República Nova» presidencialista, após o atentado fatal, a 14 de Dezembro de 1918, na estação do Rossio, contra o carismático «Presidente-Rei» Sidónio Pais. Esta «Nova República Velha» deveu-se também ao fracasso de uma outra tentativa de restauração, a da Monarquia, que foi tentada, em Janeiro-Fevereiro de 1919, com algum sucesso temporário no Norte do país, tendo-se mesmo formado um governo provisório monárquico no Porto, presidido por Paiva Couceiro, o grande resistente monarquista ao regime republicano desde o 5 de Outubro de 1910.

Esta breve «Monarquia do Norte» voltou a enfrentar alguns dos problemas fundamentais de Outubro de 1910, mas agora de forma mais aguda. Foi incapaz de conquistar apoios decididos e activos de uma clara maioria dos oficiais e forças do Exército. Teve contra si a capacidade de mobilização armada das milícias populares mais ou menos organizadas do PRP/PD e a força da artilharia dos navios da Marinha baseados no estuário do Tejo. Sofreu ainda da capacidade desmobilizadora do rei D. Manuel II e dos seus principais conselheiros, cuja vontade de pacificação da vida nacional não os abandonou mesmo depois de 1910, tendo o último Bragança-Coburgo mostrado sempre fortes reservas a qualquer tentativa armada de lhe restaurar o trono.

O PRP/PD voltou, portanto, a dominar Lisboa, no início de 1919, e rapidamente na sequência disso recuperou o controlo do sistema político. Não houve, no entanto, um completo regresso ao passado, pois o seu predomínio político não se afirmou com a mesma confiança e empenho militante de 1910. Cedo as dificuldades, quer endógenas ao PRP/PD, quer exógenas, resultantes da difícil situação do país e do conturbado contexto internacional, vieram ao de cima. O regime da «Nova República Velha» viveu em crise quase permanente, como factos, acções e testemunhos deixarão claro nas páginas que se seguem.

Uma importante novidade foi ter ficado congelada, ainda que não tenha sido completamente invertida, a vertente mais radical da política do PRP entre 1910-1917 – a revolução cultural laicista que passou por uma forte repressão da Igreja Católica em geral, e em particular dos bispos e das ordens religiosas. [3] Não voltou Afonso Costa, o líder histórico do PRP/PD, que optou por permanecer em Paris, pelo menos por algum tempo, aparentemente seguindo a recomendação de alguns dirigentes do PRP/PD que temiam que o seu regresso prematuro pudesse descarrilar a consolidação da Nova República Velha. A acalmação da vida portuguesa, ponto principal da agenda política de Sidónio Pais, foi portanto retomada pela liderança fragmentada do PRP/PD como forma de consolidar o seu controlo sobre o Estado e o regime, inclusivé o exílio – agora voluntário – de Afonso Costa. Porém, se governar calmamente era o que a elite republicana pretendia com a Nova República Velha, não foi isso que aconteceu.

Novas foram também as tentativas de unificar a direita republicana no Partido Republicano Liberal (PRL) a partir de 1919, e no Partido Nacionalista Republicano (PNR) a partir de 1923. Este esforços foram igualmente resultado de um balanço negativo do período anterior, feito à direita, que resultou na tentativa de criar uma alternativa sólida e credível ao PRP/PD num quadro parlamentar para contrariar a anterior fragmentação. Mas estes dois partidos revelaram-se incapazes de fundir verdadeiramente as diversas facções e diversas personalidades em competição pela liderança da direita. Na direita abundavam chefes e faltavam índios, que o mesmo é dizer, eleitores. Tanto mais quanto além destas, ainda havia as direitas não-republicanas que não se enquadravam sequer neste esforço de unificação, como sejam os católicos e os monárquicos – estando aliás, mesmo estas duas correntes, divididas em várias facções. Portanto, velho era o facto de que o PRP/PD, apesar de dividido em cada vez mais facções, continuar a poder contar com a vantagem de enfrentar uma direita ainda mais dividida.

Novo também no leque partidário foi o PCP, fundado em 1921, mas mais de notar nesta época pela novidade radical das suas ideias, pelo choque que causou nas elites tradicionais, e pelo seu futuro, do que pela sua importância como organização de militantes que na época era muito incipiente e reduzida. A grande força no sector mais à esquerda era o anarco-sindicalismo, agrupado na nova central sindical CGT, criada em 1919. Velho e importante facto era que, ao contrário do esperado por muitos em 1910, continuava a ser escassa ou nenhuma a protecção dos trabalhadores em caso de acidentes de trabalho, de doença, ou desemprego; de o horário e condições de trabalho dos assalariados serem muito duras e instáveis. Velho também era o facto de os trabalhadores assalariados urbanos serem minoritários num país esmagadoramente rural, mas novo era o facto do seu crescimento devido às novas indústrias e serviços, tanto mais quanto tendiam a concentrar-se no centro do poder político, Lisboa e sua cintura envolvente, assim como em serviços que se tinham tornado vitais para o normal funcionamento do país e do Estado – comboios, telégrafos, correios.

Muitos destes novos trabalhadores assalariados, nomeadamente os mais influenciados por ideias anarquistas, foram ficando cada vez mais dispostos a abraçar a violência e greves sistemáticas contra os governos republicanos que viam como traidores à causa popular. Estes movimentos de protesto cada vez mais violento suscitaram nas elites portuguesas o crescente temor de uma revolução radical, alimentado pelos abundantes detalhes do novo e violento triunfo bolchevique na Rússia em 1917-1922, com a inesperada criação do primeiro Estado comunista, a URSS, que passou a assombrar desde então por muitos e bons anos a política portuguesa.

Tal temor justificou, ainda durante a vigência da Nova República Velha, uma outra novidade. Surgiu a repressão sistemática deste movimentos por via de polícias e de tribunais especiais, como foi o caso da Polícia de Defesa Social significativamente criada em 1922 – e que aproveitava a experiência da mais antiga Polícia de Segurança do Estado, desde 1919 a vigiar adversários políticos do regime republicano – mas com um enfoque novo na ameaça socialista/comunista, como era o caso do igualmente novo Tribunal de Crimes Sociais. Este sistema levou à deportação à margem da lei ordinária de anarquistas suspeitos de envolvimento no «terrorismo vermelho». Estes instrumentos repressivos especiais ainda incipientes serão um ponto de partida que depois a Ditadura Militar e o Estado Novo muito aperfeiçoarão e expandirão.

Pode-se dizer-se, em suma, que a Nova República Velha politicamente trouxe algumas novidades, sobretudo uma maior fragmentação

DA NOVA REPÚBLICA VELHA AO ESTADO NOVO (1919-1930)

e extremismo no espectro partidário, mas sem que o dado essencial da política portuguesa se tenha alterado. Velho, de facto, apesar de tudo e sobretudo, era o facto do PRP/PD ter voltado a ser o partido dominante do sistema político, entre 1919-1926, o que justifica a designação do período como «Nova República Velha». Raul Proença – figura cimeira do movimento intelectual republicano de esquerda agrupado, a partir de 1921, na revista *Seara Nova*, apesar de geralmente crítico dos principais partidos do sistema – significativamente comentava o último congresso do PRP/PD, em 1925, dizendo que embora não tenha saído dali 'uma única ideia definida sobre a política geral do país' isso não anulava o facto de que este 'ainda é o único grande partido da República'. ([4]) Ou seja, o regime republicano estava num beco sem saída. Cabe aprofundar o porquê deste facto.

2. Governos na sombra de Afonso Costa: o PRP, os outros partidos e os Presidentes

Se o PRP/PD foi novamente o actor político dominante da Nova República Velha entre 1919-1926 – pelo que quer os sucessivos Presidentes da República, quer os demais partidos foram actores políticos relativamente secundários – como se explica então que Portugal tenha vivido durante a Nova República Velha um período de instabilidade política crónica? O país teve 24 governos no espaço de seis anos e meio entre Janeiro de 1919 e Maio 1926. Como foi tal possível quando, durante quase todo este período, houve uma maioria absoluta no parlamento do PRP/PD?

O problema político central da Nova República Velha residiu no facto de que o PRP/PD foi sempre suficientemente forte para afastar as outras forças políticas do poder, mas nunca foi suficientemente coeso e eficaz politicamente para consolidar o regime, mantendo um controlo firme da governação que se traduzisse em realizações políticas significativas e palpáveis. O PRP/PD não se governava, não governava o país, e também não deixava que outros partidos governassem de forma durável. Este facto, assim como os crescentes anticorpos que gerou nas

Forças Armadas – mais ainda do que os que também existiram entre as elites económicas e o clero – foram decisivos para sua queda. Perceber o porquê deste factos é, portanto, fundamental para perceber a evolução da República entre 1919-1926.

2.1 *O PRP/PD e o fantasma de Afonso Costa*

A instabilidade do sistema político português tem várias explicações, algumas já referidas. Mas um ponto fundamental foi o facto de que o PRP/PD não conseguiu ter uma liderança clara, pois sobre ele continuou a pairar a figura fundadora de Afonso Costa, tornando difícil, senão mesmo impossível, a qualquer outro líder consolidar uma posição de chefia incontestada. Este poderoso fantasma político contribuiu decisivamente para a divisão e instabilidade crónica no seio do partido dominante do regime e portanto da própria I República no período de 1919-1926.

É profundamente errado concluir da ausência de Afonso Costa em Paris que ele deixou de ser um actor fundamental da política portuguesa, como alguns parecem ter feito. Na veradade, ele nunca afastou a hipótese de um regresso seu para chefiar o governo, sendo esta possibilidade seriamente ponderada, frequentemente reportada pela imprensa, e mesmo politicamente negociada em várias vindas suas a Lisboa em diversas ocasiões de crise. Este facto ajudou a vincar na opinião pública a ideia de que os governos republicanos que se foram constituindo na ausência de Afonso Costa não passavam de segundas escolhas.

Tal não significa, note-se, que um hipotético regresso messiânico de Afonso Costa criaria miraculosamente e só por si as condições para a consolidação do regime. O próprio sabia disso, daí ter recusado regressar ao país para chefiar um governo sem que lhe fossem dadas garantias sólidas de governabilidade – que significativamente nunca obteve.

O que é verdade, no entanto, é que cada vez mais o PRP/PD parece ter tido nesse regresso o único ponto consensual do seu programa político. A respeito do último congresso do PRP/PD, em 1925, Raul

Proença sublinhou precisamente que apelara 'sem sombra de vergonha' novamente a Afonso Costa para que regressasse e 'haja por bem iluminar com seus raios utópicos e ultramarinos as trevas em que jazemos'. ([5]) Se o próprio partido dominante da Nova República Velha considerava que Portugal precisava de um salvador vindo de fora, não é de espantar que as oposições concordassem, embora tivessem candidatos diferentes a tal função.

Para aprofundar o problema importa esclarecer quais eram, então, as condições que Afonso Costa exigia para regressar ao governo e perceber por que nunca se verificaram. Elas consistiam essencialmente num governo de união nacional, reunindo o PRP/PD e os principais partidos republicanos da oposição, ou seja, da direita. Afonso Costa queria o que hoje se chamaria um *bloco central*. Tal nunca se concretizou porque a ideia era difícil de realizar face à natureza pluralista de um regime parlamentarista liberal; sobretudo por que ignorava um facto político fundamental, que era o de que nunca se tinha verificado um período de alternância no poder entre esquerda e direita, sendo o objectivo mais importante dos partidos republicanos de direita precisamente sair da sombra do PRP/PD e afirmarem-se como alternativas credíveis de governação.

Afonso Costa queixou-se de que 'oiço por aí a afirmação que nem sequer tinha programa, como se eu não o tivesse já exposto como devia. O programa de um governo nacional neste momento não podia definir-se se não em termos gerais: Restabelecer o crédito interno e externo do país, equilibrar o orçamento [...] pôr a casa em ordem e levar o País a ter confiança em si mesmo'. ([6]) Mas por muito razoável que isto fosse em termos de resolver problemas nacionais estruturais sérios, a verdade é que equivalia a ser-lhe concedida uma total carta-branca, levando os partidos a abdicarem da sua identidade própria e dos seus diferentes programas.

São de assinalar algumas semelhanças nesta listagem de Afonso Costa de prioridades políticas e no método de as resolver e nos que seguiu Salazar. Este último, na sua tomada de posse como «ditador» da pasta das Finanças a 27 Abril de 1928, afirmou que sabia o que queria e para onde ia, mas que não lhe pedissem para ir depressa, ou seja, exigiu e obteve a total carta-branca da nova Ditadura Militar que Costa teria gostado de obter do velho Parlamento republicano. No discurso de 23 de Novembro de 1932 Salazar apontou, por sua vez, para o papel que os membros das diferentes forças políticas deveriam ter no seu Estado Novo, exigindo no entanto que os partidos se dissolvessem numa organização significativamente designada de União Nacional. [7]

A diferença fundamental entre Afonso Costa e Salazar estava, claro, nas condições autoritárias em que o segundo impôs esta sua concepção de união nacional, implicando o fim da autonomia das diferentes correntes políticas, embora os seus membros pudessem aderir à nova Situação mantendo algumas das suas convicções de origem. Já Afonso Costa havia esperado que o agravar da situação do país e o prestígio do seu nome levassem os partidos republicanos a desaparecerem voluntariamente, pelo menos durante algum tempo, num governo de união nacional. Antes, porém, de o PRP/PD e os demais partidos terem tempo de pensar em suicidar-se, mesmo que temporariamente, outros protagonistas trataram de os matar definitivamente.

2.2 *O PRP/PD de vitória em vitória até à derrota final: o partido dominante e os outros*

O PRP/PD foi durante a I República o centro de um sistema político de partido dominante, em que era praticamente impossível à oposição ganhar eleições. Estes sistemas foram relativamente numerosos no mundo, embora hoje em dia tendam a concentrar-se em África e em partes da Ásia. [8] Neste sistema o partido que domina completamente o Estado é também geralmente o fundador das instituições num momento de mudança pela força – caso, por exemplo, do MPLA em Angola, do PRI no México, da Aliança Nacional na Malásia, ou do Partido Liberal no Japão. Foi assim também com o PRP/PD, que forçou a criação da I República em 1910, e a recriou novamente pela força no início de 1919.

A acção do PRP/PD tem, portanto, evidentes paralelos com os partidos e movimentos de vanguarda ou movimentos de libertação, que protagonizam não uma política de governação normal, mas sim a criação ou refundação das instituições, em nome da libertação do povo, por uma elite que explícita ou implicitamente reclama conhecer os interesses do povo melhor do que a própria maioria da população, escravizada por velhos hábitos e redes de poder. Estes partidos fundam regimes políticos dos quais tendem a sentir-se quando não proprietários, pelo menos guardiões, moldando-os, mais ou menos conscientemente, aos seus interesses; tendem ainda a ver a sua permanência no poder como uma necessidade para a preservação das novidades políticas conquistadas, e na oposição uma ameaça às mesmas.

O problema da instabilidade política da Nova República Velha não pode, no entanto, ser atribuída exclusivamente às divisões no seio do PRP/PD, embora como partido dominante do sistema político elas tenham particular importância. É também significativo que algo de semelhante aconteceu com a oposição ao PRP/PD.

Nunca a direita republicana conseguiu, como temos vindo a ver, unir-se sólida e definitivamente num grande partido. O Partido Republicano Liberal foi a primeira tentativa de o fazer, em 1919. Uma nova tentativa, em 1923, com o Partido Nacionalista Republicano sofreu do mesmo problema – os chefes da direita republicana estavam de acordo sobre a necssidade de se unirem para terem alguma hipótese de derrotar a hegemonia do PRP/PD, mas não conseguiam entender-se sobre quem deveria liderar essa união. Ginestal Machado, para tal designado provavelmente pela sua falta de carisma, nunca conseguiu subordinar as personalidades fortes, ambiciosas e carismáticas de um Álvaro de Castro ou de um Cunha Leal, que continuaram a prosseguir a sua própria agenda política, quebrando acordos e mobilizando os seus fiéis, quando o entendiam, para formar novos partidos – os Reconstituintes e a União Liberal, respectivamente. Ambos também se mostraram elementos activos na animação de tentativas de golpe militar, sendo, aliás, eles próprios formalmente oficiais do Exército, embora na prática se tivessem tornado políticos profissionais.

A direita republicana ficou-se quase sempre entre as três e quatro dezenas de deputados. A única excepção, que confirmou a regra do PRP/PD como partido dominante, foram as eleições de Julho 1921, que resultaram numa vitória do Partido Republicano Liberal com 76 deputados, face aos 54 do PRP/PD, o que pareceu dar razão aos que acreditaram que a Nova República Velha poderia ser realmente nova no sentido de permitir uma real alternância de poder entre esquerda e direita.

Mas este triunfo da direita republicana, aparentemente levando à primeira alternância pacífica de poder e de pólo político dominante no Parlamento, esteve longe de normalizar o regime, rapidamente levando a um dos episódios mais violentos e decisivos da história conturbada da I República – a chamada *noite sangrenta* de 19 de Outubro de 1921. Uma série de eventos sangrentos que chocaram o país, que ficou a saber pelos jornais os pormenores macabros de um esquadrão da morte que acabou espetando um sabre no coração do primeiro-ministro demissionário, que antes disso tinha arrancado de sua casa a meio da noite e espancado. (⁹) Este acontecimento é historicamente muito relevante, não tanto por ser chocantemente violento, mas porque demonstra alguns factos fundamentais para a fase final da I República.

A *noite sangrenta* de 1921 mostrou que a maioria moderada do PRP/PD já não conseguia controlar as massas armadas até aí usadas para garantir o seu predomínio em Lisboa. Ora, o bom povo republicano de Lisboa, armado e organizado em carbonárias ou sucedâneos, a GNR, mais a Marinha, que tinha grande poder de fogo, mas precisava de homens armados em terra, eram armas decisivas no controlo político, pela força se necessário, da capital, e portanto do país, pelo PRP/PD.

O que mudou nessa noite? O tipo de credo político que esteve na origem do PRP resultava na ideia de que uma derrota em eleições, como a de 1921, apenas reafirmava a necessidade de um movimento de vanguarda, confirmando que o povo português ainda não estava suficientemente livre e educado para perceber que o PRP/PD era o único representante legítimo do republicanismo e dos interesses populares. Nesta cultura política a emergência de qualquer alternativa ao PRP era vista por estes militantes – ainda mal recompostos do trauma do sidonismo – como pondo a República em risco. Se a república podia ser generosa para todos, já o controlo do Estado e do governo deviam continuar firmemente nas mãos dos republicanos do PRP.[10] Um Chefe do Estado Maior da GNR, Liberato Pinto, populista e ambicioso, aproveitou estas convicções e o poder da rua – glorificado pela propaganda republicana como empenho militante vanguardista das massas – para combater a ideia de uma alternância normal entre o PRP/PD e a oposição de direita.

A *noite sangrenta* de 1921 mostrou também que a direita republicana não conseguia garantir o controlo de Lisboa, essencial para controlar o poder em Portugal, mesmo depois de ganhar eleições e formar governo. Para isso precisava de forças armadas. Era pouco provável que os burgueses conservadores estivessem inclinados para a luta armada, ou fossem em número suficiente. A aposta da direita tendencialmente ordeira foi, naturalmente, no sentido de estabelecer pontes com o Exército.

Portanto, a direita era fraca na capital e estava desunida. Quanto aos sectores à esquerda do PRP o cenário era de concentração da sua força em Lisboa, mas também de desunião, a par da dificuldade de se afirmar contra a maior parte das elites que eram hostis – mesmo as republicanos – a reformas sociais que hoje nos pareceriam moderadas. O Partido Socialista, que vinha do tempo da Monarquia, tinha geralmente um par de parlamentares. No contexto de agitação de 1921 surgiu o PCP, como vimos, mas que nunca conseguiu qualquer representação parlamentar durante a I República. O Partido Radical ou Outubrista era ideologicamente vago, mas pode dizer-se que era vagamente justicialista e populista, apesar da sua posição de força com o golpe de 19 de Outubro de 1921 – seria aliás interessante, mas difícil, especular sobre qual teria sido o seu destino se não fosse a mancha da *noite sangrenta* – não conseguiu manter-se no poder por mais do que dois meses e, depois, nunca teve grande sucesso eleitoral, tornando-se em mais um foco de actividade golpista, tendo sido nomeadamente este grupo a recrutar o General Gomes da Costa para um movimento conspirativo que acabaria por desembocar no 28 de Maio de 1926.

Cabe acrescentar a este panorama partidário, a partir de 1925, o significativo surgimento do Partido Republicano da Esquerda Democrática (PRED). Mas nem sequer esta cisão do partido dominante afectou a performance eleitoral do PRP/PD, ficando o PRED nas eleições de 1925 com apenas 6 deputados e 6 senadores, o que significa que se considerarmos estas eleições como expressão credível dos sentimentos populares, a esquerda republicana tinha então menos apoio do que os monárquicos que elegeram 7 deputados e 6 senadores.

A seguir às eleições de 1922, depois dos efémeros e impopulares governos liderados por oficiais envolvidos no golpe, entretanto desacreditado pela *noite sangrenta*, o Presidente da República nomeou um governo de gestão de sua iniciativa, dito de competências, liderado por uma figura que emergiu então como um dos principais actores da vida política deste período, tão brilhante quanto também frequentemente destrutivo – Cunha Leal. Ele tinha-se distinguido, apesar de então ainda se considerar de esquerda, por procurar salvar a vida do seu vizinho e adversário político, o primeiro-ministro demissionário de direita, António Granjo, quase tendo sido morto também. Isso levou-o a um re-alinhamento político mais conservador, que explicou pelo choque sofrido – e que se pode considerar revelador de um fenómeno mais geral, e politicamente pleno de consequências, de deslocação dos republicanos das classes médias para um maior conservadorismo sob o choque da instabilidade recorrente, e por vezes sangrenta, da I República. Algo que não impediu Cunha Leal, depois disso, graças à sua magnética oratória e energético manobrismo, de ganhar a alcunha de 'grande derrubador de governos' e a fama de conspirador frequente. [11]

As eleições de Janeiro de 1922 e de Novembro de 1925, contrariando as expectativas de Cunha Leal e das direitas, mas também das esquerdas, nomeadamente do novo PERD, confirmaram que a Nova República Velha seria afinal essencialmente um regresso ao velho sistema, anterior a 1919, do PRP/PD como partido dominante, alargando-se até as maiorias absolutas do PRP/PD no parlamento, e reforçando-se o predomínio da sua facção mais moderada – alcunhados de *bonzos* pela sua alegada bonomia burguesa – chefiada pelo líder do aparelho partidário, engenheiro António Maria da Silva.

Estas vitórias eleitorais e maiorias absolutas do PRP/PD, apesar do parlamentarismo do regime, no entanto, continuavam a não resultar em governos fortes. Há portanto que regressar à nossa interrogação sobre o porquê disso neste período específico e derradeiro da I República. Tanto mais quanto este é um ponto em que o modelo político genérico de partido dominante não se conformou com os factos da I República. Pois um dado central neste tipo de sistema político é precisamente a sua enorme estabilidade, por exemplo no caso do México, o PRI, com algumas semelhanças temporais e até ideológicas com o republicanismo vanguardista, anti-clerical e populista do PRP/PD em Portugal, dominou a política mexicana durante quase um século desde 1919 até 2000. Porquê a diferença? Uma diferença tanto mais espantosa quanto o PRP/PD tinha conseguido nas últimas eleições da I República, de Novembro de 1925, uma maioria absoluta verdadeiramente esmagadora com 83 deputados e 39 senadores, face aos 36 deputados e 8 senadores do seu principal rival, o Partido Republicano Nacionalista! Como é que com tal vitória eleitoral se chegou daí a meros seis meses a uma derrota sem combate do governo e do regime do PRP/PD pelo pronunciamento militar de 28 de Maio de 1926?

O reforço da votação no PRP/PD em 1925 pode ser visto como expressão de uma vontade de estabilidade, essa era a principal promessa da facção moderada então dominante no PRP/PD. O problema foi que, mais uma vez, não se conseguiu traduzir maiorias parlamentares, em reforço efectivo da estabilidade política e da eficácia da governação, apesar da durabilidade do governo de António Maria da Silva, este pareceu sempre frágil e hesitante. O apoio em desespero a uma ditadura militar, desde que republicana, poderá não ser portanto inteiramente incompreensível face a estes resultados eleitorais. Sobretudo se a este dado se acrescentar um outro – o de que esta nova maioria absoluta do PRP/PD foi vista pelos seus adversários como uma confirmação da impossibilidade, apesar do forte desgaste em sucessivas crises e escândalos, de qualquer alternativa ao PRP/PD, fosse à esquerda, fosse à direita, chegar pacificamente ao poder por via eleitoral. Só restava, portanto, a tomada do poder pela força, seguindo o exemplo do próprio PRP em 1910.

2.3 *Obstáculos às estratégias de governação e uma ditadura como solução*

Portugal viveu a Nova República Velha entre a promessa de estabilização política, ou como então se dizia de *acalmação*, e a vertigem de uma saída do sistema fosse por via da *anarquia* ou do *comunismo,* fosse por via do *militarismo* e do *autoritarismo.* Entre estes extremos, no enredo complexo e vertiginoso da vida política partidária da Nova República Velha podemos dizer que se esboçaram, mais do que se desenvolveram plenamente, duas estratégias políticas fundamentais que procuraremos sintetizar nos parágrafos seguintes. A primeira estratégia consistia na consolidação do regime existente – com algumas reformas – com base na ideia de «nacionalizar» a República. A segunda apostava na radicalização pela esquerda do regime para recuperar o seu condão popular e populista.

A primeira estratégia era o projecto da facção dominante do PRP/ /PD, mas também, com variantes, claro está, dos dois principais partidos da direita republicana – o Partido Liberal Republicano (1919- -23) e o Partido Republicano Nacionalista (1923-1925). Esta estratégia assentava na necessidade de saneamento das contas públicas, na recuperação do crédito externo como via para a estabilização económica, e na normalização do sistema político tornando-o mais consensual a nível nacional, por exemplo aumentando os gastos com o Exército, eliminando medidas mais anti-clericais, chegando a entendimentos com as então muito faladas *forças vivas*, i.e. os poderes fácticos, nomeadamente a Igreja Católica, grandes proprietários e os militares.

Esta não era necessariamente uma estratégia puramente conservadora. Tal estabilização poderia permitir criar as condições para o regresso de capitais, mais colecta de impostos, e mais investimento privado e público, permitindo potencialmente ao Estado republicano apostar mais na concretização de alguma das suas promessas quanto a melhores condições de vida e educação para todos. Variantes desta ideia de construir uma união nacional republicana foram prosseguidas por António Maria da Silva, Domingos Pereira e Vitorino Magalhães

DA NOVA REPÚBLICA VELHA AO ESTADO NOVO (1919-1930)

no seio do PRP/PD, ou ainda por Álvaro de Castro, Cunha Leal ou Ginestal Machado nas direitas republicanas.

O grande problema com esta opção era que – como deixou claro um editorial de Março de 1923 em que o grupo de intelectuais de esquerda republicana agrupados na *Seara Nova* fazia um «Apelo à Nação» – a 'formação de um ministério nacional de salvação pública' só parecia ser possível fazendo 'uso de faculdades excepcionais pelo poder executivo'. Só assim se poderiam lançar as bases da 'reorganização nacional', e para isso havia que dar a tal governo extraordinário o 'tempo necessário'. ([12]) Porquê? Por que uma governação mais exigente, com mais progressiva e melhor cobrança de impostos, com menos subsídios e menos funcionários, era, no imediato, impopular; e governos que tentaram levar algumas destas medidas avante caíram antes de as poderem concluir e colher os eventuais frutos positivos no médio prazo destas políticas. Parecia portanto necessário algo próximo de uma ditadura, ainda que temporária, mesmo para os defensores do regime mais à esquerda.

A ideia de um governo nacional, de facto, não era exclusiva de Afonso Costa, ou Salazar, e teve muitos outros advogados. O politicamente mais arguto dos seareiros, Raul Proença foi um dos raros a apontar os riscos deste ponto de vista, partilhado, como vimos, até pelos seus colegas na *Seara Nova* – o próprio, aliás, refere que 'neste ponto eu era uma excepção' –, alertando para o facto de 'republicanos, socialistas, comunistas' no fundo 'estarem a fazer com as suas campanhas anti-parlamentares pró-ditadura a atmosfera da única ditadura possível [...] que tinha condições de êxito, que era o contrário, precisamente daquela ditadura que eles sonhavam'. A ditadura mais provável em Portugal, de facto, sobretudo depois do enfraquecimento da GNR, assentaria no Exército, e portanto seria tendencialmente conservadora. Paradoxalmente, portanto, a consolidação e a nacionalização da república pareciam passar cada vez menos por uma política acalmação e atracção, e cada vez mais por um política de ruptura e de ditadura. ([13])

Uma segunda estratégia para resolver os problemas da Nova República Velha consistia em apostar abertamente na radicalização, numa viragem à esquerda da República para tentar recuperar a popularidade e o empenho militante de 1910. A agenda dos mais moderados destes radicais, os *canhotos*, ou ala esquerda, do PRP/PD, consistia em apostar no carácter progressivo dos impostos como parte de uma agenda de fazer os "ricos pagar a crise", aumentar o papel do Estado na economia como forma de garantir mais direitos e melhor qualidade de vida para as chamadas classes populares. Esta agenda pode não nos parecer muito radical hoje em dia, mas há que ter em conta o contexto daquela época e de elites portuguesas muito conservadoras; assim como notar que algum radicalismo retórico do líder dos *canhotos*, Domingues dos Santos, deu munições aos seus poderosos adversários. Nomeadamente, ao ter afirmado querer colocar 'o governo da República [...] abertamente ao lado dos explorados contra os exploradores. Este discurso perante uma manifestação de rua que pretendia sustentar o seu governo cada vez mais atacado no parlamento e na imprensa, foi visto como um apelo a uma espécie de guerra de classes, o que acelerou a queda do governo *canhoto*. Tanto mais quanto Domingues dos Santos decidiu ir mais longe, pressionado pelos seus partidários, escandalizados com os mortos causados por uma carga de cavalaria da GNR contra a manifestação pró-governamental, e afirmou: 'não consinto que a força pública sirva para fuzilar o povo'. Tal declaração do chefe do governo provocou uma reacção muito crítica no parlamento, a começar pelo próprio sector maioritário do PRP/PD que tinha apoiado um governo da ala esquerda do seu partido como uma forma de aliviar tensões e não de as aumentar.

Efectivamente, foi uma moção proposta por um deputado da linha maioritária no PRP/PD, o oficial de marinha Agatão Lança, que veio precipitar a crise e queda do governo, ilustrando perfeitamente os problemas colocados pela diversidade de facções no seio do partido domiante. Nela se afirmava que os deputados 'reconhecendo que, pela ausência de acção sensata e ordeira do Poder Executivo foi profundamente afectado o prestígio da força pública, a disciplina militar e a ordem social, saúdam a força pública.' Da aprovação desta moção concluiu o seu colega de partido e primeiro-ministro demissionário Domingues dos Santos que 'ficamos entendidos, a Câmara quer um governo que esteja aos lados dos exploradores contra os explorados, a Câmara quer um Governo que espingardeie o povo.'

Assim extremadas as águas, esta crise política resultou no abandono do PRP/PD pela sua ala esquerda e na formação do Partido Republicano da Esquerda Democrática no meio de acusações mútuas que aprofundaram a crise do regime e do seu partido dominante. Agatão Lança acusou Domingues dos Santos de bolchevismo, e de se apoiar no terrorismo da *Legião Vermelha*. O PRED passou a acusar a maioria do PRP/PD de se apoiar na banca e de governar ditatorialmente para os ricos. Era portanto a antiga ala esquerda do PRP/PD que vinha agora juntar-se ao coro cada vez mais numeroso de marginalizados politicamente que acusavam o partido dominante da I República de governar de facto em ditadura sob a fachada de eleições que lhe davam sempre a vitória.

O problema fundamental com esta estratégia de radicalização de esquerda era que, além de aumentar as tendências para tensões e cisões no seio do PRP/PD, era suficiente para assustar as elites, até por parecer legitimar o uso da violência na política, acentuando o problema golpista e terrorista do regime; porém, nunca foi suficientemente forte ao ponto de poder alterar decisivamente o estado das coisas, conquistando e mantendo o poder. Acabou, portanto, por contribuir para a queda da I República, ao dar um mínimo de credibilidade à ameaça esquerdista/bolchevista, que será um argumento importante na legitimação futura da Ditadura Militar e do Estado Novo. [14]

O que era claro para todas estas correntes, de esquerda e de direita, era que para se governar efectivamente, para lidar seriamente com os problemas estruturais do regime e do país, seria necessário um governo forte e até mesmo uma ditadura. Mas antes de lá chegarmos, convém saber como é que os Presidentes da República jogaram neste xadrez eleitoral e institucional da Nova República Velha, no sentido de cumprir a sua obrigação como garantes últimos do regime republicano. [15]

2.4 *Presidentes da República, entre resignados e resignatários*

Neste período de 1919-1926 Portugal teve quatro Presidentes da República. Qual foi o seu papel no evoluir da Nova República Velha? Os Presidentes da I República foram símbolos e vítimas da instabilidade política crónica deste período. O que significa que falhou na prática política o objectivo da revisão de Novembro de 1919 da Constituição de 1911, que se pode considerar que formalizou constitucionalmente a separação do período de 1910-1917 do da Nova República Velha de 1919-1926; neste último período, se a constituição não era nova, pelo menos tinha sido um pouco revista. Ora, a principal novidade político--constitucional desta revisão era precisamente o suposto reforço dos poderes do Presidente da República ao ser-lhe dada a faculdade de dissolver o Parlamento, um tema muito discutido desde 1911. ([16])

Para aprofundar a questão cabe notar que, ao contrário do que por vezes se afirma, os presidentes da I República tinham alguns poderes constitucionais significativos logo a partir de 1911. É certo que não podiam vetar as leis aprovadas pelo Parlamento em nome da separação de poderes; porém, e de acordo com o mesmo princípio, podiam nomear livremente o chefe do governo sem ter a obrigação de convidar para tal função o líder do partido mais votado; sendo por isso prática política consagrada que o governo apresentava a sua demissão quando um novo Presidente era eleito.

O que faltou a estes Presidentes da República para pôr cobro à instabilidade política não foram essencialmente atribuições constitucionais, mas sim legitimidade própria e espaço de manobra político. O governo, embora de livre nomeação presidencial, estava sujeito a moções de confiança ou censura do parlamento, o que o colocava nas mãos das maiorias parlamentares; ora, como vimos, estas eram tão frágeis quanto os partidos da Nova República Velha, minados por lutas de facções e frequentes cisões. Faltava também ao Presidente da República legitimidade política própria, pois o Congresso da República – Câmara dos Deputados e Senado – foi sempre, na vigência da Constituição de 1911, o único órgão eleito directamente pelos cidadãos; sendo portanto, o parlamento quem, por sua vez, elegia o Presidente da República, o qual também podia ser por ele destituído a qualquer momento.

Somos portanto reconduzidos ao paradoxo central da instabilidade política da Nova República Velha – a de ela persistir apesar das recorrentes maiorias absolutas no Parlamento do mesmo partido, o PRP/ /PD. Mas uma parte da resposta a este paradoxo de uma «estabilidade instável» pode encontrar-se também na Presidência da República. E desde logo no facto de o presidente não estar constitucionalmente obrigado a nomear chefe do governo o líder do partido mais votado. Isto significou que durante a Nova República Velha, apesar de ter maioria absoluta no parlamento durante quase todo o período, o PRP/PD nunca foi forçado a definir a sua liderança e a assumir claramente a responsabilidade da governação. Foi quase impossível governar sem o PRP/PD entre 1919-1926. Mas também foi quase impossível fazer com que todas as facções do PRP/PD se unissem em torno de um líder forte e no apoio a um governo duradoiro.

A tendência para a instabilidade governamental foi ainda agravada pelo facto de os Presidentes da República frequentemente atribuirem à força parlamentar mais activa no combate ao governo anterior – ainda que minoritária no parlamento – a tarefa de constituir novo governo. Dada a falta de alternativas tal opção terá frequentes vezes parecido um mal menor, face ao mal maior de recorrentes dissoluções do parlamento e novas eleições, que se arriscavam a deixar tudo na mesma. Mas mesmo que compreensível dado o contexto político, esta frequente opção presidencial não impediu uma tendência para, na prática, recompensar os «piores comportados» politicamente. O resultado terá acabado por ser a criação, involuntária, de um incentivo perverso a que se fizesse uma oposição destrutiva – pois sabia-se que se se derrubasse o governo em funções, as probabilidades eram grandes de vir a ser encarregado de o substituir.

A revisão constitucional de 1919, que tinha sido justificada como uma tentativa de estabilizar o regime republicano, acabou ainda por ter o efeito de levar os governos, logo que sentiam estar a perder apoio no parlamento – o que era muito frequente dada as complicadas combinações de partidos e facções envolvidas na formação de todos os governos da I República – a começarem a pressionar o chefe de Estado para dissolver o parlamento e lhes oferecer a possibilidade de organizar eleições antecipadas que pudessem ganhar a partir do poder. Um mecanismo constitucional que era suposto funcionar como uma válvula de escape política acabou por se transformar num elemento adicional de tensão, neste caso entre os presidentes – quer acedessem ou não aos pedidos de dissolução – e os diversos governos e partidos.

Para se perceber o porquê desta insistência de muitos governos, neste período entre 1919-1926, em eleições antecipadas, há que ter em conta não só o facto normal em política de governos minoritários procurarem levar a cabo novas eleições no momento mais propício a conquistarem uma maioria no parlamento, mas sobretudo a ideia corrente na política portuguesa desde o século XIX de que dissolver o parlamento era equivalente a dar a vitória eleitoral ao partido que estivesse no governo, o qual, controlando o Estado, podia usar os recursos públicos para "organizar" as novas eleições a seu favor. A permanência desta convicção é, no entanto, reveladora da persistência durante a I República de práticas eleitorais denunciadas pela propaganda republicana de antes de 1910 como ilegítimas manipulações "caciquistas". ([17]) Tal facto foi um factor adicional de perda de legitimidade de um sistema político que – mais do que a tradicional Monarquia antes dela, ou o autoritário Estado Novo depois dela – defendia e dependia de eleições para se legitimar. Isto significava também que o Presidente da República que tomasse a decisão de dissolver o parlamento era visto como estando a oferecer a vitória a um determinado partido, fosse o que o elegera, sendo acusado de parcialidade, fosse outro, sendo acusado de traição.

O presidente Teixeira Gomes acabou por se referir ao seu papel nos seguintes termos: 'Um presidente constitucional no nosso país que se conserve fiel aos juramentos prestados', ou seja que se mantivesse dentro dos limites dos seus poderes constitucionais era 'um misto de *boneco de palha* e de *senhor da Cana Verde*: o primeiro para ser mandado, e o segundo para ser insultado'. ([18]) Uma lamentação significativamente semelhante a anteriores desabafos do rei D. Carlos.

Em suma, os chefes de Estado republicanos acabaram por ficar numa situação muito parecida à dos reis do final da monarquia constitucional – assediados por diferentes partidos e facções que pretendiam que o chefe de Estado lhes entregasse o governo e lhes «desse» eleições. Tal como os monarcas constitucionais do final da monarquia, os presidentes do final da I República foram incapazes de desbloquear um sistema político português estruturalmente bloqueado.

3. Uma política violenta e a militarização da política.

A violência política foi uma constante no republicanismo português, tanto antes de 1910, como depois. De facto, os republicanos tomaram orgulhosamente o poder pela força no celebrado golpe de Estado de 5 de Outubro de 1910; e a I República renasceu, em Janeiro de 1919, novamente de forma violenta no chamado assalto a Monsanto onde se refugiavam os resistentes do levantamento armado monárquico. Foi ainda um pronunciamento militar, em Maio de 1926 – de forma irónica praticamente o único movimento militar que não causou confrontos, feridos e mortos em todo este período – que veio marcar o princípio do fim da I República a qual, portanto, se pode dizer que viveu pela espada e morreu pela espada.

Como aprofundar uma questão tão complexa mas tão central na vida e na morte da Nova República Velha como seja a relação entre o regime, a violência política e as Forças Armadas? A este respeito é importante sublinhar três pontos prévios. O primeiro é que a análise da intervenção militar na política não deve ser restringida apenas à violência aberta, ao golpe militar ou à repressão – e só assim será possível perceber melhor o 28 de Maio de 1926, tendo em conta um contexto mais amplo. O segundo é que para perceber por que intervêm os militares directa e violentamente na política – algo que hoje no Ocidente se tornou quase impensável e pouco pensado – se deve também explicar porque é que não o fazem mais frequentemente, visto que são claramente a mais forte das instituições estatais, detendo na força armada, organizada e bem artilhada o meio aparentemente irresistível de impor a sua vontade – particularmente num contexto de forte instabilidade política, como foi o caso da I República. [19] Terceiro, há que ter em conta a ligação entre golpes militares e outras formas de violência política – nomeadamente para perceber melhor porque se foi tornando cada vez mais provável que a I República caísse às mãos de uma Ditadura Militar. [20]

3.1 *Os militares e a política na I República*

A aceitação da ideia de que a intervenção dos militares na política está longe de se restringir aos golpes de Estado, permite sublinhar uma forte presença militar no seio da elite governativa republicana antes de 1926. Sem dúvida tal é em parte um reflexo dos militares terem um peso bem mais significativo na reduzida elite educada portuguesa desta época do que sucede actualmente; efectivamente, em muitas formações mais técnicas e científicas – das engenharias às matemáticas – as escolas militares e os oficiais nelas formadas tinham um peso muito significativo. Há que sublinhar, porém, que se verificou neste aspecto uma importante transformação depois do golpe militar de 1917 – quando o Major, e professor de matemáticas, Sidónio Pais tomou o poder – com um crescimento muito significativo do envolvimento dos militares na política, e não apenas em cargos ou pastas mais técnicas. Neste aspecto a Nova República Velha continuou a tendência sidonista, de tal forma que nos governos entre 1910-1917 havia uma presença de oficiais entre os chefes do governo da ordem dos 15%; mas no período que nos importa, de 1919-1926, ela saltou para 46%. [21]

Como explicar esta crescente militarização da política? Várias razões explicam esse facto, mas duas parecem-nos fundamentais: O prestígio dos militares cresceu em proporção directa com o desprestígio dos dirigentes políticos; a necessidade dos governos contarem com sólidos apoios militares para combaterem golpes e outras formas violentas de oposição obrigavam ao recurso a oficiais para armar os diversos governos contra quaisquer ameaças.

DA NOVA REPÚBLICA VELHA AO ESTADO NOVO (1919-1930)

O elemento transformador fundamental foi que cada vez mais oficiais no Exército passou a querer um governo nacional, mas em vez de o fazer assentar numa coligação de partidos e num acordo supra-partidário como queria Afonso Costa, preferiam uma imposição militar anti-partidária de um governo de emergência nacional, não-partidário, e composto por tecnocratas competentes.

3.2 *A Violência Política e a Politização das Forças Armadas contra o PRP/PD*

Entre 1919-1926 e pelo menos até 1931, viveu-se uma banalização da violência, das revoluções, dos golpes de Estado – numa espécie de guerra civil larvar –, facto que nos é transmitido por múltiplos testemunhos de variadas sensibilidades políticas.

Entre Outubro de 1921 e Maio de 1926, houve nada menos do que uma dezena de golpes militares, fossem bem ou mal sucedidos, ou seja, uma média de mais do que um por ano. [22] E isto era apenas a ponta do icebergue, pois muitas conspirações que nunca chegavam a sair à rua. Quais foram no meio de tantas tentativas de tomada do poder pela força os pontos de viragem?

Depois da curta guerra civil entre o norte monárquico e o sul republicano no início de 1919, um momento muito importante foi o golpe brevemente triunfante de 19 de Outubro de 1921, liderado pelo chefe do Estado Maior da GNR, acabando por levar a um governo dominado por oficiais da confiança do Tenente-Coronel Liberato Pinto, um membro do PRP/PD que reagiu assim violentamente ao seu afastamento por um novo governo de direita.

Este golpe veio lembrar dois factos fundamentais: primeiro, a importância de grupos armados improvisados, milícias de militantes republicanos, quer no golpe de 5 de Outubro de 1910, quer no sucesso do assalto às forças monárquicas em Monsanto, em Janeiro de 1919, que instauraram e restauraram a I República; segundo, a importância também da GNR, criada em 1911, e não por acaso designada Guarda Nacional *Republicana*. A GNR deveria ser precisamente a guarda pretoriana do regime *republicano*, uma força paramilitar de sua confiança política para o controlo das duas principais cidades do país, Lisboa e Porto, dotada pelo PRP/PD de vários regimentos com armamento pesado, incluindo metralhadoras e artilharia, que deliberadamente competiam em poder de fogo com o Exército regular – sobretudo a partir de 1919, depois do golpe militar sidonista. O PRP/PD nunca confiou plenamente no Exército; afinal, o 5 de Outubro de 1910 tinha sido feito essencialmente pela Marinha e por civis armados da Carbonária, perante a passividade ou hostilidade de boa parte do Exército.

O golpe efemeramente triunfante de Outubro de 1921 acabou por se tornar num ponto de viragem quase tão importante na violência política republicana como 1910 ou 1919 por que a corrente dominante do PRP/PD assustou-se com o perigoso precedente e a espiral de violência que a *noite sangrenta* parecia anunciar. Daí resultou um distanciamento do PRP/PD da utilização de civis e militares armados fora do enquadramento das Forças Armadas por temor de que essa violência popular se descontrolasse.

O governo de transição que sucedeu a estes golpistas tomou uma decisão crucial, que contou com o apoio dos principais partidos, inclusive do PRP/PD, de fazer concentrar em torno da cidade de Lisboa, em Janeiro de 1922, unidades do Exército – numa espécie de ensaio geral do pronunciamento que veio a verificar-se em Maio de 1926 – como forma de forçar o desarmamento substancial e a mudança de lideranças na GNR. A GNR perdeu então boa parte do seu arsenal assim como o seu carácter político radical.

O ano de 1923 representou, no entanto, um teste importante aos limites ainda existentes à intervenção militar na política. Como vimos, nesse ano foi dada novamente à direita republicana a possibilidade de governar em minoria, e enfrentou novamente um golpe militar para a tentar afastar em nome da necessidade de preservar a pureza da República de qualquer contaminação direitista. Porém, o novo golpe radical foi significativamente muito mais fraco do que o de 1921, reduzindo-se praticamente só a um pequeno navio no Tejo, e foi rapidamente derrotado. Rapidamente demais até, para os desejos de um novo governo da direita republicana liderado por Ginestal Machado, que procurou utilizar o golpe, exagerando a sua perigosidade, para pressionar o Presidente Teixeira Gomes a dissolver o parlamento. Este último utilizou a sua fleuma face às já habituais tentativas de golpe para verificar no terreno a situação. O filho de um oficial de marinha da confiança do Presidente da República, que o descansou quanto ao não envolvimento da maioria desta arma, testemunhou que: 'Teixeira Gomes, se não deseja cair nas mãos de quaisquer revoltosos, também não pretendia cair no Quartel de Metralhadoras, prisioneiro do Governo, a cujo objectivo de dissolução do parlamento o golpe irreflectido' de tendência radical viera dar 'mais forte pretexto'. [23] O diálogo entre o chefe de Estado e o chefe do governo é revelador quando Teixeira Gomes, em telefonema, diz a Ginestal Machado:

> têm-me obrigado a percorrer a cidade e até agora só tenho encontrado gatos. Quanto à dissolução [do parlamento] é de facto das atribuições do Presidente [...] mas só quando houver razões para isso e eu não as vejo [...] os senhores passam as noites em congeminações que só perturbam os ânimos e prejudicam a República [...] porque não congeminam de dia e dormem à noite, deixando dormir os outros.

Teixeira Gomes termina pedindo ao chefe do governo que 'tenha juízo!' [24] É evidente que, perante tal descompostura, o governo do Partido Nacionalista só podia demitir-se, o que o Presidente, determinado a evitar mais crises, recusou. Mas, sem apoio claro no Parlamento e na Presidência, este governo de direita pouco poderia durar, e colocou-se então a questão do que fazer.

O Ministro da Guerra do governo de Ginestal Machado era o General Carmona, que iria afirmar-se como líder do regime militar saído do golpe de Maio de 1926, e como Presidente da República foi uma figura-chave na criação de condições político-militares para a fundação do Estado Novo por Salazar. No entanto, este oficial – republicano e maçon – recusou nessa ocasião a sugestão de vários líderes do Partido Nacionalista, nomeadamente Cunha Leal, e de vários oficiais, como Sinel de Cordes e Raul Esteves, no sentido de impor ao Presidente da República por via de um pronunciamento militar a dissolução do parlamento dominado pelo PRP/PD. O facto é que o General Carmona, em 1923, não considerou haver condições para ele liderar com o acordo de uma clara maioria do Exército uma acção militar contrária à Constituição de 1911, ao contrário do que sucederia em 1926. Em 1923, portanto, os militares estavam mais activos na política, mas ainda não ao ponto de se sobreporem às instituições republicanas vigentes. ([25])

A viragem decisiva neste aspecto do papel político dos militares viria em 1925. Foi nesse ano que se criaram as redes conspirativas e emergiram o essencial das condições do futuro triunfo de um golpe militar como o de 28 de Maio de 1926. Até aí tinha-se assistido a várias tentativas de golpes radicais – que quiseram, em vão, forçar uma viragem à Esquerda do regime – e que acabaram por servir para, involuntariamente, ir minando o poder da esquerda militar. Em 18 de Abril de 1925 foi a vez de se verificar uma tentativa de golpe militar conservador liderada pelo General Sinel de Cordes, Comandante Filomeno da Câmara e Coronel Raul Esteves. Note-se que todos estes oficiais já tinham estado ligados à tentativa esboçada de pronunciamento militar em 1923, e irão também desempenhar um papel fundamental na organização do pronunciamento militar triunfante de Maio de 1926. Falharam, no entanto, em 1925, por que se centraram nas unidades de Lisboa – como mandava a manobra clássica de tomada do poder por um rápido golpe de força ocupando os principais pontos estratégicos da capital. Aí os golpistas chocaram com o imobilismo prudente da maior parte das unidades lisboetas, e a acção decidida de poucos mas bons oficiais leais ao governo do PRP/PD, que este cuidava de concentrar o mais possível na capital. No entanto, esta derrota dos militares conservadores e radicais rapidamente levaria ao surgimento das condições fundamentais para a realização de um golpe bem sucedido.

Por um lado, ficou evidente a necessidade de uma organização mais sólida, solidária e decidida, que se foi consolidando em torno da rede de oficiais conservadores ligados a Sinel de Cordes a partir de 1923, a que se foi agregando uma cada vez mais vasta e diversificada coligação de grupos de descontentes que deu crescente força à conspiração militar contra o *statu quo* político de permanente controlo do poder pelo PRP/PD. Testemunho disso mesmo é o jornalista e conspirador integralista Manuel Múrias: 'ainda hoje não sei se não havia várias revoluções independentes que se juntaram quasi só no próprio momento da arrancada', distinguindo neste contexto 'de um lado as pessoas metidas na conjura voluntária e conscientemente, que sabiam o que queriam e qual o destino a dar à vitória. Estes eram poucos' mas tiveram um papel decisivo, ao garantir que o pronunciamento militar teria um núcleo decidido a levá-lo por diante. Depois, havia 'os muitos que só agiam porque eram contra os democráticos', que deram massa crítica ao movimento contra o predomínio do PRP/PD. Estes eram segundo Múrias, num manifesto exagero, 'todo o país'. Mas realmente o partido dominante de boa parte dos 16 anos da I República tinha feito muitos inimigos políticos, à esquerda como à direita, e mesmo entre a população em geral, que estava sobretudo cansada do bloqueamento político, da instabilidade, da violência, e da carestia de vida. [26]

Se há necessariamente causas de fundo numa mudança de regime, o curto prazo também conta. Ora, em Abril de 1926, os debates parlamentares, nomeadamente em torno da questão dos termos de concessão da indústria dos tabacos, atingiram um pico de violência verbal e até física, terminando sucessivas sessões a partir do dia 15 em tumulto, com agressões e mobília partida. De tal forma que quanto o Congresso da República reuniu pela última vez, a 31 de Maio de 1928, ainda antes de ser *de facto* fechado pela GNR às ordens da Ditadura Militar, já a sessão tinha sido encerrada *de jure* por falta de quorum. [27] O parlamentarismo republicano estava, portanto, já muito desprestigiado quando foi eliminado pela Ditadura Militar.

Outra condição que muito facilitou o triunfo de um golpe militar foi a impunidade dos golpistas e a ampla divulgação pública do seu programa. Também desse ponto de vista o ano de 1925 representou um momento de viragem. O julgamento por um tribunal militar dos oficiais líderes do golpe de Abril, o qual decorreu no Arsenal da Marinha, em Setembro de 1925, transformou-se numa sessão de propaganda dos militares contra a Nova República Velha, não só pelas declarações dos réus e dos advogados de defesa, mas sobretudo do próprio promotor militar, o General Carmona, supostamente encarregado de acusar os golpistas, mas que terminou as suas alegações dizendo dramaticamente: 'Como é que homens deste valor e envergadura estão no banco dos réus? É porque a pátria está doente. Não encontro outra explicação.' (28) O decano da oficialidade General Ilharco, saído da reforma para presidir ao julgamento, absolveu todos os implicados, sendo demitido por isso. Tudo isto teve forte eco na imprensa e na opinião. O General Ilharco veio logo depois, ainda em 1926, publicar um livro de memórias que ajudou à legitimação do 28 de Maio entre os militares, em que o tema principal era o 'dissolvente efeito da política' vigente na disciplina e profissionalismo das Forças Armadas, com exemplo atrás de exemplo de alegadas interferências e favorecimentos políticos. (29)

A incrível, em circunstâncias normais, absolvição dos golpistas de Abril de 1925 pelo tribunal militar significava, de facto, a legitimação pela mais alta hierarquia militar de golpes futuros. Mostrava também a impotência do governo, que tentou reagir afastando os militares mais envolvidos no julgamento e no golpe, mas não pôde sequer impedir a continuação da conjura dirigida pelos principais réus que, mesmo presos no forte de Elvas, continuaram a conspirar, com a cumplicidade do respectivo comandante, que se afirmou convicto de que 'só o Exército podia salvar o País do abismo!', pelo que 'coincidiu a minha ida para ali [como comandante] com o tornar-se aquela prisão o centro da maior actividade revolucionária. De toda a parte acorriam oficiais'! (30) O golpe falhado de Abril de 1925 tornou-se, portanto, o ensaio e catalisador decisivo do golpe militar triunfante de Maio de 1926.

3.3 *O 28 de Maio de 1926, um pronunciamento militar que quis ser nacional*

Ficara evidente no golpe de Abril de 1925 que o regime ainda podia contar com o apoio activo ou a neutralidade colaborante das forças militares em Lisboa, e com a Marinha, que com o poder da sua artilharia naval no Tejo e alguma infantaria em Alcântara, continuava a ser um importante obstáculo militar a qualquer tentativa de derrube do regime fundado em 1910 essencialmente por marinheiros e civis armados. Isto levou os líderes do golpe de Maio de 1926 a planearam, contra as regras clássicas de um golpe de Estado, tomar o poder, não a partir de uma acção imediata de tomada de controlo militar da capital com base em forças aí sedeadas, mas sim seguindo uma acção periférica que para resultar teria de corresponder a um pronunciamento massivo das forças militares da maior parte do resto país, e de uma manobra das numerosas unidades militares da província de aproximação e ameaçador cerco da capital; dessa forma, o governo do PRP/PD teria de conseguir das unidades da capital um compromisso com uma acção armada violenta num contexto de guerra civil, tarefa bem mais complicada do que simplesmente deter a sua neutralidade colaborante.

Um dos desafios importantes, no entanto, que os golpistas tiveram de enfrentar foi convencer a maioria dos oficiais, das elites e da população, de procuravam reformar o sistema político, mas mantê-lo *republicano*. Tal era necessário para legitimar o golpe como sendo *nacional* e não *partidário*, o que seria impossível se este aparecesse como um movimento *monarquista*. Isso traduziu-se no manifesto inicial do pronunciamento assinado pelo General Gomes da Costa – mas previamente escrito pelo jornalista Manuel Múrias:

> Entre todos os corpos da Nação em ruínas é o Exército o único com a autoridade moral e força material [...] À frente do Exército português, pois, unido na mesma aspiração de redenção patriótica, proclamo o interesse nacional contra a acção nefasta dos políticos e dos partidos, e ofereço à Pátria enferma um governo forte, capaz de opor aos inimigos internos o mesmo heróico combate que o Exército deve aos inimigos externos. [31]

Este ponto traduziu-se numa dificuldade concreta entre os golpistas, cujo maior dinamizador era o General Sinel de Cordes, de simpatias monárquicas conhecidas. Não era politicamente conveniente, portanto, ele aparecer como o chefe da rebelião militar, por temor de afastar muitos oficiais e elites conservadoras, ou pelo menos preocupadas com a crónica desordem e violência, mas ainda assim convictamente republicanas, ou simplesmentes nada inclinadas a colocar o problema do regime, quando já tantos outros exigiam atenção urgente.

Faltou, por isso, até muito tarde um chefe publicamente apresentável do movimento militar que haveria de triunfar no 28 de Maio, podendo mesmo dizer-se que ele teve três chefes: como líder oculto o General Sinel de Cordes manobrando a maior e mais activa rede de apoiantes do golpe; e dois chefes visíveis, o General Gomes da Costa, um veterano de muitas campanhas em África e na I Guerra, conhecido pelo desassombro das suas críticas aos políticos, errático e dado a jogadas arriscadas; e o Comandante Mendes Cabeçadas, um prestigiado oficial da Marinha, herói do 5 de Outubro, portanto garante do republicanismo do movimento militar e capaz de influenciar a bem artilhada Marinha. Significativamente, os dois últimos serão afastados nas primeiras semanas após o golpe.

O 28 de Maio de 1926 foi, consequentemente, essencialmente um pronunciamento militar corporativo iniciado pelas unidades mais comprometidas do Norte do País, que rapidamente se estendeu nos dois dias seguintes ao Centro e Sul do país graças à activação da rede conspirativa centrada em Sinel de Cordes a que se agregaram outros descontentes. Não se verificaram quaisquer confrontos violentos, mas o risco existiu, embora fosse mínimo, porque até nas poucas colunas militares organizadas para avançar sobre Braga, onde o pronunciamento se iniciou, havia oficiais comprometidos com o golpe e que acabaram por aderir a ele. Certo é que, perante o pronunciamento militar crescente e a marcha destas unidades da província sobre Lisboa, o governo do PRP/PD demitiu-se, e o Parlamento foi fechado. Depois de uma hesitação inicial o próprio Presidente da República viu-se forçado a resignar a 31 de Maio de 1926.

Há quem considere que a I República acabou nessa data. Mas não tal não é absolutamente claro, visto que o Presidente Bernardino Machado transmitiu formalmente os seus poderes ao chefe militar que mais confiança lhe inspirava – Mendes Cabeçadas, e este a Costa Gomes. Mas mesmo que a I República tivesse morrido, ninguém podia estar seguro na época de que ela não ressuscitaria, de novo elevando o PRP/PD ao poder. Afinal, isso já sucedera por mais de uma vez, após o governo militar de 1915, ou o interregno sidonista de 1917-1919. Menos seguro ainda era que não lhe sucedesse algum novo regime constitucional, mas ainda republicano pluripartidário, pois as alternativas discutidas entre os militares golpistas eram várias e vagas. As grandes questões a partir de Maio 1926 foram, portanto: Quem iria dominar entre estes novos senhores militares da política? Qual seria, afinal, a política dos militares?

4. Conclusão – Ditadura Militar, Estado Novo e fim da República?

Uma ditadura militar parece-nos, em conclusão, se não inevitável, pelo menos altamente provável dada a disfuncionalidade crónica do sistema político e os crescentes apelos ao protagonismo dos militares. Porém, o Estado Novo moldado por, e para, Salazar foi apenas uma das saídas possíveis. É assim que um dos protagonistas principais do golpe, o General Raul Esteves, responde a esta questão, quando ela lhe foi colocada na época: enquanto uma revolução militar 'era absolutamente certa', tendo em conta o estado do país 'desde o fim da Grande Guerra', já quanto à emergência da 'Situação governativa derivada do Movimento do «28 de Maio»' ela era bem mais incerta. [32]

Este tema da inevitabilidade da ditadura traduz uma mudança de fundo na cultura política portuguesa, mas também europeia, desta época. A mensagem dominante na cultura política portuguesa e europeia desde início do século XIX fora a do progressismo liberal, em que o PRP/PD afirmava filiar-se ao apresentar o seu golpe de 1910 como o culminar lógico do liberalismo português, e a nova República Portuguesa como inevitável face às leis do progresso da civilização. Porém, esta confiança progressista secular foi terrivelmente abalada pelo choque da Primeira Guerra Mundial, e logo depois pela crise do parlamentarismo por via das sucessivas e tremendas crises do pós-guerra. Na vizinhança próxima de Portugal assistiu-se à tomada do poder pelo fascismo, em Itália no ano de 1922; e à subida ao poder em Espanha de uma junta militar liderada pelo General Primo de Rivera em 1923. Estes regimes de direita autoritária, apesar de terem uma componente populista e desenvolvimentistas, mudaram o contexto cultural e político internacional, reforçando a confiança das correntes anti-republicanas e anti-parlamentares em Portugal. A imprensa portuguesa fez, efectivamente, amplo eco de ambas as experiências, sendo exemplo disso o influente jornalista português, António Ferro – depois propagandista-mor do Estado Novo – que reuniu, em 1927, num livro politicamente muito a propósito, as suas anteriores reportagens numa positiva *Viagem à volta das ditaduras*. [33]

Cunha Leal, cuja influência na política deste período já referimos, em 1924 no congresso do seu partido, o PNR, afirmava que, como 'português e republicano creio que nenhum Governo regularmente organizado pode governar. Quanto a mim a ditadura há de vir inexoravelmente, fatalmente. Todos conspiram, todos fazem aquilo de que me acusam.' Note-se que Cunha Leal nem sequer desmente que também ele ande a conspirar por uma ditadura à sua medida. Limita-se a alargar a acusação: todos preparam golpes e ditaduras variadas.

Cunha Leal afirmou ainda na ocasião referida 'todos os dias a Constituição é esfrangalhada'. As regras do jogo constitucional não eram, de facto, respeitadas verdadeiramente por ninguém, ou quase, nas elites políticas nacionais – o PRP/PD manipulava eleições, os demais frequentemente conspiravam para o derrubar pela força. O resultado foi um tal descrédito que quase todos os nomes de primeira linha da política nacional deste período, nomeadamente os diversos líderes partidários, se viram definitivamente arredados da vida política de 1926 em diante. Pode-se falar, portanto, de uma espécie de suicídio político colectivo.

Esta guerra de todos contra todos entre a elite política da I República teve implicações, aliás, nas tentativas de derrubar a Ditadura Militar e impedir a consolidação do Estado Novo. Pois apesar de esforços unitários, sempre parciais, os diversos partidos e facções pessoais continuaram a desconfiar uns dos outros, depois de 1926, o que limitou a mobilização de esforços militares do chamado Reviralho, i.e. da oposição militar ao Estado Novo. Por exemplo, em Março de 1929, os *canhotos* rejeitaram um pacto de unidade golpista porque isso significaria 'apoiar [...] um governo a sair da direita republicana'. [34]

Pode parecer paradoxal ou mesmo inexplicável afirmarmos que a República, apesar dos seus problemas estruturais e de variadas e profundas crises conjunturais, não falhou completamente como regime. Mas efectivamente, a república continuou a existir depois de 1926 como um certo tipo de regime – e como tal distinto do partido dominante, PRP/PD, ou do sistema constitucional de 1910, e de este ser demo-liberal ou autoritário.

Como explicar este paradoxo? A república sobreviveu, em parte, por falta de melhor e mais consensual alternativa. Em particular, a restauração da monarquia, no modelo de 1910 e na pessoa de D. Manuel II, não atraiu suficientes adesões. Havia muitos conservadores para quem pouco importava que o país fosse uma república – e elas eram cada vez mais na Europa depois de 1918 – ou uma monarquia, desde que triunfasse uma forma de regime forte, autoritário, que normalizasse a situação do ponto de vista dos seus interesses e do que consideravam ser os interesses nacionais. Por outro lado, também houve muitos republicanos que foram assumindo posições cada vez mais nacionalistas, autoritárias e conservadoras em reacção a um contexto de crise económica e financeira, e de instabilidade política crónica; e portanto se mostraram disponíveis a colaborar com Salazar. Entre estes, de longe o mais importante, decisivo mesmo, foi o General (depois Marechal) Carmona, que havia sido membro de uma comissão de reforma do Exército logo depois do 5 de Outubro de 1910, e foi a partir de Julho de 1926 o líder da Ditadura Militar e Presidente da República até à sua morte em 1951.

A continuidade entre Estado Novo e I República não foi, portanto, uma mera formalidade constitucional, estendeu-se também a alguns aspectos fundamentais, como veremos na secção seguinte. Deveria, em todo o caso, ser evidente que republicanismo não é sinónimo de democracia liberal – durante décadas a maioria das repúblicas no mundo foram regimes autoritários, e os regimes mais repressivos do século passado até foram repúblicas, de Hitler a Estaline, passando por Mao e Pol Pot. O facto inegável de o Estado Novo ser uma república não implica portanto negar o seu carácter autoritário.

4.1 *Conclusão: a demanda de um governo nacional de Afonso Costa a Salazar*

O período da Nova República Velha e o regime da I República terminaram em data incerta – algures entre 31 de Maio de 1926, quando o presidente Bernardino Machado resignou, e 11 de Abril de 1933, quando a nova Constituição autoritária de Salazar entrou em vigor. Mas deveria ser evidente que a república não acabou com o Estado Novo. É por isso que actualmente se fala do centenário da república.

Salazar não foi, consequentemente, o coveiro da república ao fundar o Estado Novo. Terá sido mesmo o definitivo consolidador do regime republicano em Portugal, ainda que não fosse esse o seu objectivo político principal. A república foi para Salazar um meio para alcançar o fim de tornar o mais ampla possível a base de apoios para fundar e consolidar o seu regime autoritário. Mas foi, portanto, com o salazarismo que verdadeiramente se nacionalizou a república – como Afonso Costa ou António José de Almeida tanto tinham desejado em vão. Afinal, se nem a direita autoritária e conservadora restaurava a monarquia, quem o faria?

A ironia é que o projecto de união em torno de um governo nacional suprapartidário forte que permitisse realizar reformas difíceis mas necessárias – nomeadamente o saneamento orçamental – foi algo que Afonso Costa, o líder histórico do PRP/PD, vinha procurando em vão durante todo o período Nova República Velha. Antes dele pode mesmo remontar-se este projecto a Oliveira Martins ou a João Franco. Mas é claro que ele transitou para a Ditadura Militar e para o Estado Novo, sendo a agenda política fundamental de Salazar a sua concretização numa fórmula autoritária e personalizada.[35] Evidentemente que houve uma diferença importante. Se para Afonso Costa um tal governo nacional seria apenas de apoiantes militantes da república, no caso de Salazar ele seria apenas constituído por apoiantes do seu modelo de regime autoritário. Dadas as circunstâncias políticas da época, foi possível a Salazar avançar com esta agenda de forma autoritária, impondo os termos da sua União Nacional a quem quisesse entrar e abdicasse obrigatoriamente das antigas fidelidades partidárias; e foi impossível a Afonso Costa fazê-lo, excluindo os não-republicanos e, sobretudo, forçando todos os partidos republicanos e o parlamento a passarem-lhe um cheque em branco.

A crise política endémica da I República teve, portanto, a sua raiz em quatro problemas fundamentais listados por Salazar ao defender uma solução ditatorial para eles: ([36])

O primeiro foi a incapacidade da Nova República Velha e do PRP/ /PD em encontrar uma liderança forte em alternativa ao seu líder histórico Afonso Costa. O Estado Novo teve, quanto muito, o problema inverso, sendo Salazar claramente o seu líder.

O segundo problema foi o de uma concentração de todo o poder e legitimidade política no parlamento. Um problema, porque o PRP/PD ganhou todas as eleições mas não se conseguiu unir como eficaz partido de governo, o que impediu uma alternância pacífica, assim como a constituição de executivos fortes. Salazar, inicialmente, fez eleições e referendos declaradamente para ganhar, sem fingir conceder aos seus oponentes igual legitimidade, tudo se resumindo no *slogan* num cartaz – ilustrado por Almada Negreiros – de apoio à Constituição no referendo de 1933: 'Nós queremos um Estado Forte'. A grande ideia-força do regime republicano autoritário salazarista foi a de que se a Nação é una, a República é una, o interesse nacional é também uno, e para isso dever haver apenas uma União Nacional e um chefe nacional sufragado pela esmagadora maioria dos portugueses.

A terceira grande fraqueza da I República foi a sua incapacidade de impedir a frequente irrupção da violência na política e nas ruas. Salazar tornou a repressão bem mais sistemática e dura, mas organizou-a e procurou retirá-la das ruas para lugares mais recatados, transmitindo uma ideia de ordem, de previsibilidade na violência estatal que a tornou mais aceitável, pelo menos para as elites.

O quarto elemento de instabilidade estrutural da Nova República Velha foi a crise económica e os problemas orçamentais. Foi precisamente para resolver este problema que Salazar começou a oferecer soluções rápidas, credíveis, convenientes para a maioria das elites portugueses, e mesmo para boa parte da população a quem ele ofereceu ao menos uma grande estabilidade de preços.

Mas se a continuidade do regime republicano entre a Nova República Velha e o *Estado Novo*, após a resolução desses problemas, não foi uma mera formalidade, na continuação dos símbolos nacionais e da designação oficial, de que forma se manifestou?

Desde logo na forma electiva de escolha do chefe de Estado. As eleições presidenciais directas até 1958, as eleições para um parlamento, a par dos referendos – com sufrágio universal masculino e sufrágio limitado feminino – continuaram a ser a principal forma de legitimação do regime salazarista. Ainda que houvesse uma nova Câmara Corporativa como complemento da anterior, com uma nova forma de legitimação orgânica alternativa às eleições, o seu peso era limitado. Claro que as eleições durante o Estado Novo não foram livres, imparciais e justas; o que se torna evidente no facto de o vencedor ser sempre em todo o país e em todos os cargos, invariavelmente o mesmo, a União Nacional. Importa, ter em conta, no entanto, que o mesmo tipo de queixas foram feitas ao PRP/PD durante a I República, ainda que seja evidente que a Nova República Velha foi um regime de pluralismo político limitado mas real – havia outros partidos com representação parlamentar variável, havia liberdade de expressão – face à uniformidade política imposta de forma autoritária pelo Estado Novo. Porém, como o direito de voto antes de 1926 era muito restrito – excluindo as mulheres e os analfabetos – o Estado Novo até pôde fazer figura de ter mais legitimidade popular, ao alargar significativamente o eleitorado.

Houve ainda uma continuidade de algum pessoal político e redes de influência ao nível dos caciquismos locais entre a I República e o Estado Novo. ([37]) Houve um efectivo investimento, há muito advogado pelos republicanos, na generalização de uma educação nacional e nacionalista. Houve, o que teve importantes consequências futuras, um empenho na plena ocupação colonial, num mais efectivo controlo político metropolitano, e numa maior exploração económica das colónias – desejado com o regime dos altos-comissários após 1918, mas apenas sistematicamente concretizado com Salazar.

Houve continuidade ao nível da ideologia predominante. O Estado Novo tem sido justamente caracterizado pelo ultra-nacionalismo profundamente colonialista, mas convém não esquecer que esta tinha sido imagem de marca do republicanismo português desde a crise colonial do *ultimatum* de 1890, e fora fundamental no crescimento da popularidade do PRP. A importância do nacionalismo na legitimação do Estado Novo é algo frequentemente e justamente sublinhado. Mas importa não esquecer que este tinha sido um pilar ideológico fundamental dos republicanos antes e depois de 1910 – o PRP/PD apresentava-se como o grande partido nacional, representante dos interesses da Nação contra o Rei, enfeudado aos ingleses na questão colonial e dominado por cortesãos cosmopolitas. Salazar limitou-se a voltar esse argumento contra o PRP/PD, sendo este último quem agora era acusado de ser constituído por uma minoria estranha ao país, enriquecida e estrangeirada, incapaz de rentabilizar o Império, e associada à burla de Angola e Metrópole.

O papel central do Império Colonial tornou-se mais visível na fase final do Estado Novo – mas este já tinha sido um tema central na campanha dos republicanos contra a monarquia, e a ocupação efectiva dos territórios coloniais, com violentas campanhas se necessário, havia sido uma prioridade da política republicana, sendo mesmo fundamental na justificação da entrada portuguesa na Primeira Guerra Mundial. A centralidade da figura do general Norton de Matos na colonização de Angola antes e durante a Nova República Velha, e depois o seu papel preponderante na Oposição ao Estado Novo até às eleições presidenciais de 1949 ilustram bem esta convergência na defesa da dimensão colonial do Estado português. Inicialmente, Salazar e o Estado Novo foram, aliás, atacados pela Oposição republicana por não se mostrarem suficientemente empenhados no Império. Por isso o primeiro acto constitucional do novo regime, o Acto Colonial de 1930, foi pensado para provar na letra da lei que Salazar era um colonialista empenhado.

A I República solidificou a identidade nacional ao dispensar um rei e uma dinastia para a encarnar; ironicamente, Salazar solidificou a república, ao retirar o exclusivo do republicanismo e do nacionalismo ao PRP/PD. A I República acabou ao fim de apenas 16 anos. Mas o Portugal de Salazar continuou a ser uma república.

Notas

Luciano Amaral
QUE FAZER COM A I REPÚBLICA?

(1) Jean Bodin, *Les Six Livres de la République, Livre Premier*, Paris, Fayard, 1986; o original francês é: "République est un droit gouvernement de plusieurs ménages, et de ce qui leur est commun, avec puissance souveraine".

(2) Gordon S. Wood, *The Creation of the American Republic, 1776-1787*, Chapel Hill, N.C., University of North Carolina, 1969 e John Pocock, *The Machiavellian Moment: Florentine Political Thought and the Atlantic Republican Tradition*, Princeton, Princeton University Press, 2003.

(3) Gerald C. MacCallum, "Negative and Positive Freedom", in Peter Laslett, W.G. Runciman e Quentin Skinner (eds.), *Philosophy, Politics and Society*, Oxford, Basil Blackwell, 1972, e Isaiah Berlin, *Four Essays on Liberty*, Oxford, Oxford University Press, 1969.

(4) Philip Pettit, *Republicanism: A Theory of Freedom and Government*, Oxford, Oxford University Press, 1997, Quentin Skinner, *Liberty Before Liberalism*, Cambridge, Cambridge University Press, 2004 e *idem, Hobbes and Republican Liberty*, Cambridge, Cambridge University Press, 2008.

(5) Peter Laslett, "Introduction", in John Locke, *Two Treatises of Government*, Cambridge, Cambridge University Press, 2003.

(6) Joaquim de Carvalho, "Formação da ideologia republicana (1820-1880)", in Luís de Montalvor, *História do Regímen Republicano em Portugal, Vol. I*, Lisboa, Ática, 1930.

(7) V. António Manuel Hespanha, *As Vésperas do Leviathan – Instituições e Poder Político: Portugal, Século XVII*, Coimbra, Almedina, 1994; *idem*, "A fazenda", in António Manuel Hespanha (ed.), *O Antigo Regime (1620-1807)*, Lisboa, Círculo de Leitores, 1993; Cristina Nogueira da Silva e António Manuel Hespanha, "A identidade portuguesa", in *idem, ibidem*; Ângela Barreto Xavier e António Manuel Hespanha, "A representação da sociedade", in *idem, ibidem*; Nuno Gonçalo Monteiro, "Poder senhorial, estatuto nobiliárquico e aristocracia", in *idem, ibidem; idem, O Crepúsculo dos Grandes. A Casa e o Património da Aristocracia em Portugal (1750-1832)*, Lisboa, ICS/Casa da Moeda, 1998; e *idem, Elites e Poder. Entre o Antigo Regime e o Liberalismo*, Lisboa, ICS, 2003.

(8) V. A..M. Hespanha, *As Vésperas*...e N.G. Monteiro, *O Crepúsculo*...

(9) N.G. Monteiro, "A consolidação da dinastia de Bragança e o apogeu do Portugal barroco: centros de poder e trajetórias sociais (1688-1750)", in José Tengarrinha (ed.), *História de Portugal*, São Paulo, UNESP, 2000.

(10) Rui Ramos, "Para uma história política da cidadania em Portugal", in *Análise Social*, vol. XXXIX, n.º 172, 2004; *idem*, "As origens ideológicas da condenação das descobertas e conquistas em Herculano e Oliveira Martins", in *Análise Social*, vol. XXXII, n.º 140, 1997; e *idem*, *A Segunda Fundação (1890-1926)*, Lisboa, Círculo de Leitores, 1994. V. também Maria de Fátima Bonifácio, *Apologia da História Política, Estudos sobre o Século XX Português*, Lisboa, Quetzal Editores, 1999; e *idem*, *A Monarquia Constitucional, 1807-1910*, Lisboa, Texto Editores, 2010.

(11) Para tudo isto, v. R. Ramos, "Para uma história..".

(12) Marcello Caetano, *História Breve das Constituições Portuguesas*, Lisboa, Editorial Verbo, 1971.

(13) *Constituições Portuguesas*, Lisboa, Assembleia da República, 2004.

(14) *Idem*.

(15) Douglas L. Wheeler, *Republican Portugal, A Political History, 1910-1926*, Madison, The University of Wisconsin Press, 1978.

(16) J.C.D. Clark, *The Language of Liberty, 1660-1832, Political Discourse and Social Dynamics in the Anglo-American World*, Cambridge, Cambridge University Press, 1994.

(17) David Thomson, *England in the Nineteenth Century*, Londres, Penguin Books, 1978.

(18) Joaquim de Carvalho, "A formação da ideologia republicana", in L. Montalvor, *op. cit.*.

(19) Citado em *idem*.

(20) R. Ramos, *A Segunda...*

(21) *Idem*, "A Regeneração e o Fontismo", in R. Ramos (coord.), *História de Portugal*, Lisboa, A Esfera dos Livros, 2009.

(22) *Idem*, *A Segunda...* e José Miguel Sardica, *A Regeneração Sob o Signo do Consenso: A Política e os Partidos entre 1851 e 1861*, Lisboa, ICS, 2001.

(23) M.F. Bonifácio, *Apologia...*

(24) Cf. *Idem*, *História da Guerra Civil da Patuleia, 1846-47*, Lisboa, Editorial Estampa, 1993.

(25) *Constituições...*

(26) *Idem*.

(27) Pedro Tavares de Almeida, *Eleições e Caciquismo no Portugal Oitocentista (1868-1890)*, Lisboa, Difel, 1991, e Maria Filomena Mónica, *Fontes Pereira de Melo*, Lisboa, Edições Afrontamento, 1999.

(28) P. T. Almeida, *idem*.

(29) *Constituições...*

(30) Vítor Neto, *O Estado, a Igreja e a Sociedade em Portugal (1832-1911)*, Lisboa, Imprensa Nacional-Casa da Moeda, 1998.

(31) Fernando Catroga, *O Republicanismo em Portugal, Da Formação ao 5 de Outubro de 1910*, Lisboa, Editorial Notícias, 1999.

(32) F. Catroga, *idem* e R. Ramos, *A Segunda...*

(33) Vasco Pulido Valente, *O Poder e o Povo, A Revolução de 1910*, Lisboa, Moraes Editores, 1983.

(34) João Franco Castello-Branco, *Cartas del Rey Don Carlos (de Portugal) a João Franco Castello-Branco, su Ultimo Presidente del Consejo*, Madrid, Calpe, 1925.

(35) R. Ramos, *D. Carlos I*, Lisboa, Temas & Debates, 2008.

(36) V. Zeev Sternhell, Mario Sznajder e Maia Asheri, *Naissance de l'Idélogie Fasciste*, Paris, Fayard, 1992.

(37) Jaime Reis, *O Atraso Económico Português em Perspectiva Histórica. Estudos sobre a Economia Portuguesa na Segunda Metade do Século XIX*, Lisboa, Imprensa Nacional/Casa da Moeda, 1993 e Álvaro Ferreira da Silva, "A evolução da rede urbana portuguesa (1801-1940)", in *Análise Social*, vol. XXXII, 143-144, 1997.

(38) Citado em R. Ramos, *D. Carlos...*

(39) V.P. Valente, "As duas tácticas da monarquia", in *O Tempo e o Modo*, nº 54-55, 1967.

(40) José Relvas, *Memórias Políticas, Vol. I*, Terra Livre, 1977.

(41) J.F. Castello-Branco, *op. cit.*

(42) R. Ramos, *João Franco e o Fracasso do Reformismo Liberal (1884-1908)*, Lisboa, ICS, 2001.

(43) Carlos Malheiro Dias, *Em Redor de um Grande Drama. Subsídios para a História da Sociedade Portuguesa (1908-1911)*, Lisboa, Livrarias Aillaud & Bertrand, s.d.

(44) D.L. Wheeler, *op. cit.*

(45) M.F. Bonifácio, *A Monarquia...*, F. Catroga, *O Republicanismo...* e R. Ramos, *D. Carlos...*

(46) R. Ramos, *João Franco...*

(47) Citado em Eurico Carlos Esteves Lage Cardoso, *Afonso Costa (1871-1937). O Político Mais Amado e Mais Odiado da Primeira República. Alguns Vultos Republicanos que Mais o Criticaram*, Lisboa, Edição de Autor, 2010.

(48) Citado em Lopes de Oliveira, "O termo da propaganda doutrinária republicana e o período revolucionário", in L. Montalvor, *História do Regímen Republicano em Portugal*, vol. II, Lisboa, Ática, 1932.

(49) Mendo Castro Henriques *et al.*, *Dossier Regicídio. O Processo Desaparecido*, Lisboa, Tribuna da História, 2008, e R. Ramos, *D. Carlos...*

(50) R. Ramos, *A Segunda...* e *D. Carlos...*

(51) F. Catroga, *op. cit.* e R. Ramos, *D. Carlos...*

(52) F. Catroga, *idem* e R. Ramos, *A Segunda...*

(53) António José de Almeida, *Quarenta Anos de Vida Literária e Política, Vol. II*, Lisboa, J. Rodrigues & Cª, 1933.

(54) *Idem, ibidem.*

(55) Citado em L. Oliveira, *art. cit.*

(56) V. R. Ramos, *D. Carlos...*

(57) C.M. Dias, *Do Desafio à Debandada, Vol. I – O Pesadelo*, Lisboa, Livraria Clássica Editora, 1912.

(58) A.J. Almeida, *op. cit.*

(59) João Chagas, *Cartas Políticas, vol. I*, Lisboa, Edição do autor, 1908.

(60) J. Relvas, *idem*; também Rocha Martins, *D. Manuel II (Memórias para a História do seu Reinado)*, 2 vols., Lisboa, Sociedade Editora "José Bastos", s.d.

(61) J. Relvas, *op. cit.*

(62) António José Telo, *Primeira República, Vol. I, Do Sonho à Realidade*, Lisboa, Editorial Presença, 2010.

(63) Teixeira de Sousa, *Para a História da Revolução*, Coimbra, Moura Marques & Paraísos, 1912.

(64) R. Ramos, *A Segunda...*

(65) Bourbon e Menezes, "O movimento republicano de 4 de Outubro e a proclamação da República", in L. Montalvor, *op. cit.*, Vol. II.

(66) F. Catroga, *op. cit.*

(67) Maria Alice Samara, "O republicanismo", in Fernando Rosas e Maria Fernanda Rollo (coords.), *História da Primeira República Portuguesa*, Lisboa, Tinta da China, 2009.

(68) L. Oliveira, *art. cit.*

(69) C.M. Dias, *Do Desafio...*

(70) Luz de Almeida, "A obra revolucionária da propaganda. As sociedades secretas", in L. Montalvor, *op. cit.*, vol. II

(71) F. Catroga, *op. cit.*

(72) *Idem, ibidem.*

(73) L. Oliveira, *art. cit.*

(74) L. Almeida, *art. cit.*

(75) J. Chagas, *C. Políticas*, vol. I...

(76) Cf. V.P. Valente, "As duas tácticas..."

(77) J. Chagas, *C. Políticas*, vol. I...

(78) José Relvas, *op. cit.* e Jorge de Abreu, *A Revolução Portuguesa. O 5 de Outubro*, Lisboa, Quadra, 2010.

(79) J. Chagas, *op. cit.*

(80) Machado Santos, *A Revolução Portuguesa, 1907-1910*, Lisboa, Sextante Editora, 2007; António Maria da Silva, *O Meu Depoimento*, Lisboa, s.d. e L. Almeida, *art. cit.*

(81) De acordo com J. Relvas, *op. cit.*

(82) F. Catroga, *op. cit.*

(83) J. Abreu, *idem.*

(84) Ver, a este respeito, V.P. Valente, *O Poder...*, R. Ramos, *A Segunda...* e João B. Serra, "O 5 de Outubro" in F. Rosas e M. F. Rollo, *op. cit.*; para relatos da época: M. Santos, *op. cit.*, A.M. Silva, *op. cit.*, J. Relvas, *op. cit.*, T. Sousa, *A Força Pública na Revolução*, Coimbra, 1913 e ainda J. Abreu, *op.cit.* e Celestino Steffanina, *Subsídios para a História da Revolução de 5 de Outubro de 1910*, Lisboa, Edição de Autor, 1913.

(85) C.M. Dias, *Do Desafio...*

(86) V. R. Ramos, *A Segunda...*

(87) Citado em C.M. Dias, *Do Desafio...*

(88) C.M. Dias, *Zona de Tufões*, Lisboa, Aillaud, Alves e Cia., 1912.

(89) R. Ramos, *A Segunda...*

(90) J. Relvas, *op. cit.*

(91) R. Ramos, *A Segunda....*

(92) *Idem, ibidem.*

(93) Teófilo Braga, *Discursos sobre a Constituição Política da República Portuguesa*, Lisboa, Sete Caminhos, 2006.

(94) Citado em F. Catroga, *op. cit.*

(95) *Idem, ibidem* e A.H. de Oliveira Marques, *História da Primeira República Portuguesa. As Estruturas de Base*, Lisboa, Iniciativas Editoriais, 1978.

NOTAS

([96]) Cf. também R. Ramos, "A República antes da guerra (1910-1916)", in R. Ramos (coord.), *História*...

([97]) Fernando Farelo Lopes, *Poder Político e Caciquismo na I República Portuguesa*, Lisboa, Editorial Estampa, 1994 e A.H. de Oliveira Marques, *op. cit.*

([98]) F.F. Lopes, *Idem*.

([99]) Para um catálogo destas práticas, v. *idem, ibidem*.

([100]) *O Dia*, 4/5/1911, citado em *idem, ibidem*.

([101]) *A República Social*, 21/5/1911, citado em *idem, ibidem*.

([102]) Mais uma vez, a fonte essencial aqui é *idem, ibidem*.

([103]) V. ainda *idem, ibidem*.

([104]) *Idem, ibidem*.

([105]) R. Ramos, «Sobre o carácter revolucionário do regime republicano em Portugal (1910-1926): uma primeira abordagem», in *Polis. Revista de Estudos Jurídico--Políticos*,n.os 9-12.

([106]) Cunha Leal, *Coisas de Tempos Idos. As Minhas Memórias, Vol. II – Na Periferia do Tufão, de 1 de Janeiro de 1917 a 28 de Maio de 1926*, Lisboa, Edição do Autor, 1967.

([107]) *Revista Católica*, 4/3/1911, citada em F.F. Lopes, *op. cit.*

([108]) Sobre Couceiro, v. V.P. Valente, *Um Herói Português, Henrique Paiva Couceiro (1861-1944)*, Lisboa, Aletheia Editores, 2006 e R. Ramos, *A Segunda*...

([109]) V. Neto, *op. cit.*

([110]) Para todos estes aspectos, v. V.P. Valente, *O Poder*...; R. Ramos, *A Segunda*...; V. Neto, *op. cit.*; *idem*, "A questão religiosa: Estado, Igreja e conflitualidade", in F. Rosas e M.F. Rollo, *op. cit.*; e Maria Lúcia de Brito Moura, *A Guerra Religiosa na Primeira República, Crenças e Mitos num Tempo de Utopias*, Lisboa, Editorial Notícias, 2004.

([111]) M.L.B. Moura, *idem*.

([112]) V. Neto, *O Estado*...

([113]) *Idem, ibidem*.

([114]) J. Relvas, *op. cit.*

([115]) Manuel Braga da Cruz, *As Origens da Democracia Cristã e o Salazarismo*, Lisboa, Editorial Presença, 1980 e Richard A.H. Robinson, "Os católicos e a I República", in António Costa Pinto e Nuno Severiano Teixeira (eds.), *A Primeira República Portuguesa entre o Liberalismo e o Autoritarismo*, Lisboa, Colibri, 2000.

([116]) Bruno Cardoso Reis, *Salazar e o Vaticano*, Lisboa, ICS, 2006.

([117]) V. Neto, "A questão...".

([118]) B.C. Reis, *op. cit.* e M.B. Cruz, *op.cit.*

([119]) C. Nogueira, *Notas para a História do Socialismo em Portugal, Vol. II (1895--1925)*, Lisboa, Portugália Editora, 1966; V. também, no campo anarquista, por exemplo, Emílio Costa, *É Precisa a República?*, Lisboa, Imp. Libânio da Silva, 1903.

([120]) Teófilo Braga, *História das Ideias Republicanas em Portugal*, Lisboa, Vega, 1983.

([121]) *Idem, ibidem*.

([122]) Costa Júnior, *História Breve do Movimento Operário Português*, Lisboa, Editorial Verbo, 1964.

([123]) *Idem, ibidem* e César Nogueira, *Notas para a História do Socialismo em Portugal, Vol. I (1871-1910)*, Lisboa, Portugália Editora, 1964.

OUTUBRO: A REVOLUÇÃO REPUBLICANA EM PORTUGAL

[124] João Freire, *Anarquistas e Operários, Ideologia, Ofício e Práticas Sociais: O Anarquismo e o Operariado em Portugal, 1900-1940*, Lisboa, Edições Afronatmento, 1992.

[125] César Oliveira, *O Operariado e a Primeira República (1910-1924)*, Lisboa, Publicações Alfa, 1990.

[126] Manuel Villaverde Cabral, *Portugal na Alvorada do Século xx. Forças Sociais, Poder Político e Crescimento Económico de 1890 a 1914*, Lisboa, Editorial Presença, 1988.

[127] C. Oliveira, *idem.*

[128] *Idem, ibidem.*

[129] V. A.H. Oliveira Marques, *op. cit.*, V.P. Valente, *O Poder…* e M.V. Cabral, *op. cit.*

[130] V. José Pacheco Pereira, *Conflitos Sociais nos Campos do Sul de Portugal*, Lisboa, Publicações Europa-América, 1983 e M.V. Cabral, *op. cit.*

[131] M.V. Cabral, *idem*

[132] R. Ramos, *A Segunda…* e A.J. Telo, *O Sidonismo e o Movimento Operário Português. Luta de Classes em Portugal, 1917-1919*, Lisboa, Ulmeiro, 1977.

[133] Citado em C. Oliveira, *idem.*

[134] *Idem, ibidem.*

[135] R. Ramos, *A Segunda…* e V.P. Valente, *O Poder…*

[136] V. a este respeito Filipe Ribeiro de Meneses, *Portugal 1914-1926, From the First World War to Military Dictatorship*, Bristol, HiPLAM, 2004.

[137] Marco Arrifes, *A Primeira Grande Guerra na África Portuguesa. Angola e Moçambique (1914-1918)*, Lisboa, Cosmos/IDN, 2004.

[138] R. Ramos, *A Segunda…*; V.P. Valente, "Revoluções: a 'República Velha' (ensaio de interpretação política)", in *Análise Social*, Vol. XXVII, 115, 1992; Nuno Severiano Teixeira, *O Poder e a Guerra, 1914-1918. Objectivos Nacionais e Estratégias Políticas na Entrada de Portugal na Grande Guerra*, Lisboa, Editorial Estampa, 1996; e F.R. Meneses, *op. cit.*

[139] R. Ramos, *A Segunda…*; V.P. Valente, "Revoluções…"; N.S. Teixeira, *op. cit.*; e F.R. Meneses, *op. cit.*

[140] Hipólito de la Torre Gómez, *Na Encruzilhada da Guerra. Portugal-Espanha, 1913-1919*, Lisboa, Editorial Estampa, 1980.

[141] V. também F.R. Meneses, *União Sagrada e Sidonismo. Portugal em Guerra (1916-1918)*, Lisboa, Cosmos, 2000.

[142] R. Ramos, *A Segunda…*; V.P. Valente, "Revoluções…"; N.S. Teixeira, *op. cit*; e F.R. Meneses, *Portugal 1914-1926…*

[143] V. R. Ramos, *A Segunda…* e Isabel Pestana Marques, *Das Trincheiras, com Saudade. A vida quotidiana dos militares portugueses na Primeira Guerra Mundial*, Lisboa, Esfera dos Livros, 2008.

[144] Aniceto Afonso e Carlos de Matos Gomes (eds.), *Portugal e a Grande Guerra, 1914-1918*, Lisboa, Quidnovi, 2010.

[145] M. Arrifes, *op. cit.* e A. Afonso e C.M. Gomes (eds.), *op. cit.*

[146] Luís Alves de Fraga, "Portugal e a Grande Guerra, balanço estatístico", in A. Afonso e C.M. Gomes (eds.), *op. cit.*

[147] Cf. V.P. Valente, "Revoluções…"; R. Ramos, *A Segunda…*

[148] F.R. Meneses, *União Sagrada…*

[149] *Idem, ibidem.*

NOTAS

([150]) A.J. Telo, *O Sidonismo...*

([151]) Armando Malheiro da Silva, *Sidónio e o Sidonismo*, Coimbra, Imprensa da Universidade de Coimbra, 2006.

([152]) D.L. Wheeler, *op. cit.*

([153]) Pedro Lains, "Growth in a Protected Environment: Portugal, 1850-1950", in *Research in Economic History*, vol. 24, 2007.

([154]) Fernando Medeiros, *A Sociedade e a Economia nas Origens do Salazarismo*, Lisboa, A Regra do Jogo, 1977.

([155]) F. Medeiros, *op. cit.* e A.J. Telo, *Decadência e Queda da Primeira República Portuguesa, vol. I*, Lisboa, A Regra do Jogo, 1980.

([156]) Fernando Teixeira dos Santos, "E o último a aderir ao padrão-ouro, Julho-Setembro 1931", in Jorge Braga de Macedo *et al.*, *Convertibilidade Cambial*, Lisboa, Banco de Portugal e Fundação Luso-Americana para o Desenvolvimento, 1994; Ana Bela Nunes e Nuno Valério, "Moeda e bancos", in Pedro Lains e Álvaro Ferreira da Silva (eds.), *História Económica de Portugal, vol. III, Século xx*, Lisboa, ICS, 2005.

([157]) Ana Bela Nunes, "A reforma fiscal de 1922", in Nuno Valério (ed.), *Os Impostos no Parlamento Português. Sistemas Fiscais e Doutrinas Fiscais nos Séculos xix e xx*, Lisboa, Dom Quixote, 2006.

([158]) F.T. Santos, *idem.*

([159]) C. Leal, *Coisas..., Vol. II*

([160]) *Idem, Os Meus Cadernos II: Os Partidos Políticos na I República Portuguesa*, Corunha, Imprensa Moret, 1932.

([161]) C. Leal, *Coisas..., Vol. II.*

([162]) V. R. Ramos, *A Segunda...*, e Luís Farinha, "A transformação política da República: o PRP dos 'bonzos', tempo dos deuses menores", in F. Rosas e M.F. Rollo, *op. cit.*

([163]) A.H. de Oliveira Marques, *op. cit.*

([164]) D.L. Wheeler, *op. cit.*

([165]) F. Medeiros, *op. cit.*

([166]) *Idem, ibidem* e A.J. Telo, *O Sidonismo...*

([167]) F. Medeiros, *op. cit.* e A.J. Telo, *O Sidonismo...*

([168]) C. Oliveira, *O Movimento Sindical Português. A Primeira Cisão*, Lisboa, Publicações Europa-América, s.d.

([169]) *Idem, ibidem*; F. Medeiros, *op. cit.*; e A.J. Telo, *O Sidonismo...*

([170]) F. Medeiros, *op. cit.* e A.J. Telo, *O Sidonismo...*

([171]) F. Medeiros, *op. cit.*

([172]) Jesus Pabón, *A Revolução Portuguesa*, Lisboa, Aster, 1951.

([173]) *Idem, ibidem.*

([174]) *Idem, ibidem.*

([175]) A.J. Almeida, *Quarenta Anos de Vida Literária e Política, Vol. IV*, Lisboa, J. Rodrigues e Cª, 1934.

([176]) C. Leal, *Coisas..., Vol. II*

([177]) R. Ramos, *A Segunda...*, Ana Catarina Pinto, "Nova estratégia para a República", in F. Rosas e M.F. Rollo, *op. cit.*, e L. Farinha, *art. cit.*

([178]) C. Leal, *Coisas..., Vol. II*

([179]) *Idem, ibidem*, R. Ramos, *A Segunda...*, e L. Farinha, *art. cit.*

([180]) R. Ramos, *A Segunda...*

([181]) C. Leal, *Coisas...*, Vol. II

(182) *Idem, ibidem.*

(183) R. Ramos, *A Segunda...*

(184) Cf. Também D.L. Wheeler, *op. cit.*, e José Medeiros Ferreira, *O Comportamento Político dos Militares. Forças Armadas e Regimes Políticos em Portugal no Século xx*, Lisboa, Editorial Estampa, 1992.

(185) J.M. Ferreira, *idem.*

(186) *Idem, ibidem.*

(187) Oscar Paxeco, *A Arrancada do 28 de Maio (Elementos para a História da sua Preparação e Eclosão)*, Lisboa, Editorial Vanguarda, Companhia Nacional Editora, 1956.

(188) Declarações em O. Paxeco, *Os que Arrancaram em 28 de Maio*, Lisboa, Edições Império, 1937.

(189) O. Paxeco, *Os que Arrancaram...*

(190) C. Leal, *Coisas de Tempos Idos. As Minhas Memórias, Vol. III. Arrastado pela Fúria do Tufão. De 28 de Maio de 1926 a 4 de Dezembro de 1930*, Lisboa, Edição do Autor, 1968.

(191) J.M. Tavares Castilho, *Manuel Gomes da Costa. Fotobiografia*, Lisboa, Museu da Presidência da República, 2005.

(192) Fernando Rosas, *O Estado Novo*, Lisboa, Círculo de Leitores, 1994, capítulo II.

(193) V. Aniceto Henrique Afonso, *Sinel de Cordes, um General Conspirador (1923- -1926)*, Lisboa, Dissertação de Mestrado, Faculdade de Letras da Universidade de Lisboa, 1989.

(194) C. Leal, *Coisas... Vol. III...*

(195) O. Paxeco, *A Arrancada...*

(196) Depoimento de Óscar Fragoso Carmona a O. Paxeco, *Os que Arrancaram...*

(197) Leopoldo Nunes, *A Ditadura Militar (Dois Anos de História Contemporânea)*, Lisboa, s.e., 1928.

(198) O. Paxeco, *A Arrancada...*

(199) Eduardo Freitas da Costa, *História do 28 de Maio*, Lisboa, Edições do Templo, 1979.

(200) Cit. em *idem, ibidem.*

(201) O. Paxeco, *A Arrancada...*

(202) *Idem, ibidem.*

(203) *Idem, ibidem.*

(204) J. Pabón, *op. cit.*

(205) E.F. Costa, *op. cit.*

(206) Declarações de José Mendes Cabeçadas a O. Paxeco, *Os que Arrancaram...*

(207) L. Nunes, *op. cit.*

(208) L. Farinha, *O Reviralho. Revoltas Republicanas contra a Ditadura e o Estado Novo, 1926-1940*, Lisboa, Editorial Estampa, 1998.

(209) R. Ramos, "O fim da República", in *Análise Social*, Vol. XXXIV, 153, 2000.

(210) Declarações a O. Paxeco, *Os que Arrancaram...*

(211) A.H. Oliveira Marques (org.), *O General Sousa Dias e as Revoltas contra a Ditadura, 1926-1931*, Lisboa, Publicações D. Quixote, 1975.

(212) A.H. Oliveira Marques, *History of Portugal*, Nova Iorque, Columbia University Press, 1972.

(213) J.Pabón, *op. cit.*

NOTAS

Fernando Martins
O 5 DE OUTUBRO: ANATOMIA, SEGURANÇA E SIGNIFICADO DE UMA REVOLUÇÃO

Agradeço à Inês Neves Barbeiro, bolseira de Iniciação à Investigação (FCT), a colaboração na recolha de informação para a redacção deste texto.

[1] Mario Vargas Llosa, *La Guerra del Fin del Mundo*, Barcelona, Seix Barral, 1981.

[2] Há quem não tenha considerado exagerado o número de vítimas provocado pelo 5 de Outubro de 1910. "A mudança de regime ocasionara o sacrifício de apenas setenta e seis vidas: quinze militares e sessenta e um civis": António Reis, "A Primeira República" in José Hermano Saraiva (dir.), *História de Portugal*, vol. 6, s.e., Lisboa, Alfa, 1983, p. 118. O cômputo do número de baixas ocorridas no "5 de Outubro", baseia-se na informação publicada em Celestino Steffanina, *Subsídios para a história da Revolução de 5 de Outubro de 1910*, s.e., Lisboa, Edição do Autor, 1913 (2010), pp. 34-52.

[3] Um dos eventos mais significativos, até porque vitorioso e tendo dado origem a uma nova solução constitucional efémera (a Constituição de 1911 foi profundamente revista por decreto n.º 3 997 de 30 de Março de 1918) que durou escassos meses, foi a "revolução" de 5-8 de Dezembro de 1917. Os acontecimentos revolucionários que se prolongaram por quatro dias terão produzido 109 mortos e cerca de 500 feridos. Damião Peres, *História de Portugal. Edição Monumental. Comemorativa do 8º. Centenário da Fundação da Nacionalidade. Suplemento*, Porto, Portucalense Editora, 1954, p. 168. Igualmente sangrentos foram os episódios ocorridos, sobretudo, no Porto e em Lisboa nos dias 3 a 8 de Fevereiro de 1927. Este golpe "reviralhista" fracassado terá provocado quase duzentos mortos e cerca de mil feridos. Luís Farinha, *O Reviralho. Revoltas Republicanas contra a Ditadura e o Estado Novo: 1926-1940*, 1ª. ed., Lisboa, Ed. Estampa, 1998, p. 58.

[4] Seria a república que, "feita por todos", poderia ter sido "aceite por todos." Rui Ramos (coord.), *História de Portugal*, 1.ª ed., Lisboa, Esfera dos Livros, 2009, p. 580. Sobre as tentativas frustradas de pacificação da vida política portuguesa após o 5 de Outubro, tentativas essas pensadas e propostas por um leque variado de figuras mais ou menos notáveis do republicanismo português, Vasco Pulido Valente, "Revoluções: A «República Velha» (ensaio de interpretação política)" in *Análise Social*, vol. XXVII (115), 1992, (1.º), pp. 11-12.

[5] Refiro-me ao estudo de "comparação deliberada da violência [política] e do terror nas revoluções Francesa e Russa", no qual se sustenta que a "contra-revolução" é geradora da sua própria violência e terror, o que potencia e justifica a violência e o terror revolucionários. Arno J. Mayer, *The Furies. Violence and Terror in the French and Russian Revolutions*, Princeton, New Jersey, Princeton University Press, 2000, pp. 3-19.

[6] Hannah Arendt, *On Violence*, San Diego, A Harvest Book, s.d., p. 79.

[7] *Idem, ibidem*, p. 80.

[8] A "violência", tal como a "força", o "poder" ou a "autoridade", são instrumentos indispensáveis ao exercício do governo de uma minoria de homens sobre uma maioria de outros homens. Porém, durante grande parte da história portuguesa do século xx, fez-se um uso desproporcionado da violência. Esse uso foi uma criação do republicanismo enquanto movimento, tendo depois transitado para a República enquanto regime. Rapidamente se tornaria e se prolongaria sob a forma, e a fórmula, de violência estatal e social organizada. Ou seja, um recurso que por definição possui um carácter instrumental acabaria por se transformar num elemento estrutural e estruturante da acção política. Para uma

definição dos conceitos aqui referenciados como instrumentos indispensáveis ao governo dos homens, H. Arendt, *op. cit.*, pp. 43-47. Arendt sublinha o facto de nada ser mais comum do que a "combinação" entre "poder" e "violência". Porém, também sublinha o facto de ser igualmente muito pouco frequente encontrar "poder" e "violência" nas suas formas "mais puras" e, portanto, "extremas". "The practice of violence, like all action, changes the world, but the most probable change is to a more violent world." *Idem, ibidem,* p. 80.

[9] Sublinhe-se no entanto que, enquanto fenómeno social e político, a violência existe apenas no "plural". Há acções com distintos graus de violência, o que implica que existem diferentes "qualidades de violência." E até "actos" com o mesmo grau de violência que podem ser muito diferentes na "sua legitimidade e justificação". E. J. Hobsbawm, *Revolutionaries. Contemporary Essays*, s.e., Phoenix, 1994, p. 210.

[10] O regime republicano é aqui caracterizado como "revolucionário" por "contraste" com a figura de "'regime constitucional.'" Sobre esta temática veja-se a análise feita em R. Ramos, "Foi a Primeira República um regime liberal?" in Manuel Baiôa (ed.), *Elites e Poder: A Crise do Sistema Liberal em Portugal e Espanha (1918-1931)*, 1.ª ed., Lisboa, Edições Colibri – CIDEHUS-UÉ, 2004, pp. 216-230.

[11] Entre finais do século XIX e o início do século XX foi-se banalizando a ideia weberiana de que a definição de Estado assentava no governo de homens sobre outros homens, e que esse governo era baseado no uso de meios violentos alegadamente legítimos. Ou ainda no pressuposto de que toda a política é uma luta pelo poder e que a derradeira forma de exercício do poder é a violência (C. Wright Mills). Hannah Arendt, *op. cit.* p. 35.

[12] Sobre a distinção entre "violência civil" e "violência de estado", veja-se Ted Robert Gurr, "Political Violence" in Joel Krieger (Editor in Chief), *The Oxford Companion to Politics of the World*, Nova Iorque-Oxford, Oxford University Press, 1993, p. 728.

[13] Sobre a Carbonária portuguesa, V.P. Valente, *O Poder e o Povo. A Revolução de 1910*, 2.ª ed., Lisboa, Moraes Editores, 1982, pp. 68-90.

[14] "Por falta de provas legalmente válidas, a polícia, a GNR e o exército não apreendiam quantidades satisfatórias de conspiradores, padres subversivos, espiões, anarquistas ou meros 'incorrigíveis'? Voluntários abnegados, livres de semelhantes formalidades, deitavam-lhes a mão e metiam-nos na cadeia." V.P. Valente, "Revoluções..." p. 9.

[15] V.P. Valente, "Estudos sobre Sidónio Paes: Agricultura e Proletariado Agrícola; Indústria e Sindicatos; Comércio Externo". Separata da Revista *«O Tempo e o Modo»*, n.º 62-63, Lisboa, 1968; *idem*, "'A Revolta dos abastecimentos': Lisboa, Maio de 1917" in *Tentar Perceber*, Lisboa, Imprensa Nacional – Casa da Moeda, 1983, pp. 159-198; Manuel Villaverde Cabral, *Portugal na Alvorada do Século XX. Forças sociais, poder político e crescimento económico de 1890 a 1914*, 2ª ed., Lisboa, Ed. Presença, 1988, capítulos XVII-XIX; José Pacheco Pereira, *Conflitos Sociais nos Campos do Sul de Portugal*, s.l., Publicações Europa-América, s.d. (capítulos 1 e 2).

[16] Embora importante e com grande peso no fenómeno da violência política e social no período de vigência da I República, não lhe iremos aqui dedicar grande atenção, uma vez que, e embora tivesse conhecido novas formas e fórmulas, se trata de uma realidade com uma natureza distinta. Além disso, não foi um fenómeno novo trazido, recuperado ou provocado pela I República. Quando muito terá sido exacerbado pelo regime "implantado" a 5 de Outubro de 1910. Sobre este tipo violência que passou incólume

NOTAS

toda a história portuguesa, e em particular a relativamente pacífica segunda metade do século XIX, ver, entre outros, e para este último período, Diego Palacios Cerezales, "O princípio de autoridade e os motins antifiscais de 1862" in *Análise Social*, vol. XLII (182), 2007, pp. 35-53.

([17]) Metáfora usada por Alexander Passerin d'Entrèves e citada em H. Arendt, *op. cit.*, p. 37.

([18]) A "via violenta como meio de conquista do poder" foi "defendida na década" de 1880. Foi "experimentada" e fracassou a 31 Janeiro de 1891 no Porto. Em Fevereiro de 1908, pistoleiros republicanos assassinaram o rei D. Carlos e o príncipe herdeiro. Finalmente, e para abreviar, em Agosto de 1910 ocorreu em Lisboa uma manifestação republicana muito participada. Ora um dos objectivos desta foi legitimar e consolidar o uso da "via violenta" como instrumento que conduzisse os republicanos ao poder. Fernando Catroga, *O Republicanismo em Portugal. Da formação ao 5 de Outubro de 1910*, Coimbra, Faculdade de Letras, 1991, pp. 111-113. Portugal, como a generalidade dos estados europeus, conheceu na primeira metade de século XIX a omnipresença da violência como sinónimo de acção política. Para o período derradeiro desta história, que também foi o inicial da implantação da monarquia constitucional em Portugal após a derrota dos miguelistas, Maria de Fátima Bonifácio, *Uma História de Violência Política. Portugal, 1834-1851*, s.e., Lisboa, Tribuna da História, 2009.

([19]) Ao longo do século XIX, os liberais defenderam a "«revolução» gradual: a revolução que, em vez de recorrer ao uso violento do poder do Estado, operava através dos esforços dos indivíduos num quadro institucional supostamente imparcial. Foi chamado o liberalismo. O corte com o passado seria gradual, jurídico, no respeito da lei e da ordem." O republicanismo e a República (I República, Ditadura Militar e o Estado Novo entre 1933 e 1942) foram diferentes. "[...] quiseram fazer um corte violento com o passado, pôr o Estado ao serviço da Revolução." R. Ramos, "O dia dos equívocos" in *Outra Opinião. Ensaios de História*, Lisboa, O Independente, 2004, pp. 32-33.

([20]) Sobre a inter-relação entre processos de "modernização" sociopolítica e violência, Samuel P. Huntington, *Political Order in Changing Societies*, New Haven e Londres, Yale University Press, 1968, pp. 39-47. Sobre o papel central da violência na história política geral do século XX ver, por todos, Mark Mazower, "Violence and the State in the Twentieth Century" in *The American Historical Review*, vol. 107, n.º 4, Outubro, 2002, pp. 1158-1178. Veja-se ainda H. Arendt, *op. cit.*. Segundo Arendt o século XX, e tal como Lenine previra, foi "um século de guerras e revoluções de que a violência era correntemente considerada o seu denominador comum." *Idem, ibidem*, p. 3.

([21]) Fernando Catroga, *op. cit.*, p. 137.

([22]) Note-se que uma das mais importantes obras apologéticas do uso da violência política publicada na Europa no século XX, *Reflexions sur la violence* de Georges Sorel, antecedeu em apenas dois anos a implantação da República em Portugal. Não querendo com isto dizer que a violência política dos republicanos portugueses foi inspirada nas leituras de Sorel, que aliás, e muito provavelmente, desconheciam à data do 5 de Outubro, não deixa de ser verdade que Sorel antecipou e avaliou o papel que a violência, tanto política como social, teria em tempos vindouros. Recorde-se que para Sorel, a violência política podia ter uma função utilitária a partir do momento em que os homens agiam politicamente, com grande eficácia e brutalidade, se orientados e movidos por mitos sociais. Georges Sorel, *Reflexiones sobre la violencia (Prefacio de Isaiah Berlin)*, Madrid, Alianza Editorial, 2005.

(23) Aqui definido como uma "mudança inconstitucional da liderança de um Governo levada a cabo com uso ou a ameaça do uso da violência." Claude E. Welch, "Coup d'État" in J. Krieger (Editor in Chief), *op. cit.*, p. 204.

(24) Definido como um movimento civil e militar, com liderança política indeterminada, contra a ordem político-institucional estabelecida com o objectivo de a derrubar e destruir. Os intervenientes no movimento confundem-se com a generalidade da população civil e militar, sendo por isso eficazes nas suas acções violentas e difíceis de combater com eficácia.

(25) Partido significa neste caso não uma "organização com sedes e um ficheiro de militantes, mas uma corrente de opinião corporizada em jornais e centros de reunião e debate regular (os chamados 'clubes'). Desde os fins da década de 1870 que estes jornais e clubes se procuraram federar e arranjar uma direcção única, um 'directório', como então se dizia." R. Ramos, "A Revolução Republicana Portuguesa de 1910-1911: Uma Reinterpretação" in Fernando Martins e Pedro Aires Oliveira (ed.), *As Revoluções Contemporâneas*, 1.ª ed., Lisboa, Edições Colibri – IHC/UNL, 2005, p. 90.

(26) Entre 1890 e 1910 assistiu-se, aliás, a uma fragmentação política tanto do campo republicano como do campo monárquico. F. Catroga, *op. cit.*, pp. 135-137.

(27) A "conspiração" conheceu diversos imprevistos. O maior de todos, ocorrido na tarde de 3 de Outubro, foi o assassinato do Dr. Miguel Bombarda por um dos seus pacientes no hospital onde trabalhava. Além de ter precipitado a "revolução", aquele crime, que parte da "rua" republicana considerou um acto perpetrado por um monárquico, foi o pretexto para que se perseguissem monárquicos e católicos e se atentasse violentamente contra a propriedade de uns e de outros. Douglas L. Wheeler, *História Política de Portugal de 1910 a 1926*, s.l., Publicações Europa-América, s.d., pp. 63-64.

(28) *Idem, ibidem*, p. 64. Sobre as peripécias em torno da revolta republicana nos navios da Armada ancorados no estuário do Tejo e no Arsenal da Marinha, veja-se Joaquim Leitão, *Diário dos Vencidos: O 5 de Outubro visto pelos monárquicos em 1910 (prefácio de Vasco Pulido Valente)*, Lisboa, Aletheia, 2010, pp. 29-34 e pp. 101-130.

(29) José Hermano Saraiva, "As questões ultramarinas e o fim a monarquia" in José Hermano Saraiva (dir.), *op. cit.*, p. 113.

(30) "Esse «povo» que saía da pequena burguesia urbana e da indústria artesanal, esse povo de lojistas, donos de oficina e trabalhadores, havia sido em grande parte organizado por uma sociedade secreta, a Carbonária portuguesa, que Machado dos Santos, Luz de Almeida e António Maria da Silva dirigiam. Só que em 4 de Outubro arrastaram milhares de combatentes ou de manifestantes que, sem serem filiados na carbonária, odiavam o suficiente a Monarquia, para se juntarem com ardor à revolução." V.P. Valente, "Prefácio" in J. Leitão, *op. cit.*, p. 6.

(31) Na sequência destes confrontos faleceram quinze militares. Quatro do regimento de Infantaria 16 e cinco do regimento de Infantaria 2; um da Guarda Municipal, três Polícias, um Guarda-fiscal e um Marinheiro. No entanto, o grosso do número de mortos (mais de 50) provocados pelos acontecimentos foi, essencialmente, de civis apanhados em fogo cruzado ou vítimas do deficiente uso de bombas e armas de fogo por parte dos revoltosos e das forças fiéis ao regime e ao Governo. C. Steffanina, *op. cit.*, p. 49.

(32) Logo no dia 5, uma grande parte da faixa litoral do país localizada entre o Porto e Lisboa aderiu entusiástica, mas não maciçamente, à República. J. Leitão, *op. cit.*, 19-28. Mas a uma parte significativa do país a República tardou a chegar. Disso se queixaram republicanos na "província" e em Lisboa. V.P. Valente, *O Poder e o Povo...*, pp. 127 e ss.

NOTAS

([33]) "Os republicanos estavam em minoria e tinham menos artilharia, e a Guarda Municipal, se bem que pouco agressiva, estava, pelo menos, leal. Além disso, o Governo tinha mandado vir reforços da área de Santarém e esperava-se que estivessem a caminho. Contando com a Guarda-fiscal, com a polícia e as forças regulares da guarnição de Lisboa, a Monarquia podia contar com mais de 3 500 homens para combater cerca de 450 republicanos." D.L. Wheeler, *op. cit.*, p. 67.

([34]) Sobre a atitude e os dilemas com que o jovem rei foi confrontado nos dias 4 e 5 de Outubro, os últimos que passou em Lisboa e em Portugal, Maria Cândida Proença, *D. Manuel II*, 1.ª ed., Rio de Mouro, Círculo de Leitores, 2006, pp. 111-116.

([35]) É verdade, como foi assinalado na nota 35, que o Governo chamou a Lisboa, para, se preciso fosse, jugularem a revolução, tropas de unidades situadas fora da capital. A verdade, porém, é que essas forças não só nunca actuaram como nem sequer entraram na cidade.

([36]) J.H. Saraiva, *op. cit.*, pp. 114-115.

([37]) Edward Luttwack, *Coup d'État: A Practical Handbook*, Cambridge, Mass., Harvard University Press, 1979 e E. J, Hobsbawm, *op. cit.*, p. 194.

([38]) S.P. Huntington, *op. cit.*, p. 265.

([39]) Boa parte das revoluções do século XX – México (1910), Rússia (1917), Turquia (1922), China (1949), Cuba (1959), Argélia (1962), Vietname (1975), Irão (1979) e Nicarágua (1979) –, tal como a revolução republicana portuguesa, "reflectiram os esforços de crentes na revolução progressista para transformar as suas sociedades através da realização de revoluções." Jack A. Goldstone, "Revolution" in J. Krieger (Editor in Chief), *op. cit.*, 1993, pp. 786-787.

([40]) Embora válida, a cronologia apresentada por Vasco Pulido Valente na década de 1970 para explicar a ascensão ao poder do PRP merece hoje ser matizada. Ainda assim vale a pena citá-la: "As cinco etapas fundamentais da ascensão do Partido ao poder foram [...] as comemorações do Centenário de Camões, em 1880; o *ultimatun* inglês, em 1890; a «questão dos tabacos» de 1903-1905; a ditadura de João Franco de 1906-1907; e o escândalo dos «adiantamentos» de 1906-1907. Todos estes acontecimentos fizeram e formaram o P.R.P.: apaixonaram milhares de militantes e trouxeram ao movimento muitos milhares mais." V.P. Valente, *op. cit.*, p. 17.

([41]) F. Catroga, *op. cit.*, p. 10.

([42]) R. Ramos, *D. Carlos. 1863-1908*, 1.ª ed., Rio de Mouro, Círculo de Leitores, 2006, p. 70.

([43]) F. Catroga, *op. cit*, pp. 10-12.

([44]) Tendo sido o golpe de Saldanha uma consequência política da revolução espanhola de 1868, da crise dinástica ocorrida no país vizinho e da própria crise que atravessava a instituição monárquica em Portugal.

([45]) Episódio que colocou alguns republicanos portugueses perante a opção socialista.

([46]) "[...] a revolução [...] em Paris [de Março a Maio de 1871] teve o efeito de espevitar o republicanismo doméstico, mas o governo não teve qualquer dificuldade em dominar a caricata «conspiração das hidras» com meia dúzia de prisões. Depois, o refluxo da revolução na Europa completou aniquilamento da esperança revolucionária." M.F. Bonifácio, *O século XIX português*, s.e., Lisboa, Imprensa de Ciências Sociais, 2002, p. 125.

([47]) O republicanismo helvético, dado o seu excepcionalismo, não era um exemplo que os republicanos portugueses desejassem seguir. Já a implantação da República no

OUTUBRO: A REVOLUÇÃO REPUBLICANA EM PORTUGAL

Brasil em 1889, e que produziu apenas um ferido foi recebida com júbilo nos meios republicanos portugueses. Fosse por causa do derrube de mais uma monarquia, fosse, acima de tudo, pelo facto de ter sido destronado um ramo dos Braganças. Fosse como fosse, o republicanismo era em 1910 um fenómeno predominantemente dos continentes sul, centro e norte-americano.

(48) F. Catroga, *op. cit.*, pp. 16-17.

(49) M.F. Bonifácio, *op. cit.*, p. 114.

(50) Na verdade é discutível considerar a agitação política e social ocorrida na sequência do Ultimato como o produto da iniciativa dos republicanos e da sua capacidade mobilizadora. Da mesma forma que o 31 de Janeiro de 1891 pode ser interpretado como tendo sido dirigido mais contra o directório do Partido Republicano do que contra a Monarquia. R. Ramos, *op. cit.*, pp. 71-75.

(51) Na verdade, até às vésperas da governação de João Franco como presidente do Ministério, em 1906, muitos notáveis republicanos mostraram uma moderação que passava pela aceitação da Monarquia como regime a que se poderiam recolher sem perderem a sua pureza republicana. *Idem, ibidem*, p. 251.

(52) A ideia de que o franquismo não foi uma "ditadura" mas uma experiência fracassada de "reformismo liberar", tipicamente europeia, foi explicada em R. Ramos, *João Franco e o Fracasso do Reformismo Liberal (1884-1908)*, s.e., s.l., Imprensa de Ciências Sociais, 2001. Aliás, e ao contrário daquilo que foi e ainda é sustentado por parte da historiografia sobre a I República e o republicanismo, "a Monarquia caiu porque deu «liberdades» a mais [...] e não porque deu «liberdades» a menos [...]." V.P. Valente, *op. cit.*, p. 57.

(53) Antes da Grande Guerra, três presidentes norte-americanos foram assassinados por razões políticas. Abraham Lincoln em 1865, James A. Garfield em 1881 e William McKinley em 1901. Na Europa foram assassinados, além do rei D. Carlos e do príncipe Luís Filipe, em 1908, ou do arquiduque Francisco Fernando em Sarajevo em Junho de 1914, o czar Alexandre II em 1881, o presidente francês Sodi Cornot em Junho de 1894, Antonio Canovas del Castillo em Agosto de 1897 e Umberto I de Itália, em 1900. T. C. W. Blaming, *The Nineteenth Century Europe, 1784-1914*, Oxford, Oxford University Press, 2000, p. 244 e Hugh Brogan, *The United States of America*, s.e., s.l. Penguin Books, 1990, pp. 355-357 e 461-462.

(54) Sinal desta disponibilidade colectiva para aceitar e apoiar o uso considerado legítimo e inquestionável da violência política por parte dos republicanos, foi o facto de cerca de 80 mil pessoas terem participado numa homenagem póstuma dos regicidas. Como notou F. Catroga, tal manifestação era uma "clara demonstração desculpabilizante do crime político." F. Catroga, *op. cit.*, p. 143.

(55) A declaração aparentemente moderada saída do Congresso de Coimbra não era mais do que uma tentativa de "resguardar a organização partidária das investidas repressivas". Nela se dizia que "[...] «o emprego de meios violentos de transformação, por mais legítimo que se torne moral e socialmente, não pode jamais reputar-se um acto oficial, normal, público e anunciado do Partido Republicano.» Por isso, «o Directório do nosso Partido, e bem assim qualquer dos seus membros, não devem ocupar-se, nessa qualidade, de funções que não tenham de ser respeitadas perante as leis vigentes.»" Citado em F. Catroga, *op. cit.*, pp. 143-144.

(56) "A falhada revolta de Janeiro de 1908 [...] tornou impossível reconduzir o Partido ao antigo legalismo [...]." A "passagem para a ilegalidade conspirativa, em 1908, de largos sectores do P.R.P., temporariamente deslocou o centro do poder interno dos

NOTAS

«notáveis» da «classe média» para os «humildes» que os ouviam nos comícios e disciplinadamente por eles vinham morrer na rua. Com infinito espanto, os «grandes vultos» do Partido descobriram que o bom «povo» sabia o que queria." V.P. Valente, *op. cit.*, p. 60.

([57]) O novo directório, contava com o "apoio dos carbonários" e era constituído por Teófilo Braga, Basílio Teles, José Relvas, José Cupertino Ribeiro e Eusébio Leão. Fernando Catroga, *op. cit.*, pp. 144 (itálico no original). Em Abril de 1910, realizou-se o derradeiro Congresso do PRP sob a Monarquia. Nele foi ratificada a continuação da conspiração que conduziria à revolução, muito embora se tenha ainda sublinhado a necessidade vital para os objectivos do Partido de se conciliarem transitoriamente as vias legal e insurreccional. Daí que a participação nas eleições que se aproximavam, conquistando um bom resultado, seriam um elemento vital na estratégia dos republicanos. *Idem, ibidem*, p. 150.

([58]) *Ibidem*, p. 145.

([59]) Depois do 5 de Outubro, e já ministro do Interior, António José d'Almeida "percorreu" Lisboa de "lés a lés para «acalmar» as multidões." No entanto, rapidamente constatou, como muitos outros notáveis, que "era muito mais fácil «revoltar» o «povo» do que «acalmá-lo»." V.P. Valente, *op. cit.*,, p. 114.

([60]) *Ibidem*, pp. 145-154

([61]) *Ibidem*, p. 24.

([62]) V.P. Valente, "Revoluções...", p. 21.

([63]) Por todos, M.F. Bonifácio, *op. cit.*.

([64]) Por todos, V.P. Valente, *O Poder e o Povo...* p. 39 e *passim*; M.V. Cabral, *op. cit.*.

([65]) Sobre as limitações da análise "sociológica" dos fenómenos politicos europeus na primeira metade do século xx, Kevin Passmore, "Politics" in Julian Jackson (ed.), *Europe: 1900-1945*, s.e., s.l., Oxford University Press, 2002, pp. 77-78.

([66]) Sobre a "revolução cultural" (sic.) em prol da formação de um "homem novo", segundo expressão da época, encetada pelos republicanos depois de Outubro de 1910, F. Catroga, *O Republicanismo ...*, pp. 441-464.

([67]) "[...] morality for Kant involves not only a law (the categorical imperative) and the autonomy of the will but also an object, that is, an ultimate end at which all action is directed." Henry E. Allison, "Kant, Immanuel" in *The Oxford Companion to Philosophy* , Ed. Ted Hoderich, s.e., Nova Iorque-Oxford, Oxford University Press, 1995, p. 437.

([68]) R. Ramos, "O dia dos equívocos", p. 27.

António de Araújo
Luís Bigotte Chorão
POLÍTICA E DIREITO NOS ALVORES DA PRIMEIRA REPÚBLICA

([1]) Cf. o "Relatório" apresentado por Eusébio Leão ao Congresso do Partido Republicano Português realizado em Lisboa em Outubro de 1911 no *Boletim do Partido Republicano Português, 1, Publicado em conformidade com o artigo 37.º da Lei Orgânica do Partido Aprovada no Congresso Republicano de Setúbal realizado em 1909*, Lisboa, 1912, pp. 7-10. Alexandre Braga falaria na investidura do Governo Provisório «pelo povo em 5 de Outubro» (cf. *Diário da Assembleia Nacional Constituinte*, de 21 de Junho de 1911, p. 12).

([2]) Cf. Joaquim Leitão, *A Comédia Política (Entrevistas com os homens dos últimos dias da Monarchia e com os dos primeiros dias da República)*, Lisboa, 1910, p. 290.

(3) Cf. J. Leitão, *A Comédia Política...*, cit., pp. 293-294.

(4) O que foi justamente assinalado por *idem, ibidem*, pág. 296, em função do que lhe declarara o Ministro da Justiça. Na verdade a Lei do Divórcio foi publicada a 4 de Novembro de 1910, enquanto a Lei de da Separação da Igreja do Estado só viria a ser publicada a 20 de Abril de 1911. Numa nota enviada por Afonso Costa ao *New York Times*, não era sequer feita alusão expressa ao divórcio, referindo-se, sim, o «registo civil para nascimentos, casamentos e óbitos» (cf. J. Leitão, *Annaes Políticos da Republica Portuguesa, I, Da Proclamação da República às Primeiras Tentativas de Restauração (Outubro de 1910-Março de 1911)*, Porto, 1916, pp. 66-67).

(5) Cf. *Diário da Assembleia Nacional Constituinte*, de 21 de Junho de 1911, p. 11.

(6) *Idem*, p. 10.

(7) Entendia-se que ao não terem sido expressamente excluídos, ficavam compreendidos, também, os decretos ditatoriais publicados durante a monarquia, invocando-se em apoio dessa tese o facto de o Governo Provisório ter procedido a uma revogação parcial de um Decreto de 30 de Agosto de 1897, através do artigo 41.º do Decreto de 12 de Novembro de 1910, o que só podia traduzir aquele referida interpretação da norma constitucional.

(8) O chamado *bill de indemnidade* traduzia-se num processo de ratificação por uma assembleia legalmente constituída dos actos normativos publicados pelos governos no exercício de poderes de excepção.

(9) A política sustentada em matéria de "cultos" pelo Governo Provisório, a partir do Ministério da Justiça, não correspondeu na prática a um projecto de laicização do Estado, já que, como justamente ensinou A. H. de Oliveira Marques, *Ensaios de História da I República Portuguesa*, Lisboa, 1988, p. 191, a legislação afonsista de carácter anticlerical e anti-religioso, não se traduziu em «medidas de justiça laica, de tolerância e respeito perante todas as crenças». E sublinhando o «alcance e verdadeiro objectivo» do Ministro da Justiça, Oliveira Marques escreve que as leis de Afonso Costa «eram, sem sombra de dúvida, de perseguição, de ataque à Igreja, ao clero e à própria religião».

(10) Cf. *Diário da Assembleia Nacional Constituinte*, de 21 de Junho de 1911, p. 12.

(11) Cf., a este respeito, o editorial do *A Capital*, de 2 de Junho de 1911, intitulado "As leis da República".

(12) Assim, Pereira de Souza, *Accusando..., Perante a Nação*, Porto, 1913, p. 18.

(13) *Idem*, p. 21.

(14) Cf. Constituição da República Portuguesa, artigo 3.º, 16.º.

(15) Cf. Decreto de 21 de Dezembro de 1910.

(16) Este último magistrado foi o único mandado colocar na Relação de Luanda (cf. Decreto de 14 de Janeiro de 1911).

(17) Cf. Decreto de 22 de Dezembro de 1910.

(18) Uma recolha muito completa das referências da imprensa ao caso pode ver-se em *"Notas Para Lembrança", Abel de Mattos Abreu, João Franco e Afonso Costa, As sentenças de 1907 e os acórdãos de 1910*, Recortes da Imprensa coligidos por José de Araújo Coutinho, Lisboa, 2002.

(19) Cf. Diário da Assembleia Nacional Constituinte, de 5 de Julho de 1911, pp. 8-9.

(20) Cf. Fialho de Almeida, *Saibam quantos... (Cartas e Artigos Políticos)*, 4.ª edição, Lisboa, 1924, p. 67.

(21) Cf. Decreto de 20 de Dezembro de 1910. Sobre o tema, cf. Luís Bigotte Chorão, «A I República entre a legalidade e a excepção: a propósito do "Poder Judicial"», *in* AAVV, *O Perfil do Juiz na Tradição Ocidental*, Coimbra, 2009, pp. 203-221.

NOTAS

(22) Cf., em geral sobre o tema, Maria Lúcia de Brito Moura, *A Guerra Religiosa na Primeira República*, Lisboa, 2004, pp. 54-63.

(23) Na sequência da leitura determinada pelo bispo, daquela Pastoral Colectiva do episcopado português de 24 de Dezembro de 1910 nas paróquias da diocese do Porto, contra expressas orientações do Governo que reivindicava o direito de beneplácito. D. António Barroso acabaria por dar sem efeito a sua circular aos párocos «do seu distrito», alegadamente para poupar o clero às consequências da desobediência ao poder temporal. Posteriormente aposentado vitaliciamente, com direito a pensão anual, o Governo Provisório reconheceu através do decreto de 7 de Março de 1911, os serviços prestados no Ultramar e as «virtudes pessoais» do prelado.

(24) Reforma que haveria de merecer encómios numa edição do Secretariado de Propaganda Nacional, onde se lê: «A evolução do critério penal, relativamente à delinquência de menores, adaptando os institutos jurídicos à conformação da vida social moderna, tinha já sido marcado com a legislação de 1911 um passo notável na protecção de menores em perigo moral, desamparados e delinquentes» (cf. *Protecção Moral e Jurídica à Infância, Realizações do Estado Novo*, Lisboa, 1934, p. 3).

(25) Cfr. *Actas da Assembleia Nacional Constituinte de 1911 (de 15 de Junho a 25 de Agosto)*, Lisboa, 1986, p. 41.

(26) Cfr. *Actas...*, cit., p. 45.

(27) Cfr. *Actas...*, cit., p. 46. É interessante acompanhar esta intervenção no retrato satírico de Joaquim Madureira (Braz Burity), *A Forja da Lei. A Assembleia Constituinte em notas a lápis*, Coimbra, 1915, pp. 180ss.

(28) Cfr. a intervenção do deputado António Macieira, na sessão nº 15, de 6 de Julho de 1911, in *Actas...*, cit., pp. 46ss.

(29) Cfr. a intervenção do deputado José de Castro, na sessão nº 16, de 7 de Julho de 1911, in *Actas...*, cit., p. 11, o qual, falando, em certa medida, em nome da Comissão, manifestou-se «absolutamente contrário a tudo o que significa cercear as regalias parlamentares e contra presidentes e, muito mais, quando esses presidentes querem absorver todos os poderes da nação» (*ob. cit.*, p. 55).

(30) Cfr. a intervenção do deputado Adriano Pimenta, na sessão nº 16, de 7 de Julho de 1911, in *Actas...*, cit., p. 59.

(31) *Idem*, p. 60.

(32) Cfr, o Manifesto-Programa do Partido Republicano Português, de 11 de Janeiro de 1891, in Ernesto Castro Leal, *Partidos e Programas. O campo partidário republicano português, 1910-1926*, Coimbra, 2008, pp. 143ss

(33) Nos termos do § único do nº 10º do artigo 1º da Lei nº 891, o Conselho Parlamentar era um órgão eleito pelo Congresso na primeira sessão após a promulgação da citada Lei, o qual não poderia ter mais do que dezoito membros, escolhidos de acordo com um princípio de representação proporcional de «todas as correntes de opinião», o que correspondeu à primeira forma de institucionalização ou de reconhecimento constitucional dos partidos ou de grupos parlamentares do Direito português.

(34) Cfr. Marnoco e Souza, *Direito Político – Poderes do Estado*, Coimbra, 1910, pp. 13ss; Fezas Vital, *Direito Constitucional*, Lisboa, 1936-1937, pp. 273ss; Jorge Miranda, *Manual de Direito Constitucional*, Tomo I, 2ª ed., revista, Coimbra, 1982, p. 252; referindo-se à existência de uma «supremacia parlamentar», cfr. Marcello Caetano, *Constituições Portuguesas*, 5ª ed., Lisboa, 1981, p. 88; aludindo a um «parlamentarismo absoluto», cfr. J. J. Gomes Canotilho, *Direito Constitucional e Teoria da Constituição*, Coim-

bra, 1998, p. 169. Num sentido distinto, considerando que «a Constituição de 1911 atribuía latos poderes ao Presidente da República», cfr. A. H. O. Marques (coord.), *Portugal da Monarquia para a República*, Lisboa, 1991, p. 326.

[35] Não por acaso, a atribuição ao Presidente da faculdade de dissolver o Congresso era uma das principais propostas do programa do Partido Republicano Evolucionista, aprovado no seu 1º Congresso, em 8 de Agosto de 1913: cfr. um resumo desse programa in A.H. O. Marques (dir.), *História da 1ª República Portuguesa. As Estruturas de Base*, Lisboa, s.d., pp. 551.

[36] Para uma primeira abordagem, qualificando o sistema partidário da I República como de «multipartidarismo de partido dominante», cfr. Marcelo Rebelo de Sousa, *Os Partidos Políticos no Direito Constitucional Português*, Braga, 1983, pp. 167ss. Fernando Farelo Lopes, «Um regime parlamentarista de partido dominante», in António Reis (dir.), *Portugal Contemporâneo*, vol,. 2, Lisboa, 1996, pp. 85ss.

[37] Cfr. António de Araújo, «A construção da justiça constitucional portuguesa: o nascimento do Tribunal Constitucional», *Análise Social*, vol. XXX, 1995, pp. 881ss.

[38] Cfr. João Maria Tello de Magalhães Collaço, *Ensaio sobre a Inconstitucionalidade das Leis no Direito Português*, Coimbra, 1915, pp. 47ss.

[39] Como refere João Magalhães Collaço (*ob. cit.*, p. 60), do relatório do projecto de reforma da Carta apresentado em 3 de Julho de 1899 não resulta claramente a ideia de que com esse projecto se pretendia atribuir aos tribunais competência para conhecerem da constitucionalidade das leis, ao contrário do que é sustentado por Miguel Galvão Teles, «A concentração da competência para o conhecimento jurisdicional da inconstitucionalidade das leis», *O Direito*, ano 103º, 1971, p. 192.

[40] Cfr. Jorge Miranda, «Sobre a previsível criação de um tribunal constitucional», *Democracia e Liberdade. Revista do IDL-Instituto Democracia e Liberdade*, nº 15, Junho de 1980, nota 80. Como refere Jorge Miranda, o decreto viria a ser declarado nulo pelo artigo 95º-*tres* da Lei de 9 de Setembro de 1908 (*Diário do Governo*, nº 205, de 12 de Setembro); cfr. também M. Caetano, *Manual de Ciência Política e Direito Constitucional*, 6ª ed., Lisboa, 1972, pp. 682-683.

[41] Cfr. as intervenções e propostas dos deputados Machado Serpa, Pedro Martins e Artur Costa, in *Actas...*, cit., pp. 448ss.

[42] Cfr. *Actas...*, cit., p. 450.

[43] Cfr. *Actas...*, cit., pp. 450ss.

[44] Cfr. *Actas...*, cit., p. 588.

[45] Cfr. *Actas...*, cit., p. 641.

[46] Cfr. *Actas...*, cit., p. 611; como se vê, este artigo é substancialmente diferente do apresentado por Goulart de Medeiros na já citada sessão de 15 de Agosto de 1911.

[47] Cfr. *Actas...*, cit., p. 592.

[48] Cfr. Miguel Nogueira de Brito e António de Araújo, «Para a história da fiscalização da constitucionalidade em Portugal», *Revista Brasileira de Direito Constitucional*, nº 2, Julho-Dezembro de 2003, pp. 277ss. O acórdão encontra-se publicado in Pinto Osório, *No Campo da Justiça*, Porto, 1914, pp. 235ss, ou Manuel Busquets de Aguilar, *A Crise Política do Estado. Primeira Parte – As Ditaduras*, Lisboa, 1930, pp. 90ss.

[49] Para uma recensão dos mesmos, cfr. Paulo Otero, *O Poder de Substituição em Direito Administrativo. Enquadramento Dogmático-Constitucional*, vol. I, Lisboa, 1995, pp. 337ss.

BRUNO CARDOSO REIS
SÉRGIO RIBEIRO PINTO
REPÚBLICA E RELIGIÃO, OU A PROCURA DE UMA SEPARAÇÃO

(¹) Cfr. art. 6. Ainda que o quadro jurídico global fosse sensivelmente o mesmo, as formulações variam entre as Constituições da Monarquia; assim, a religião católica é sucessivamente afirmada como sendo a religião da Nação (Constituição de 1822, art. 25.º), do Reino (Constituição de 1826, art.º 6.º) e do Estado (Constituição de 1838, art. 3.º). Importa referir a relevância diferenciadora desses três conceitos: o de Nação, enquanto entidade colectiva soberana, sublinhando a ruptura liberal e a legitimidade contratualista que daquela emergia; o de Reino enfatizando o papel mediador e arbitral do rei na ordem social e política, tal como subjazia à Carta; e a de Estado relevando a dimensão da organização política da Nação de que se pretende expressão.

(²) M. L. Coelho da Silva, *Manual de Direito Parochial*, Porto, Typ. de José Fructuoso da Fonseca, 1904.

(³) Estudo pioneiro é o de Amaro Carvalho da Silva, *O Partido Nacionalista no contexto do Nacionalismo Católico (1901-1910): Subsídios para a História contemporânea Portuguesa*, Col. *Colibri História*, Lisboa, Colibri, 1996.

(⁴) António Matos Ferreira, *Um Católico Militante Diante da Crise Nacional – Manuel Isaías Abúndio da Silva (1874-1914)*, Lisboa, CEHR/UCP, 2007, p. 261-294.

(⁵) Não obstante os obstáculos jurídicos, o século XIX e o princípio do século XX em Portugal foi assistindo a uma paulatina diversificação do panorama confessional.

(⁶) Cf. Bazílio Telles, *A Questão Religiosa*, Porto, Livraria Moreira – Editora, 1913, p. 74.

(⁷) Fernando Catroga, *O republicanismo em Portugal. Da formação ao 5 de Outubro*, Lisboa, Editorial Notícias, 2000, p. 107.

(⁸) Antero de Quental, *Causas da Decadência dos Povos Peninsulares*, Lisboa, Tinta da China, 2008 [conf. orig. 1871].

(⁹) Para uma análise mais ampla das medidas atenda-se a Sérgio Ribeiro Pinto, *Separação como Modernidade: A lei de 20 de Abril de 1911 e modelos alternativos*. Dissertação de Mestrado em História Contemporânea apresentada à FCSH da Universidade Nova de Lisboa, 2008, p. 4-12; João Seabra, *O Estado e a Igreja em Portugal no Início do Século XX – A Lei da Separação de 1911*, Cascais, Principia, 2009.

(¹⁰) Com algumas excepções intelectualmente significativas mas politicamente pouco relevantes como Sampaio Bruno ou Raul Proença.

(¹¹) Cf. F. Catroga, *O republicanismo em Portugal...*, p. 126,

(¹²) Vejam-se, a título de exemplos, Marnoco e Sousa, *Direito Ecclesiastico – prelecções feitas ao curso do 3º ano jurídico de 1908-1909*, Coimbra, Tipografia França Amado, 1909, p. 291-293 e Manuel I. Abúndio da Silva, *Tratado de Direito Ecclesiástico*, Vol. I, Porto, Livraria Figueirinhas, 1908, p. 7-8.

(¹³) Cf. Archivio Segreto Vaticano, Segreteria di Stato. Ano 1913, Rubr. 250, Fasc. 6, n.º 51677, fl. 131.

(¹⁴) Cit. in Bruno Reis, *Salazar e o Vaticano*, Lisboa: ICS, 2007, p. 23.

(¹⁵) *Protesto Colectivo dos Bispos Portugueses Contra o Decreto de 20 de Abril de 1911*, integralmente transcrito in Senra Coelho, *D. Augusto Eduardo Nunes: Professor de Coimbra – Arcebispo de Évora*, Lisboa, Paulus, 2010, p. 771-779.

OUTUBRO: A REVOLUÇÃO REPUBLICANA EM PORTUGAL

[16] Sobre todo o processo relativo às cultuais, veja-se o estudo de M.L.B. Moura, *op. cit.*, p. 181-217.

[17] Ernesto Leal, "Quirino de Jesus...", *Lusitania Sacra,* 2ª série, vol. 6 (1994), maxime p. 373-374

[18] Eduardo de Abreu (1856-1912). Deputado pelo Partido Progressista em 1887, aderiu ao Partido Republicano Português, em cujas listas é eleito deputado em 1891 e 1894. Recusando, em 1896 a candidatar-se enquanto durasse a monarquia, veio a ser eleito para a Constituinte, tendo sido, depois, senador. Sobre o projecto de Lei de Separação apresentado à Assembleia Nacional Constituinte. Veja-se S.R. Pinto *op. cit.*, p. 34-59.

[19] Casimiro Rodrigues de Sá (1873-1934). Durante todo este período foi pároco de Santa Maria de Padornelo, desde 1902 até à sua morte Cf. S.R. Pinto, *op. cit.*, p. 68-77.

[20] Entre os exemplos deste sector podem apontar-se os casos do padre Santos Farinha, que expressou, em Fevereiro de 1911 numa conferência na Sociedade de Geografia, em Lisboa, a defesa do regime de separação, ainda quando a lei não tinha sido promulgada; também Abúndio da Silva acabará por afirmar-se partidário da desconfessionalização do Estado, em nome da autenticidade da afirmação da pertença católica e da liberdade de acção da Igreja. Cf. *Cartas a um Abade sobre alguns aspectos da questão político-religiosa em Portugal,* Braga: Cruz e C.ª Livreiros e Editores, 1913, pp. 171--205.

[21] Manuel Clemente, *Igreja e Sociedade Portuguesa do Liberalismo à República,* Lisboa, Grifo, 2002, p. 490.

[22] Braúlio Guimarães. *Padre Barros Gomes – Vítima da República,* Lisboa, Aletheia, 2010, pref. D. Manuel Clemente.

[23] Como sublinha a principal obra sobre este tema M.L.B. Moura, *op. cit.*, p. 237.

[24] *Idem,* p. 231.

[25] *Idem,* p. 226.

[26] *Idem,* p. 359.

[27] João Medina, *Morte e transfiguração de Sidónio Pais*, Lisboa, Eds. Cosmos, 1994, pp. 61 ss.

[28] Alberto de Moura Pinto (1883-1960) era magistrado, esteve filiado no Partido Unionista e, depois, no Partido Liberal, sendo deputado durante todo o período da Primeira República e ministro da Justiça e dos Cultos entre Dezembro de 1917 e Março de 1918. Opositor da Ditadura Militar viu-se obrigado ao exílio e participou no golpe de 1928.

[29] *Diário do Governo,* n. 34, Decreto 3.256 do Ministro da Justiça e Cultos de 22.2.1918.

[30] E. Moniz – 1919, pp. 112-113.

[31] *Diário do Governo,* 159 de 1913, Lei 30 de 10.7.1913. Foi também decidida a laicização e entrega à Legação em Itália do Instituto de S. António dos Portugueses, cf. *Diário do Governo*, 177 de 1913, dec. de 31.7.1913.

[32] AMNE, 3P, A11, M329, Ofício LMAD para MNE, não numerado e sem data, recebido 22.VI.1918.

[33] Cit. in J. Medina, *Morte e transfiguração...*, 71-72.

[34] Bruno Reis, *op. cit.*, p. 42.

[35] 3P/A11/M329, Ofício 2 LSS para MNE 24.9.1919. [It. nosso].

[36] Adelino Alves, *Centro Católico Português: A Igreja e a Política,* Lisboa, Editora Rei dos Livros, 1996; e João Almeida e António Matos Ferreira, *António Lino Neto, Intervenções Parlamentares 1918-1928,* Lisboa, AR/Texto Editores, 2009.

NOTAS

(37) Raul Proença, in *Seara Nova,* N.º 40 (Janeiro 1925).

(38) Artigo no *Correio Conimbricense* de 05.06.1926 cit. in António de Araújo, "Braga, Congresso Mariano e o Golpe Militar", in *O 28 de Maio Oitenta Anos Depois: contributos para uma reflexão,* Coimbra, CEIS XX/IHTI-FLUC, 2007, p. 39.

(39) A. Araújo, *cap. cit.*, p. 34.

(40) AMNE, 3P/A11/M329, Of. 109 LSS para MNE (27.12.1920).

(41) *A Montanha* (23.10.1917) cit. in António T. Fernandes, *O Confronto de Ideologias: a segunda década do séc. xx: à volta de Fátima,* Porto, Afrontamento, 1999, p. 135.

(42) Bruno C. Reis. "Fátima: a recepção nos diários católicos (1917-1930)", *Análise Social,* Vol. 36 n.º 158-159, 2001, p. 249-299.

(43) Sobre o tema ver: Luís Filipe Torgal, *"As 'Aparições de Fátima': Imagens e Representações (1917-1939),* Lisboa, Temas & Debates, 2002; José Barreto, *Religião e Sociedade: Dois Ensaios,* Lisboa, ICS, 2002; Carlos Azevedo (ed.), *Enciclopédia de Fátima,* Estoril, Principia, 2007.

(44) Ernesto Castro Leal, *Nação e nacionalismos: a Cruzada Nacional D. Nuno Alvares Pereira e as origens do Estado Novo (1918-1938),* Lisboa, Ed. Cosmos, 1999.

Pedro Aires Oliveira
A REPÚBLICA E A GUERRA, 1914-1918

(1) A literatura sobre a problemática das origens da Grande Guerra é imensa. Duas boas introduções são James Joll, *The Origins of the First World War,* Londres, Longman, 1992, 2ª ed., e David Fromkin, *Europe's Last Summer. Who Started the Great War,* Nova Iorque, Vintage Books, 2004. Embora mais circunscrito aos casos britânico e alemão, vale a pena ver o que diz Niall Ferguson, *The Pity of War,* Londres, Penguin Books, 1999.

(2) A este respeito vejam-se Vasco Pulido Valente, "Revoluções: A 'República Velha' (ensaio de interpretação política", in *Análise Social,* vol. XXVII, 115,pp. 7-63, Rui Ramos, *A Segunda Fundação (1890-1926)* in José Mattoso (dir), *História de Portugal,* vol. VI, Lisboa, Estampa, 2001, 2ª ed., Nuno Severiano Teixeira, *O Poder e a Guerra, 1914. Objectivos nacionais e estratégias políticas na entrada de Portugal na Grande Guerra,* Lisboa, Estampa, 1996, Luís Alves de Fraga, *O Fim da Ambiguidade: a estratégia nacional portuguesa de 1914 a 1916,* Lisboa, Universitária, 2001.

(3) Declaração proferida num debate em Agosto de 1917, reproduzida em Ana Mira, *Actas das Sessões Secretas da Câmara dos Deputados e do Senado da República sobre a participação de Portugal na I Grande Guerra,* Lisboa, Afrontamento/Assembleia da República, 2002, p. 179.

(4) Cf. Fernando Costa, *Portugal e a Guerra Anglo-Boer: política externa e opinião pública (1899-1902),* Lisboa, Cosmos, 1998.

(5) Cf. R. Ramos, "A revolução republicana e a política externa portuguesa" in João Marques de Almeida e Rui Ramos (coord.), *Revoluções, Política Externa e Política de Defesa em Portugal. Séculos xix e xx,* Lisboa, Cosmos, IDN, 2008, e John Vincent-Smith, *As Relações Políticas Luso-Britânicas, 1910-1916,* Lisboa, Livros Horizonte, 1975.

(6) J. Vincent-Smith, *op. cit.,* pp. 43-44.

(7) R. Ramos, *A Segunda Fundação...,* pp. 434-438.

359

(8) Sobre estas negociações e o seu significado, cf., Richard Langhorne, "Anglo--German Negotiations Concerning the Future of the Portuguese Colonies, 1911-1914", in *The Historical Journal*, vol. 16, nº 2 (Junho de 1973), pp. 361-387 e J. Vincent-Smith, "The Anglo-German Negotiations over the Portuguese Colonies in Africa, 1911-14" in *The Historical Journal*, vol. 17, nº 3 (Setembro de 1974), pp. 620-629.

(9) Sobre a corrida naval anglo-germânica e os seus aspectos estratégicos, cf., entre outros, Paul Kennedy, *Strategy and Diplomacy 1870-1945*, Londres, Fontana Press, 1989, 2ª ed., e, do mesmo autor, *The Realities Behind Diplomacy*, Londres, Fontana, 1989, 3ª ed.

(10) O memorando pode ser consultado em Hipólito de la Torre Gómez, *El império del rey. Alfonso XIII, Portugal y los Ingleses (1907-1916)*, Mérida, Editora Regional de Extremadura, 2002, pp. 199-208.

(11) Sobre estes debates, cf. H.T. Gómez, *op. cit.*, R. Ramos, *A Segunda Fundação...*, pp. 434-438 e N.S. Teixeira, *op. cit.*, pp. 99-112.

(12) R. Ramos, "A revolução republicana...", p. 81

(13) Sobre o lugar do Atlântico nas relações luso-britânicas e luso-alemãs antes da guerra, cf. António José Telo, *Os Açores e o controlo do Atlântico*, Porto, Asa, 1993, pp. 66-90.

(14) A.J. Telo, "Armada portuguesa: planos e realidades" in Aniceto Afonso e Carlos de Matos Gomes, *Portugal e a Grande Guerra 1914-1918*, Lisboa, Quidnovi, 2010, pp. 32-34.

(15) Sobre a reforma de 1911, cf., por exemplo, Paulo Mendes Pinto, *António Xavier Correia Barreto. Biografia de um presidente do Senado (1851-1926)*, Lisboa, Edições Afrontamento/Assembleia da República, 2002, e Maria Carrilho, *Forças Armadas e mudança política em Portugal no século XX. Para uma explicação sociológica do papel dos militares*, Lisboa, IN-CM, 1985.

(16) A.J. Telo, "A Grã-Bretanha e a beligerância portuguesa" in A. Afonso e C.M. Gomes (coord.), *op. cit.*, pp. 194-196.

(17) Cf. V.P. Valente, *op. cit.*, e J. Vincent-Smith, *op. cit.* (capítulo 4).

(18) Sobre esta fase, cf. N.S. Teixeira, *op. cit.*, pp. 187-270 e J. Vincent-Smith, *op. cit.* (capítulo 4).

(19) Filipe Ribeiro de Meneses, *União Sagrada e Sidonismo. Portugal em Guerra (1916-1918)*, Lisboa, Cosmos, 2000, p. 52.

(20) Sobre o "movimento das espadas" e a governação de Pimenta de Castro, cf., entre outros, José Medeiros Ferreira, *O comportamento político dos militares. Forças armadas e regimes políticos em Portugal no século XX*, Lisboa, Estampa, 1992, pp. 53-57.

(21) Sobre as vicissitudes da Divisão Auxiliar e as consequências da política de Pimenta de Castro, cf. Luís Alves Fraga, "Divisão Auxiliar: uma curta vida", in A. Afonso e C. M. Gomes (coord.), *op. cit.*, pp. 166-168.

(22) Sobre o significado do 14 de Maio e as suas implicações, cf. R. Ramos, *A Segunda Fundação...*, pp. 443-449.

(23) Sobre este ponto, cf. J.M. Ferreira, *Cinco Regimes na Política Internacional*, Lisboa, Presença, 2008, pp. 39-41, assim como H.T. Gómez, *Na Encruzilhada da Grande Guerra. Portugal-Espanha, 1913-1919*, Lisboa, Estampa, 1980.

(24) F.R. Meneses, *op. cit.*, p. 70. Sobre a influência de Chagas na formulação da estratégia intervencionistas, cf. R. Ramos, *A Segunda Fundação...*, pp. 447-448, e Noémia Novais, *João Chagas: a Diplomacia e a Guerra. 1914-1918*, Coimbra, Minerva, 2006.

NOTAS

([25]) Sobre o período subsequente à requisição dos navios alemães e à declaração de guerra a Portugal, cf. V.P. Valente, *op. cit.*

([26]) Sobre estes bloqueios do sistema republicano, cf., entre outros, Fernando Farelo Lopes, *Poder Político e Caciquismo na 1ª República Portuguesa*, Lisboa, Estampa, 1994, e João Bonifácio Serra, "A evolução política (1910-1917)" in Fernando Rosas e Maria Fernanda Rollo (coord.), *História da Primeira República Portuguesa*, Lisboa, Tinta da China, 2009, pp. 93-128.

([27]) N.S. Teixeira, *op. cit., p.* 381.

([28]) O fracasso da mobilização política tentada pelos partidários da intervenção é muito bem analisado por F.R. Meneses, *op. cit.,* onde nos baseámos para este parágrafo e os dois seguintes.

([29]) Sobre os conflitos sociais durante a guerra, cf. César de Oliveira, *O operariado e a Primeira República 1910-1924*, Lisboa, Publicações Alfa, 1990, e Maria Alice Samara, *Verdes e Vermelhos. Portugal e a Guerra no Ano de Sidónio Pais*, Lisboa, Editorial Notícias, 2003.

([30]) Sobre o recuo dos governos republicanos após o fracasso da aplicação rigorosa da Lei de Separação e de alguma legislação secularista, cf. a breve síntese de Richard A. H. Robinson, "Os católicos e a Primeira República", in António Costa Pinto e Nuno Severiano Teixeira (coord.), *A Primeira República Portuguesa entre o Liberalismo e o Autoritarismo*, Lisboa, Colibri, 2000, pp. 91-105.

([31]) F.R. Meneses, *op. cit.,* pp. 191-192.

([32]) A problemática dos intelectuais e a Grande Guerra permanece relativamente mal estudada entre nós. Para as atitudes dos integralistas, cf. Ana Isabel Sardinha Desvignes, *António Sardinha (1887-1925). Um intelectual no século*, Lisboa, ICS, 2006, e José Manuel Quintas, *Os Filhos de Ramires. As origens do Integralismo Lusitano*, Lisboa, Nova Ática, 2005. Para a posição dos círculos modernistas e dos intelectuais ligados ao movimento da Renascença e revista *Águia*, cf. Ernesto Castro Leal, "Memória, Literatura e Ideologia. Saudade, Heroísmo e Morte", in A. Afonso e C.M. Gomes (coord.), *op. cit.,* pp. 559-567.

([33]) Cf. Helena Pinto Janeiro, "Tancos: a génese de um milagre", in Pedro Aires Oliveira e Maria Inácia Rezola (coord.), *O Longo Curso: Estudos em Homenagem a José Medeiros Ferreira*, Lisboa, Tinta da China, 2010.

([34]) M. Carrilho, *op. cit., p.* 207.

([35]) Sobre a preparação do CEP, cf. Isabel Pestana Marques, *Das Trincheiras, com Saudade. A vida quotidiana dos militares portugueses na Primeira Guerra Mundial*, Lisboa, Esfera dos Livros, 2008, e os vários capítulos de Luís Alves de Fraga in A. Afonso e C.M. Gomes (coord.), *op. cit.*

([36]) José Norton, *Norton de Matos. Biografia*, Lisboa, Bertrand, 2002, p. 238.

([37]) Chegou ainda a formar-se um corpo de artilharia pesado, o qual acabaria por ficar adstrito a unidades britânicas e, como tal, desligado do comando operacional do CEP. Cf. Aniceto Afonso, *Grande Guerra. Angola, Moçambique e Flandres 1914-1918*, Lisboa, Quidnovi, 2008, p. 61.

([38]) N.S. Teixeira, "Portugal na Grande Guerra", in N.S. Teixeira (coord.), *Nova História Militar de Portugal*, vol. IV, Lisboa Círculo de Leitores, 2004, pp. 27-28.

([39]) Sobre este pronunciamento falhado, cf. Aniceto Afonso e Marília Guerreiro, "O 13 de Dezembro de 1916: Machado Santos e a revolta de Tomar", in *História*, nº 31, Maio de 1981, pp. 16-29.

OUTUBRO: A REVOLUÇÃO REPUBLICANA EM PORTUGAL

[40] Sobre estes rumores, cf. V.P. Valente, *op. cit.*, p.47.

[41] I.P. Marques, *op. cit.*, p. 72.

[42] Sobre as pressões sofridas pela Entente em 1917, cf., entre outros, Hew Strachan, *The First World War*, Londres, Pocket Books, 2003, pp. 227-257, e Hunt Tooley, *The Western Front. Battleground and Home Front in the First World War*, London, Palgrave/Macmillan, 2003, pp. 173-209.

[43] R. Ramos, *A Segunda Fundação...*, pp. 451-452.

[44] I.P. Marques, *op. cit.*, p. 76

[45] *Idem, Ibidem*, pp. 262-263.

[46] I.P. Marques, "Os portugueses nas trincheiras: vivências comportamentais" in N.S. Teixeira (coord.), *Portugal e a Guerra. História das intervenções militares portuguesas nos grandes conflitos mundiais. Séculos XIX e XX*, Lisboa, Colibri, 1998, p. 77.

[47] I.P. Marques, "Portugal nas trincheiras: os combatentes portugueses em França (1917-1919)" in Fernando Rosas e Maria Fernanda Rollo (coord.), *História da Primeira República Portuguesa*, Lisboa, Tinta da China, 2009, p. 312.

[48] R. Ramos, *A Segunda Fundação...*, p. 452.

[49] Com a devida vénia a René Pélissier.

[50] Marco Arrifes, *A Primeira Grande Guerra na África Portuguesa. Angola e Moçambique (1914-1918)*, Lisboa, Cosmos/IDN, 2004, p. 271.

[51] *Idem, Ibidem*, p. 33

[52] Sobre toda esta problemática, cf. M. Arrifes, *op. cit.*

[53] René Pélissier, *História das Campanhas de Angola. Resistência e revoltas 1845-1941*, 2º volume, Lisboa, Estampa, 1997, 2ª ed., p. 233

[54] J.M. Ferreira, *O comportamento político dos militares. Forças armadas e regimes políticos em Portugal no século XX*, Lisboa, Estampa, 1992, p. 52.

[55] M. Arrifes, *op. cit.*, p. 68-69.

[56] Há divergências importantes entre as fontes portuguesas e alemãs relativamente a este balanço. Cf. R. Pélissier, *As campanhas coloniais de Portugal 1844-1941*, Lisboa, Estampa, 2006, p. 354

[57] R. Pélissier, *História das Campanhas de Angola...*, pp. 240-241

[58] *Idem, Ibidem*, p. 249.

[59] R. Pélissier, *As campanhas coloniais...* p. 363.

[60] Cf. os debates parlamentares sobre o assunto em Ana Mira, *op. cit.,* e a análise de F.R. Meneses, "Too Serious to be Left to the Generals? Parliament and the Army in Wartime Portugal, 1914-18", in *Journal of Contemporary History*, vol. 33, nº 1, 1997, pp. 85-96.

[61] R. Pélissier, *História de Moçambique. Formação e oposição 1854-1918*, 1º vol., Lisboa, Estampa, 2000, 2ª ed., p. 211.

[62] António José Telo, "Campanha de Moçambique 1914-1915", in A. Afonso e C.M. Gomes (coord.), *op. cit.*, p. 148. Sobre as deficiências militares patenteadas por Portugal no teatro moçambicano, cf. a visão impiedosa de Edward Paice, *Tip & Run. The Untold Tragedy of the Great War in Africa*, Londres, Phoenix, 2007.

[63] A.J. Telo, "Campanha de Moçambique 1916-1918", in A. Afonso e C.M. Gomes (coord.), *op. cit.*, p. 428 e ss.

[64] Sobre estes desaires, cf. A.J. Telo, "Campanha de Moçambique 1916-1918"..., R. Pélissier, *As campanhas coloniais...* pp. 379-382.

NOTAS

([65]) Sobre esta fase da guerra em Moçambique, cf. R. Pélissier, *História de Moçambique. Formação e Oposição 1854-1918...*, 2º vol., pp. 387-442.

([66]) R. Pélissier, *As campanhas coloniais...*, 2006, p. 390.

([67]) R. Pélissier, *História de Moçambique. Formação e Oposição 1854-1918...*, 2º vol., pp. 387-390.

([68]) Sobre a erosão do prestígio português perante as chefias militares da Commonwealth na campanha da África Oriental, cf. Edward Paice, *op. cit.*, capítulo 34.

([69]) A.J. Telo, "Campanha de Moçambique 1916-1918"..., p. 432.

([70]) R. Pélissier, *História de Moçambique. Formação e oposição 1854-1918...*, 2º vol., p. 439.

([71]) Sobre as tensões a que as frentes domésticas dos beligerantes foram sujeitas, cf., entre outros, David Stevenson, *1914-1918. The History of the First World War*, Londres, Allen Lane, 2004, pp. 263-293 e pp. 320-370.

([72]) Sobre estas insuficiências, cf., entre outros, F.R. Meneses, *op. cit.*, em especial pp. 127-149.

([73]) A.J. Telo, "A crise portuguesa. Economia e sociedade", in A. Afonso e C.M. Gomes (coord.), *op. cit.*, p. 487.

([74]) *Idem, Ibidem*, p. 486.

([75]) Sobre a revolta, cf. V.P. Valente, *ob. cit.*, pp. 53-55.

([76]) Sobre esta contestação laboral, cf. os trabalhos já citados de Alice Samara e César Oliveira.

([77]) Para uma análise da crise, cf. F.R. Meneses, *op. cit.*, pp. 153-158.

([78]) J. B. Serra, *op. cit.*, p. 121.

([79]) Sobre as aparições de Fátima e o seu contexto, cf., entre outros, Luís Filipe Torgal, *As Aparições de Fátima. Imagens e representações*, Lisboa, Temas & Debates, 2002.

([80]) A.J. Telo, "Sidónio Pais e a guerra", in A. Afonso e C.M. Gomes (coord.), *op. cit.*, pp. 376-377. Para uma refutação das simpatias germanófilas de Sidónio, cf. Manuel Ramalho, *Sidónio Pais. Diplomata e conspirador*, Lisboa, Cosmos, 2001, 2ª ed.

([81]) Luís Alves de Fraga, "A caminho de La Lys. Antecedentes", in A. Afonso e C.M. Gomes (coord.), *op. cit.*, p. 389.

([82]) Há uma vasta literatura sobre La Lys, muita dela de pendor memorialista. Em termos de historiografia militar mais recente, assinalem-se, para além dos trabalhos de Isabel Pestana Marques, L.A. Fraga, *Guerra e Marginalidade. O comportamento das tropas portuguesas em França 1917-1918*, Lisboa, Prefácio, 2002, e Mendo Castro Henriques e António Rosas Leitão, *La Lys 1918*, Lisboa, Prefácio, 2001. Vejam-se também capítulos de Alves de Fraga sobre a batalha em A. Afonso e C.M. Gomes (coord.), *op. cit.*

([83]) L.A. Fraga, "La Lys. A batalha portuguesa", in A. Afonso e C.M. Gomes (coord.), *op. cit.*, p. 418.

([84]) L.A. Fraga, *Guerra e Marginalidade...*

([85]) José Manuel Sobral *et al.*, *A Pandemia Esquecida – Olhares comparados sobre a Pneumónica 1918-1919*, Lisboa, ICS, 2009

([86]) J.M. Ferreira, *Cinco Regimes...*, p. 43. Do mesmo autor, cf. ainda *Portugal na Conferência da Paz. Paris 1919*, Lisboa, Quetzal, 1992. Para uma visão do conjunto sobre o tema, veja-se Margaret MacMillan, *The Peacemakers. The Paris Peace Conference of 1919 and Its Attempt to End War*, Londres, John Murray, 2001.

([87]) F.R. Meneses, "A paz e o Tratado de Versalhes" in F. Rosas e M.F. Rollo (coord.), *op. cit.*, p. 400.

(88) Lord Milner citado em William Roger Louis, *Ends of British Imperialism. The Scramble for Empire, Suez and Decolonization*, Londres, I. B. Tauris, 2006.

(89) Citado em Duarte Ivo Cruz, *A Estratégia Portuguesa na Conferência de Paz 1918-1919. As Actas da Delegação Portuguesa*, Lisboa, FLAD, 2009, p. 31.

(90) F.R. Meneses, "A paz e o Tratado de Versalhes" in F. Rosas e M.F. Rollo (coord.), *op. cit.*, p. 399.

(91) R. Pélissier, *As campanhas coloniais...*, 2006, p. 388.

(92) J.M. Ferreira, *O comportamento político dos militares...*, p. 98.

(93) *Idem, Cinco Regimes...*, p. 43.

(94) F. Rosas, "A República e a Grande Guerra" in F. Rosas e M.F. Rollo (coord.), *op. cit.*, p. 248.

(95) Dados compilados por L.A. Fraga, "Portugal e a Grande Guerra. Balanço estatístico", in A. Afonso e C.M. Gomes (coord.), *op. cit.*, pp. 520-525.

(96) Sobre o legado económico da guerra, cf. R. Ramos, *A Segunda Fundação...*, pp. 544-548, e A.J. Telo, *Decadência e Queda da I República Portuguesa,* Lisboa, A Regra do Jogo, 2 volumes, 1980-84.

(97) Nuno Valério, *O Escudo. A Unidade Monetária Portuguesa 1911-2001*, Lisboa, Banco de Portugal, 2000, p. 68.

(98) *Idem, ibidem*, p. 52

(99) Cf. José da Silva Lopes, "Finanças Públicas" in Pedro Lains e Álvaro Ferreira da Silva, *História Económica de Portugal 1700-2000*, Lisboa, ICS, 2008, 3ª ed., pp. 267-270.

(100) Cf. António Costa Pinto, "Muitas crises, poucos compromissos: a queda da Primeira República", in *Penélope*, nº 19-20, 1998, p. 62.

FILIPE RIBEIRO DE MENESES
SIDÓNIO PAIS E O SIDONISMO

(1) Stanley G. Payne, "Fascism and Right Authoritarianism in the Iberian World: The Last 20 Years", in *Journal of Contemporary History*, vol. 21, n.º 2, 1986.

(2) Ver, por exemplo, o artigo de José de Abreu, cunhado e secretário particular de Afonso Costa em *O Mundo* (Lisboa), 30 de Maio de 1921. Estas promessas não constam do Livro Branco sobre a intervenção portuguesa na guerra, ou da pasta dedicada à Conferência que se encontra no Arquivo Histórico Diplomático. No entanto, a 22 de Março de 1920, Afonso Costa encontrou-se com Léon Bourgeois, presidente do Conselho Executivo da Sociedade das Nações. Num encontro dominado por questões financeiras, Costa começou por lembrar a Bourgeois a Conferência Interaliada de Novembro-Dezembro de 1917: '[...] fôra eu quem, apoiado então pelo senhor Nitti, tinha defendido com todo o calor e feito vingar, graças a campanha tenaz, o princípio da abertura de créditos entre os aliados, não só para fornecimentos de guerra, mas para géneros indispensáveis à alimentação pública e à vida social, como o trigo e o carvão.' Segundo Afonso Costa, desta sua iniciativa tinham-se depois aproveitado a Itália e a França. Arquivo Histórico Diplomático, Terceiro Piso, Armário 11, Maço 20, carta Afonso Costa ao Ministro dos Negócios Estrangeiros [Xavier da Silva], 22 de Março de 1920.

(3) Armando Malheiro da Silva, *Sidónio e Sidonismo*, Volume 1 – *História de uma Vida*, Coimbra, Imprensa da Universidade de Coimbra, 2006, p. 38.

NOTAS

(4) A.M. Silva, *op. cit.*, p. 377

(5) Um resumo breve desta actividade encontra-se em Miguel Nunes Ramalho, *Sidónio Pais, Diplomata e Conspirador (1912-1917)*, Lisboa, Edições Cosmos, 1998.

(6) Ministère des Affaires Etrangères [MAE], Paris, Guerre 1914-1918, Portugal, 635, carta, Daeschner ao Ministro dos Negócios Estrangeiros [Pichon], 10 de Dezembro de 1917.

(7) MAE, Paris, Guerre 1914-1918, Portugal, 635, carta, Daeschner ao Ministro dos Negócios Estrangeiros [Pichon], 9 de Dezembro de 1917.

(8) Eduardo de Sousa, *O Dezembrismo e a sua Política na Guerra (Para a História do Dezembrismo)*, Porto,Companhia Portuguesa Editora, 1919, p. 13. Bernardino Machado afirmaria ao Ministro Francês em Madrid, em finais de 1917, que havia um acordo estabelecido sobre reformas constitucionais, que incluia a atribuição do poder de dissolução parlamentar ao Presidente da República, e que os Unionistas tinham dado o seu aval ao plano, mas tarde demais, sendo a liderança do partido incapaz de travar a conspiração em curso. MAE, Paris, Guerre 1914-1918, Portugal, 635, Thierry ao Ministro dos Negócios Estrangeiros [Pichon], 25 de Dezembro de 1917.

(9) MAE, Paris, Guerre 1914-1918, Portugal, 635, carta, Daeschner ao Ministro dos Negócios Estrangeiros [Pichon], 29 de Dezembro de 1917.

(10) Isabel Pestana Marques, *Memórias do General 1915-1919: "Os meus três commandos" de Fernando Tamagnini*, Viseu: Sacre/Fundação Mariana Seixas, 2004.

(11) Ver, por exemplo, o artigo "Criminoso silêncio" publicado por *O Século* (Lisboa) a 20 de Agosto de 1918: 'Pega-se em 50,000 homens, enviam-se para o teatro de guerra mais monstruoso que se desencadeou sobre o mundo, e nada se diz ao país, nem às famílias, ao menos de semana a semana, ou de mês a mês, do que lhes vai sucedendo, e da forma porque eles se desempenham da sua missão! É espantoso, é único [...]'

(12) Outra faceta desta campanha foi tornado possível pela devassa dos documentos particulares de Afonso Costa, que foram dissecados pela imprensa. Especial interesse foi reservado para os contactos estabelecidos durante a guerra (de pouca importância) entre Costa e figuras que agora eram acusadas de traição pelo governo de Georges Clemenceau: Bolo Pasha e o senador Charles Humbert. Estes contactos foram divulgados à imprensa, tendo por isso alguns reflexos nos países aliados. Ver, a este respeito, João Chagas, *Diário, vol. 3, 1918*, Lisboa, Edições Rolim, 1987, p. 72.

(13) *A Monarquia* (Lisboa), 14 de Fevereiro de 1918.

(14) Três dias apenas após a derrota de La Lys, Satúrio Pires escreveu, 'Mandar soldados e mais soldados, muitos soldados, muitos oficiais, muita gente para que os Aliados vissem que os empreiteiros [os governos da União Sagrada] tinham força, muita força, tinham zelo, muito zelo, todos eles pelos aliados, pela justiça e pelo direito..." Resultado: um despejar continuo de soldadesca bronca com falta de preparação militar, sem uniforme, quasi sem equipamento, completamente desprovida de tudo!' *A Monarquia* (Lisboa), 12 de Abril de 1918.

(15) MAE, Paris, Guerre 1914-1918, Portugal, 636, carta, Daeschner ao Ministro dos Negócios Estrangeiros [Pichon], 17 de Fevereiro de 1918.

(16) MAE, Paris, Europe 1918-1929, Portugal (15-16), carta, Daeschner ao Ministro dos Negócios Estrangeiros [Pichon], 27 de Junho de 1918.

(17) MAE, Paris, Europe 1918-1929, Portugal (15-16), carta, Coronel Tisseyer ao Ministro da Guerra [Clemenceau], 2.8.1918.

(18) *Diário da Câmara dos Deputados* (Lisboa), 1 de Agosto de 1918.

(19) *O Norte* (Braga) 12 de Setembro de 1918.

(20) *O Século* (Lisboa), 10 de Dezembro de 1917.

(21) MAE, Paris, Guerre 1914-1918, Portugal, 635, carta, Daeschner ao Ministro dos Negócios Estrangeiros [Pichon], 13 de Dezembro de 1917.

(22) António d'Albuquerque, *Sidónio na Lenda,* Lisboa, Lumen, 1922, p. 14.

(23) MAE, Paris, Guerre 1914-1918, Portugal, 635, carta, Daeschner ao Ministro dos Negócios Estrangeiros [Pichon], 19 de Janeiro de 1918.

(24) Francisco Homem Cristo, no seu *O de Aveiro*, considerou que o voto tinha sido reduzido a 'um centésimo do seu valor' por esta medida, que abria as portas ao caciquismo. *O de Aveiro* (Aveiro), 24 de Março de 1918.

(25) *Diário do Governo*, 30 de Março de 1918.

(26) MAE, Paris, Guerre 1914-1918, Portugal, 636, carta, Daeschner ao Ministro dos Negócios Estrangeiros [Pichon], 9 de Fevereiro de 1918.

(27) Francisco Homem Cristo escreveu, a 15 de Setembro, no seu *O de Aveiro*, 'Que ganhámos nós com o dezembrismo? Todos começam a ver que *não ganhámos nada*. Todos! O dezembrismo perde terreno a toda a hora. Não ganhámos em boa administração, que se tornou pior. Não ganhámos em moralidade pública, que é uma lástima. Não ganhámos em novas leis de utilidade, pois a nossa legislação cada vez está mais caótica [...]'

(28) MAE, Paris, Europe 1918-1929, Portugal (15-16), carta, Tenente Coronel Bernard ao Ministro da Guerra [Clemenceau], 13 de Novembro de 1918.

(29) Os serviços de informação aliados consideravam Egas Moniz, enviado por Sidónio Pais a Paris, germanófilo. O adido militar francês em Lisboa escreveu, sobre ele, que 'Le Dr. Egas Moniz a passé longtemps pour un germanophile avéré, et a fait l'objet de plusieurs notes et échanges de renseignements entre Lisbonne et le 2e Bureau. Il est à supposer qu'il a complètement tourné casaque aujourd'hui'. MAE, Paris, Europe 1918--1929, Portugal (15-16), carta, Tenente Coronel Bernard ao Ministro da Guerra [Clemenceau], 12 de Outubro de 1918.

(30) *Diário da Câmara dos Deputados* (Lisboa), 3 de Dezembro de 1918. Antes de Cunha Leal falar, já Celorico Gil tinha apontado um facto grave: 'Sr. Presidente: vejo nuvens pesadas no horizonte do nosso país, vejo sombras terríveis a pairarem sobre a nossa pátria digna de melhor sorte.

Pergunto, porque razão os comandantes dos navios de Guerra surtos no Tejo, sobretudo o comandante do couraçado ingleês *Active*, cumprimentou [sic] Portugal e o Governo português e não foi a Belém cumprimentar o Chefe de Estado?

Isto é imensamente grave!'

(31) *Diário da Câmara dos Deputados* (Lisboa), 9 de Dezembro de 1918.

(32) A estimativa de Daeschner é de cinco a seis mil. MAE, Paris, Europe 1918--1929, Portugal (15-16), carta, Daeschner ao Ministro dos Negócios Estrangeiros [Pichon], 14 de Novembro de 1918.

(33) Fundação Mário Soares, Correspondência de Afonso Costa, carta, Afonso Costa a Maria Emília [Castro], 19 de Dezembro de 1918.

(34) João Medina, *Morte e Transfiguração de Sidónio Pais*, Lisboa, Cosmos, 1994.

(35) Stanley G. Payne, *A History of Fascism, 1914-1945*, Londres, UCL Press, 1995, 42.

(36) *O Norte* (Braga), 29 de Abril de 1918.

NOTAS

ÁLVARO FERREIRA DA SILVA
LUCIANO AMARAL
A ECONOMIA PORTUGUESA NA I REPÚBLICA

(1) V. Derek H. Aldcroft, *From Versailles to Wall Street, 1919-1929*, London, Penguin, 1987 e Barry Eichengreen, *Golden Fetters: The Gold-Standard and the Great Depression, 1919-1939*, Oxford, Oxford University Press, 1992.

(2) David Thomson, *Europe Since Napoleon*, London, Penguin, 1966.

(3) Cf. Luciano Amaral, "Back to the Passage from *Ancien Régime* to Liberalism", in Jorge Braga de Macedo *et al.* (eds), *Nove Ensaios na Tradição de Jorge Borges de Macedo*, Lisboa, Tribuna, 2009.

(4) *Idem*, tb. Álvaro Ferreira da Silva, "Finanças públicas", in Pedro Lains e Álvaro Ferreira da Silva (eds.), *História Económica de Portugal, 1700-2000, Vol. I – O Século XVIII*, Lisboa, ICS, 2004 e Rui Pedro Esteves, "As finanças públicas", in P. Lains e A.F Silva (eds.), *História Económica de Portugal, 1700-2000, Vol. II – O Século XIX*, Lisboa, ICS, 2005.

(5) Miriam Halpern Pereira, *Livre-Câmbio e Desenvolvimento Económico, Portugal na Segunda Metade do Século XIX*, Lisboa, Sá da Costa Editora, 1983, Manuel Villaverde Cabral, *O Desenvolvimento do Capitalismo em Portugal no Século XIX*, Lisboa, A Regra do Jogo, 1981 e Manuel Villaverde Cabral, *Portugal na Alvorada do Século XX, Forças Sociais, Poder Político e Crescimento Económico de 1890 a 1914*, Lisboa, A Regra do Jogo, 1979.

(6) Albert Silbert, *Le Portugal Méditerranéen à la Fin de l'Ancien Regime, XVIIIe--Début du XIXe Siècle, Vol. I*, Lisboa, INIC, 1978, v. também Helder Adegar Fonseca, "A ocupação da terra", in P. Lains e A.F. Silva (eds) *História Económica..., Vol. II...*

(7) Cf. H. Fonseca, *art. cit.* e Conceição Andrade Martins, "A agricultura", in P. Lains e A.F. Silva (eds) *História Económica..., Vol. II...*

(8) Cf. H. Fonseca, *op. cit.*

(9) Jaime Reis, "A 'lei da fome': as origens do proteccionismo cerealífero (1889--1914)", in *Análise Social*, vol. XX, nº 60, 1979.

(10) H. Fonseca, *op. cit.* e A. Silbert, "O colectivismo agrário em Portugal. História de um problema", in *Do Portugal de Antigo Regime ao Portugal Oitocentista*, Lisboa, Livros Horizonte, 1981.

(11) Cf. Teresa Rodrigues Veiga,, "A transição demográfica", in P. Lains e A.F. Silva (eds.) *História Económica de Portugal, 1700-2000, Vol. III – O Século XX*, Lisboa, ICS, 2005.

(12) Armando de Castro, *A Revolução Industrial em Portugal no Século XIX*, Porto, Limiar, 1978, M.V. Cabral, *O Desenvolvimento...*, Jaime Reis, "A produção industrial portuguesa, 1870-1914: primeira estimativa de um índice", in *Análise Social*, vol. XXII, nº 94, 1986, e Pedro Lains, "Growth in a Protected Environment: Portugal, 1850-1950", in *Research in Economic History*, Vol. 24, 2007.

(13) Sobre Portugal: P. Lains, "Exportações portuguesas, 1850-1913: a tese da dependência revisitada", in *Análise Social*, vol. XXII, nº 91, 1986; e *idem*, "O proteccio-nismo em Portugal (1842-1913): um caso mal sucedido de industrialização 'con-correncial'", in *Análise Social*, vol. XXIII, nº 97, 1987; sobre o resto do mundo ocidental: Paul Bairoch, *Mythes et Paradoxes de l'Histoire Économique*, Paris, Éditions La Découverte & Syros, 1999.

OUTUBRO: A REVOLUÇÃO REPUBLICANA EM PORTUGAL

[14] P. Lains, "Growth...".

[15] M. V. Cabral, *Portugal...* e Fernando Medeiros, *A Sociedade e a Economia Portuguesas nas Origens do Salazarismo*, Lisboa, A Regra do Jogo, 1978.

[16] F. Medeiros, *op. cit.*

[17] Nuno Valério, *História do Sistema Bancário Português, Vol. I, Da Formação do Primeiro Banco Português à Assunção pelo Banco de Portugal das Funções de Banco Central, 1822-1931*, Lisboa, Banco de Portugal, 2006.

[18] *Idem, ibidem* e Jaime Reis, "Aspectos da história monetária portuguesa da segunda metade do século XIX", in *Análise Social*, vol. XXIX, nº 125-126, 1994.

[19] Jaime Reis, *O Banco de Portugal, das Origens a 1914, I Volume*, Lisboa, Banco de Portugal, 1996.

[20] J. Reis, "Aspectos..."

[21] Jaime Reis, "Portugal: o primeiro a aderir ao padrão-ouro, Julho 1854", in Jorge Braga de Macedo *et al.*, *Convertibilidade Cambial*, Lisboa, Banco de Portugal e Fundação Luso-Americana para o Desenvolvimento, 1994 e N. Valério, *História...*

[22] Maria Fernanda Alegria, *A Organização dos Transportes em Portugal (1850--1910). As Vias e o Tráfego*, Lisboa, Dissertação de doutoramento, Faculdade de Letras da Universidade de Lisboa, 1987.

[23] António Lopes Vieira, "Os transportes rodoviários em Portugal, 1900-1940", in *Revista de História Económica e Social*, nº 5, 1980.

[24] Maria Eugénia Mata, *As Finanças Públicas da Regeneração à Primeira Guerra Mundial*, Lisboa, Dissertação de Doutoramento, Instituto Superior de Economia da Universidade Técnica de Lisboa, 1985, e R.P Esteves, *art. cit.*

[25] R.P Esteves, *idem.*

[26] *Idem, ibidem.*

[27] P. Lains, "Growth..."

[28] F. Medeiros, *op. cit.*

[29] *Idem, ibidem.*

[30] P. Lains, "Growth..."

[31] Cf. Ana Paula Pires, *Portugal e a I Guerra Mundial. A República e a Economia de Guerra*. Diss. de doutoramento, Lisboa, Faculdade de Ciências Sociais e Humanas, 2009, para o impacto da guerra no reforço da intervenção do Estado na actividade económica.

[32] Fernando Teixeira dos Santos, "E o último a aderir ao padrão-ouro, Julho--Setembro 1931", in Jorge Braga de Macedo *et al.*, *Convertibilidade...*

[33] F. Medeiros, *op. cit.* e P. Lains, "Growth..."

[34] António de Oliveira Salazar, "Alguns aspectos da crise das subsistências", Separata do *Boletim da Faculdade de Direito da Universidade de Coimbra*, 1918.

[35] F. Medeiros, *op. cit.*

[36] *Idem, ibidem.*

[37] *Idem, ibidem.*

[38] Para tudo isto, cf. P. Lains, "New Wine in Old Bottles: Output and Productivity Trends in Portuguese Agriculture, 1850-1950", in *European Review of Economic History*, vol. 7, nº 1, 2003.

[39] Para todos estes e mais dados, v. Álvaro Aguiar e Manuel M. F. Martins, "A indústria", in P. Lains e A.F Silva (eds.), *História Económica..., Vol. III...*

[40] Cf. F. Medeiros, *idem.*

NOTAS

(41) Cf. N. Valério, *História…*

(42) *Idem, ibidem.*

(43) Cf. P. Lains, "Growth…"

(44) Para uma síntese dos problemas financeiros portugueses herdados do século XIX veja-se R. P. Esteves, *art. cit.* e José da Silva Lopes, "Finanças Públicas"in Pedro Lains e Álvaro Ferreira da Silva (eds.), *História Económica de Portugal*, vol. III, século XX, Lisboa, Imprensa de Ciências Sociais, 2005.

(45) Álvaro Ferreira da Silva, *Crescimento urbano, regulação e oportunidades empresariais. Lisboa, 1860-1930.* Diss. de doutoramento, Florença, Instituto Universitário Europeu, 1997.

(46) J.S. Lopes, *art. cit.*; Ana Bela Nunes e Nuno Valério, "Moeda e bancos"in P. Lains e A.F. Silva (eds.), *História…, vol. II…*

(47) A. H. de Oliveira Marques, *História da Primeira República Portuguesa. As Estruturas de Base.* Lisboa, Iniciativas Editoriais, 1978.

(48) *Idem, ibidem.*

(49) *Idem, ibidem.*

(50) *Idem, ibidem.*; N. Valério, *O Escudo – A Unidade Monetária Portuguesa, 1911- -2001*, Lisboa, Banco de Portugal, 2001; A.B. Nunes e N. Valério, *art. cit.*

(51) F. T. Santos, *art. cit.*

(52) Charles H. Feinstein, Peter Temin, e Gianni Toniolo, *The European Economy between the Wars.* Oxford, Oxford University Press, 1997; Stephen Broadberry e Mark Harrison (eds.), *The Economics of World War I.* Cambridge, Cambridge University Press, 2005.

(53) Nuno Severiano Teixeira (coord.), *Nova História Militar de Portugal*, vol. V. Lisboa: Círculo de Leitores, 2004. Aniceto Afonso e Carlos de Matos Gomes, *Portugal e a Grande Guerra.* Lisboa: QuidNovi, 2010.

(54) F. Medeiros, *op. cit.*; António José Telo, *Decadência e Queda da Primeira República Portuguesa.* Lisboa, Regra do Jogo, 1980, vol. 1.

(55) Para uma análise comparativa como outras experiências veja-se Charles H. Feinstein *et al., op. cit.*

(56) N. Valério, *As Finanças Públicas Portuguesas entre as Duas Guerras Mundiais.* Lisboa, Cosmos, 1994; i*dem, O Escudo.*; P. Lains, *História da Caixa Geral de Depósitos, 1910-1974. Política, Finanças e Economia na República e no Estado Novo.* Lisboa, Imprensa de Ciências Sociais, 2008.

(57) Vasco Carvalho, "Answers to a Puzzle: Monetary Regimes and Macroeconomic Performance in the Portuguese 20s". University of Cambridge, Department of Applied Economics, 2001, working paper; F. T. Santos, *art. cit.*; N. Valério, *O Escudo…*

(58) F. T. Santos, *art. cit.*; J.S. Lopes, *art. cit.*; Ana Bela Nunes e Nuno Valério, "Moeda e bancos" in Pedro Lains e Álvaro Ferreira da Silva (eds.), *História Económica de Portugal*, vol. III, século XX.

(59) F.T. Santos, *art. cit.*; A.B. Nunes e N. Valério, "Moeda …"

(60) N. Valério, *O Escudo…*

(61) F.T. Santos, *art. cit.*; A.B. Nunes e N. Valério, "Moeda …"

(62) Marcello Caetano, *A Depreciação da Moeda depois da Guerra*, Coimbra, Coimbra Ed., 1931; F.T. Santos, *art. cit.*; M.E. Mata, "Exchange rate and Exchange policy in Portugal 1891-1931 revisited", *Estudos de Economia*, 1991, volume XII, no. 1.

(63) M. E. Mata, *Câmbios e Política Cambial na Economia Portuguesa, 1891-1931.* Lisboa, Cosmos, 1987 e "Exchange rate…"; N. Valério, *O Escudo…*

OUTUBRO: A REVOLUÇÃO REPUBLICANA EM PORTUGAL

(64) F. Medeiros, *op. cit.* e A. J. Telo, *op. cit.*

(65) F. Medeiros, *op. cit.* e Rui Ramos, *A Segunda Fundação*. Vol. VI de J. Mattoso (ed.), *História de Portugal*. Lisboa, Estampa, 1994.

(66) A.B. Nunes, "A reforma fiscal de 1922", in Nuno Valério (ed.) *Os Impostos no Parlamento Português. Sistemas fiscais e doutrinas fiscais nos séculos xix e xx*, Lisboa, Dom Quixote, 2006.

(67) A. J. Telo, *op. cit.*.

(68) *Idem, ibidem*, e N. Valério, *O Escudo...*

(69) M.E. Mata, *Câmbios e política cambial....* e "Exchange rate..."

(70) Francisco Teixeira da Mota, *Alves dos Reis. Uma História Portuguesa*, Lisboa, Contexto/Público, 1996.

(71) F.T. Santos, *art. cit.*

(72) M.E. Mata, *Câmbios e política cambial....*; A.B. Nunes e N. Valério, "Moeda ..."

(73) P. Lains, "Growth ..."

(74) F.T. Santos, *art. cit.*

(75) *Idem, ibidem.*

(76) Silva Lopes, *op. cit.*

(77) Para esta reforma, v. N. Valério, *As Finanças Públicas Portuguesas...* e J.S. Lopes, *art. cit.*

(78) J.S. Lopes, *art. cit.*

(79) John Maynard Keynes, *A Tract on Monetary Reform*. London, Macmillan and Co, 1923.

(80) V. D. H. Aldcroft, *op. cit.*, e B. Eichengreen, *op. cit.*.

(81) Trata-se do pós-guerra simultaneamente "próspero e apocalíptico", de que fala Rui Ramos, *História de Portugal*, Lisboa, A Esfera dos Livros, 2009.

(82) D. H. Aldcroft, *op. cit.*

(83) Cf. A.P. Pires, *op. cit.*, para uma análise exaustiva do impacto da guerra.

(84) Cf. A.J. Telo, *O Sidonismo e o Movimento Operário Português. Luta de Classes em Portugal, 1917-1919*, Lisboa, Ulmeiro 1977; F. Medeiros, *op. cit.*e M. V. Cabral, *Portugal na Alvorada do Século xx...*

(85) N. Valério, *O Escudo...* e *idem, História...*

Bruno Cardoso Reis

DA NOVA REPÚBLICA VELHA AO ESTADO NOVO (1919-1930)
A PROCURA DE UM GOVERNO NACIONAL DE AFONSO COSTA A SALAZAR

(1) É vulgar os estudos sobre "a República" serem, de facto, apenas ou quase só sobre o período de 1910-1917, ou focarem apenas a Revolução do 5 de Outubro, ou ainda a I Guerra e o Sidonismo. A maioria das publicações a pretexto do centenário da República veio sublinhar esse desequilíbrio. Um bom reflexo disso mesmo é – apesar da muita utilidade dos capítulos referentes a 1919-1926 – precisamente Maria Fernanda Rollo e Fernando Rosas (eds.), *História da Primeira República*, Lisboa, Tinta da China, 2010, que de 582 páginas de texto só a página 407 começa a tratar o período 1919-1926. Úteis pontos de partida genéricos são os volumes de Douglas L. Wheeler, *Republican Portugal:*

NOTAS

A Political History 1910-1926, Madison, Univ. Wisconsin Press, 1978; António J. Telo, *Decadência e Queda da Primeira República*, Lisboa, A Regra do Jogo, 1980-84, 2 vols.; J. Veríssimo Serrão, *História de Portugal*, Lisboa, Verbo, 1989-1994, vols. XI-XIII; ou ainda em registo diferente Rui Ramos, *História de Portugal. VI. A Segunda Fundação (1890-1926)*, s.l., Círculo de Leitores, 1994; e Luís S. Matos, *Tudo o que sempre quis saber sobre a Primeira República...*, Lisboa, ICS, 2010. Apesar de aparentemente mais específicos, de facto com grande grau de abrangência temporal, destacam-se pela sua utilidade para este tema: L. Bigotte Chorão, *A Crise da República e a Ditadura Militar*, Lisboa, Sextante, 2010; e Aniceto Afonso, *História de uma Conspiração: Sinel de Cordes e o 28 de Maio*, Lisboa, Ed. Notícias, 2000.

[2] Maurice Agulhon, *Histoire de France. 5. La République*, Paris, Hachette, 1990.

[3] Sobre este carácter de revolução cultural da I República ver R. Ramos, 'Sobre o carácter revolucionário da I República Portuguesa (1910-1926): uma primeira abordagem', *Polis,* Vol. 9-12, 2003, pp. 5-60.

[4] Raul Proença, in *Seara Nova,* N.º 40, Janeiro, 1925.

[5] *Idem.*

[6] Cit. in Norberto Lopes, *O Exilado de Bougie: Perfil de Teixeira Gomes*, Lisboa, Parceria A.M. Pereira, 1942, pp. 145-146.

[7] Cf. Salazar, *Discursos*, Coimbra, Coimbra Ed., 1935.

[8] Cf. e.g. Alan Arian & Samuel Barnes, «The Dominant Party System: A Neglected Model of Democratic Stability», *The Journal of Politics*, Vol. 36 No. 3, 1974, pp. 592-614.

[9] A reportagem integral «As Horas Negras de República...» *Diário de Lisboa* in Cunha Leal, *op. cit.*, vol. 2, pp. 285-304

[10] R. Ramos, «Para uma História Política da Cidadania em Portugal», *Análise Social,* N.º 172, 2004, pp. 547-569.

[11] O cognome é de Joaquim Paço d'Arcos, *Memórias da Minha Vida e do Meu Tempo*, Porto, Guimarães, 1976, vol. 2, p. 82. Sobre a sua viragem política da esquerda para a direita como resultado do trauma dessa noite cf. Cunha Leal, *Coisas de Tempos Idos: As Minhas Memórias II. Na Periferia do Tufão...*, Lisboa, ed. aut., 1967, pp. 306-309.

[12] «Apelo à Nação», in *Seara Nova*, N.º 21, Março, 1923.

[13] Cit. in António Reis, *Raul Proença: Biografia de um Intelectual Político Republicano*, Lisboa, IN-CM, 2003, vol. 2, p. 183.

[14] Cit. in António J Queirós, *A Esquerda Democrática e a o Final da Primeira República*, Lisboa, Liv. Horizonte, 2008, pp. 60-61. Esta obra é o mais sistemático e recente estudo desta corrente política.

[15] Para uma discussão bem mais aprofundada dos diferentes programas e acções dos partidos ver E Castro Leal, *Os Partidos e Programas: O Campo Partidário Republicano*, Coimbra, Imp. da Universidade de Coimbra, 2008.

[16] Sobre os debates na época quanto a este tema cf. L. Bigotte Chorão, *op. cit.*, pp. 288-311

[17] Fernando Farelo Lopes, *Poder Político e Caciquismo na I República Portuguesa*, Lisboa, Editorial Estampa, 1994.

[18] Carta de João de Barros a Teixeira Gomes cit. in Norberto Lopes, *op. cit.*, p. 134.

[19] Sobre este complexo tema ver e.g. João Serra e Luís Salgado de Matos, "Intervenções militares na vida política", *Análise Social*, Vol. 18, N.º 72/73/74, 1982, pp. 1165-1195; José Medeiros Ferreira, *O Comportamento Político dos Militares...*, Lisboa, Editorial Estampa, 2001.

OUTUBRO: A REVOLUÇÃO REPUBLICANA EM PORTUGAL

[20] Tentativa rara de integrar as diversas abordagens e regiões é Larry Diamond (ed.), *Civil-Military Relations and Democracy*, Baltimore, The Johns Hopkins UP, 1996; clássicos no tratamento dos golpes de estado, de particular utilidade neste caso, são – S.E. Finer, *The Man on Horseback: The Role of the Military in Politics*, Harmondsworth, Penguin, 1975; e Edward Luttwak, *Coup d'Etat: a Pratical Handbook*, Harmondsworth, Penguin, 1969. Para o tema mais genérico das relações civis-militares cf. Thomas M Owens «Civil – Military Relations», in R. A. Denemark (ed.), *The International Studies Encyclopedia*, London, Blackwell Publishing, 2010. Em português, há o livro de Luís S Matos, *Como Evitar Golpes Militares…*, Lisboa, ICS, 2008, em que o caso do falhanço da I República parlamentarista em evitar o golpismo se enquadra na argumentação do autor de que os regimes parlamentaristas são mais frágeis face a intervenções militares.

[21] Douglas Wheeler, *op. cit.*, p. 188.

[22] São eles os golpes de: Maio e Outubro de 1921, de Fevereiro de 1922, de Dezembro de 1923, de Dezembro de 1924, de Março, Abril e Julho de 1925 – o ano de todos os golpes, de todos os lados – e os de Fevereiro e Maio de 1926. Cf. D.L. Wheeler, *op. cit.*, pp. 202-203.

[23] Joaquim Paço d'Arcos, *op. cit,* p. 65.

[24] Citado na sua biografia oficiosa de Norberto Lopes, *op. cit.*, pp. 152-153.

[25] Aniceto Afonso, *op. cit.*, pp. 58-66

[26] Manuel Múrias in Óscar Paxeco, *Os que arrancaram no 28 de Maio*, Lisboa, Ed. Império, 1937, p. 157

[27] Para relato mais detalhado cf. Luís Farinha, *Cunha Leal: Deputado e Ministro da República: Notável Rebelde*, Lisboa, AR, 2009, pp. 216-218.

[28] Cit. in J. Veríssimo Serrão, *op. cit.*, p. 305.

[29] A. Ilharco, *Memórias: Alguns apontamentos sobre a influênia da política no Exército*, Vendas Novas, 1926, p. ix *passim.*

[30] Passos e Sousa in O. Paxeco *Os que arrancaram…*, p. 91.

[31] Cit. in Humberto Delgado, *Memórias…*, p. 61.

[32] Raul Esteves in O. Paxeco *Os que Arrancaram…*, pp. 77-78.

[33] António Ferro, *Viagem à volta das Ditaduras*, Lisboa, s.n., 1927.

[34] Cit. in Luís Farinha, *O Reviralho: Revoltas Republicanas contra a Ditadura e o Estado Novo 1926-1940*, Lisboa: Estampa, 1998, p.115.

[35] Para estes antecedentes pré-1910 ver R. Ramos, «O Fracasso do Reformismo Liberal (1890-1910)», *História de Portugal*, pp. 549-576.

[36] Tema também abordado em A.J. Telo, «Ditadura Financeira e Unidade Política», *Economia e Império no Portugal Contemporâneo*, Lisboa, Cosmos, 1994, pp. 101-130.

[37] António Costa Pinto, *Os Camisas Azuis: Ideologia, Elites e Movimentos Fascistas em Portugal (1914-1945)*, Lisboa, Editorial Estampa, 1994, pp. 192-193, 203-208; R. Ramos, «O Estado Novo perante os poderes periféricos: o governo de Assis Gonçalves em Vila Real (1934-39)», *Análise Social*, Vol. 22 No. 90, 1986, pp. 109-135.

Notas biográficas

Luciano Amaral

Licenciado em História e mestre em História Contemporânea pela FCSH (UNL), doutorado em História e Civilização pelo Instituto Universitário Europeu de Florença, é Professor Auxiliar da Faculdade de Economia da Universidade Nova de Lisboa. Tem-se dedicado sobretudo à história económica contemporânea de Portugal, com particular atenção ao problema do crescimento económico.

Álvaro Ferreira da Silva

Licenciado em História pela Faculdade de Letras de Lisboa, mestre em História e Sociologia Histórica pela FCSH (UNL) e Doutorado em História e Civilização pelo Instituto Universitário Europeu de Florença, é Professor Associado na Faculdade de Economia da Universidade Nova de Lisboa e tem centrado a sua investigação mais recente na história empresarial, na história da tecnologia e na história urbana.

António de Araújo

Licenciado e Mestre em Direito pela Faculdade de Direito da Universidade de Lisboa, na Menção de Ciências Jurídico-Políticas. Docente da Faculdade de Direito de Lisboa. Assessor do Tribunal Constitucional, desempenha actualmente as funções de Consultor para os Assuntos Políticos da Casa Civil do Presidente da República. Autor de diversos livros e artigos no domínio do Direito Constitucional, da Ciência Política e da História Política.

Bruno Cardoso Reis

Licenciado e mestre em história contemporânea (Faculdade de Letras de Lisboa), e tem ainda um mestrado em Historical Studies pela Universidade de Cambridge. É Doutor em segurança internacional pelo King's College. Trabalhou como editor adjunto da revista do Instituto de Estudos Estratégicos e Internacionais, onde foi investigador sénior. É actualmente investigador no Instituto de Ciências Sociais, investigador convidado do King's College em Londres e assistente convidado na FEUNL.

Fernando Martins

Licenciado em História e mestre em História do Século XIX-XX pela FCSH (UNL). Doutorado em História pela Universidade de Évora. Professor de História Contemporânea na Universidade de Évora. Investigador do CIDEHUS-UÉ e colaborador do IHC (FCSH-UNL).

Filipe Ribeiro de Meneses

Licenciado e doutorado pelo Trinity College Dublin. Lecciona actualmente no Departamento de História da National University of Ireland, Maynooth. Especialista em história contemporânea de Portugal, tem dedicado a sua atenção sobretudo ao período da I República e, mais recentemente, do Estado Novo.

Luís Bigotte Chorão

Licenciado em Direito (Universidade Católica Portuguesa), mestre em Direito (Universidade de Lisboa) e Doutor em Letras (História) pela Universidade de Coimbra. É membro do Centro de Estudos Interdisciplinares do Século XX da Universidade de Coimbra e do Instituto de História do Direito e do Pensamento Político da Faculdade de Direito da Universidade de Lisboa.

Pedro Aires Oliveira

Licenciado em História pela FCSH (UNL), mestre e Doutor pela mesma instituição, é Professor Auxiliar no Departamento de História da FCSH e membro do IHC e do IPRI-UNL. Tem-se dedicado sobretudo à história da política externa portuguesa no período contemporâneo. Tem em preparação, com Filipe Ribeiro de Meneses, uma obra colectiva de estudos sobre a política externa da I República.

Sérgio Ribeiro Pinto

Licenciado em Teologia, é Mestre em História Contemporânea pela Faculdade de Ciências Sociais e Humanas da Universidade Nova de Lisboa. É investigador integrado do Centro de Estudos de História Religiosa da Universidade Católica Portuguesa. Os seus trabalhos têm incidido sobre a problemática sócio-religiosa no período final da Monarquia Constitucional e os primeiros anos da República.